리얼타임 마케팅

11개의 마케팅 성공 사례

이두희

박영사

한국의 마케팅을 이끌어 갈 분들에게

머리말

마케팅의 핵심 성공요인은 시장을 읽고 변화를 반영하거나 창출하는 것이다. 1993년 이래 한국의 마케팅 성공사례를 수십 편 개발하면서 추출한 성공 마케팅의 공통점이다.

그런데, 이 성공의 공통점에 최근 중요한 변화들이 일어나고 있는데, 이 책은 이 변화들에 관한 것이다. 우선, 시장을 읽고 반영하는 시점과 빈도에 큰 변화가 있다는 점이 큰 변화라 들지 않을 수 없다. 특히, 최근에는 시장 파악과 반영이 '리얼타임'으로 이루어지고 있다. 성공하고 있는 마케팅의 또 하나의 공통점은 선제적(proactive)인 특성을 지닌다는 것이다. 그리고 또 다른 특징은 마케팅이 다양한 분야에 급격히 확산되고 있다는 점이다.

이와 같은 시대의 맥락을 짚기는 쉽지 않은 일이다. 저자에게는 다행스럽게도 1993년 이래 집필해온 한국의 마케팅 사례, 한국의 마케팅 사례 2, 한국의 마케팅 사례 3 및 사례로 짚어본 인터넷 마케팅 등과 같은 저서들을 통해 한국 마케팅의 성공역사들을 기록해 왔던 연구실의 축적된 역사가 있었기에 가능한 일이었다.

그동안 연구실에서 배출된 마케팅 전문가들은 다양한 산업에서 왕성한 활동을 하고 있는데, 스승의 날과 송년회를 의미삼아 최소 일 년에 두 번은 전체가 만난다. 만남에서는 현장감 있는 다양한 산업의 마케팅 이슈들로 아주 자유롭고 창의적인 담론을 한다. 마케팅 전문 지식과 재능을 사회와 나눌 수 있는 다양한 방법도 찾고 있다. 이렇게 우리는 스스로 학문의 가족이라 자부하고 가족애를 나눈다.

그런 가운데 약 2년 전 송년회에서 이루어진 제자들 간의 이야기 중에, 저자가 고려대학교 부임 20주년이 되는 2010년에 보람된 일을 한번 해보자는 말들이 모아지고 있었다. 당시의 작은 아이디어가 오늘의 이 책이 탄생한 배경이다. 한국의 마케팅 사례 1, 2, 3의 전통을 이어받아, 사례개발 당시 최고의 마케팅을 선정하는 과정을 거치게 되었다. 수많은 후보들이 거론되었고 검증되어 오늘의 11개 사례가 최종 탄생하게 되었다. 좀 더 독자들의 사례이해를 돕기 위해 실제를 반영한 가상적 상황을 산정하였으며, 사례 내 등장인물들은 사례의 특성에 따라 실명 혹은 가명으로 구성하였다.

이 책은 말을 행동으로 옮기는 연구실의 전통이 다시 한번 빛을 발하였다고 생각한다. 그래서 이 책은 저자에게 매우 뜻 깊고 따듯하고 아름다운 정의 결정체로 다가온다. 그리고 독자들의 마케팅적 혜안을 돕는 데 이 책이 매우 유용할 것이라고 확신한다.

2010년 12월
훈훈한 겨울에
저 자

감사의 글

한 권의 책이 탄생되기에는 많은 노력과 애정이 필요하다. 우선 모임의 대표인 박찬원 박사의 듬직한 리더십을 높이 평가한다. 아울러 아이디어에서 출판에 이르기까지 어려운 일들을 직접 챙기며 애정을 아끼지 않은 발간 준비위원장 최은정 박사의 노력에 박수를 보낸다. 이들의 전문적인 현장 지식과 헌신적인 노력이 없었다면 아직도 이 책은 아이디어로 머물고 있을 것이다.

항상 좋은 아이디어를 제공한 오만덕 교수, 구재범 대표, 전유현 박사와 문재설 팀장에게도 감사의 뜻을 전하고자 한다. 또한, 한 권에 담기에는 너무 사례들이 많아서 다음 출판을 기약하며 양보해 준, 윤여선 교수, 한영주 박사, 권오영 팀장, 윤원상 팀장, 임종욱 팀장, 임승희 교수, 이준승 지사장, 박상태 박사, 이현정 박사, 구진경 박사 등을 비롯한 모든 학문의 가족들에게 따듯한 격려와 감사의 뜻을 표한다.

사례개발에 적극 참여하여 협조해 주시고 선진적 마케팅의 본을 보여주신, 기아자동차, 농심, 서울시복지재단, 싱가포르 국립대학교, CJ 엔터테인먼트, 삼성전자, 신한은행, 우리투자증권, 정동극장, 청주시, 현대카드에게 심심한 감사를 드린다. 아울러 자료제공 및 인터뷰에 바쁜 시간을 할애해서 능동적으로 참여해주신 담당자 여러분들께 진심으로 감사드린다.

이 책이 나오기까지 전문적 지원을 아끼지 않은 박영사의 안종만 회장님을 비롯한 전문가 여러분에게도 감사의 말씀을 전하고자 한다. 그리고 훌륭한 책 디자인으로 책을 더욱 빛나게 해준 이혜원 교수와 김석원, 이주영 디자이너에게도 특별한 고마움을 표한다.

사례 3.

문화와 마케팅, 시간을 함께 걷다
- 정동극장의 마케팅 전략의 변천기 (1995~2009년) -

81

사례 4.

도시마케팅 전략
- 역사문화도시 청주시 도시마케팅 전략 사례 -

117

사례 5.
소비자의 SOUL을 움직이다
- 기아자동차 SOUL의 혁신적인 제품전략 -

161

사례 6.
파란문어가 시장선도형 브랜드가 되다
- 우리투자증권의 "옥토(octo)" 브랜드 런칭과 진화 성공 사례 -

179

사례 7.

새로운 제품 카테고리 창출을 통한 시장선도 전략
- 제품 카테고리 생성을 통해 프리미엄시장을 공략한 삼성 LED TV 해외마케팅 사례 -

사례 8.

현대카드 10년, 과학으로 만든 혁신의 역사
- 현대카드 과학적 혁신 마케팅 전략 사례 -

리얼타임 마케팅: 성공하는 마케팅의 새로운 추세

이두희, 최은정

마케팅의 성공은 시장을 읽고 변화를 반영하거나 창출하는 핵심 능력에 달려 있다. 특히 최근에는 마케팅의 성공을 결정하는 데 시간의 중요성이 대두되고 있다. 미시적으로는 시장파악과 반영의 속도가 크게 변하고 있고, 거시적으로는 장기적 시간의 흐름 속에서의 마케팅 관리가 중요하게 대두되고 있다.

미시적 시간관리 측면에서 보면, 최근의 마케팅의 큰 변화는 시장을 읽고 반영하는 시점과 빈도의 변화이다. 시장파악과 반영이 실시간(real-time)으로 이루어지고 있는 것은 획기적인 변화라고 생각한다. 전통적인 마케팅 절차를 따르면, 신제품 출시 또는 새로운 마케팅 계획을 집행한 후 일정 기간 후에 그 반응을 조사하고 결과를 반영하게 되어 있다. 시장의 반응을 파악하고 반영하는 데 일정 시간이 걸리는 방법이었다. 즉, 시점상 구간별로 대응이 이루어지기 때문에 급변하는 시장과 소비자의 변화를 즉각적으로 대응하기가 어려운 한계점을 가지고 있다. 이와 달리, 리얼타임 마케팅은 시장반응 분석과 반영이 실시간으로 이루어져 마케팅 제반 활동들이 지속성(continuum)을 가지고 있는 것이 특징이다(그림 1 참조).

최근 빠르게 변화하는 시장과 소비자의 실시간적 표현과 함께 호흡하기 위해서는 리얼타임 마케팅은 더욱더 중요하게 인식된다. 실시간으로 마케팅 실

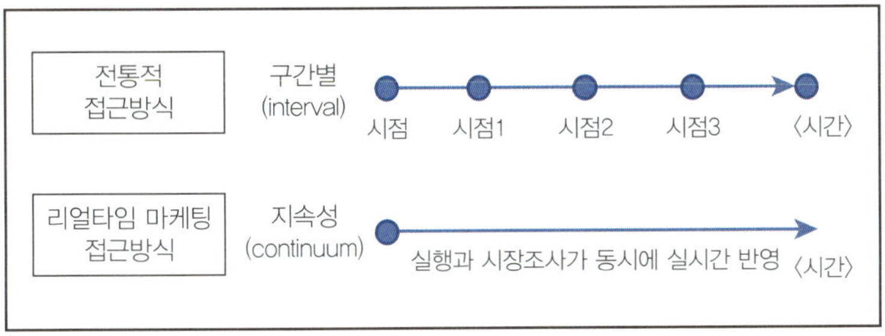

[그림 1] 시장분석과 반영의 변화

행, 평가, 이에 대한 즉각적인 피드백을 이루는 동적인 마케팅이 매우 중요하게 된 것이다. 이러한 리얼타임 마케팅은 다양한 쌍방향 미디어와 SNS(Social Network Service)와 같은 마케팅 도구들의 발달로 인해 더욱 각광을 받게 될 것이다. 이에 따라, 리얼타임 마케팅은 급변하는 시장과 소비자의 변화를 즉각적으로 대응할 수 있는 강력한 장점을 가지고 있으며, 최근의 다변적 기업환경에 요구되는 핵심적 마케팅 능력이다.

리얼타임 마케팅의 대표적인 사례로 영화 〈해운대〉를 소개하였다. 이 영화는 영화작품 제작 단계부터, 홍보, 마케팅 전반에 적극적인 마케팅의 집행과 시장반영을 실시간으로 진행하였다. 그 결과로 대대적인 성공을 거두게 되었다. 마케팅의 이러한 획기적 발전이 영화산업에서 이루어졌다는 점은 우리를 더욱 놀라게 하고 기쁘게 만들었다. 저자가 영화 〈접속〉을 한국 최초의 영화마케팅 성공사례로 소개한 것이 불과 10여 년 전이었기 때문이다(한국의 마케팅 사례 Ⅲ, 1999년). 그때만 해도 영화에 마케팅 계획을 접맥하는 것은 상당히 실험적이었기 때문에 마케팅적 측면에서만 본다면 매우 초보적인 시도였었다. 그런데 이러했던 영화산업에서의 마케팅이 산업의 특성과 쌍방향 미디어의 발달로 '리얼타임 마케팅'의 효시가 되고 있다는 점은 매우 흥미롭고도 고무적인 일이 아닐 수 없다. 앞으로 영화산업에서 탄생된 '리얼타임 마케팅'은 다른 산업으로 널리 확산되고 새로운 모델로 자리매김할 것으로 기대한다.

거시적 관점의 리얼타임 마케팅이란 긴 기간에 걸쳐서 시장 변화에 능동적이고 지속적으로 대응하는 마케팅이라고 할 수 있다. 그 사례로 농심 신라면의 장수 브랜드 전략, 정동극장의 시간별 문화마케팅을 들 수 있다. 두 사례의 공통적 특징은 성공한 브랜드와 상품을 지속적으로 유지, 관리, 확장해서 어떻게 하면 장수 브랜드로 만들어 갈 수 있는가에 대한 좋은 예가 되고 있다. 장수 브랜드가 되기 위해서는 장기적 관점에서 끊임없이 전략의 유지와 변화를 반복해야 한다. 신라면 사례는 일관성을 위한 지속적 변화의 사례라면, 정동극장 사례는 지속적인 개선, 보완 및 변화를 통해 장수 브랜드로서의 위상을 구축한 사례라고 할 수 있다. 신라면 사례는 글로벌 마케팅에서도 한국의 마케팅이 어떻게 효력을 발휘할 수 있는지도 보여주고 있다. 그리고 과거를 현재의 문화상품화하는 데 노력을 하고 있는 지방자치단체 마케팅도 새로운 추세가 되어

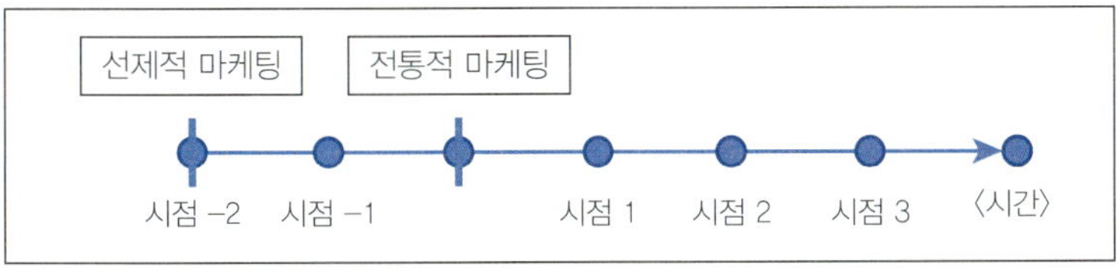

[그림 2] 선제적 마케팅

가고 있다.

최근 성공하고 있는 마케팅의 또 다른 공통점은 선제적(proactive)인 특성을 지닌다는 것이다. 경쟁자보다 훨씬 먼저 '선제적 마케팅' 전략으로 접근한다는 점은 한국적 문화 특성상 매우 높이 평가할 만하다. 과거에는 다른 주체가 실행하여 성공하였다는 증거를 확보하지 않고서는 섣불리 먼저 새로운 전략을 집행하지 못하는 경향이 있었다고 해도 과언이 아니었다. 그러나 이제는 시장분석과 마케팅 전략수립에서의 자신감 확보 및 경쟁의 치열함이 선제적인 마케팅을 가능하게 만들고 있다. 비슷한 수준의 경쟁제품이나 서비스를 제공하는 경쟁자가 시행하기 전에, 창의적인 전략을 수립하여 선도적으로 집행한 결과 시장 선도자가 된 많은 사례가 창출되고 있다. 이러한 자신감은 국내 시장을 넘어 세계 시장에까지도 통하고 있다.

선제적 마케팅은 전통적으로 마케팅의 불모지였던 산업이나 영역에서 마케팅을 선도적으로 도입한 형태, 산업 내의 전통적인 마케팅을 벗어나는 매우 창의적인 혁신적 마케팅 형태, 그리고 신 카테고리를 창출하여 시장을 선도하는 형태의 세 형태로 나타나고 있다.

전통적으로 마케팅은 FMCG(Fast Moving Consumer Goods) 중심으로 발달되어 왔다고 해도 과언은 아니다. 그러나 이제는 마케팅의 필요성이 부각되지 않았던 복지기관, 지방자치단체, 공공극장, 교육기관 등에서도 마케팅이 본격적으로 도입되어 새로운 마케팅이 시도되고 있다. 마케팅을 선제적으로 도입함으로써 괄목할 만한 성과를 거두고 있기 때문에 우리는 이러한 확산현상이 더욱 가속화될 것으로 본다. 이러한 점에서 서울시복지재단, 청주시, 정동극장 및 싱가포르 국립대학교가 대표적으로 부각된다. 특히 싱가포르 국립대학교 사례는 국내의 교육중심대학에서 10여 년 만에 세계 30위권의 글로벌 연구중심대학으로 급성장한 비결을 다룬 것이다.

혁신적 마케팅의 성공 사례로 우리투자증권의 옥토사례와 현대카드의 과학적 마케팅 사례가 선발되었다. 우리투자증권 사례는 치밀한 시장 변화 및 고객 니즈 분석을 바탕으로 혁신적으로 신규 브랜드를 경쟁자보다 먼저 출시하고 체계적으로 지속 관리 운영한 성공사례이다. 현대카드에서는 과학적 방법을 기반으로 섬세함이 강화된 혁신 마케팅과 차별화되고 완성도 높은 마케팅을 실시하고 있다는 점이 높이 평가된다. 특히, 이 두 사례에서 우리가 놓치지 말아야 하는 성공의 공통점은 해당 산업에서의 기존 마케팅을 답습하지 않았다는 점이다. 고도의 시장 파악(market sensing) 능력을 가지고, 혁신성과 창의성을 핵심성공요인으로 기업과 브랜드를 시장 선도자로 등극하게 했다.

우리가 분석한 선제적 마케팅의 또 다른 형태는 새로운 카테고리 생성을 통해 시장 지배적 선도자로 자리매김하는 마케팅 전략이다. 시장 내 경쟁이 심화되고 정체상황이 될수록 새로운 카테고리를 창출하고 그 신시장 안에서 선도자가 되는 전략이 유용할 수 있다. 그 전략이 성공하면 그 신시장은 블루오션이 되는 것이다. 우리는 이러한 관점에서 신한은행의 골드뱅킹 제품개발 사례와 삼성 LED 텔레비전의 글로벌 마케팅 사례를 채택하였다. 이 두 사례는 새로운 카테고리 생성의 과정과 진화된 마케팅전략의 대표적인 성공 사례이다.

마케팅은 진화하고 있다. 그 진화는 매우 혁신적이고 과학적이며 창의적이고 선제적인 방향으로 진행되고 있다. 이 극적인 진화는 지금도 계속된다.

사례 1.

천만 영화의 탄생, 163일간의 리얼타임 마케팅(Real-time Marketing)

- CJ 엔터테인먼트의 영화 해운대의 영화 마케팅 사례 -

여민선* 이두희**

2010년 5월의 어느 날, 마케팅 조사론을 수강하는 고려대학교 경영학과 학생들이 CJ E&M빌딩 앞에 모였다. 수업의 기말 과제로 개봉될 영화에 대한 마케팅 전략을 수립하기에 앞서 영화마케팅 전략에 대하여 직접 실무자를 만나 들어보고 대화를 나눌 수 있는 시간을 갖기 위해서였다. CJ 엔터테인먼트는 현재 CJ 그룹의 마케팅 사관학교로 불릴 정도로 마케팅 전략 수립과 실행에 탁월한 역량을 발휘하고 있기 때문에 학생들의 기대와 관심은 매우 높았다. 드디어 학생들은 오늘 영화마케팅을 주제로 강의를 해 줄 김민정(가명) 마케팅 부장을 만났다.

"안녕하세요. CJ 엔터테인먼트의 마케팅 부장 김민정입니다. 저는 CJ 엔터테인먼트에서 영화마케팅을 10년째 담당하고 있습니다. 제가 담당했던 영화 중 가장 인상 깊었던 영화는 역대 국내 영화 흥행 4위를 기록한 천만 영화 중 하나인 〈해운대〉입니다."

그러자 학생들의 관심은 〈해운대〉로 쏠렸다. 대부분의 학생들이 〈해운대〉를 보았고, 2번 이상 관람한 학생들도 있었다. 그만큼 〈해운대〉는 단연 2009년 최고의 영화였다. 하지만 〈해운대〉가 천만 관객 영화가 되는 데 마케팅 전략이 이느 정도까지 영향을 미쳤는지 학생들은 상상하지 못했다.

"사실 〈해운대〉는 처음에 10명 중 단 2명만이 보고 싶어하는 영화였습니다. 저희는 제작단계부터 〈해운대〉가 천만 영화가 될 가능성이 있다고 확신하였지만, 현실은 그렇지 못했어요. 특히 처음에 저희가 내세웠던 재난 블록버스터라는 이미지가 오히려 영화 제작에 대한 불신을 불러왔죠. 아무도 국내에서 제작하는 블록버스터에 대한 기대가 없었죠. 이러한 편견을 깨는 것부터가 영화마케팅의 힘을 발휘해야 하는 부분이었습니다. 아무래도 영화마케팅에 대한 전반적인 내용보다는 영화보다 더 영화 같았던 〈해운대〉의 성공사례를 통해 여러분에게 영화마케팅 전반에 대해 설명해드리는 것이 더 좋겠네요. 먼저 영화와 영화마케팅에 대한 간략한 소개를 해 드리겠습니다."

*고려대학교 대학원 **고려대학교 경영학과 교수

영화마케팅이란?

학생들에게 영화마케팅에 대해 설명하기 전 김민정 부장은 전쟁과도 같았던 영화 〈해운대〉 마케팅 과정을 회상했다. 영화마케팅은 영화의 시나리오 컨셉트를 수립한 순간부터 영화 개봉 직전까지 실시간으로 소비자들에게 피드백을 받고, 이에 적절한 마케팅 전략을 세워야 한다. 따라서 끊임없이 상황을 판단하고, 전략을 결정해야 한다. 사실 모든 영화에 대한 마케팅 과정이 그러하다. 영화마케팅은 짧은 시간에 많은 비용을 들여야 하기 때문에 순간의 판단, 그리고 확신이 중요했다. 김민정 부장은 학생들에게 질문과 함께 이야기를 시작했다.

"학생들은 영화를 볼 때, 얼마나 고민하나요? 우리는 물건을 구입할 때 고민을 많이 합니다. 우리가 정보를 열심히 찾아 깊이 관여하여 구매할 때 그 제품을 고관여 제품이라 합니다. 대부분의 고관여 제품들은 가격이 높은 경우가 많습니다. 하지만 영화는 고가의 제품이 아님에도 불구하고 고관여 제품에 속합니다. 영화관에 대한 정보를 익히고, 영화표를 구매하기 위해 많은 시간을 투자하죠. 영화는 소비자가 영화표를 구매해야지만 소비가 이루어진다고 볼 수 있는데 그 과정까지 많은 시간이 소요됩니다. 게다가 요즘은 영화에 대한 평론가의 평점이나 기사 외에도 온라인을 통해 영화에 대한 주변의 반응을 쉽게 알 수 있기 때문에 영화를 고르기까지 많은 고민을 하고, 다양한 과정을 거치게 됩니다. 따라서 소비자가 영화를 선택하여 표를 구매하기까지 끊임없이 영화에 대한 신뢰감을 심어주는 것이 가장 중요합니다. 그렇다면 소비자가 영화표를 구매하기까지 어떠한 마케팅 노력이 들어가는지 영화마케팅에 대한 전반적인 이야기를 설명하면서 진행하도록 하죠."

영화마케팅의 특성

소비자는 영화를 선택하기까지 많은 노력과 시간을 들인다. 특히 요즘처럼 온라인을 통해서 영화에 대한 정보뿐만 아니라 영화와 관련된 다른 소비자들의 평을 쉽게 접할 수 있기 때문에 소비자가 영화를 선택하게끔 하기까지 많은 마케팅 노력이 필요하다.

현재 CJ 엔터테인먼트의 마케팅은 영화뿐만 아니라 극장, 예술, 지방정부 등에도 그 전략을 전수하고 있으며 외국 역시 한국의 영화마케팅을 적용하고 따르고 있는 추세일 정도로 앞서 있다. 그만큼 영화마케팅이 몇 년 사이에 많은 발전을 했다고 볼 수 있다. 10여년 전 영화 〈접속〉의 마케팅[1]에서 마케팅의 4P를 도입하여 사용하던 때와 비교하면 엄청난 발전이다. 특히 과거에는 영화가 제작된 후에 마케팅 전략 수립에 들어갔지만, 현재는 영화 제작 단계부터 마케팅팀의 영향력이 미친다는 것이다.

즉, 마케팅이 영화의 성과에 지대한 영향력을 미치게 되며 상당한 책임을 갖게 되는 것이다. 과거에는 콘텐츠 개발팀이 시나리오를 선정하고, 컨셉트와 배우를 분석하여 투자를 결정했다. 그 후 마케팅팀이 감독, 캐릭터 등을 바탕으로 마케팅 전략에 대한 1차 가설을 수립하고, 방향성 제시 후 FGI(Focus Group Interview)를 통해 미리 발견하지 못했던 점들을 발견하여 2차 가설을 세운다. 마지막으로 이를 바탕으로 마케팅플랜이 구체화된다. 하지만 최근에는 마케팅팀이 적극적으로 개발단계부터 투입되어 마케팅관점의 문제를 발견해내고, 그 문제들을 해결함과 동시에 끊임없이 관객들의 반응을 살핀다. 영화마케팅을 하다 보면 다른 제품의 마케팅과는 다르게 예상치 못한 문제점들이 계속 발생한다. 특히나 관객들의 반응이 즉각적이기 때문에 문제에 대한 대응 역시 순간적인 판단을 통해 즉각적으로 이루어져야 한다.

영화마케팅의 프로세스

일반적으로 대작 영화의 마케팅 기간은 8주 정도이지만, 대부분의 영화는 5주 정도를 평균 마케팅 기간으로 잡는다. 영화마케팅이 중요한 이유는 다른 제품들에 비해 짧은 시간 동안 제품에 대한 평가가 이루어지며, 영화가 제작되는 단계부터 소비자들의 반응을 즉각적으로 알 수 있다는 것이다. 따라서 상황에 적절한 마케팅 대응 방안을 마련해야 하며 이러한 일들은 초를 다투는 문제이기 때문에 매우 중요하다. 따라서 [표 1]과 같이 기본 마케팅과정이 수립은 되어 있지만, 계속해

1) 이두희(1999), 「한국의 마케팅사례 Ⅲ」, 박영사

[표 1] CJ 엔터테인먼트 마케팅 프로세스 소개

기 간	과 정	내 용
4~6개월 전	시나리오 내부 컨셉 회의	PPL(GLC 단계에서 의견 제시), 1차 예산안 품의, 스탭 구성(대행사 선정), co-promotion 파트너 구상
	컨셉 방향 정리	시나리오 모니터링
	FGI 준비	
	FGI	
4개월 전	컨셉 기획서(컨셉 확정), 선재제작기획	CEO보고, 개봉일 1차 확정
	현장공개, 보도자료 릴리즈 시작	
	티저 포스터, 티저 예고편 제작 및 배포	weekly survey 시작
	1차 편집본(마케팅 전략 검증 및 보완)	모니터링 시사
	마케팅 1차 실행 기획(메인 선재 제작)	
8주 전	개봉일 확정	
6~7주 전	메인 선재물 배포(포스터, 배너)	극장 게첨 전략, 편집본 극장 모니터링
5~6주 전	마케팅 최종 실행 계획서	media mix 확정, 시사회 전략, CEO보고
5주 전	Cable 필러, 인터넷 광고	
4주 전	영등위 심의 접수, 본 예고편, outdoor 광고	CGV 예고편 편성
3주 전	TV spot 심의, 신문 광고	
2주 전	배급규모결정	
	기자시사, VIP시사, 광고	
	예매 전략	
개봉		
	개봉 후 전략 실행	
	리뷰	

출처: CJ 엔터테인먼트, 2009

서 발생하는 위기와 문제들을 시시각각으로 다루고 해결해야만 한다. 오랜 경험을 바탕으로 순간적 판단 능력이 필요하며, 더불어 결정권자의 믿음과 지지가 뒷받침되어야 한다.

또한 온라인을 통한 입소문 때문에 마케팅의 영향력은 더욱 커지고 있는 추세다. 첫 단계에서 영화에 대한 비판적인 소문이나 나쁜 소문은 쉽게 퍼지며, 소비자들에게 한 번 평가가 인식되면 쉽게 바뀌기 어렵기 때문이다. 소비자들에게 영화에 대한 좋은 인식을 심어주는 것도, 부정적인 인식을 긍정적으로 바꾸어 표를 구매하게끔 만드는 것도 마케팅의 몫이다. 특히 국내 관객들은 국내 영화에 대해서 더 냉철하고 비판적으로 영화를 분석하기 때문에 좋은 평을 얻는 것이 쉽지 않아, 영화 제작단계부터 영화개봉 이후까지 긴장의 끈을 놓지 않고 시의 적절한 마케팅 대안을 마련해야 한다.

<해운대>는 어떤 영화인가?

대한민국 영화 사상 최초의 한국형 휴먼 재난 영화 〈해운대〉는 관람객 11,516,992명이라는 국내 개봉 영화 관객수 역대 4위를 기록했다. 이 영화는 거대한 쓰나미가 해운대를 덮치면서 벌어지는 사건을 주 내용으로 다루고 있다. 〈해운대〉는 윤제균 감독이 지난 2004년 동남아시아에 쓰나미가 몰아쳤을 당시 우연히 해운대에서 뉴스를 접했고, '만약 100만 인파가 모여 있는 해운대에 쓰나미가 닥친다면 과연 어떻게 될까?'라는 발상에서 출발한 영화다. 윤제균 감독은 〈색즉시공〉, 〈1번가의 기적〉을 연출하고, 〈내 생애 가장 아름다운 일주일〉을 제작했다.

설경구, 하지원, 박중훈, 엄정화 등 대한민국 연기파 배우가 주연을 맡은 〈해운대〉는 2008년 8월 18일 부산 해운대에서 첫 촬영을 시작으로 국내에서 5개월간 촬영을 했다. 또한 2008년 12월 17일부터는 미국 샌프란시스코에서 한 달간 CG 작업을 위한 특수 촬영을 진행했다. 영화의 시작부터 끝까지는 2000일간의 위대한 도전이 숨어 있었다. 뿐만 아니라 동원 인력 550여 명, 여기에 CG 인력에만 200여 명이 투입되었다. 특히 15년 동안 할리우드 블록버스터 영화의 후반 작업을 이끌어온 시각 효과 부분의 거장 한스울릭의 참여로 CG 중에서도 가장 어렵다는 물 CG의 완성도를 높일 수 있었으며, 후에 이 기술들은 모두 국내 CG 업체에 전수되었다.

국내 최초 재난영화라는 타이틀로 처음부터 대중들의 큰 관심을 받았던 〈해운대〉의 진가는 미완의 영상으로부터 시작된 선 판매에서부터 예고됐다. 제59회 베를린 국제영화제 기간 중 열린 EFM(European Film Market)에서 4개국[2]에 선 판매되는 쾌거를 이룬 〈해운대〉는 홍콩 필름 마트(HK Filmart)에서도 11개국[3]에 선 판매되었다.

〈해운대〉가 할리우드의 재난 블록버스터와 가장 큰 차이점은 영웅이 등장하지 않는다는 점이다. 영웅 이야기보다는 소시민과 평범한 사람들의 가슴 따뜻한 이야기를 전하고 싶었던 감독 윤제균의 바람이 담겨 있다.

[표 2] 윤제균 감독 소개

기획, 제작, 각본, 감독 그리고 연기까지 다방면에서 자신의 능력을 선보이고 있는 윤제균 감독의 시작은 조금 특이하다. 광고 회사에서 광고 카피라이터로 활약하던 중, 시나리오 공모전에서 〈신혼여행〉 각본으로 대상을 수상하며 영화계에 입문했던 것. 이후 그는 〈두사부일체〉, 〈색즉시공〉, 〈1번가의 기적〉을 연출하고 〈내 생애 가장 아름다운 일주일〉을 제작하며 차근차근 자신만의 영화 스타일을 구축해갔다. 탄탄한 스토리 라인, 생명력 있는 캐릭터, 그리고 영화 속에 녹아 있는 큰 감동과 재미는 윤제균 스타일의 휴먼 코미디 영화를 완성시킬 수 있었던 가장 큰 요소들이다.

영화

2007년 〈색즉시공 2〉: 기획, 각본, 제작, 〈1번가의 기적〉: 감독, 제작
2005년 〈내 생애 가장 아름다운 일주일〉: 제작, 〈간 큰 가족〉: 제작
2003년 〈낭만자객〉: 각본, 제작, 감독
2002년 〈색즉시공〉: 각본, 감독, 제작, 기획
2001년 〈두사부일체〉: 감독, 각본
2000년 〈신혼여행〉: 각본

2) 체코, 터키, 말레이시아, 싱가포르
3) 태국, 인도, 인도네시아, 필리핀, 스리랑카, 파키스탄, 방글라데시, 네팔, 베트남, 몽고, 브루나이

[표 3] 배우 및 등장인물

배우	출연자 소개	등장 인물	등장인물 소개
설경구 	강력한 연기로 진정성을 전하는 배우, 2002년 〈박하사탕〉으로 각종 영화제에서 상을 휩쓸며 주목받은 배우. 이후 한 작품씩 차곡차곡 캐릭터에 자신의 강렬함을 투영하며 필모그래피를 채움. 〈오아시스〉, 〈실미도〉, 〈역도산〉, 〈열혈남아〉, 〈그놈 목소리〉, 〈강철중〉 등의 영화에 출연	최만식	해운대에서 태어나고 자란 토박이, 다혈질이고 무뚝뚝한 전형적인 경상도 남자. 해운대 미초 선착장 상가 번영회 회장으로서 어머니와 아들 승현, 그리고 해양 구조대 구조원 동생 형식과 함께 작은 횟집을 운영하고 있다. 어릴 적부터 함께 자란 연희를 좋아해 그녀의 뒤에서 든든한 버팀목이 되어주지만 자신의 마음을 표현하지는 못한다. 그러던 어느 날, 용기를 내어 오랫동안 숨겨 두었던 연희에 대한 마음을 전하지만, 그녀의 대답을 들으려던 순간, 거대한 쓰나미가 밀려온다.
하지원 	다양한 변신이 기대되는 배우, 〈가위〉, 〈폰〉의 호러 퀸에서부터 〈색즉시공〉의 파격적인 변신, 그리고 〈1번가의 기적〉의 여자 복서에 이르기까지 다양한 캐릭터를 통해 폭넓은 연기 스펙트럼을 보여준 배우	강연희	몇 년 전 인도양으로 나간 아버지를 쓰나미로 잃고, 해운대 미포 선착장에서 무허가 횟집을 운영하고 있다. 무허가로 장사를 하는 통에 주민들에게 수모를 당하기도 하지만, 언제나 당당하고 당찬 부산 아가씨다. 그런 그녀를 좋아해 물심양면 돕는 만식에게 서서히 마음을 열고, 어느 날 오랫동안 기다렸던 만식의 프러포즈를 받고 대답을 하려던 도중 쓰나미에 맞닥뜨린다.
박중훈 	충무로의 단단한 버팀목인 배우로 90년대 한국 영화의 전성기에 〈투캅스〉, 〈마누라 죽이기〉로 '박중훈표 코미디'라는 신조어를 만들어 낸 이후, 지금까지 다양한 장르의 영화에 출연해 명실상부 충무로의 단단한 버팀목이 된 박중훈. 안성기와 호흡을 맞춘 〈라디오 스타〉로 2006년 다시 한 번 입지를 다짐	김휘	가족보다는 쓰나미 연구에 몰두하며 살아온 해양 연구소 소속 지질학자. 2004년 동남아에 쓰나미가 몰아칠 것을 예측하고 경고했던 그는 한반도에도 쓰나미가 올 수 있다는 것을 알게 되고 재난 방재청을 찾아 쓰나미의 위험에 대해 경고한다. 때마침 전 부인 유진과 우연히 마주치고 7년 만에 처음으로 딸 지민과 마주하게 된다.
엄정화 	카멜레온 같은 변신의 귀재. 노래, 드라마, 영화 등 모든 분야를 종횡무진 오가며 대한민국 대중문화를 이끄는 만능 엔터테이너. 〈인사동 스캔들〉, 〈Mr. 로빈 꼬시기〉, 〈호로비츠를 위하여〉 등 언제나 다채로운 커리어에 걸맞은 색다른 변신으로 사람들의 이목을 집중시키는 배우	이유진	7년 전 오로지 일만 아는 남편과 이혼하고 홀로 딸을 키우며 사는 싱글맘이자 광고 대행사 국제 이벤트 담당 이사로 능력을 인정받은 커리어우먼. 이번에 해운대에서 열리는 국제 문화 엑스포의 진행을 맡아, 딸 지민 그리고 남자친구와 함께 부산에 내려왔다. 여기서 헤어진 전 남편 김휘를 우연히 만난다

배우	소개	배역	배역 소개
임진기 	인기드라마 〈굳세어라 금순이〉에서 잘생긴 외모로 모델을 꿈꾸는 철부지 청년 역을 맡아 귀엽고 세련된 이미지로 큰 사랑을 받으며 대중의 관심을 받은 배우. 〈로맨틱 아일랜드〉, 〈오이시맨〉 등에 출연하며 2009년 충무로 스크린 기대주로 떠오르는 배우	최형식	만식의 동생이자 자신의 직업에 대해 자부심을 느끼는 해양 구조대 소속 구조대원. 우연히 서울에서 놀러 온 삼수생 희미가 바다에 빠져 허우적대는 것을 발견하고 우여곡절 끝에 그녀의 목숨을 구해주게 된다. 그 이후로 틈만 나면 일방적으로 찾아오는 저돌적인 서울 아가씨의 애정공세가 싫지만은 않다.
강예원 	〈1번가의 기적〉에서 200 대 1이라는 경쟁률을 뚫고 주위의 우려를 불식시키며 당당히 캐스팅된 것은 물론, 신예답지 않은 적극적인 태도로 달동네에서 다단계 회사를 다니는 새침데기 아가씨 선주 캐릭터를 완벽하게 소화해 내 모두를 놀라게 한 배우	김희미	여름 휴가를 즐겁게 보내기 위해 친구들과 함께 해운대를 찾은 서울 아가씨. 대학생인 것처럼 행동하지만 실은 연극영화과를 지망하는 삼수생이다. 요트를 타고 나간 바다 한 가운데에서 실수로 물에 빠지고, 마침 근처를 지나가던 해양 구조원 형식에게 구조된다. 그 이후 그가 근무하는 곳에 찾아가 적극적인 애정공세를 펼친다.
김인권 	감초 연기의 달인. 어떤 역할이든 그만의 색깔로 소화해내며 독보적인 스타일을 구축해 온 배우. 언제나 작품 속에서 유연한 연기로 극의 분위기를 주도하며 감초 역할을 톡톡히 해내는 배우	오동춘	동네 날건달이자 연희의 초등학교 동창. 어머니와 함께 작은 잡화점을 운영하지만 가게 일이나 취직에는 관심이 없다. 매일 동네를 배회하며 하는 일 없이 놀고먹는 것은 물론 크고 작은 사건사고를 만들어 어머니의 속을 썩인다.

[표 4] CG 및 시각효과 담당, 한스울릭 소개

15년 동안 할리우드 블록버스터 영화의 후반 작업을 이끌어온 시각 효과 부분의 거장. 〈레모니 스니켓의 위험한 대결〉, 〈투모로우〉, 〈싸인〉, 〈퍼펙트 스톰〉, 〈스타워즈 에피소드 1: 보이지 않는 위험〉 등 수많은 블록버스터들의 CG를 도맡아 제작한 그는 상상 속의 상황이 마치 눈앞에서 실제 존재하는 것 같은 완벽한 CG를 구현해내 할리우드에서 자신의 입지를 굳혔다. 특히 수많은 CG파트 중에 그가 가장 자신 있어 하는 전문 분야는 바로 섬세함이 돋보이는 물 CG. 〈투모로우〉, 〈퍼펙트 스톰〉에서 선보인 물 CG는 마치 실제와 같은 생생함을 전달해 전세계 관객들에게 신선한 충격을 안겨줬다.

영화: 〈레모니 스니켓의 위험한 대결〉, 〈월드 오브 투모로우〉, 〈투모로우〉, 〈마스터 앤드 커맨더〉, 〈드림 캐처〉, 〈싸인〉, 〈마제스틱〉, 〈퍼펙트 스톰〉, 〈스타워즈 에피소드 1: 보이지 않는 위험〉, 〈딥 임팩트〉, 〈스피드 2〉, 〈스타워즈 에피소드 6: 제다이의 귀환〉, 〈스타워즈 에피소드 5: 제국의 역습〉 외 다수

[표 5] 영화 〈해운대〉 시놉시스

2004년 역사상 유례없는 최대의 사상자를 내며 전 세계에 엄청난 충격을 안겨준 인도네시아 쓰나미, 당시 인도양에 원양어선을 타고 나갔던 해운대 토박이 민식은 예기치 못한 쓰나미에 휩쓸리게 되고, 단 한순간의 실수로 그가 믿고 의지했던 연희 아버지를 잃고 만다. 이 사고 때문에 그는 연희를 좋아하면서도 자신의 마음을 숨길 수밖에 없다. 그러던 어느 날, 민식은 오랫동안 가슴 속에 담아두었던 자신의 마음을 전하기로 결심하고 연희를 위해 멋진 프러포즈를 준비한다. 만식의 동생이자 해운대 해양구조대원인 형식은 해양 순찰을 돌던 중 바다 한가운데에 빠져 허우적대던 희미를 발견하고 우여곡절 끝에 그녀를 구출한다. 자신을 구해준 순수 청년 형식에게 첫눈에 반한 희미. 그녀는 형식을 향해 저돌적인 애정공세를 펼치고, 형식 역시 그런 그녀가 싫지만은 않다. 국제해양연구소의 지질학자 김휘는 해운대 일대 지각의 움직임이 심상치 않음을 감지해 해운대를 찾는다. 그는 그곳에서 7년 전 이혼한 아내 유진과 딸 지민을 우연히 만나지만 지민이 자신의 존재를 모른다는 사실에 복잡한 감정을 느낀다. 일에 성공한 커리어우먼 유진은 바쁜 일로 인해 어린 지민을 혼자 두기 일쑤다. 한편, 그 순간에도 바다의 상황은 시시각각 변해가고 마침내 김휘의 예상대로 일본 대마도가 내려앉으면서 초대형 쓰나미가 생성된다. 한여름 더위를 식히고 있는 수백만의 휴가철 인파와 평화로운 일상을 보내고 있는 부산 시민들, 그리고 저마다의 사연을 가진 이들에게 초대형 쓰나미가 시속 800km의 빠른 속도로 밀려온다.

<해운대> 163일간의 마케팅 일지

"한 마디로 험난한 도전의 시작이었습니다. 주변에서 들리는 이야기들은 낙관적이기보다는 '그게 가능해?'라는 부정적인 시각들뿐이었어요. 마케팅 활동 전에 하는 FGI 조사 결과, 영화를 보고 싶다고 답변한 사람은 22%뿐이었어요. 보고 싶지 않은 가장 큰 이유는 아무래도 해운대라는 공간에 닥치는 쓰나미라는 소재였고, 이것을 표현하는 물 CG 기술의 한계 때문이었습니다. 게다가 이러한 장르로 성공한 전례가 없었기 때문에 불확실한 수익 위험도 따랐었죠."

김민정 부장은 해운대의 마케팅 전략수립 과정의 첫 단계부터 상세하게 설명해주기 시작했다.

소비자 조사 (2009. 2. 9. ~ 10.)

마케팅 전략 수립을 위한 집단심층면접(Focus Group Interview, 이하 FGI)은 2009년 2월 9, 10양일간 이루어졌다. 대상자는 월 2~3편의 영화를 극장에서 관람하는 소비자들이었다. 여대생, 남대생, 여직장인, 남직장인으로 이루어진 4그룹에는 각각 8명의 관객들이 포함되어 있었으며, 총 조사 인원은 32명이었다.

FGI 결과는 좋지 않았다. FGI 결과를 정리해보자면, 크게 불신과 냉소 두 가지로 나눌 수 있었다. 대부분의 반응은 불신과 냉소로 정리될 수 있었다. 우리나라에 쓰나미가 온다는 설정에 대한 의아함이 컸으며, 쓰나미를 포함한 스케일이 큰 재난영화에 대한 가능성에 대한 믿음 역시 낮은 편이었다. 더욱이 CG 중에 가장 어렵다는 물 CG를 국내에서 해낼 수 없다는 의견이 대부분이었다. 이미 성공한 할리우드의 재난영화와 차별성을 느낄 수 없다는 의견도 많았다. 게다가 쓰나미가 몰려오는 장소가 부산의 해운대라는 설정은 블록버스터의 느낌을 안겨주지 못했다. 마지막으로 윤제균 감독에 대한 믿음 역시 부족했다. 무엇보다도 성공한 영화의 감독들과 비교해서 인지도와 브랜드 파워가 낮았다. 게다가 윤제균 감독을 아는 소비자들도 코미디 영화를 주로 만들어 온 감독이 재난영화를 만들 수 있을지에 대한 의문을 품었다. 결과적으로 영화에 대한 소비자들의 기대감이 부재했다.

하지만 CG에 참여하는 할리우드 스탭을 통한 가능성을 엿보는 사람들이 있었으며, 윤제균 감독의 전작을 알고 있는 사람들의 경우 웃음과 눈물을 다룰 줄 아는 감독에 대한 믿음을 가졌다. 또한 FGI를 통해 시나리오를 읽은 것만으로도 감동을 전해 받은 사람들이 있었다. 불신과 냉소가 대부분이었지만, 약간의 가능성을 통한 희망은 남아 있었다. 즉, CG가 가장 큰 해결방안이었다. 마케팅을 통해 CG를 부각시키는 방법뿐이었다.

"생각보다도 영화에 대한 기대감이 너무 낮았어요. 소비자들은 여섯 커플들의 고만고만한 웃음과 눈물이 섞인 영화에 대한 기대감을 갖지 않았습니다. 당시 투자팀과 마케팅팀은 이 영화가 CG를 통해 잘 구현만 된다면, 성공할 것이라고 믿었습

[표 6] 영화 〈해운대〉 FGI 조사 결과 요약

관람의향 (1) – 소재, 한 줄 컨셉트 제시 후	남	여	20대 초반	20대 후반	계	%
보고 싶다	5	2	4	3	7	22%

관람의향 (2) – 시놉시스, 캐릭터 제시 후	남	여	20대 초반	20대 후반	계	%
보고 싶다	2	0	1	1	2	6%

윤제균 감독 인지	남	여	20대 초반	20대 후반	계	%
안다	5	0	0	5	5	16%
모른다	8	16	16	8	24	75%

관람의향 (3) – 배우, 감독 제시 후	남	여	20대 초반	20대 후반	계	%
보고 싶다	5	4	1	8	9	28%

니다. 그리고 FGI 결과에서도 〈투모로우〉의 CG를 담당했던 한스울릭에 대한 기대감을 엿볼 수 있었습니다. 그래서 CG 능력과 한스울릭을 마케팅에 접목시켜 부각시키기로 했습니다. 이러한 결과가 나오기까지는 마케팅 컨셉트와 전략 단계가 필요했었죠."

SWOT 분석 (2009. 4. 15.)

"재난을 다룬 영화에는 일반적으로 재난을 극복하고 막아내는 주인공이나 재난을 당한 후 수습하는 주인공이 등장하기 마련이지요. 즉 기존 할리우드 영화에서 재난을 다룬다면, 재난을 막아내고 사람들을 구하는 영웅이 등장하기 마련이에요. 더불어 엄청난 스케일과 액션이 가미되지요. 하지만 갑자기 닥친 쓰나미를 무슨 수로 막고 극복할 수 있겠어요. 이것이 바로 한국형 재난영화인 〈해운대〉와 기존 할리우드 재난영화와의 차이점이기도 했습니다. 〈해운대〉는 엄청난 재난을 당한 사람들이 이를 받아들이고, 그 속에서 다양한 인간군상을 보여주는 감성을 다

[표 7] 영화 〈해운대〉 SWOT 분석

Strength	Weakness
- 한국 영화 최초의 재난 블록버스터 - 설경구, 하지원, 박중훈, 엄정화 등 연기파 배우 캐스팅 - 웃음과 눈물의 한국형 드라마 - 한스울릭의 CG 참여	- 소재에 대한 의구심 - 대작 감독으로서의 신뢰감이 낮은 감독 - 불균형한 배우들의 조합 - 지엽적인 느낌의 제목 〈해운대〉
Opportunity	**Threat**
- 해외 선판매 이슈 - 휴가, 방학 등 성수기 시즌 - 올여름 유일한 한국영화대작	- 한국형 블록버스터에 대한 불신 - 높아진 관객의 눈 - 다수의 블록버스터 경쟁작(인지선호선점)

룬 영화이기 때문이었죠. 따라서 이를 부각시켜줄 수 있는 마케팅 전략이 필요했습니다."

마케팅팀은 미리 시행했던 FGI 결과와 더불어 실질적인 마케팅 컨셉트와 전략을 수립하기 위해 〈해운대〉의 SWOT 분석과 셀링포인트 분석, 소재탐색을 실시하였다. 이 모든 것들은 영화 〈해운대〉에 대한 소비자들의 기대감이 미진하더라도 영화에 대한 가능성을 미리 짐작하고 천만 영화를 만들기 위한 시작이었다.

영화 〈해운대〉의 강점은 무엇보다도 한국 최초의 재난 영화라는 사실이었다. 또한 연기파 배우들이 대거 참여하였다는 점과 미국에서 직접 물 CG를 구현하기 위해 한스울릭 팀이 참가한 것에 있었다. 하지만 소비자들은 부산의 '해운대'에 쓰나미가 닥친다는 소재에 대한 의구심을 가지고 있었고, 코미디 영화 및 눈물, 웃음이 가득한 영화를 만들어 온 윤제균 감독이 과연 재난영화를 해낼 수 있는지에 대한 의문도 남아 있었다.

셀링 포인트 (Selling Point) 분석

정확한 전략을 세우기 위해서는 FGI를 정확하게 분석하는 것이 필요했다. FGI의 결과에 따라 어떤 점들을 소비자들에게 내세워야 하는지 이 단계에서 결정되기 때문이다. '해운대에 쓰나미가 온다'라는 소재는 '우리나라에 쓰나미가? 말도 안

[표 8] 셀링 포인트 분석 (2009년 2월 10일 FGI 결과)

셀링 포인트 – 시나리오 리딩 전	계	%
〈퍼펙트스톰〉, 〈투모로우〉의 CG를 담당한 한스울릭 참여	14	44%
재난을 극복하고 가족, 연인간의 사랑을 깨닫는 감동적 스토리	10	31%
대한민국 최초로 제작되는 재난영화	10	31%
대한민국 최고 배우 총출동 – 설경구, 하지원, 박중훈, 엄정화	9	28%
〈1번가의 기적〉, 〈내 생애 …〉의 윤제균 감독이 빚어낼 웃음과 눈물의 절묘한 조화	9	28%
해운대를 덮치는 거대한 해일과 파도의 CG	8	25%
쓰나미가 휩쓸고 간 해운대의 붕괴된 모습에 대한 궁금증	2	6%
김인권, 이민기, 강예원 등의 조연	1	3%
해운대에 쓰나미가 온다는 설정	1	3%

돼…', '과연 한국영화에서 스케일 큰 재난영화를 만들 수 있을까?', '한국영화에서 물 CG가 가능하겠어?' 등등 기대감보다는 불신과 보고 싶지 않다는 반응뿐이었다. 따라서 마케팅팀은 FGI에서 높은 관심을 끌었던 할리우드 스태프 참여를 노출시키기로 결정했다. 제목, 장르, 소재, 시놉시스 그리고 캐릭터만으로는 관객을 동원할 수 없을 것이라는 판단에서였다. 또한 물 CG에 대한 기대감만큼이나 불신도 컸기 때문에 영상을 먼저 제대로 보여준다면 영화에 대한 기대감을 높일 수 있을 것이

[표 9] FGI 결과에 따른 소재 관심 정도

	남	여	계	%
관심 있다	9	0	9	28%
보통이다	0	8	8	25%
관심 없다	7	8	15	47%

[표 10] FGI 결과에 따른 블록버스터에 대한 느낌

블록버스터 느낌이 드는가?	남	여	계	%
블록버스터 느낌이 든다	7	6	13	41%
보통이다	1	3	4	13%
블로버스터 느낌이 안 든다	8	7	15	46%

라고 확신했다.

마케팅 목표 설정: Break the Records!

영화 〈해운대〉의 마케팅 목표는 그동안의 영화 흥행기록을 깨는 것이었다. 이를 위해 먼저 천만 영화를 분석했다. 천만 관객 영화의 1위는 13,019,740명의 관객을 동원한 〈괴물〉이었으며, 이어서 〈왕의 남자〉, 〈태극기 휘날리며〉, 〈실미도〉로 4편이 있었다. 2006년 〈괴물〉 이후로 관객 천만 명을 넘는 영화가 오랫동안 나오지 않았기 때문에 천만 영화는 만만한 기록은 아니었다. 관객들의 수준은 점점 높아지고, 영화 개봉 전부터 온라인을 통해 입소문이 전파되는 것이 주요 원인이었다. 업계에서 좋은 결과를 예상했던 영화도 시사회나 마케팅과정에서 냉정한 혹평을 받으면, 관객이 등을 돌리는 것은 시간문제였다.

기존의 천만 영화 혹은 흥행에 성공한 영화를 살펴보면 크게 두 가지로 나누어 볼 수 있다. 〈실미도〉, 〈태극기 휘날리며〉, 〈괴물〉, 〈디워〉, 〈화려한 휴가〉, 〈놈놈놈〉 등은 대작 마케팅을 통해 성공한 영화들이다. 반면 〈왕의 남자〉, 〈웰컴 투 동막골〉, 〈과속스캔들〉 등은 입소문과 표적집단 확장을 통해 성공한 영화들이었다. 그 중 천만 관객을 동원한 〈실미도〉, 〈태극기 휘날리며〉, 〈왕의 남자〉, 〈괴물〉은 이슈를 몰고 다니며 재미까지 동반한 영화들이었지만, 나머지 영화들은 이슈가 부족하거나 재미가 결여되는 등 두 마리 토끼를 모두 잡지는 못한 영화들이었다.

천만 영화는 하늘이 주신 영화라고 할 만큼 어렵다. 그만큼 많은 노력이 필요하지만, 함께 경쟁하는 영화에 따라서도 그 승패가 좌우한다. 함께 상영되는 영화에 따라서 개봉일을 미루거나 앞당기는 일도 비일비재한 이유가 바로 여기에 있다.

영화 〈해운대〉는 경쟁작으로 예상되는 영화들을 크게 두 부류로 나누었다. 먼저 〈국가대표〉는 〈해운대〉와 같은 국내영화로 드라마적인 요소가 풍부한 영화였다. 하지만 블록버스터 급의 스케일은 아니었기 때문에 스케일과 규모를 부각하는 초반 마케팅으로 블록버스터 영화임을 위상정립할 필요가 있었다. 또한 〈퍼블릭 에너미〉, 〈해리포터와 혼혈왕자〉 등의 외국 영화들은 스케일은 있지만 한국적 정서는 없는 영화로 판단됐다. 따라서 CG를 포함하고 있는 이 영화들과의 차별화 전략이 필요했다.

따라서 〈해운대〉는 할리우드 영화와 비슷한 수준의 볼거리를 제공하지만, 할리

[표 11] 한국영화 흥행 순위 (영화 〈해운대〉 개봉 이전)

영화명	개봉일	전국 관객수
1. 괴물	2006/07/27	13,019,740
2. 왕의 남자	2005/12/29	12,302,831
3. 태극기 휘날리며	2004/02/05	11,746,235
4. 실미도	2003/12/24	11,081,000
5. 디워	2007/08/01	8,426,973
6. 과속스캔들	2008/12/03	8,211,377
7. 친구	2001/03/31	8,181,377
8. 웰컴 투 동막골	2005/08/04	8,008,622
9. 화려한 휴가	2007/07/25	7,307,993
10. 놈놈놈	2008/07/17	6,876,951

우드 영화에서는 볼 수 없는 재미와 감동을 선사할 것이라는 미션을 세웠다. 이러한 미션을 실현하기 위해 임팩트 있는 쓰나미 장면으로 소재에 대한 불신을 극복하고, 대작마케팅으로 초반부터 사이즈감을 확장하기로 했다. 또한 한국영화 최초의 재난영화라는 이슈를 활용하며 인터넷 사용률이 높은 소비자(Heavy User)와 부산 지역 출신 등 핵심 표적집단을 대상으로 제작진의 도전을 지지하고 응원하도록 했다. 마지막으로 웃음과 눈물, 재미와 감동으로 표적집단을 확장하는 전략을 세웠다.

1차 마케팅 전략의 수립 및 실행 (2009. 5. 6. ~ 30.)

"1차 마케팅은 '한국 최초의 재난영화'라는 점과 물 CG를 구현시켜줄 수 있는 '한스울릭'을 전면 부각시키는 활동이었습니다. FGI결과 감독, 카피, 스토리로는 주목조차 받기 힘들다는 판단이었으니까요. 그래서 〈해운대〉를 〈괴물〉, 〈태극기 휘날리며〉, 〈놈놈놈〉의 뒤를 이어 새로운 장르를 개척하는 영화 반열에 올려놓기로 했습니다. 또한 할리우드 스태프 한스울릭을 전면 부각하여 쓰나미를 CG로 구현하는 것이 허황된 이야기가 아님을 알리는 것이 1차 마케팅의 목표였습니다."

1차 마케팅은 5월 6일부터 3주간 진행됐다. '초대형 쓰나미가 대한민국에 상륙힌다!', '대한민국을 휩쓸 거대한 쓰나미가 온다!', '올 여름, 거대한 쓰나미가 대한민국을 덮친다!'라는 캐치프레이즈(catchphrase)하에서 스케일을 강조한 마케팅이었다. 더불어 물 CG의 거장인 한스울릭과 손잡은 점도 강조했다. 당시 영화의 위상정립은 한국 최초의 휴먼 재난영화였다. 15세에서 29세까지 관객을 표적집단으로 오

[그림 1] 1차 티저 포스터: 거대한 쓰나미가 해운대 해변가를 덮치기 직전의 위기 상황

락성과 최초 재난 블록버스터라는 점을 강조했다. 런칭 액션은 티저 예고와 티저 포스터가 중심이 되었으며 특히 티저 영상은 스케일 중심의 임팩트 있는 영상을 선정했다. 티저 포스터는 재난의 순간을 임팩트 있는 비주얼로 그려낸 포스터였다.

[그림 2] 2차 티저 포스터: 광안대교를 금방이라도 집어 삼킬 듯한 쓰나미 아래로 수많은 인파가 도망치는 장면

100인의 서포터즈 운영(2009.5.)

“영화마케팅이 어려운 점은 인터넷이 발달하면서, 관객들의 반응을 즉각적으로 알 수 있으며 그 반응에 시시각각으로 대응해야 한다는 것입니다. 관객들의 반응은 예측하기 어렵습니다. 게다가 나쁜 소문은 빨리 전파되기 마련이죠. 업계에서 반응이 좋았던 영화도 파워블로거의 리뷰나 네티즌들의 부정적인 평가에 의해 하루아침에 망하는 경우들이 비일비재하니까요. 그러니 네티즌들을 우리 편으로 만드는 것이 시급했습니다. 그들이 적극적으로 〈해운대〉를 응원하게 해야 했습니다.

게다가 지금의 관객들과 네티즌은 앞선 기술에 대해 무한히 동경을 하며, 특히 국내 영화에 대해서는 해외 영화에 비하여 엄중한 잣대를 대고 평가합니다.”

김민정 부장은 영화마케팅의 특성상 시시각각 반응하는 소비자들의 반응을 살피며 대응해야 하는 점을 강조하며 이야기를 이어갔다.

“이러한 점들을 해결하기 위해 잠재적인 안티 세력을 우리 편으로 만들기 위한 노력을 시작했습니다. 바로 ‘100인의 서포터즈’를 모집한 것입니다. ‘100인의 서포터즈’들은 네이버의 〈해운대〉 공식 카페[4]를 통해 활동을 시작하였습니다. 진정으로

[그림 3] 네이버의 〈해운대〉 공식 카페

4) 2009년 5월 4일 오픈, http://cafe.naver.com/haeundae2009.cafe

〈해운대〉의 성공을 응원하는 사람들이 탄생한 것입니다."

〈해운대〉 제작진은 100인의 서포터즈라는 공식 서포터즈를 추첨을 통해 선발한 후, 영화의 우수성을 홍보하는 전략을 선택했다. 이 중 37명의 열성 응원자 및 운영진을 선발했다. 특히나 이들은 윤제균 감독의 대표 안티층인 해비유저들이었으며, 그 중에서도 파워 블로거들을 운영진으로 포섭하는 노력을 했다. 네이버 팬카페를 통해 운영된 서포터즈는 단순히 온라인 활동뿐만 아니라 정기적으로 윤제균 감독과의 만남을 통해 〈해운대〉에 대한 애정과 믿음을 키워나갔다. 서포터즈들은 계속되는 마케팅 과정에 직접 참여하여 관객이 아닌 영화 〈해운대〉의 일원이라는 유대감을 형성해 나갔다.

1차 마케팅 결과

3주간의 런칭 마케팅 활동의 결과는 인지도는 큰 폭 상승했지만, 선호도는 소폭 하락했다. 인지도의 경우 개봉 11주 전 21.3에서 개봉 9주 전 41.2로 상승했다. 반면 선호도는 개봉 11주 전 49.7에서 개봉 9주 전 47.1로 소폭 하락했다.

관객들이 〈해운대〉를 보고 싶은 가장 큰 이유가 '스케일이 클 것 같아서(61.4%)'였다. 하지만 보고 싶지 않은 이유 역시 '스케일/볼거리가 별로일 것 같아서(31.0%)'이었으며, '내용이 뻔할 것 같아서(44.4%)', '스토리가 별로일 것 같아서(35.7%)' 등이었다. 즉 스케일에 대한 기대감 조성이 형성되어 있지만, 동시에 CG에 대한 기대치를 채우지 못하고 있었다. 게다가 이미 많은 인기를 누렸던 할리우드 재난영화와 비슷하며 단순한 스토리일 것 같다는 편견과 불신이 자리 잡고 있었다. 다행히 스케일에 대한 기대감 때문에 〈국가대표〉나 〈차우〉 등의 경쟁작 대비 높은 인지도를 선점하고는 있었다.

특히나 개봉 8주 전인 상황에서 비교작 대비 높은 인지도(47.2%)를 유지하며, 관객동원 수 10위 안에 드는 〈놈놈놈(45.6%)〉, 〈디워(45.4%)〉, 〈태풍(52.9%)〉과 비슷한 수준이었다. 선호도(44.7%)는 비교적 낮은 편이었고, 관객 동원 수 10위 중 하위권이거나 10위권에 들지 못한 〈디워(46.4%)〉, 〈두사부일체(43.4%)〉, 〈추격자(43.3%)〉, 〈웰컴 투 동막골(47.1%)〉과 비슷했다. 즉 천만 관객이라는 기록을 깨려면 선호도 상승이 시급한 상황이었다.

2차 마케팅 실행전략의 수립 (2009. 6. 4.)

표적집단 분석 개봉 8주 전 인지도와 선호도를 세부적으로 분석한 결과 인지도에 비하여 여성들의 선호도가 낮은 것으로 나타났다. 따라서 여성들의 선호도를 높이려면 '재미와 감동' 등 내용에 대한 커뮤니케이션이 필요했다.

셀링 포인트 분석 15~29세까지를 표적집단으로 오락성과 최초 재난 블록버스터라는 점을 강조했던 런칭 액션에서 쓰나미라는 소재 중심의 1차 커뮤니케이션 결과는 스케일에 대한 인지도 확보였다. 하지만 이러한 전략은 선호도의 정체를 가져왔다. 따라서 표적집단 분석을 통해서 나타난 약점을 보강하기 위해서는 CG와 쓰나미, 스케일에 대한 관객들의 지나친 기대를 분산시키고 영화의 드라마에 관심을 갖도록 할 수 있는 커뮤니케이션 활동이 절실했다. 이를 해결하기 위해 감독, 배우, 스토리, 재미와 감동 등 영화의 내적 요소를 부각시키는 마케팅 전략이 필요했다.

실행전략 기존의 천만 영화는 대부분 이슈와 재미를 한꺼번에 제공하는 영화들이었다. 따라서 〈해운대〉 역시 이슈와 재미를 모두 공략할 수 있는 마케팅 전략을 내세웠다.

먼저 '이슈'를 제공하기 위해 세 가지 전략이 세워졌다. 첫 번째는 한국 최초의 재난영화를 강조하는 것이었다. 그동안의 천만 영화 혹은 흥행에 성공한 영화들을 살펴보면, 최초의 전쟁영화 〈태극기 휘날리며〉, 최초의 괴수영화 〈괴물〉, 최초의 웨스턴 무비 〈좋은 놈, 나쁜 놈, 이상한 놈(이하 '놈놈놈')〉 등 최초의 도전을 한 영화들이었다. 따라서 〈해운대〉 역시 한국 최초의 재난영화라는 점을 부각시켰다. 두 번째는 스토리텔링을 통한 마케팅 전략이었다. 윤제균 감독의 새로운 장르에 대한 도전과 고난 그리고 성공에 이르게 되는 과정을 세일즈하여 지지와 응원을 유도하는 방법이었다. 마지막으로 세계 20개국에 대한 해외 선판매를 통해 국내뿐만 아니라 해외에서도 통한 한국영화의 힘을 강조하기로 했다.

'재미'를 제공하기 위한 전략은 다음과 같았다. 기존의 외국 블록버스터 영화와 차별될 수 있도록 블록버스터의 전형을 깬 웃음과 눈물의 조합을 강조하는 것이다. 또한 설경구, 하지원, 박중훈 등 대한민국 대표 연기파 배우의 총출동이라는 점을 보여주었다. 마지막으로 코믹에피소드와 영화에 등장하는 다양한 커플간의 에피소드를 서브로 활용하는 것이 〈해운대〉의 재미를 부각시키는 전략이었다.

[표 12] 개봉 8주 전 인지도 현황

인지도	전체	성별		관람빈도		
		남자	여자	저	중	고
해운대	47.2	41.9	52.7	47.3	46.1	49.2
국가대표	8.7	7.2	10.2	7.9	7.5	11.9

[표 13] 개봉 8주 전 선호도 현황

인지도	전체	성별		관람빈도		
		남자	여자	저	중	고
해운대	44.6	48.3	41.7	45.0	39.8	52.5
국가대표	40.8	44.9	38.0	40.1	43.8	38.1

2차 마케팅 실행, 감성에 소구하다 (2009. 6. 15. ~ 28.)

"〈해운대〉는 1차 마케팅 전략을 실행할 때, '한국 최초의 재난영화'라는 점을 부각시켰습니다. 하지만 보여주어야지만 믿을 것이라는 당초 예상과는 다르게 한스 울릭과의 CG 작업이 쉽지만은 않았습니다. CG 중에서도 가장 실제와 같이 구현하기 어렵다는 물 CG를 만들어 내는 일도 어려웠고, 관객들이 만족할 만한 수준을 위해 윤제균 감독의 엄격한 기준을 맞추기까지는 많은 시간이 소요됐습니다. 영화 마케팅은 영화가 개봉하기까지 그리고 영화가 개봉한 후에도 이렇게 예상하지 못했던 문제점들과 쉴 새 없이 부딪히게 됩니다. 그래서 순간의 판단력과 결단력이 중요합니다. 마케팅 전략을 수립하면 이를 실행하기 위해 단기간 막대한 금액이 투자되기 때문입니다. 우리는 당시의 상황을 해결하기 위해 영화의 스케일과 '최초 재난영화'라는 타이틀은 접어두기로 했습니다. 하지만 〈해운대〉에 대한 불신은 단순히 국내 영화 여건의 제약 때문만은 아니었습니다. 그동안 드라마와 코믹 위주의 영화를 제작했던 윤제균 감독이 과연 재난영화를 만들 수 있을까에 대한 의구심도 포함되어 있었습니다. 그래서 2차 마케팅은 영화가 아닌 '최초에 도전하는 윤제균 감독'을 필두로 관객들의 감성을 자극하고자 하는 전략이었습니다"

그렇다면 어떻게 관객의 감성을 자극하는 전략을 실행해나갔는가? 김민정 부장은 이에 대하여 다음과 같이 이야기하였다.

"열정이 있는 윤제균 감독이 직접 관객과 커뮤니케이션하여 관객들의 마음을 사로잡는 '감성 마케팅'을 전개하였습니다. 또한 할리우드의 공식과는 다른 '한국형 휴먼재난영화'라는 점을 〈해운대〉만의 차별화 포인트로 두고, 재난을 해결하는 영웅이 있거나 재난에 맞서는 영화가 아님을 지속적으로 마케팅했습니다. 지금 생각해보니 그때의 결정은 쉽지만은 않았지만 관객들의 마음을 사로잡기 위한 정확한 전략이었던 것 같다는 생각이 듭니다."

2차 마케팅은 새로운 영화 장르에 대한 도전과 도전을 성공으로 이루어 내는 감독, 그리고 배우에 초점을 맞춘 마케팅 전략이었다. 1차 마케팅에서 강조했던 '한국 최초의 휴먼재난영화'가 아닌 기존의 틀을 깬 '한국형 휴먼재난영화'라는 점에 초점을 맞추어 위상정립을 했다. 더불어 '최초의 도전'임을 강조한 전략이었다. 따라서 본 포스터는 쓰나미에 대한 스케일이나 CG를 강조한 것이 아니라 드라마적인 요소와 배우를 부각시켰다. 포스터 카피 역시 '쓰나미도 휩쓸지 못한 그들의 이야기가 시작된다'로 단순히 블록버스터가 아니라 드라마를 통한 감동이 있는 '한국형 블록버스터'임을 강조했다.

감독과 관객과의 소통(2009.6.15.~29.)

윤제균 감독의 도전 영상은 최초에 도전하는 윤제균을 스토리텔링하여 감성이라는 색깔을 입히고, 진심을 담은 직접적인 스킨십을 통해 사람의 마음을 얻을 수 있도록 하는 전략이었다. 또한 할리우드와는 차별화된 윤제균식 웃음과 눈물이 있는 한국형 휴먼재난영화임을 강조하는 영상이었다. 도전영상은 한국 영화의 새로운 시도와 끊임없는 도전 정신을 담아냈다.

〈해운대〉는 최초라는 타이틀덕분에 기획 단계에서부터 큰 화제를 불러일으켰지만, 동시에 할리우드를 뛰어넘을 수 없을 것이라는 부정적인 인식도 강했다. 국내에서는 제작비와 기술력, 그리고 영화 시장의 규모 등 여러 가지 면에서 많은 제약이 따르기 때문에 재난영화를 제작하기 어려운 실정이기 때문이다. 도전스팟은 이러한 부정적인 인식과 환경 속에서 불가능을 가능하게 한 윤제균 감독과 모든 스

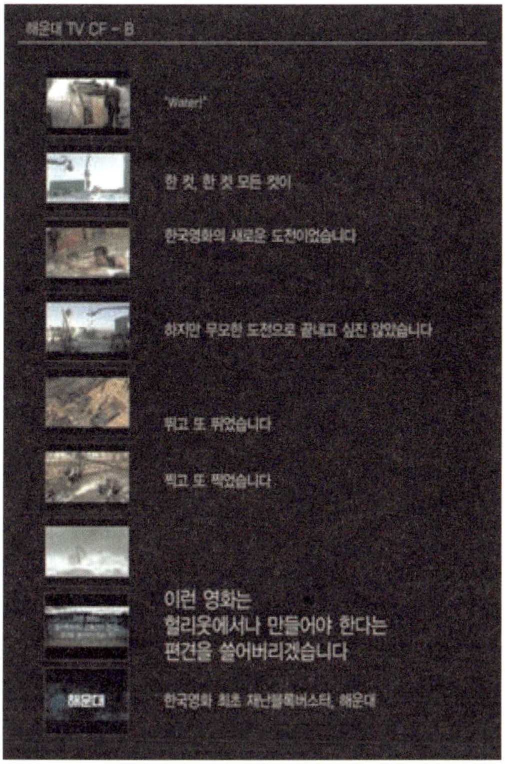

[그림 4] 도전영상 스토리보드

탭, 그리고 배우들의 도전 정신을 담고 있다.

윤제균 감독은 바쁜 제작 일정에도 불구하고 다른 감독들은 할 수 없는 일반인과의 진솔한 만남을 지속적으로 이어나갔다. 윤제균 감독이 진정성을 호소하는 과정이었다. 〈해운대〉 개봉 전에도 대학생, 영화동아리, 극장회원 등 주요 표적집단을 대상으로 감독과의 대화 시간을 가졌다. 뿐만 아니라 부산 지역민을 위한 지역민의 행사 및 홍보활동에도 적극적으로 참여했다. 감독들이나 배우들이 기피하기 마련인 언론들과도 적극적 사전 미팅을 통해 도전과 고난에 대한 커뮤니케이션을 아끼지 않았다.

윤제균 감독은 〈해운대〉 네이버 공식 카페를 통해 2000일간의 제작기를 4탄까지 연재했다(2009년 7월 1일부터 9일까지). '영화 해운대가 탄생하기까지', '수백만 명의 인파들 중 누구를 주인공으로?', '한국 기술로 물 CG를 하고 싶어요!', '이제 우리도 물 CG 할 수 있다구!'가 바로 그것이다. 〈해운대〉가 탄생하기까지 과정의 중심에 있었던 윤제균 감독이 직접 글을 써서 관객들의 이목을 끌 수 있었다. 이렇게 윤제균 감독이 관객과 네티즌들에게 직접 전달한 제작기는 많은 네티즌들의 이목을 집중시켰고, 영화에 대한 기대감을 높일 수 있는 또 다른 기회요소가 됐다.

부산 관객들의 적극적 공략(2009.6.16.)

"부산의 상징인 해운대가 물에 잠긴다는 설정 때문에 지역 주민의 반발을 예상하고는 있었어요. 하지만 생각보다 해운대 주변의 상인들과 주민들의 반발이 너무나 심했답니다. 주민들과 빌딩 건물주들의 항의 전화가 빗발쳤습니다."

부산이 물에 잠긴다는 영화의 설정에 대한 반발을 어떻게 잠재울 수 있었는지에 대하여 김민정 부장은 구체적으로 설명하였다.

"그래서 본격적인 전국 마케팅 이전에 부산 주민들의 민심을 달래는 것이 우선이었죠. 부산을 사랑한 부산 출신 감독이 전세계에 '해운대'를 알리기 위해 고향에 바치는 영화로 위상정립을 하기 시작했습니다. 또한 영화 〈투모로우〉 개봉 이후 뉴욕의 관광수입이 급증했던 사실을 토대로 〈해운대〉의 성공이 해운대를 유명하게 만들어 관광수입의 상승을 가지고 올 수도 있다는 긍정적인 예측 결과로 시민들을 설득했습니다. 물론 이 예상은 적중했습니다. 다른 마케팅 일환으로는 긍정적인 입소문을 위해 부산의 빅마우스를 관리하였습니다. 부산에서도 서울과는 별도로 서포터즈를 모집했고, 부산 언론과 시민을 대상으로 제작보고회, 프리미어 시사회, VIP 시사회를 계획했습니다.

하지만 무엇보다도 부산을 중심으로 한 마케팅의 일등 공신은 윤제균 감독과 〈해운대〉 배우들이었습니다. 그들은 틈나는 대로 직접 부산에 내려가 부산 시민들과 만나는 스킨십 마케팅을 펼쳤어요. 그야말로 '우리가 남이가' 였습니다. 단순히 마케팅의 일환이 아니라 진심으로 시민들에게 다가갔기 때문에 가능했던 일들이었습니다. 결과적으로 〈해운대〉는 부산이 사랑한 영화로 남게 되었습니다."

서포터즈 in 부산은 〈해운대〉 촬영지인 부산에 거주하는 부산 지역의 오피니

언 리더들을 중심으로 선정됐다. 서포터즈는 대학생 외에도 인터넷 상의 빅마우스(Big Mouth)인 카페지기, 파워블로거 등이 중심이 됐다. 이는 부산 지역의 긍정적 여론을 확산하기 위한 방법이었다.

서포터즈 in 부산 행사에서는 부산이 고향인 윤제균 감독이 직접 나서서 해운대를 전세계에 널리 알리고 싶은 기획의도를 홍보하기도 했다. 부산의 해운대를 소재로 한 탓에 발생하는 부산지역의 수많은 안티팬들은 〈해운대〉 마케팅팀과 감독, 그리고 배우들의 노력으로 〈해운대〉 응원군으로 변화하기 시작했다. 감독과 출연배우들이 직접 부산으로 찾아가서 1:1로 서포터즈들을 만나는 스킨십 마케팅은 등을 돌린 그들의 마음을 돌리기에 충분했다.

제작보고회의 이슈화(2009. 6. 18.)

"1차 마케팅 이후로 쓰나미를 부각시키지 않았어요. 사실 물 CG 구현이 쉽지 않았습니다. 제대로 된 CG가 아니면, 보여주는 것보다는 노출시키지 않는 것이 더 나을 것이라는 판단 하에 결정된 일이었습니다. 따라서 본 포스터도 배우들을 중심으로 구성되었습니다. 그러자 수많은 루머들이 돌았고, 오로지 보여줘야만 믿겠다는 사람들뿐이었습니다. 하지만 CG 제작과정은 생각보다 오래 걸렸고, 완성본은 계속 지연되고 있었습니다. 보여주어야만 하는 상황에서 결과물이 없었던 것입니다.

게다가 윤제균 감독의 도전 영상 이후 업계와 기자들 사이에서는 영화에 대한 비난이 더 높아지고 있었습니다. 영화가 부족한 점이 많아 다른 것들로 포장하려 한다는 이유에서였습니다. 그래서 결정한 것이 제작보고회를 통해 CG가 완성되는 과정을 보여주는 것이었어요. 제작보고회에서 윤제균 감독이 직접 CG 구현과정을 보여주고, 한스울릭과의 화상회의를 재현했죠. 반응은 즉각적이었습니다. 많은 언론들이 관심을 보이기 시작했고, 〈해운대〉에 대한 지지와 응원이 이어졌습니다."

6월 18일 진행된 제작보고회는 그동안 업계에서 돌던 악성 루머들을 한순간에 잠재울 수 있는 자리였다. 제작보고회에서는 200일간의 제작 과정을 담은 특별 다큐와 본 예고편, 하이라이트 등을 공개했다.

윤제균 감독을 비롯하여 설경구, 하지원, 박중훈, 엄정화 등 모든 출연배우들이 한자리에 모여 화제를 모으기도 했다. 더구나 보통의 제작보고회와 달리 윤제균

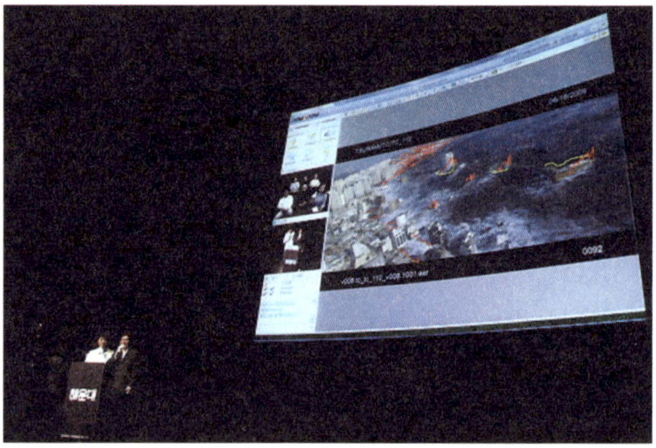

[그림 5] 한스울릭과의 화상회의

출처: 매일경제(2009년 6월 18일자)

감독이 직접 CG 구현과정을 현장에서 시연하였다. 할리우드 현지와 연결, 한스울릭과의 화상회의를 재현하는 등 일반인들뿐만 아니라 업계마저도 불신하고 있었던 부분인 기술적인 문제들에 대해 보여줄 수 있는 기회였다. 또한 본편보다 우선적으로 CG를 완성시켜 퀄리티가 높아진 하이라이트 등을 이 자리에서 최초 공개하여, 의구심으로 가득 찼던 기자들도 '최초의 한국형 재난영화의 탄생'에 지지와 응원을 보내기 시작했다.

〈해운대〉의 제작보고회는 제작보고회로만 끝난 것이 아니라 제작보고회 온라인 중계를 통해 또 한번의 이슈를 만들었다. 기존의 스타 중심 중계와는 다르게 맥스무비가 10주년 특집 기획으로 싸이월드 TVON과 함께 준비하여 제작보고회의 전 과정을 볼 수 있었다. 제작보고회 온라인 생중계는 헤비 유저(heavy user)의 높

〈해운대〉 제작보고회, "영웅이 없다. 할리우드 블록버스터와 차별화"

[맥스무비=박정민 기자] 국내 영화로는 처음으로 시도되는 재난 블록버스터 〈해운대〉의 제작보고회가 18일 오전 11시 서울 압구정 CGV에서 열렸다.
이날 제작보고회에는 〈해운대〉의 연출을 맡은 윤제균 감독과 주연배우인 설경구, 하지원, 박중훈, 엄정화, 이민기, 김인권, 강예원 등이 참석했다. (중략)
아울러 이날 제작보고회에서는 〈해운대〉의 CG(컴퓨터그래픽)와 시각효과를 담당한 미국 프로듀서 한스울릭과 직접 화상 연결을 시도하기도 했다. 윤 감독은 이날 CG컨퍼런스를 진행하며 영화 속 쓰나미의 제작과정을 보여주는 시간을 가졌다.

출처: 맥스무비(2009년 6월 18일자)

[그림 6] 제작보고회 현장

은 관심 속에서 진행되었다.

본격적인 프리런칭(2009. 6. 22.)

6월 22일 〈해운대〉의 본 포스터와 본 예고편이 공개됐다. 본 포스터에는 부산을 상징하는 광안대교를 초대형 쓰나미가 금방이라도 집어삼킬 것 같은 압도적인 규모를 자랑하며 보는 이들의 시선을 사로잡았다. 또한 1차 마케팅 전략 단계와는 차별적으로 쓰나미보다는 재난에 맞닥뜨린 사람들을 부각시켰다. 이를 위해 '만식'과 '연희' 역의 설경구, 하지원 및 '김휘'와 '유진' 역의 박중훈과 엄정화의 감정을 여실히 드러내어 그들의 드라마에 대한 궁금증을 불러일으키는 데 초점을 맞췄다. 카피 역시 '쓰나미도 휩쓸지 못한 그들의 이야기가 시작된다'로 정하였다. 이는 〈해운대〉가 선보일 드라마를 한층 강조하여 재난 등의 볼거리 위주가 아니라 웃음과 감동의 드라마가 살아 있는 한국형 휴먼재난영화라는 점을 부각시키고 있었다.

본 예고편 역시 초대형 쓰나미가 해운대에 들이닥치는 것에 초점을 맞춘 티저 예고편과는 달랐다. 만식과 연희, 김휘와 유진 등 〈해운대〉에 등장하는 배우들의 평범한 이야기들을 강조했다. 이어 해운대를 휩쓴 쓰나미와 함께 '남은 시간은 10분! 소중한 이들을 지켜야 한다!'는 카피는 상황의 급박함과 동시에 앞으로 펼쳐질 상황과 그 이후의 드라마에 대한 궁금증을 불러일으켰다.

[표 14] 단계별 마케팅 전략 요약

기간	5/6 ~ 5/30 (3주) 1차 마케팅	6/15 ~ 6/28 (2주) 2차 마케팅	7/2 ~ 7/22 (4주) 3차 마케팅
셀링 포인트	스케일	도전, 감독, 배우	재미와 감동
위상 정립	한국 최초의 휴먼재난영화	최초의 도전, 틀을 깬 한국형 휴먼재난영화	최고의 오락영화
메시지	대한민국을 휩쓸 거대한 쓰나미가 온다, 〈해운대〉가 한스울릭과 손잡다	한국최초의 도전을 응원합니다, 윤제균식 새로운 블록버스터, 대한민국 대표 연기파배우 총출동	남은 시간은 단 10분 소중한 이들을 지켜야 한다, 전 세대, 전 세계가 공감한 한국산 재난영화의 재미와 감동
툴	– 티저 예고, 티저 포스터 – 영화프로, 주간지 기획기사(한스울릭 중심) – 연예가 중계(제작과정 중심) – 케이블필러, 주간지, 무가지 광고 – 네이버 브랜딩 보드, 맥스 특수광고 – 네이버 카페 오픈 – 100인의 서포터즈 온라인 모집 – 벽보, 온라인 특수광고	– 본 예고, 본 포스터 – 제작보고회(온라인 생중계) – 서포터즈 인 부산, 서포터즈 인 서울 – 부산지역 특별광고(지면, 벽보) – 도전스팟광고(극장, CATV) – 도전컨셉 지면광고(무가지) – 네이버브랜드 등 보드 – 채널 CGV 도전 컨셉 캠페인 스팟 – 제작기 미니다큐 노출 – 삼성전자 하우젠 공동 광고 노출	– 기자배급시사, 일반시사 – 주연배우 방송, 지명홍보 – 서울 프리미어, 부산 프리미어 – 4대 매체 예고 집중(공중파 중심) – 커플별영상 노출(서브매체) – 극장 CGV 시그널 모션 – 마구마구 야구장 에티켓 광고 – 소방방재청시사회, 일일 횟집 – 유명인사 응원 영상 2 – 예매이벤트 – 프로모션 노출(공동광고)

[그림 7] 본 포스터: 초대형 쓰나미에 휩쓸리기 직전인 광안대교와 그 위로 무언가에 놀란 사람들의 모습

3차 마케팅의 실행, 본격적인 런칭 마케팅 (2009. 7. 2. ~ 22.)

"2차 마케팅은 전반적으로 윤제균 감독이 최초 도전을 한다는 점을 부각시킬 수 있는 마케팅 활동에 중점을 두었습니다. 이와 더불어 윤제균 감독이 직접 나서서 부산 민심을 감동시키고, 관객들과 끊임없는 의사소통을 하는 시간들이었습니다.

하지만 개봉 날짜가 1주일, 5일 전으로 다가오고 있어도 만족할 만한 CG 장면은 여전히 완성되지 못하고 있었던 것이 당시 현실이었습니다. 그래서 선택한 것이 바로 윤제균 감독의 영화 〈1번가의 기적〉, 〈색즉시공〉 등에서 발견할 수 있었던 눈물과 웃음을 강조하는 것이었습니다. 천만 영화의 요소 중 하나인 재미를 부각시키는 단계로 드라마를 강화하는 전략을 유지하기로 한 것입니다. 물론 영화와 관련된 모든 결정은 마케팅팀의 단독적인 결정으로만 이루어지는 것은 아닙니다. 투자팀 등 다른 팀에서는 이러한 마케팅 전략에 대해 의구심을 가지고 있었습니다. 하지만 마케팅팀의 마케팅력을 바탕으로 끝까지 밀고 나간 전략 뒤에는 이미경 부회장님의 판단력과 믿음이 있었습니다."

기존의 영화들 중 흥행에 성공한 영화들은 대부분 이슈나 재미 중 한 가지에 성공한 영화들이었다. 하지만 이슈와 재미를 동시에 보여주어야지만 천만 영화가 될 수 있었다. 윤제균 감독은 이미 〈색즉시공〉과 〈1번가의 기적〉 등의 영화로 웃음과 눈물을 주는 충무로의 이야기꾼으로 자리잡고 있었다. 따라서 이러한 점을 강조하기로 했다. 특히 소비자들이 마지막 순간의 결정에 80~90%의 영향력을 미치는 CF 광고에 대한 내용 결정이 가장 중요했다.

"당시 공중파를 중심으로 나갈 CF 광고의 내용을 정하는 것이 중요한 문제였습니다. 소비자들은 자신이 선택하게 될 영화와 관련된 정보에 끊임없이 노출되고, 그에 따라 선택을 변경합니다. 그중 가장 많은 영향력을 미치는 것 중 하나가 바로 공중파를 통한 CF 광고입니다. 하지만 여전히 물 CG를 포함한 편집본이 완성되지 않았습니다. 그러다 보니 내부적으로도 광고에 CG를 포함시킬 것인지 포함시키지 않을 것인지에 대한 논쟁이 끊이지 않았습니다. 하지만 마케팅팀의 판단으로는 CF에서 CG를 최대한 적게 노출시키고 드라마를 강화하는 것이 가장 좋다는 결정을 내렸습니다. 이때 이미경 부회장님이 마케팅팀의 판단을 믿어주셨고, 결단력을 발휘하여 드라마를 강화한 CF가 전파를 탔습니다."

[그림 8] 8인 스페셜 포스터 : 8인의 등장인물을 한 컷에 담아낸 스페셜 포스터

8인 스페셜 포스터는 앞서 공개된 티저 포스터와 본 포스터들보다 더욱 다양한 군상들의 모습을 한 컷에 담아냈다. 3차 마케팅의 핵심인 영화의 드라마를 강조하기 위해 이전 포스터에서는 볼 수 없었던 형식, 희미, 동춘의 모습도 추가됐다.

부산 프리미어 시사회와 사랑의 일일 횟집(2009.7.18.)

처음부터 부산 시민들이 영화 〈해운대〉를 지지했던 것은 아니었다. 하지만 부산 출신 '윤제균' 감독과 배우들의 끊임없는 설득과 부산에 대한 애정 덕분에 부산 시민들은 점점 마음을 열고 촬영에 적극 지원했다. 이들에게 감사의 뜻을 전한 것이 바로 부산 프리미어 시사회와 사랑의 일일 횟집이었다.

먼저 부산 프리미어 시사회는 센텀 CGV에서 감독 및 배우들의 무대인사와 경품 추첨 이벤트까지 마련되어 부산 관객들이 개봉 전 영화도 관람하고, 영화 속 주인공들도 직접 볼 수 있는 기회였다. 이어진 사랑의 일일 횟집 이벤트는 실제 해운대 미포에 위치한 한 횟집에서 열렸다. 추첨을 통해 감독과 배우들이 준비한 선물을 받거나, 배우와 감독과 함께 사진을 찍는 등 다양한 즐거움이 가득했다.

특히 감독과 배우들이 직접 앞치마를 입고 서빙을 했다. 시민들과 가까이에서 어우러진 사랑의 일일 횟집 이벤트는 부산 시민들의 영화에 대한 관심을 더욱 증

[그림 9] 사랑의 일일 횟집

폭시키는 계기가 될 수 있었다.

영화 개봉(2009.7.22.)

7월 22일 개봉을 앞두고 맥스무비, 네이버, 예스24, 조이씨네 등 온라인 사이트에서 진행된 '가장 기대되는 영화' 설문에서 영화 〈해운대〉가 1위를 휩쓸었다. 10명 중 단 2명만이 보고 싶어했던 영화가 지속적인 마케팅 노력으로 2009년 여름 최고의 기대작이 된 순간이었다. 영화 예매 사이트 맥스무비에서 2009년 7월 6일부터 8일까지 진행했던 '7월 4주차 개봉작 중 가장 보고 싶은 영화' 설문에서 〈해운대〉는 무려 70.5%로 1위를 기록했다. 다른 경쟁작들, 특히 〈해리포터와 혼혈왕자〉, 〈트랜스포머〉 등 할리우드 블록버스터와 〈차우〉, 〈킹콩을 들다〉 등 볼거리와 드라마가 풍부한 영화들과 함께하는 경쟁상황에서의 기록이라 더 의미 있는 결과였다.

이어 〈해운대〉는 개봉 당일 기준으로 맥스무비, 인터파크, 티켓링크 등 주요 영화 예매 사이트에서 예매율 1위를 석권했다. 그 결과 개봉 당일인 7월 22일 하루 동안 총 18만 5천여 명[5]의 관객을 동원했다. 이어 개봉 4일 만에 100만 돌파, 개봉 첫 주 200만 관객을 돌파하는 면모를 과시했다. 이러한 행진은 관람객 11,516,992명이라는 국내 개봉 영화 관객 동원 역대 4위라는 놀라운 결실을 맺었다.

5) 배급사 공식집계 서울누계 53,744명 / 전국누계 185,874명

또한 ROI 관점에서도 할리우드의 재난영화 대비 탁월한 성적(제작비 2억불인 영화 〈2010〉 매출의 2배)을 보여주었다.

마케팅 성과 및 의의

학생들은 〈해운대〉의 마케팅 전과정을 들으며 한편의 영화가, 더 영화 같은 마케팅을 통하여 관객과 성공적으로 소통함에 놀랐다. 마지막으로 김민정 부장에게 〈해운대〉의 성공요인에 대하여 들었다.

명확한 목표와 실현

〈해운대〉는 국내 자본으로 성공시킨 최초의 재난영화다. 국내 제작진들을 중심으로 할리우드 대작에 맞설 수 있는 아이템을 개발하고 시나리오를 완성시켰다. 또한 작품의 질도 처음부터 할리우드 블록버스터급 영화를 목표로 기획했기 때문에 이에 적합한 CG를 실현시켰다. 국내에서는 누구도 시도하지 않았고 가장 어렵다는 물 CG를 성공적으로 구현한 것이 그 증거다.

리얼타임 마케팅(Real-time Marketing)

영화 〈해운대〉의 사례는 마케팅이 정적인(static) 활동이 아닌 동적인(dynamic) 활동임을 극명히 보여주는 대표적인 사례다. 그동안 마케팅 전략은 기획단계 이후에 실행단계로 진행되는 순차적인 과정을 거쳤다. 그러나 최근 빠르게 변화하는 시장과 소비자와 함께 호흡하기 위해서는 리얼타임 마케팅의 필요성이 대두된다. 이는 결국 전략의 수립과 세부 기획 수립 단계가 실행과 분리되어 진행되고 이후에 평가하여 피드백이 이루어지는 마케팅 관리 순환 모델이 아닌 실시간으로 진행되어 다이나믹한 마케팅 실행과 그 목적을 만들어 가는 일련의 과정이 중요하다는 사실을 보여준다. 특히 영화와 같이 단기간 내에 집중적인 마케팅을 구사해야 하며 소비자들의 반응과 구전효과가 마케팅의 성과로 직결될 수 있는 산업분야에서 이러한 리얼타임 마케팅의 진가는 더욱 빛난다. 실시간 모니터링, 고객과 시장반응에 대한 빠르고 정확한 대응은 한국영화산업에서 재난영화라는 가장 어려운 과제를 성공적으로 풀어낼 수 있었다.

쌍방향 마케팅(Interactive Marketing)

다양한 interactive media의 등장과 social network service의 발달에 의해 쌍방향 마케팅은 더욱 용이해졌다. 영화 〈해운대〉의 사례는 이런 쌍방향 마케팅을 real time으로 다이나믹하게 성공시킨 사례이다. CJ 엔터테인먼트가 활용한 쌍방향 커뮤니케이션의 도구들 또한 매우 다양하다. 여러 차례의 소비자 좌담회, 고객과의 직접적인 만남, 영화에 부정적이었던 부산 주민들과의 대화와 설득, 파워 블로거의 적극적 활용, 일일횟집 이벤트 등이 실행되었다. 이를 통하여 습득된 사항들을 영화의 제작단계에서부터 완성 후 마케팅 커뮤니케이션까지 적극적으로 수용하고 보완하였다.

"영화 〈해운대〉는 할리우드 블로버스터 공식을 뛰어넘어 '웃음과 감동'의 드라마를 극대화하여 할리우드의 재난영화와는 차별화한 한국형 재난영화입니다. 윤제균 감독의 재난영화에 대한 최초의 도전은 〈해운대〉를 마케팅하는 데 있어서도 도전의 연속이었습니다. 시시각각 변하는 상황에 따라 다양한 마케팅 기법을 실행해야 하기 때문에 영화마케팅은 종합적인 마케팅(total marketing)이라고 할 수 있습니다. 영화마케팅은 최근 중요성이 확대되면서 영화제작에서의 비중 역시 커지고 있습니다. 과거와는 다르게 영화의 기획과 제작단계부터 참여하여 영화의 성패를 좌우하는 것이 바로 마케팅의 힘입니다. 오늘 저의 강연을 통해 영화마케팅의 중요성을 인식하고, 영화마케팅에 대한 이해를 높일 수 있는 뜻 깊은 자리가 되었기를 바랍니다."

어느덧 창문너머에는 해가 뉘엿뉘엿 지고 있었다.

토론과제

토론과제 1.

〈해운대〉 마케팅은 '100인의 서포터즈'와 '서포터즈 in 부산'을 모집하여 활발한 마케팅 활동을 펼쳤다. 당시 마케팅 담당자들은 어떤 방법으로 '100인의 서포터즈'와 '서포터즈 in 부산'을 모집하고 운영해 나갔을지 생각해보자.

토론과제 2.

소셜네트워크서비스(SNS: Social Network Service)를 활용한 영화 〈해운대〉의 영화마케팅 전략과 실행방안을 수립해보자.

토론과제 3.

〈해운대〉의 영화마케팅은 시시각각 변화하는 상황이나 그때마다 발생하는 문제점들에 대처하는 'real-time marketing'이다. 이와 같은 마케팅 기법을 사용할 수 있는 다른 산업을 생각해보고, 사례를 찾아보자.

사례 2.

장수 비법 공개, 브랜드는 어떻게 하면 장수하는가?

- 농심 신라면의 장수 브랜드 마케팅 사례 -

황도연* 이두희** 주경희***

2010년 12월 1일 (주)농심 안성 스프전문 공장 내 임원 회의실. 중소규모의 식품업체에 근무하고 있는 K기업의 주경희 책임연구원과 황도연 연구원은 다소 긴장된 모습으로 (주)농심 관계자 이형춘 차장을 기다리고 있다. 이들은 1986년 출시 이후 대한민국 라면의 대명사가 된 '辛라면'의 사례를 통해 브랜드를 어떻게 구축하고 장수 브랜드로 발전시켜 관리해 나갈 수 있는지에 대한 비결을 전수 받기 위해 (주)농심을 방문하였다.

밝고 경쾌한 발걸음 소리가 이들의 심장을 더욱더 떨리게 하는 순간, "찰카닥" 하는 소리와 함께 문이 열리며 환한 미소를 띤 (주)농심의 이형춘 차장이 회의실에 들어왔다. K기업의 주경희 책임연구원과 황도연 연구원은 짧은 숨을 내쉬며 자리에 일어나 이형춘 차장에게 인사를 건넸다.

"서면으로 미리 요청한 바와 같이 오늘 저희가 방문한 목적은 1986년 출시 이후부터 현재까지 수십 년간 국내 라면시장에서 확고부동한 대표로 자리매김하고 있는 辛라면의 사례를 통해 장수 브랜드로 키워나가고 지속적으로 유지할 수 있는 비결을 알고 싶어서 방문하였습니다. 어려운 요청인 줄은 알지만 우수한 기업들을 벤치마킹하여 저희와 같은 중소기업들도 경쟁력을 높여 장수 브랜드를 통해 장수 기업으로 성장하고 싶습니다."

이에 대해 (주)농심의 이형춘 차장은 고개를 살짝 끄덕이며 상생하자는 의견에 동의를 표하면서 천기누설과 같은 (주)농심의 핵심 역량을 그냥은 알려 줄 수 없다면서 재미있는 퀴즈 하나를 제시하였다.

"그렇다면 혹시 코카콜라와 辛라면의 공통점을 알고 계십니까?"

두 명의 연구원은 순간 당황하며 어떠한 공통점이 있는지 생각해 내느라 머릿속이 갑자기 바빠졌다.

*고려대학교 대학원 **고려대학교 경영학과 교수 ***고려대학교 대학원

"저희 '辛라면' 브랜드의 장수 비결은 '코카콜라' 브랜드와 공통적으로 가지고 있는 핵심 강점들을 바탕으로 한, 농심만의 차별화된 마케팅 전략과 브랜드 관리 전략에 있습니다. 음… 너무 어렵게 생각하지 마시고 제가 앞으로 설명해 드리는 내용 속에 답이 숨어 있으니 집중해서 귀를 기울여 주세요."

테이블 위에 놓인 시원한 물로 목을 축인 이형춘 차장은 드디어 辛라면의 사례를 통해 장수 브랜드를 구축하고 관리하는 비법을 전수하고자 말문을 다시 열었다.

"사실 농심은 라면업계 후발주자였습니다. 하지만 품질 고급화와 차별화된 신제품 개발을 위한 부단한 노력의 결과로 너구리, 안성탕면, 짜파게티 등 여러 가지 다양한 컨셉을 가진 히트 제품들을 만들면서 1985년 업계 1위로 올라서게 되었습니다. 하지만 지난 25년간 1위의 자리를 지킬 수 있었던 것은 한국라면의 대명사가 된 '辛라면' 덕분이었습니다. 그럼 이제부터 '辛라면'이 어떻게 개발되었고 대한민국 대표 장수 브랜드로 성장할 수 있었는지 그 비결을 전수해 드리도록 하겠습니다. 그 전에 먼저 국내에 라면이 어떻게 도입되어 성장해 왔는지 재미있는 일화를 통해 설명해 드리겠습니다."

시장분석

도입기

일본인 사업가 '안도 모모후쿠'(安藤百福, 1910~2007)는 제2차 세계대전 패배로 쌀이 부족했던 상황에서 밀가루를 이용하여 쌀밥 못지않은 주식을 개발하고자 하였지만 번번이 실패하였다. 1958년 어느 날 계속된 실패로 자살을 결심한 그는 죽기 전 마지막으로 선술집에서 술을 들이켜고 있었다. 술을 마시며 괴로워하던 그는 주방장이 밀가루 반죽을 묻힌 생선을 끓는 기름에 넣자 밀가루 속에 있던 수분이 빠져나가면서 작은 구멍이 생기는 것을 보고 갑자기 눈이 번쩍 뜨였다. '그렇다면 국수를 기름에 튀겨 건조시킨 뒤 뜨거운 물을 부으면 원래 상태로 풀어지겠구나'라고 생각하였다. 마침내 1958년 8월 25일 보관성이 우수하고 쉽게 조리해 먹을 수 있어 전 세계인의 식생활에 엄청난 변화를 가져다 준 인스턴트 라면이 탄생하였다.

한국에서는 삼양식품이 1963년 묘조식품(明星食品)과 기술제휴 관계를 맺어 한국 최초로 라면을 생산하기 시작하였다. 당시 한국은 식량자급률이 60% 이하에 머무는 반면 인구는 크게 증가하여, 식량 사정이 날로 악화되던 상황이었다. 이에 정부에서는 미국에서 원조되는 밀가루를 이용한 제품의 생산을 권장하였으며, 여기에 신제품을 개발하려는 기업들의 노력이 더해져 한국에서도 라면시장은 급성장하게 되었다. 그 결과 [그림 1]과 같이 지난 2009년 기준으로 매출액은 1조 8천억 원을 기록하였다. 이는 1963년 국내에 라면이 도입된 지 46년 만에 매출액이 140배나 증가한 것으로 국내 면류의 식품산업 발전에 큰 역할을 하였다.

성장기

[그림 2]와 같이 세계 인스턴트 라면업체들로 구성된 세계라면협회(WINA) 자료에 따르면 전 세계 라면소비량은 지난 2008년 기준 936억 개로 집계되었다. 전년(916억 개)보다 6.9% 늘었고, 연평균 10%의 높은 증가세를 보이고 있다. 이처럼 라면은 출시 이후부터 지금까지 50여 년간 꾸준히 소비량이 늘어나며 세계인들의

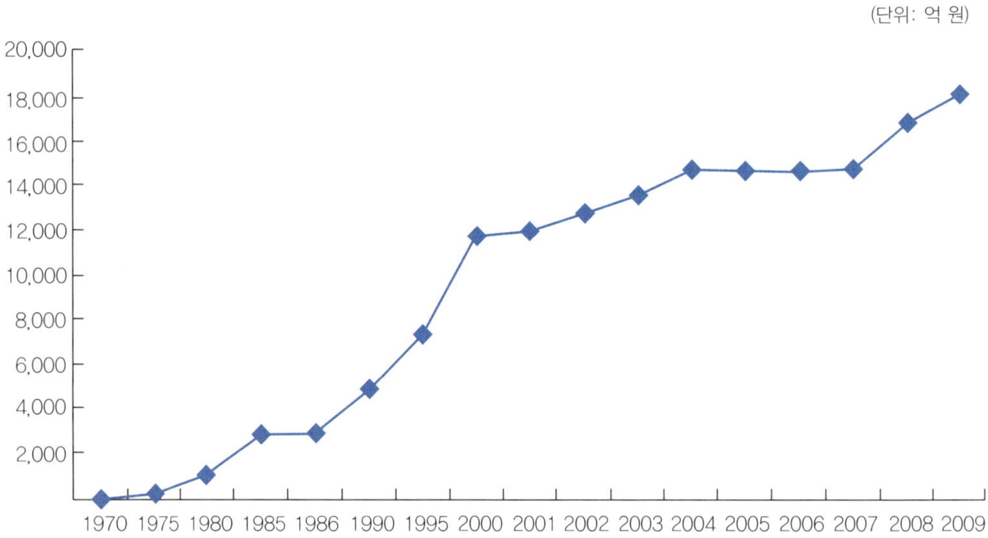

출처: 닐슨, (주)농심기획(2010)

[그림 1] 한국 라면시장 매출액 추이

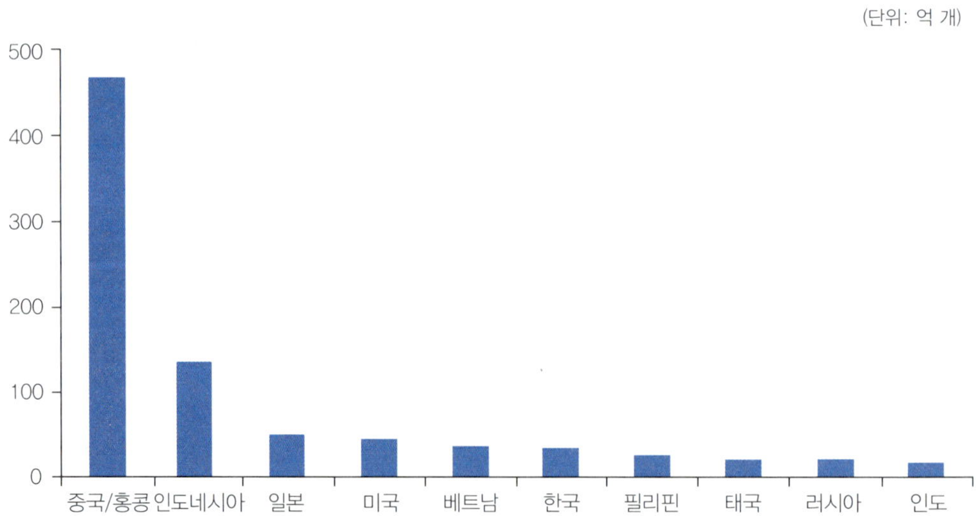

출처: 세계라면협회(WINA, 2008)

[그림 2] 상위 10개국 라면소비량

식품으로 성장했다. 우리나라도 33억 4,000개를 소비해 세계 6위를 기록하였다. 하지만 1인당 소비량으로 순위를 매긴다면 한국은 1인당 연간 라면 소비량이 70여 개로, 연평균 40여 개인 일본의 1.8배이며, 2위인 인도네시아(52개)보다 많아 국민 1인당 소비량에서는 세계 1위를 차지하고 있다. 즉 온 국민이 5일에 한 번씩 라면을 먹는 셈으로 인스턴트 커피에 이어 우리 식생활에서 주요 식품으로 자리 잡았다.

시기별 시장 특성

국내 라면시장에 대한 기존 연구들과 한국식품연감, 식품유통연감 등의 통계 자료와 주요 기업의 마케팅 자료들을 분석한 결과, 국내 라면시장은 크게 도입기, 도약기, 성장기로 구분할 수 있다. 도입기는 국내에 라면이 처음 들어온 1960년대, 1970년대~1980년대는 도약기이고, 1990년대 이후부터 현재 국내 라면시장은 지속적인 매출 상승을 기록하고 있어 성장기로 볼 수 있다.

제품 도입기

1960년대 라면시장은 7~8개의 회사가 경쟁하는 상황에서 매년 100% 이상의 매출신장을 기록하면서 초고속으로 성장하였다. 그 당시 소비자들은 질보다는 양을 더 중요시 여겼기 때문에 라면 제조업체들은 규모의 경제 실현을 통하여 가격에서 경쟁우위를 확보하고자 대량생산에 적합한 제조설비의 개발에 주력했다. 하지만 경쟁사간의 가격경쟁으로 수익성이 악화되고 자금압박으로 인한 투자 감소 등의 현상이 심화되면서 1969년, 선발주자로서 국내 라면시장의 대부분을 점유하고 있던 삼양식품과 후발주자 (주)농심을 제외한 대부분의 업체가 시장에서 사라지게 되었다.

제품 도약기

1970년대 외자유치와 기술제휴로 인한 식품의 근대화로 소비자들은 생활형편이 나아지기 시작하면서 양보다는 질을 따져 맛을 중요시하는 추세로 바뀌었다. 1980년대 제2의 도약기를 맞이한 국내 라면시장은 소비자들의 기호에 맞춘 제품의 다양화를 통하여 30~40%의 고속성장을 하게 되었다. 라면시장의 매력도가 다시 높아짐에 따라 야쿠르트, 청보식품(現 오뚜기) 및 빙그레 등의 새로운 경쟁자가 등장하였다.

이 시기의 라면시장에서는 '품질 차별화'가 경쟁우위 요인으로서 인식되기 시작하여 품질 향상을 위해 업체들은 공정능력과 제품개선에 기업의 역량을 집중하게 되었다. 특히, (주)농심은 육개장사발면(1981년), 너구리(1982년), 안성탕면(1983년), 짜파게티(1984년) 등을 출시하며 질적인 차별화에 성공한 (주)농심이 1985년 삼양식품을 제치고 업계의 리더로 부상하게 되었다.[1] 이듬해인 1986년 10월에 출시한 辛라면(1986년)은 (주)농심이 업계 리더로서의 확고한 위치를 구축하는 데 1등공신의 역할을 하였다.

제품 성장기

1990년대에 들어 각 업체들은 제품을 고급화하고 고가화하려는 노력을 시도하였다. 즉 다양해진 소비자의 기호에 맞춰 경쟁제품과의 차별화를 위하여 브랜드 개발과 관리에 주력하는, 브랜드별 경쟁양상을 보이게 된 것이다. 이에 따라 떡볶이맛, 우동맛 등의 다양한 맛의 제품들이 출시되었고, 큰사발, 컵라면 등 다양한 형태의 용기라면 시장도 급성장하였다. 2000년대 초기에는 편의식품들의 범람과 건강에 대한 소비자들의 인식이 높아지면서 DHA라면, 건면세대 등의 기능성 소재가 함유된 라면들이 출시되었다. 2008년부터 현재에는 대형 마트를 중심으로 저가격의 자체상품(Private Label)들이 출시되어 소비자들의 선택의 폭이 더욱더 넓어졌다. 또한 각 라면 제조 기업들은 적극적인 글로벌 마케팅을 통해 새로운 수익을 창출하고 있다.

우리가 즐겨먹는 라면의 역사를 흥미롭게 들은 두 연구원은 본격적으로 농심 신라면에 대한 브랜드 스토리가 궁금해졌다.

"라면의 탄생과 국내 유입 후 라면시장의 성장과정 등에 대해서 자세히 말씀해 주셔서 감사드립니다. 이제 본격적으로 한국의 대표 장수 브랜드로 성장한 '辛라면'에 대해서 이야기를 들어볼 차례인데, 먼저 '辛라면'이라는 브랜드를 개발하는 과정에서 농심의 회장님을 비롯하여 많은 연구원들과 직원들의 높은 관심과 노력

1) 참고로 우지사건은 1989년 11월 3일 발생하였으며 1989년 10월 기준 시장점유율은 농심 57.3%, 삼양식품 21.3%로 사건 발생 이전부터 이미 농심이 경쟁사보다 두 배 이상 앞서며 업계 1위를 고수하고 있었다.

이 있었다고 들었습니다. '辛라면'의 탄생과정과 출시된 이후 주요 성과와 함께 설명해 주시기 바랍니다."

[표 1] 시기별 국내 라면산업의 특징

시 기	연 대	식품산업 변화	라면산업 특징	비 고
도입기	1960년대	• 분식 장려 • 축산 진흥 정책	• 라면산업도입 • 기업간 과열경쟁 • 대량생산 설비확충	• 63년 3월: 삼양식품 창업 • 65년 9월: 농심 창업
도약기	1970년대 (도약1기)	• 식품근대화: 외자유치/기술제휴	• 공정능력 개선 • 품질향상 노력(팜유 사용)	
	1980년대 (도약2기)	• 농수산물 수입 증대 • 소비자 기호 다양화 및 고급화	• 제품의 다양화: 국물/비빔/용기타입 • 면질의 고급화: 너구리(굵고 쫄깃한 면발 강조/농심) • 얼큰한 맛 주도: 안성탕면/辛라면(농심) • 용기면 시장형성: 육개장사발면(농심) 컵삼양라면(삼양)	• 83년 9월: 야쿠르트 창업 • 86년 1월: 빙그레 창업 • 87년 12월: 오뚜기 창업
성장기	1990년대 (성장1기)	• 수입식품 범람 • 식품의 안정성 문제 대두	• 기호성 식품 증가: 떡볶이맛/우동맛 등 맛의 다양화 • 사발/큰사발/컵시장 다양화: 辛라면큰사발(농심) 튀김우동큰사발(농심) 왕뚜껑(팔도)	
	2000년대 초기 (성장2기)	• 기능성/건강 식품 증대 • 편의식품 범람 • 식품 안전성 사안 강화	• 기능성 소재 함유 제품 출시: DHA라면(농심) 건면세대(농심) 장수면(삼양)	• 2003년 4월: 빙그레 철수
	2008년~ 현재 (성장3기)	• 자체상품(Private Label) 개발 증대 • 글로벌 활동 증대	• 저가격의 자체상품(Private Label) 판매 증대: E마트, 홈플러스 등 • 글로벌 사업 강화	• 2009년: 야쿠르트→팔도 명칭 변경

출처: (주)농심(2010년) (농심=(주)농심, 삼양=(주)삼양식품, 야쿠르트=(주)한국야쿠르트, 빙그레=(주)빙그레, 오뚜기=(주)오뚜기식품)

장수 브랜드의 개념

브랜드의 의미와 역할

브랜드란 판매자가 제품이나 서비스를 경쟁자로부터 차별화하기 위해 규정한 이름(name), 용어(term), 표시(sign), 상징(symbol), 도안(design) 또는 이들의 조합으로 만들어진 것을 의미한다(미국마케팅학회). 본래 '브랜드'란 단어는 '태우다'라는 노르웨이어인 'brandr'에서 유래되었다. 'brandr'는 가축을 소유한 사람들이 자신과 다른 사람들의 가축을 식별하기 위해 표시하는 수단으로 사용되었다. 이처럼 한 생산자의 제품과 다른 생산자의 제품을 구별하기 위한 수단으로서 수세기 동안 사용되고 있는 브랜드는 다음과 같은 중요한 역할을 한다.

먼저, 소비자 측면에서 브랜드의 역할을 살펴보면, 브랜드는 제품의 출처를 확인할 수 있어 소비자들이 보다 안심하고 제품을 구입할 수 있으며 이로 인해 문제가 발생했을 때 제품 생산자에게 책임을 부여할 수 있다. 이를 통해 소비자들은 친숙하지 않은 브랜드를 선택함으로써 불안해 할 수 있는 위험 요인을 감소시킬 수 있다. 또한 브랜드는 소비자에게 있어서 제품 구매를 결정하는 데 있어서 의사결정을 단순화시켜 탐색비용을 줄일 수 있게 해준다. 품질표시와 상징적인 도구로서 소비자는 브랜드 확인을 통해 제품에 대한 만족과 신뢰감을 얻을 수 있다.

[표 2] 브랜드의 역할

소비자 측면	기업 측면
• 제품 출처의 확인	• 제품 취급이나 관리의 확인 수단
• 제품 생산자에 대한 책임 부여	• 제품 고유의 특징을 법적으로 보호하는 수단
• 제품 선택에 대한 위험 감소	• 소비자를 만족시키는 품질 수준 표시
• 탐색비용 절감	• 제품에 독특한 연상을 부여하는 수단
• 제품 생산자와의 약속, 보증 계약	• 경쟁우위의 원천
• 상징적 도구	• 재무적 이익의 원천
• 품질 표시	

출처: 전략적 브랜드 관리(Keller, 2007), Davis et al.(2002)

기업의 입장에서 보면, 브랜드는 제품을 체계적으로 취급하고 관리할 수 있도록 도움을 주고 법적으로 보호받을 수 있는 지적 재산권을 보장받게 할 수 있다. 또한 제품의 품질을 표시해 주고, 다른 제품과 차별화할 수 있는 독특한 연상과 의미를 부여한다. 이 때문에 품질에 만족한 소비자들이 재구매할 수 있는 브랜드에 대한 충성이 생긴다. 이는 기업에게 수요를 예측하고 보장할 수 있게 하고 비교우위를 통해 다른 기업들이 진입하는 것을 막는 강력한 수단이 될 수 있다.

장수 브랜드의 특성

'辛라면, 짜파게티, 초코파이, 박카스, 서울우유…'

위 제품들은 수십 년간 소비자들에게 꾸준한 사랑을 받고 있는 국내의 대표 장수 브랜드들이다. 이러한 장수 브랜드들은 몇 가지 공통된 특성을 지니고 있다.

첫째, 시대적인 배경과 연계하여 새로운 시장을 창출하였다.

(주)농심은 1980년대 가장 역동적이었던 한국의 발전시기에 더욱더 신제품 개발에 몰두하였다. 이전까지는 '순한 맛' 위주였던 국내 라면시장에서 가장 한국적인 것을 찾아 한국인이 가장 좋아하는 '매운 맛'을 구현하고자 노력한 끝에 1986년, 辛라면 개발에 성공하여 '매운 맛 라면'이라는 새로운 시장을 창출한 대표적인 사례로 꼽힌다. 이 밖에 1970년대 가난했던 시절, 일반 국민들이 가볍게 즐기는 먹거리로 많은 사랑을 받아 온 초코파이와 산업화 초기인 1960년대 한국인의 피로회복제로서 꾸준히 사랑받아 온 드링크류의 강자 박카스 또한 시대적인 배경과 연계하여 탄생한 것으로 기존에는 없던 새로운 시장을 창출하였다.

둘째, 품질을 기반으로 한 차별화된 제품전략으로 경쟁에서 승리를 거두었다.

장수 브랜드들은 품질이라는 제품의 핵심에 가장 충실하였다. 하나의 제품이 히트하여 시장이 만들어지면 경쟁사에서 유사한 컨셉의 제품을 출시하는 경우가 많다. 고품질의 '매운 맛'이라는 차별화된 컨셉으로 라면시장에서 辛라면이 시장에서 성공을 거두자 경쟁사들은 열라면, 핫라면 등 辛라면과 비슷한 컨셉을 가진 매운 맛 제품들을 출시하였다. 하지만 우수한 품질을 바탕으로 '한국인이 가장 좋아하는 매운 맛'을 제대로 구현한 辛라면의 맛은 모방할 수 없었다. 또한 신라면 개발 당시 기술팀은 맛을 잘 구현하기 위해 끊임없는 시식 및 일부러 아침도 굶은 채 출근하는 등 맛을 향한 남다른 집념을 가지고 끊임없이 품질관리에 힘썼다.

셋째, 남보다 빨리 시대의 변화를 파악하여 지속적인 혁신을 거듭하고 있다.

장수 브랜드들은 그저 시간이 오래 흘렀다고 해서 장수라는 수식어가 붙은 것이 아니다. 지속적인 혁신 과정을 통하여 소비자들에게 끊임없이 신선한 매력을 주기 위해 노력한 것이 브랜드의 생명력을 유지해준 비결이었다. 辛라면의 경우 기업의 브랜드 매니지먼트 시스템 하에서 담당 브랜드 매니저들이 브랜드 파워, 매출, 품질, 광고 및 판촉 활동 등의 업무를 관련부서와 지속적인 관리를 하고 있다. 서울우유는 유업계 최초로 유통 전 과정에 냉장을 이용한 콜드체인 시스템을 도입하였다. 또한 위해요소중점관리기준(HACCP)인증, 1급A 우유 출시, 유통기한과 함께 제조일자 표시 등을 유가 업계 최초로 시행하였다. 이처럼 장수 브랜드를 보유한 기업들은 시대 변화에 맞춰 지속적인 혁신의 결과로 수십 년 동안 업계 1위의 자리를 고수하고 있는 것이다.

장수 브랜드의 이점

이와 같은 특성을 지닌 장수 브랜드를 기업들은 단 하나라도 보유하고자 엄청난 돈과 노력을 쏟아 붓고 있다. 이러한 이유는 기업의 입장에서 장수 브랜드를 보유함으로써 다음과 같은 이점을 얻을 수 있기 때문이다.

첫째, 기업이 강력하고 오랫동안 사랑받는 브랜드를 보유하면, 해당 기업과 기업의 브랜드에 대한 신뢰감이 형성되어 신제품에 대한 성공 확률을 높여 준다. 안성탕면, 짜파게티 등의 성공을 계기로 업계 1위로 올라선 (주)농심은 이후 辛라면 등의 신제품들을 연이어 빅히트시키는 결과를 낳았다.

둘째, 강력하고 오랫동안 사랑받는 브랜드는 유통업체들과 협상 시 상대적으로 우월한 교섭권을 갖게 한다. 라면사업 진출 초기 업계 1위인 (주)삼양식품에 밀려 유통매장 진열대에 제품 비중이 낮았던 (주)농심은 辛라면의 성공을 계기로 辛라면은 물론 자사의 주요 제품들이 매장에서 가장 좋은 위치에 진열될 수 있게 되었다.

셋째, 강력하고 오랫동안 사랑받는 브랜드는 고객의 충성도를 높여 수익성 제고에 상당한 기여를 한다. (주)농심의 辛라면은 출시 이후 현재까지 25% 이상의 높은 시장점유율을 기록하고 있다. 이는 경쟁사 전 제품의 시장점유율보다 높은 것으로 (주)농심의 매출 비중에 상당한 부분을 차지하고 있다.

넷째, 강력하고 오랫동안 사랑받는 브랜드는 브랜드 확장이나 라이센싱 등 새로운 사업기회를 모색하여, 수익을 창출할 수 있다. (주)농심은 辛라면 큰사발, 辛라면 컵, 辛라면 김치 등 새로운 형태와 확장된 맛으로 제품을 출시하여 새로운 수익을 창출하였다.

신라면 브랜드의 탄생과 성장

辛라면 출시 이전인 1986년 국내 라면시장의 경쟁 상황을 살펴보면, 1960년대 회사 설립 초기부터 연구개발 부서를 조직한 (주)농심은 기존과는 확실히 다른 한국인의 입맛에 맞는 제품 개발로 맛과 품질의 차별화를 통해 후발업체의 약점을 극복하려 했다. '라면의 맛은 스프에 있다'라는 신념하에 고품질의 차별화된 제품 컨셉을 가진 육개장사발면(1981년), 너구리(1982년)를 출시하였다. 또한 1982년 안성 스프 전문공장 완공으로 탄생한 안성탕면(1983년), 짜파게티(1984년)를 연속적으로 히트시키며 1985년 3월 시장점유율 40.4%로 39.6%의 삼양식품을 제치고 라면업계 1위로 올라섰다. 하지만 회사의 지속적인 성장을 위해서는 프리미엄 이미지를 가진 차별화된 제품으로 확실한 경쟁우위를 통해 1위의 자리를 다져야 하는 절대절명의 시기였다.

신라면의 제품특성–'매운 맛'

'한국인이 가장 좋아하는 맛'에 대한 소비자 조사 결과와 1983년 안성탕면의 성공을 계기로 (주)농심은 한국인이 가장 좋아하는 맛은 소고기의 깊은 맛과 고춧가루의 얼큰한 맛이 조화를 이룬 '매운 맛'이라는 것을 알게 되었다. 하지만 이러한 '매운 맛'을 만드는 일은 말만큼 쉽지 않았다. 개발팀은 위장을 혹사해 가며 전국에서 재배되는 모든 고추 품종을 사들여 하루에도 20번이 넘게 이 매운 국물을 마시며 스프개발에 몰두하였지만 번번이 실패하였다. 그러던 중 당시 개발팀의 작은 아이디어가 해답을 찾는 데 큰 도움이 되었다. 그 비법은 바로 '다대기'였다. 고춧가루를 중심으로 하여 얼큰한 매운 맛을 내는 다대기를 유명한 음식점들을 돌면서 덜어와 연구한 끝에 辛라면 스프가 드디어 개발되었다.

이뿐만 아니라 면발도 200종류 넘게 만들어 테스트를 하였다. 때문에 "하루에 평균 세 봉지 정도의 라면을 매일 먹어가며 초시계로 시간을 재고 비커와 온도계

생활정보 특별취재

22년만에 '삼양라면'에서 '농심라면'으로 선두자리가 뒤바뀌게 된 라면업계의 시장쟁탈전쟁

라면시장의 판도가 바뀌고 있다

연 매출액 3천억원의 국내라면시장. 그간 독과점으로 각축전을 벌이던 삼양과 농심간의 각축이 '형님먼저'에서 '아우먼저'로 흔들리고 있다. 게다가 한국야쿠르트와 청보의 참전으로 라면업계는 그야말로 춘추전국시대를 방불케 하고 있다. 뒤바뀐 라면시장의 판도, 그 원인은 어디 있나?

취재●서원동·신영식 기자

그러다 1976년 1월 경쟁회사인 농심측이 열대지방에서 자라는 야자수의 일종인 팜의 열매에서 채취한 순식물성 기름인 '팜유'로 라면을 생산해 내기 시작했다.

라면 고급화 정책으로 재미보는 신생업체

여기에서 유의해야 할 점은 팜유나 우지 모두가 수입품이지만, 그 값이 상당한 차이를 보인다는데 있다. 현재는 t당 팜유가 5백 달러 수준인데 비해 우지는 3백~3백50달러이다.

그렇다면 왜 농심측이 제품 원가에 큰 비중을 차지하고 있는 값비싼 팜유를 사용함으로써 부담을 스스로 안았을까?

이에 대해 식품업계 관계자들은 ①세계적인 식생활 패턴이 동물성기름에서 식물성기름쪽으로 완전히 기울었고 ②식물성기름을 사용할 경우 제품이 훨씬 담백한 맛을 내기 때문이라고 지적했다.

뒤이어 뛰어든 한국야쿠르트 역시 선발업체들을 따라잡기 위해서는 품질의 고급화밖에 없다는 점에 착안, 1백% 팜유로만 제품을 생산하고 있다.

청보식품 역시 1백원짜리 라면에는 팜유와 우지를 7 : 3 비율로 쓰고 있지만, 3백원짜리 고급면은 1백% 팜유만 사용함으로써 라면시장은 바야흐로 팜유시대를 맞게 되었다.

그러자 동물성 기름인 우지만을 써오던 삼양도 팜유를 섞어 쓰기 시작하면서, 4 : 6의 비율로 두가지를 적절히 섞어 사용하는 것이 좋다는 광고를 냈다.

현재 1백% 팜유만 쓰는 업체들과, 섞어 쓰는 것이 좋다는 삼양측의 주장은 엇갈리고 있다.

치열한 경쟁, 팜유로 역전시킨 '농심'

두번째로 '기술'면을 살펴보자. 한국야쿠르트는 고농축 액상 스프, 즉 페이스트공법을 도입해 종래의 분말 스프 방식을 벗어나 진액을 뽑아 엑기스화시킨 스프를 개발해내 현재 2백원짜리 제품에 사용중이다.

농심은 1965~1970년대의 상온건조 방법, 즉 고기를 끓여 열풍에 말리면

선발업체인 삼양이 후발업체들에게 덜미를 잡힌

가장 큰 원인은 바로 신제품개발에 한발 뒤졌기 때문이라는게 라면업계의 지적이다.

출처: 주부생활 잡지, 1985

[그림 3] 1985년 라면시장 판도변화 관련 기사

로 물의 양과 온도를 정확히 측정해 가면서 맛을 판단해야 했다"며 힘들었던 당시의 개발 과정을 한 연구원은 회고하였다. 이러한 연구노력 끝에 이전까지 각형으로 된 단면에서 벗어나 얼큰한 국물과 양념이 면에 잘 배도록 단면이 둥근 형태의 원형면을 개발하였다. 이로서 넉넉한 식감을 실현하면서도 쫄깃한 맛을 느낄 수 있는 辛라면의 면 개발이 완성되었다.

브랜드 네임

"辛라면으로 하지"

라고 (주)농심 신춘호 회장은 말했다.

브랜드를 구축하는 데 있어서 브랜드 네이밍을 결정하는 것은 중요한 과정 중의 하나이다. 왜냐하면 정보처리과정에서 소비자는 처음 접하는 정보를 중심으로 나중에 접하는 정보를 처리하게 되는데, 소비자가 가장 처음 접하는 정보가 바로 브랜드 네임이기 때문이다. 따라서 브랜드 네임은 어떤 의미가 내포되어 있고, 누구를 대상으로 어떤 이점이 있는지 소비자가 쉽게 이해하고 오래 기억할 수 있도록 간단명료해야 한다.

당시(1986), 대부분 회사명이나 소재(농심라면, 김치라면 등)를 이용한 네이밍이 주류를 이뤘던 것에서 벗어나 (주)농심은 발음이 편리하고, 소비자가 쉽게 주목할 수 있으면서도 제품속성을 명확히 전달할 수 있는 네이밍을 필요로 하였다. 따라서 '매운 라면'이라는 제품 컨셉이 명확히 드러나고 한자를 사용하여 독특한 분위기와 차별화된 느낌을 줄 수 있는 한 음절 이름의 '辛라면'이라는 브랜드가 탄생하였다.

라면시장의 오랜 관행을 깨고 한 음절의 이름으로 결정하고, 전체적인 이미지를 붉은 색과 검정 색으로 채택하여 매운 라면이라는 제품의 본질과 속성을 그대로 전달될 수 있도록 한 것이다. 또한 매장에 신열했을 때의 주목 효과를 고려하여 메

[그림 4] 辛라면 사진

울 辛자를 붓글씨로 강조하여 브랜드가 명확히 노출될 수 있게 하였다. 이처럼 세련되고 고급스러운 이미지의 패키지로 초기 높은 가격으로 인한 가격저항을 최소화할 수 있었다. 또한 옥편을 직접 사용하여 한자 브랜드에서 오는 거부감도 없앨 수 있었다. 그 결과 [그림 5]에서와 같이 소비자들은 辛라면을 얼큰한 국물 맛과 함께 고급스러운 이미지와 회사에 대한 신뢰를 가질 수 있는 제품으로 인식하고 있다. 이형춘 차장은 신라면이 출시 후부터 지금까지 사랑받는 이유를 보다 명확하게 설명하였다.

"이처럼 기존에는 없던 '매운 맛 라면' 시장을 창출하고 고품질의 원료를 바탕으로 한 '질적인 차별화', 기존의 관행을 깨고 제품 속성을 명확히 반영한 '네이밍

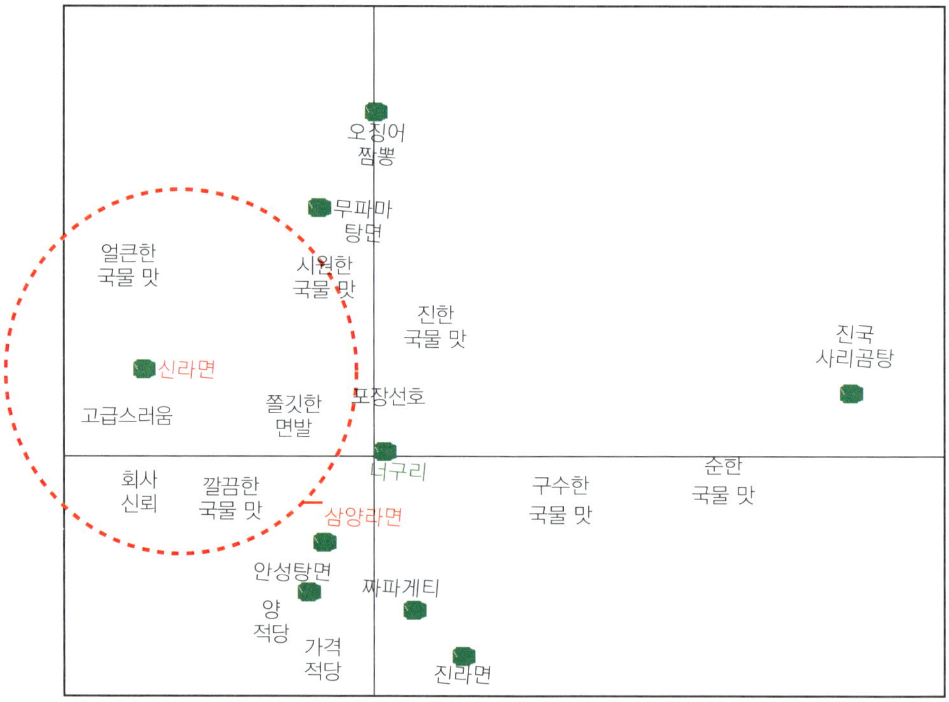

출처: (주)농심기획(2010)

[그림 5] 辛라면 브랜드 위상정립도

의 차별화'와 브랜드를 강조한 '포장 디자인의 차별화'가 辛라면이 현재까지 많은 사람들에게 사랑받고 있는 이유입니다."

마케팅 성과

이렇게 탄생한 辛라면은 현재 150여 종의 제품이 각축을 벌이고 있는 국내 라면시장에서 [그림 6]과 같이 출시 이후 지금까지 25% 이상의 높은 시장점유율을 차지하고 있다. 이는 한국 국민의 1인당 연평균 라면 소비량이 70여 개라는 것을 감안했을 때 국민 1명이 1년간 20여 개의 辛라면을 먹는 셈이다. [그림 7]과 [그림 8]을 통해 경쟁사의 전 제품을 포함한 시장점유율보다 辛라면의 시장점유율이 더 높아 (주)농심이 현재까지 업계 1위를 지켜나가는 데 많은 기여를 하고 있음을 알 수 있다. 1년 동안 팔리는 辛라면의 길이는 에베레스트산(해발 8848 m) 높이와 비슷하며 1986년 10월 출시 이후~2009년 3월까지 총 판매량은 170억 봉지로 지구를 82바퀴 왕복할 수 있는 양으로 단일 품목으로는 세계 최대의 판매량을 기록하고 있다.

이와 같은 업적을 인정받아 2007년 일본능률협회컨설팅 글로벌 브랜드 1위 선

(단위: %)

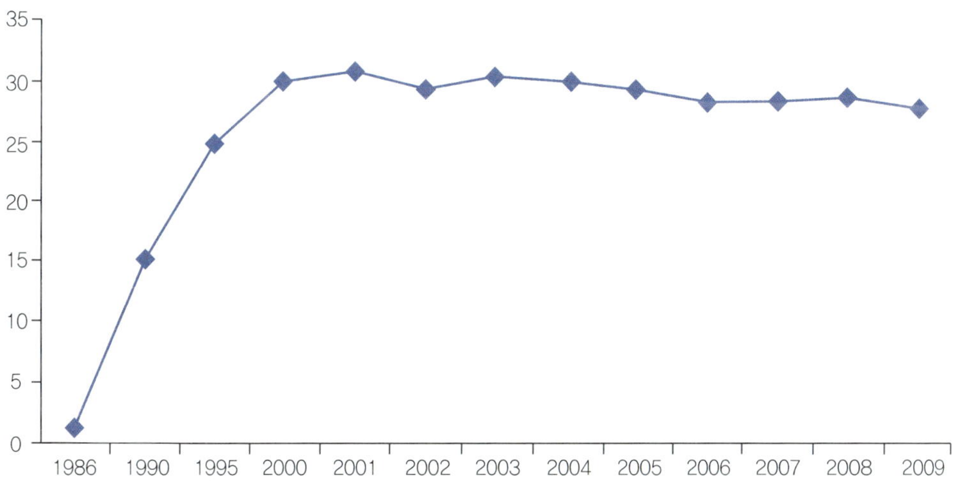

출처: 닐슨, (주)농심기획(2010)

[그림 6] 辛라면 시장점유율

정(GBCI Number 1), 한국능률협회컨설팅(KMAC) K-BPI 9년 연속 1위 수상 등 라면관련 상품 범주에서 1위 브랜드로서 입지를 공고히 하고 있다. 또한 해외여행이나 외국으로 유학을 가는 학생들 사이에서 필수 품목으로 통할 정도로 인기를 끌고 있으며, 우리나라에 관광을 오는 외국관광객들 사이에서도 辛라면과 김치는 필

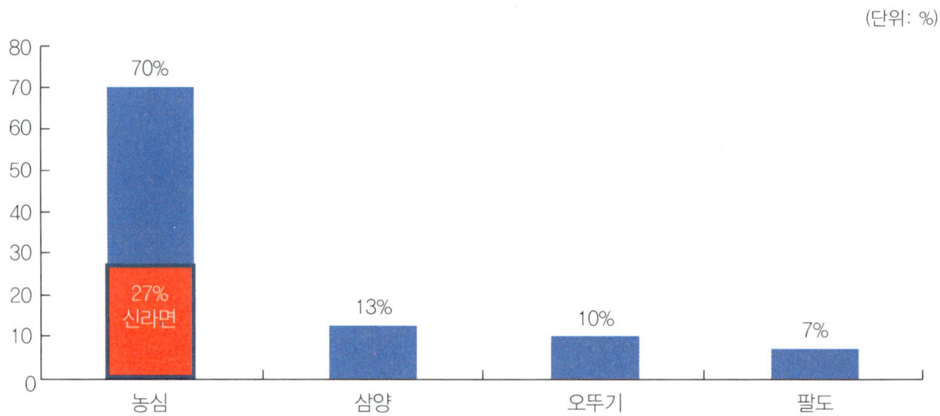

출처: 닐슨, (주)농심기획(2010)

[그림 7] 2009년 (주)농심 시장점유율

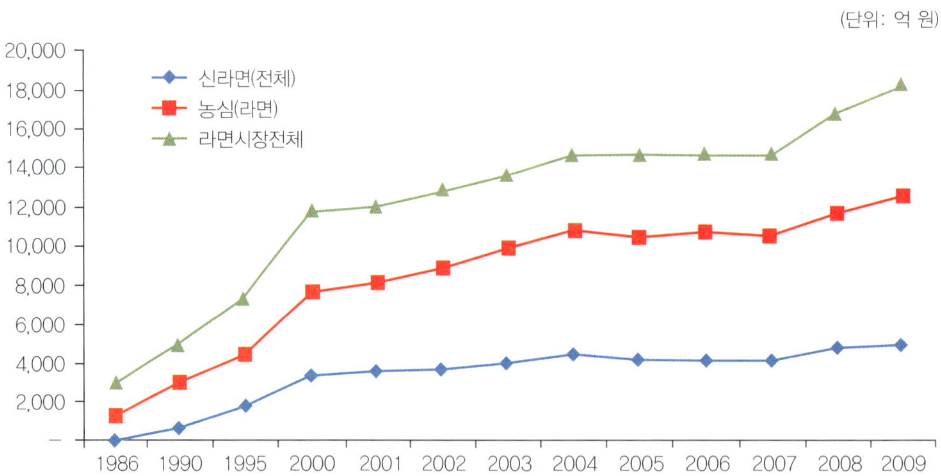

출처: 닐슨, (주)농심기획(2010)

[그림 8] 辛라면 출시 이후 매출액 추이

수 구매 품목으로 생각될 정도로 인지도가 높다.

해외 진출 및 성공

세계 최대의 라면 소비국 중국

'한국의 고유한 맛이 담긴 辛라면은 세계 어디에서나 통한다'

고품질의 원료를 사용하여 '한국 고유의 매운 맛'이라는 표준화되고 차별화된 품질력을 갖춘 辛라면은 철저한 준비로 현지화된 마케팅 전략을 적절히 전개하여 한국적인 맛으로 세계인의 입맛을 사로잡고 있다. 미국 뉴욕 케네디 공항, 중국 베이징 공항 등 세계 주요 도시에 입점한 식당에서도 맛볼 수 있으며 미국 월마트, 일본의 세븐일레븐 등 현지 유명 유통업체를 통해 납품되는 등 전 세계 73개 국가에 수출되고 있다. [그림 9]와 같이 지난 2009년에는 1,300억 원의 매출을 기록하는 등 하루에도 50만 개 정도가 판매되고 있는 辛라면은 산업자원부(現지식경제부)로부터 '세계 일류상품'으로 선정되는 등 한국을 대표하는 식품으로 성장하고 있다.

중국은 1990년부터 라면류의 시장이 본격적으로 형성되기 시작해 [그림 2]의

(단위: 억 원)

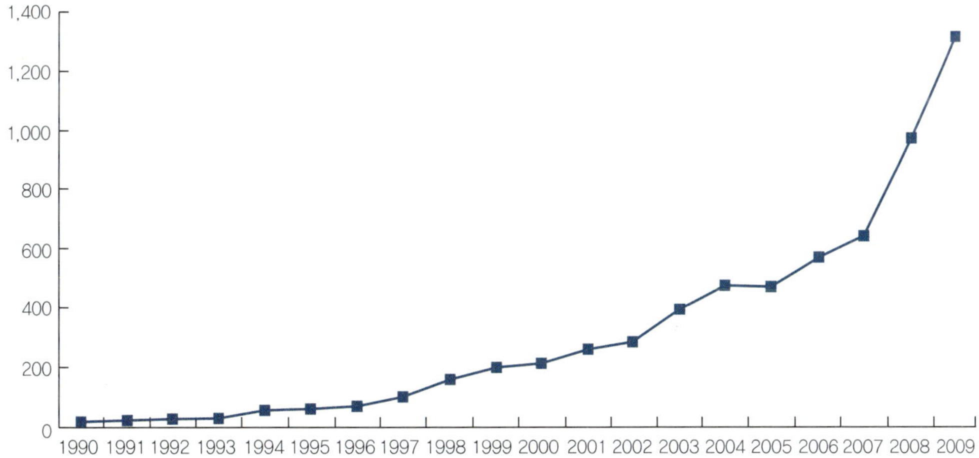

출처: (주)농심기획(2010)

[그림 9] 辛라면 해외 매출추이

세계라면협회(WINA) 자료에서 알 수 있듯이 세계 라면시장의 절반을 차지할 정도로 세계 최대의 라면소비국가로 부상하였다. (주)농심은 1998년 9월부터 2007년까지 10년간 총 38억 개 이상을 중국시장에 판매하였는데 이를 환산해 보면 전체 중국 인구가 辛라면을 각 3개씩은 먹어 본 셈이 된다.

1990년대 후반 중국 진출 초기, 중국의 라면은 매운 맛보다는 기름기가 많고 다소 느끼한 맛이 일반적이었고 면은 봉지면이지만 용기면처럼 끓는 물을 부어 먹는 라면이 대부분이었다. 제조업체만 해도 중국 전역에 수천 개에 달하는 중국시장에서 브랜드 인지도가 낮았던 (주)농심의 辛라면이 어떻게 이처럼 높은 매출을 달성할 수 있었을까? 중국에 진출한 (주)농심의 마케팅 전략은 다음과 같았다.

중국시장에서의 성공요인 1. '한국의 매운 맛'을 고집한 제품전략

중국 라면시장에 진출한 업체들의 제품들은 모두 중국인의 입맛에 맞추고자 노력했다. 하지만 (주)농심은 중국은 영토가 방대해 지역별로 입맛이 다 다르기 때문에 각 지역별로 현지화해야 하는 어려움을 인지하여 辛라면만이 가지고 있는 '한국 고유의 매운 맛'을 그대로 고집하였다. 이러한 이유는 무단 복제와 위조가 난립하는 중국이지만 고품질의 원료로 만들어진 辛라면의 차별적인 매운 맛이야말로 (주)농심 브랜드의 강점이자 최고의 경쟁력으로 생각한 경영진의 강한 자신감이 반영되었기 때문이다.

중국시장에서의 성공요인 2. 선택과 집중을 한 고가전략

고품질의 원료와 차별적인 '한국 고유의 고급스러운 매운 맛'으로 정면 승부를 건 (주)농심은 중국의 경제 성장에 비례하여 향후 고품질 제품에 대한 소비가 늘어날 것으로 예측하였다. 따라서 고가정책으로 먼저 경제력이 높은 중국 동부지역의 연안도시를 우선적으로 공략하였다. 당시 중국내 시장점유율 1위인 캉스푸(康師傅)라면의 가격은 2위안(258원)이나 (주)농심의 辛라면은 이보다 1위안 더 높게 책정하였다. 중국시장에서 팔리는 라면의 평균 가격이 1~2위안이었던 것에 비하면 두 배가량 비싼 것이었다. 현재는 대형 마트에서 2.8위안(약 350원) 정도에 팔리고 있다.

[표 3] 중국시장에서의 (주)농심의 주요 라면 가격 (단위: 위안)

지표	농심 제품	기타 회사 제품
辛라면	2.80	1.20
김치라면	3.00	1.80
신컵라면	3.50	2.40

출처: (주)농심(2008), 왕문도(2008)

중국시장에서의 성공요인 3. 주요 거점을 중심으로 한 유통전략

넓은 면적을 보유한 중국의 유통경로는 의외로 복잡하지 않았다. 하지만 워낙 많은 중소업체들이 난립하다 보니 신뢰성에 대한 많은 문제점을 지니고 있었다. 물건을 팔고 판매대금을 회수하는 데 어려움이 많은 상황을 파악한 (주)농심은 중국 특유의 상관습과 물류시스템, 유통업체 등에 대한 다양한 정보를 수집하고 수십 년간 한국에서 쌓아온 노하우를 접목하였다. 지역적 물류 전략을 통해 생산 공장과 법인을 중국의 주요 도시 중심으로 설립하여 도심과 근접한 유통경로를 확보하였다. 이로서 주요 도시에서는 대형 유통업체 위주로 공급하고, 도심 이외의 지역에 대해서는 대리점을 개설하여 유통망을 직접 운영하는 유통체계를 확립하였다.

중국시장에서의 성공요인 4. 일관성과 현지화의 균형을 추구하는 커뮤니케이션 전략

(주)농심은 제품의 맛은 표준화된 '한국 고유의 매운 맛'을 고집하되 다른 마케팅 전략에 있어서는 철저한 현지화 전략을 펼쳤다. 1996년 진출 당시, 중국에서는 마케팅 기법으로 금기시하는 중국인들의 자존심을 자극하는 '매운 걸 못 먹으면 사나이 대장부가 아니다'라는 덩샤오핑의 말을 패러디한 TV광고를 내보내 매운 것을 잘 먹지 못하는 중국인들의 감성을 자극하여 호기심을 극대화시키고, 중국의 대표적인 프로축구 감독을 광고 모델로 활용하는 등 광고 문안이나 내용은 현지화 시켰다. 한편 라면은 뜨거운 물을 부어 먹는 음식이라는 이미지가 강해 끓여 먹는 라면이 생소했던 중국인들의 인식을 전환시키고, 辛라면만이 가지고 있는 맛의 차별성을 부각시키기 위해 '라면은 끓여야 맛있다'라는 것을 광고를 통해 꾸준히 강조하였다.

또한 바둑의 종주국으로서 바둑에 대한 자부심이 강하고 인기가 높다는 점을 착안해 (주)농심이란 회사 이름보다 '辛라면'을 더 강조하여 1999년부터 세계 유일

[그림 10] 중국 농심 辛라면배 바둑대회

[그림 11] 중국 辛라면 버스 광고

[표 4] 중국 진출 주요 연혁

1996년 9월 중국 상해 첫 해외 현지 공장 준공
1996년 중국 진출 첫해 매출액 200만 달러($) 기록
1998년 7월 중국 청도 제2 공장 준공
1999년~(주)농심 辛라면배 세계 바둑 최강전 개최
2000년 11월 중국 선양 라면·스택 공장 준공
2007년 중국 매출 5,300만 달러($) 기록
2008년 상해 제1공장 증축, 연간 6억 개 수준의 생산 능력 보유

의 국가대항 바둑대회인 '(주)농심 辛라면배 세계바둑 최강전'을 창설하여 후원하고 있다. 이를 통해 (주)농심은 辛라면의 브랜드 인지도를 높여 투자액의 수십 배에 가까운 효과를 얻고 있다. 그 밖에 상하이, 베이징 등 주요 도시에 버스 광고, 백화점과 대형 마트 등에서 시식회를 개최하는 등 현지 시장에 맞는 적극적인 촉진활동을 지속적으로 전개하고 있다. 다행스럽게도 중국인들은 붉은색 바탕에 검은색 글씨를 '몸에 좋은 약'으로 생각하고 있어 특히 더 辛라면을 즐겨 먹는다고 한다.

한국 라면의 대표브랜드화 – 일본

라면 종주국인 일본은 일청식품, 명성식품 등 대형 업체들이 1년간 약 350여 종의 신제품을 쏟아내고 연간 52억 봉지의 라면시장을 두고 한국보다 훨씬 더 치열한 경쟁을 벌이고 있다. 이러한 환경 속에서도 (주)농심은 수출 역량 강화를 위해, 1981년 해외 첫 사무소인 도쿄사무소를 개설하고 辛라면을 '한국 본고장의 매운 맛'이라는 슬로건을 내세워 1988년 서울올림픽을 계기로 본격적으로 일본시장에 진출하였다. 이후 2002년 (주)농심재팬을 설립하고 현재까지 20여 년 이상 꾸준히 판매하고 있다. 현재 외국산 라면 가운데 90% 이상을 차지하고 있는 辛라면은 '한국 고유의 매운 맛'으로 까다로운 일본인들에게 인정받고 있다.

[그림 12] 일본 辛라면 옥외 광고

[그림 13] 일본 辛라면 축구 펜스광고

[표 5] 일본 진출 주요 연혁

1981년 (주)농심의 해외 1호인 도쿄사무소 개설
1997년 일본 최대 편의점업체 세븐일레븐 입점
2002년 (주)농심 재팬(Nongshim Japan) 설립
2004년 일본 도쿄 TV '명품 브랜드' 선정
2007년 일본능률협회컨팅 1위 브랜드 선정

아시아를 넘어 아메리카로

아시아 시장에 성공적으로 정착한 (주)농심은 아메리카로 눈을 돌리기 시작하여 2005년 미국 LA공장을 준공하면서 辛라면을 미국 현지에서도 생산하기 시작하였다. 매운 맛을 좋아하는 히스패닉계뿐만 아니라 미국인들에게도 서서히 인기를 끌어 현재는 연간 2억 개 정도 판매하고 있으며, 미국 내 최대 인터넷 쇼핑몰인 아마존닷컴(Amazon.com)에서 아시아 식품 중 최고의 인기를 누리고 있다. 또한 2006년 멕시코에 지사를 설립하고 시식회와 판촉행사 등 마케팅 활동에 적극적으로 나서 매운 맛에 익숙한 중·남미 사람들에게 '한국 고유의 매운 맛'을 알리고 있다.

농심 신라면의 브랜드 탄생과정과 해외진출 사례를 들은 주경희 연구원은 다른 의문점을 던졌다.

"辛라면의 탄생 과정과 놀라운 성과에 대해 잘 들었습니다. 이와 같이 놀라운 성과를 낼 수 있었던 것은 농심만의 특별한 마케팅 전략과 많은 노력들이 있었기에 가능했던 것 같은데요, 제품 출시 초기 런칭 전략과 시장진입 이후에 어떠한 마케팅 전략을 수립하여 실행했는지 궁금합니다."

마케팅 커뮤니케이션 전략

고객과 시장 지향적 마케팅

초기 런칭 시기

(주)농심은 1986년 辛라면 출시 이전까지 순한 맛 위주였던 라면시장에서 소비자조사를 바탕으로 '고급스러운 매운 맛'이라는 컨셉(Concept)으로, 이전에는 없었던 '프리미엄 매운 라면' 시장을 개척하고자 하였다. 辛라면의 초기 브랜드 런칭을 위하여 붉은색 포장에 옥편을 삽입하여 제품 속성을 잘 나타내는 '辛'을 강조한 차별화된 브랜드 네이밍과 포장 디자인을 선보였다. 따라서 당시 봉지면의 주 고객층인 30~40대가 아닌 신제품에 대한 트라이얼(Trial)비중이 높고 매운 맛을 좋아하는 20~30대 남성들을 주 표적 수용자로 선정하였다. 품질에 대한 강한 자신감으로 가격도 당시 평균 가격대인 120~150원보다 높은 200원이라는 고가의 가격을 책정하여 고품질을 통해 고객에게 더 좋은 가치를 제공하고자 하였다.

시장 진입 후

'세월에 따라 변하는 소비자들의 입맛을 반영한 마케팅 전략'아래, (주)농심은

100여 명의 모니터 요원에게 수시로 의견을 물어 몇 년에 한 번씩 배합을 바꾸어 미세하게 맛을 조정하고 있다. 辛라면 제품 출시 이후 확산된 '대중화된 매운 맛'이라는 라면 시장의 흐름을 읽고, 1990년대에는 소비자 기호에 맞게 매운 맛을 조정하고 큰사발, 컵 등 용기면으로 된 제품을 출시하였다. 또한 1993년 구미공장 완공으로 자동화 라인이 구축되어 대량생산(Mass Production)이 가능해졌다. 이로써 빠른 유통 변화에 대응하여 대형할인점과 슈퍼마켓 등을 대상으로 5개입 봉지 멀티팩, 6입 컵라면 박스 패키지를 선보일 수 있었다. 또한 정감 있는 모델들을 활용

[표 6] 주요 시기별 辛라면 마케팅 4P 전략

시 기	연 대	제품 전략	가격 전략	유통 전략	촉진 전략
출시 초기	1980년대 (도입기)	• 얼큰하고 매운 소고기 국물 라면 • 붉은색 패키지 • 辛브랜드 강조 • 옥편 디자인 활용 • 당시 라면제품과 차별화된 辛라면 브랜드 네이밍 적용	• 출시 희망소매가(200원): 평균 봉지면 대비 고가면 출시	• 대형도매점 중심으로, 소매점 진열 확대	• TV 광고
시장 진입 후	1990년대 (성장1기)	• 확장제품출시(컵/큰사발) • 신유통 대응: 멀티팩(5입팩/6입컵) 출시	• 희망소매가(450원): 봉지면 평균 가격대 접근	• 유통 다양화(대형할인점/슈퍼마켓/편의점)	• TV 광고
	2000년대 초기 (성장2기)	• 웰빙 등 소비자 기호 변화에 맞춘 품질 관리(MSG 무첨가 등)	• 희망소매가(750원): 봉지면 평균 가격대 유지	• 매장규모/특성별로 제품진열 차별화 -봉지면: 대형할인점/슈퍼마켓 -용기면: 편의점	• 광고/판촉 활동 다변화 추진(TV/온라인/옥외광고) • 2002월드컵 16강 기원 대축제 • 사랑 나눔 콘서트 실시 (연례)
	2008년~현재 (성장3기)	• 소비자 기호 변화에 대응	• 희망소매가(753원): 봉지면 평균 가격대 유지	• 유통업체별 제품 SKU(stock keeping unit) 차별화	• 광고/판촉 다변화

출처: (주)농심(2010)

한 대량광고(Mass Communication)를 통해 대량판매(Mass Sale)를 실시하는 이른바 3M전략 실행으로 (주)농심은 확고부동한 라면시장의 대표주자로서 자리매김하게 되었다.

2000년대 초기에는 웰빙에 대한 소비자 욕구에 맞춰 지속적인 품질 관리(MSG무첨가 등)를 하는 한편 가격은 730원으로 봉지면의 평균 가격대를 유지하면서 매출분석을 통해 매장의 규모나 특성에 따라 제품진열 비중을 다르게 하였다. 예를 들어 대형할인점이나 슈퍼마켓에서는 봉지면의 비중을 높이고 편의점의 경우는 용기면의 비중을 높였다. 월드컵이 열렸던 2002년에는 온 국민을 대상으로 한 '2002 월드컵 사나이 울리는 辛라면'과 함께 하는 16강 기원 대축제 이벤트를 기획하여 성공리에 끝마쳤다. 또한 입장료 대신 辛라면을 받아 기부하는 '사랑 나눔 콘서트 행사'를 지난 2009년까지 10년째 진행하는 등 No.1 브랜드 위상 고지 강화를 위한 다양한 마케팅 활동도 실행하고 있다.

시기별 커뮤니케이션 전략

'사나이 울리는 辛라면'
[그림 14]의 설문조사 결과에서도 알 수 있듯이, 아직도 이 광고카피를 기억하는

(단위: %, 응답자: 179명)

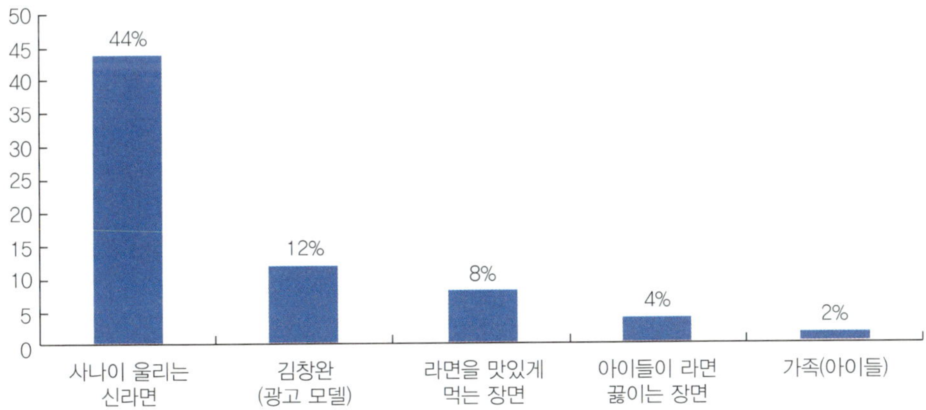

출처: (주)농심기획(2009)

[그림 14] 辛라면 광고 기억내용

사람들이 많이 있을 것이다. (주)농심은 辛라면 제품출시 이후 '사나이 울리는 辛라면'이라는 일관된 커뮤니케이션 전략을 중심으로, 시기별 고객 조사와 광고 효과 분석 등 환경 분석을 통해 그 시대의 트렌드에 맞는 유연한 마케팅 커뮤니케이션 전략을 수립한다. 또한 단순히 인기가 있는 광고모델이 중심이 된 광고보다는 '제품이 광고의 주인공'이 되어야 한다는 광고철학을 가지고 제품 중심의 광고 전략을 실행해 오고 있다.

제품 출시 초기 (주)농심의 광고 전략은 매운 맛을 선호하는 표적 수용자를 대상으로 경쟁 라면들과 차별화된 제품 속성인 '매운 맛'을 강조하기 위하여 '강부자, 구봉서' 광고 모델을 통하여 '매운 맛을 좋아하는 분만 드세요', '사나이 대장부가 울긴 왜 울어', '사나이 울리는 辛라면' 등의 해학적인 표현으로 브랜드를 알리는 데 주력했다.

1990년대 중반 이후 대한민국 No.1 브랜드로 辛라면의 입지가 굳어지고 중국 상해 공장의 완공으로 중국 현지에서도 辛라면을 생산할 수 있게 되자 (주)농심은 '辛라면 맛 세상이 다 압니다', '세월이 흐를수록 辛라면의 인기는 동양사람 서양사람 따로 없구나' 등의 광고 카피를 통해 辛라면의 범용성과 세계성을 강조하였다.

2000년대 초에 들어와서는 단순히 제품 속성을 알리는 광고에서 더 나아가 일상생활 속에 스며들어 소비자들이 공감할 수 있는 이미지 광고로 전환하기 시작하였다. 일반인 광고모델을 내세워 서민들이 부담 없이 즐길 수 있으며 辛라면을 통해 행복을 얻을 수 있다는 내용의 '작은 행복은 늘 우리 곁에 있습니다. 민생안심 辛라면'이라는 광고 카피를 통해 일상생활에서 辛라면이 함께 하는 모습을 표현하였다.

2002년에는 월드컵과 辛라면의 이미지를 연계하여 젊음과 열정을 표현하고자 하였고 2004년부터는 라면 시장에서 주요 소비자인 10대 중고생들을 대상으로 辛라면의 용기면 광고인 '고등학생'편 등을 통해 젊은 표적 수용자 지향적인 광고 전략을 이어나갔다. 2009년부터 현재까지는 박지성 등 신뢰성이 높고 대한민국을 대표하는 '상징적인 인물'로 평가받는 광고모델을 기용하여 대한민국을 대표하는 No.1 브랜드로서의 위상을 다시 한번 강조하였다.

오랜 시간 동안 변화와 유지전략을 효과적으로 구사해 온 신라면의 커뮤니케이션 전략에 대하여 들은 황도연 연구원은 아껴두었던 질문의 서두를 꺼내었다.

[표 7] 주요 시기별 辛라면 광고 전략

구분	광고목적	표적수용자	광고컨셉	헤드카피
1986~1996년	제품속성인 '매운 맛'을 해학적으로 표현하여 브랜드 고지에 주력	매운 맛을 선호하는 20~30대 남자	매운라면 辛라면. 얼큰하고 매운 맛을 선호하는 한국인의 라면	"사나이 울리는 辛라면"
1997~1999년	辛라면의 범용성 및 세계성을 강조하여 톱 브랜드로서의 위상 강화	40~50대 남자	세계인의 라면 辛라면	"辛라면 맛 세상이 다 압니다" "사나이 울리는 농심 辛라면"
2000~2001년	제품 중심에서 이미지 중심으로 전환	30~40대 남녀	일상생활에서 빼놓을 수 없는 辛라면	"작은 행복은 늘 우리곁에 있습니다 민생안심 辛라면"
2002년	2002년 월드컵과 辛라면의 이미지 연계하여 브랜드력 강화	20~30대 남녀	2002 월드컵 사나이 울리는 辛라면	"辛라면 먹고 합시다" (축구편)
2004~2008년	일상 속에서의 辛라면을 토대로 젊은층 흡수	10대 남녀	맛있는 라면 辛라면	"그렇다! 역시 辛라면이다"
2009~현재	범용성과 세계성을 다시 한번 강조	10~20대 남녀	세계로 통하는 辛라면	"세상을 울려라~ 사나이 울리는 辛라면"

출처: (주)농심기획(2007), (주)농심(2010)

"역시 경쟁사의 전체 매출액보다 높은 매출을 기록할 수 있었던 이유가 있었군요. 일관성은 유지하되, 시기적절하고 차별화된 마케팅 전략들과 임직원들의 노력들이 빛을 발한 것 같습니다. 서두에 언급하셨던 코카콜라와 辛라면의 공통점 그리고 농심만의 마케팅 비법은 무엇인지 지금까지 이형춘 차장님의 말씀을 통해 어느 정도 유추할 수 있었습니다. 마지막으로 저희가 처음부터 가장 궁금해 했던 부분이자 오늘의 하이라이트라 할 수 있는 질문을 드리겠습니다. 다른 기업에서는 평생 하나의 장수 브랜드를 갖기도 힘든데 농심은 '辛라면'을 비롯하여 안성탕면, 짜파게티 등 라면류뿐만 아니라 새우깡 등 많은 장수 브랜드들을 보유하고 있는데 유독 농심이 이렇게 많은 장수 브랜드들을 보유하고 또 유지할 수 있는 비결이 무엇인지 궁금합니다."

[그림 15] 1986년 인쇄광고

[그림 16] 2001년 인쇄광고

[그림 17] 2002년 인쇄광고

[그림 18] 2008년 인쇄광고

출처: (주)농심(2010)

장수 브랜드의 성공비법

**비법 1.
맛의 일관성 유지 전략을 위한 맛의 변화 전술**

"한국인이 가장 좋아하는 매운 맛"을 만들어내는데 지속적인 R&D를 진행한 농심은 소비자들이 선호하는 매운 맛이 시대상황에 따라, 경기상황에 따라 달라진다는 것을 알아냈다. 이에 따라, 장수브랜드가 직면하는 상품의 핵심 속성을 일관성 있게 추구해야 하는가 아니면 시장 요구에 따라 변화하여야 하는 딜레마에 봉착했다. 신라면의 핵심속성은 "한국인이 가장 좋아하는 매운 맛"인데 이 매운 맛을 개발한 이후 지속적인 R&D를 통해 관리하고 변화하였다. 이를테면, 경기가 안 좋을 때는 일반적으로 사람들이 좀더 강한 매운 맛을 선호하는 데 반해, 경기가 회복되고 소비가 활성화되면 상대적으로 덜 매운 맛을 선호한다. 반대로 말하면, 기업이 동일한 매운 맛을 지속하더라도 시대상황이나 경기상황에 따라 소비자들이 지각하는 매운 맛의 정도가 다르다는 것이다. 신라면은 수십 년 동안 한국인이 가장 좋아하는 매운 맛을 일관성 있게 유지하기 위한 전략을 구사하기 위해서는 상황에 따라 맛에 변화를 주어야만 일관적 맛을 전달할 수 있었던 것이다. 즉, 일관성이라는 전략을 유지하기 위한 변화 전술은 장수 브랜드의 가장 중요 비법이다.

또한, 최근 활발한 해외시장에서도 '한국인의 매운 맛'을 고집한 제품전략은 그 성과를 보여주고 있어서 맛의 일관성은 해외시장에서 새로운 상품 카테고리를 여는 단초일 수도 있다는 좋은 사례를 보여주고 있다.

**비법 2.
일관성 안에서 유연성 있는 마케팅 커뮤니케이션**

'사나이 울리는 辛라면'이라는 일관된 커뮤니케이션 전략을 기반으로, 시기별 고객 조사와 광고 효과 분석 등 환경 분석을 통해 그 시대의 트렌드에 맞도록 유연하게 마케팅 커뮤니케이션을 진행하였다. 일관적인 사나이 울리는 신라면의 컨셉을 유지하기 위해서 커뮤니케이션 방법을 앞서 신라면의 시기별 커뮤니케이션에서 소개했듯이 마케팅 커뮤니케이션 방법을 변화하였다. 초기에는 제품 중심의 광고에서 최근에는 이미지 중심의 광고 커뮤니케이션으로 변화를 모색하였으며, 광고모델도 시기별 상황과 표적집단에 따라 광고모델을 적절히 변화를 주었으며, 최근에는 이미지 중심 광고전략과 맞추어 상징성 있는 모델을 채택하여 일관성 있게 사나이 울리는 신라면을 위상정립을 통해 장수브랜드가 쉽게 직면할 수 있는 오래된 브랜드의 이미지, 브랜드 노후화의 징조 등의 문제들을 시기적절한 마케팅 커뮤니케이션을 통해 해결하였다.

또한 해외 마케팅 커뮤니케이션 관점에서는 표준화된 맛은 지속하되 현지화된 마케팅을 구사함으로 장수브랜드 신라면이 보유한 마케팅의 노하우를 기반으로 한 마케팅의 유연성은 해외시장에서도 장수 브랜드로서 기대된다.

비법 3. 브랜드 일관성 유지를 위한 체계적인 브랜드 관리 시스템

신라면은 장수 브랜드로서 수십 년 동안 소비자의 꾸준한 사랑을 받기 위해서 체계적인 브랜드 관리를 해왔다. 특히 농심은 전사적 차원에서 브랜드 매니저 제도 운영 및 브랜드 관리 및 강화를 위한 브랜드 측정 모델이 장기적 관점에서 다음과 같이 시스템적인 브랜드 관리를 해왔다.

농심의 브랜드 매니저 제도 운영 소개

(주)농심은 '브랜드의 경쟁력은 브랜드를 담당하고 있는 마케터의 역량에서 나온다'는 신념하에, 한국에서 '브랜드'라는 개념이 도입된 1990년대 후반부터 브랜드 매니저 제도를 만들어 운영하고 있다. 제품, 광고, 영업, 판촉 관리 등 브랜드 운영과 연관된 권한을 부여받아 리더십을 발휘하는 브랜드 매니저 제도는 지금은 익숙한 개념이지만 그 당시 식품업계에 매우 신선한 충격을 주었다. 2000년대 초반 마케팅 프로세스 체계화를 위한 프로세스 혁신활동을 통해 신제품 기획 능력을 배양시키고자 하였다. 이를 위하여 제품 아이디어 뱅크, 마케팅 성공실패 사례 스터디 그룹 운영, 마케팅/유통 관련 외부 인사 초청 강연, 신입 브랜드 매니저들이 제품 기획부터 출시까지 진행하는 교육 프로그램인 Thinking Customer제도 등의 브랜드 매니저의 역량 강화를 위한 다양한 교육 프로그램을 운영하고 있다.

Thinking Customer 제도에 대해서 보다 자세히 설명하자면, 이는 신입 브랜드 매니저들을 위한 교육 프로그램으로서 [그림 19]와 같이 다양한 경로를 통해 고

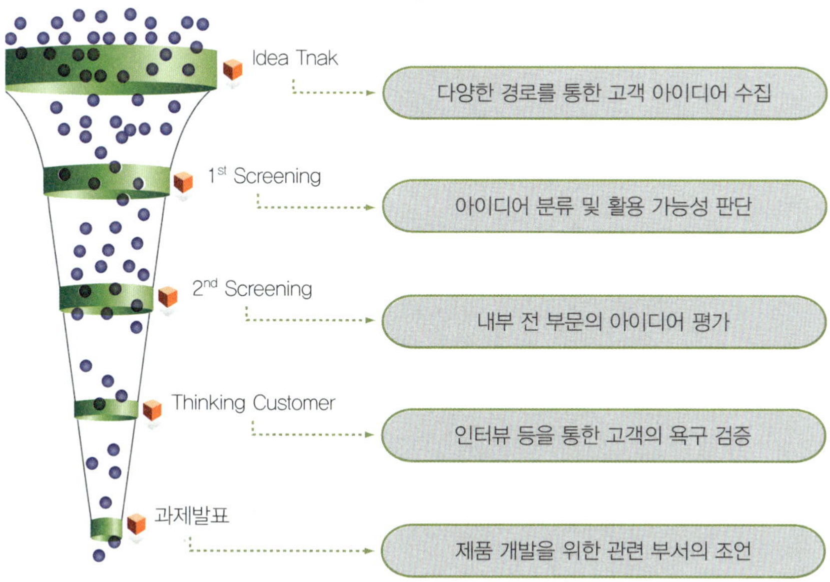

출처 : (주)농심(2010)

[그림 19] Thinking Customer제도를 활용한 신제품 개발 프로세스

객들의 아이디어가 모아지면 1차선별 단계를 통해 아이디어를 분류하고 활용 가능성을 판단한다. 2차선별 단계로 기업 내부 전 부문에서 협조를 얻어 선별된 아이디어에 대해서 평가한 후, 소비자 인터뷰를 통해 선별된 아이디어에 대한 욕구가 있는지 검증한다. 욕구 검증이 확인되면 환경 분석/사업성 분석 후 관련 부서의 조언을 얻어 시식/샘플링(Sampling)을 통해 제품 속성을 조정하고 마케팅 전략을 수립하여 제품을 출시까지 진행해 보는 일련의 과정들을 경험할 수 있는 제도이다.

농심의 브랜드 관리 및 강화를 위한 브랜드 측정 모델 소개

(주)농심은 보다 체계적이고 과학적인 브랜드 관리를 위해 현재 위치를 파악하고 문제점을 진단하는 NBAI(Nongshim Brand Asset Index) 모델을 도입하여, 자사의 브랜드 강화를 위한 활동들을 전개해 나가고 있다. [그림 20]과 같이 NBAI 브랜드 측정 모델은 농심과 경쟁 브랜드들의 파워를 계수화하여 회귀분석[2)]을 이용

2) 회기분석(Regression analysis)은 관찰된 연속형 변수들에 대해 독립변수와 종속변

F(성과지표) = a_1기능파워 + a_2이미지파워 + a_3명성파워 + a_4인지파워
(a_1, a_2, a_3, a_4는 각 결정지표의 상대적 영향력)

출처 : (주)농심(2010)

[그림 20] (주)농심 브랜드 측정 모델(NBAI: Nongshim Brand Asset Index)

해 브랜드 파워에 영향을 미치는 요인을 규명하는 데 활용된다. 즉 성과지표인 브랜드 파워를 종속변수로 놓고 세부 브랜드 결정지표인 기능/이미지/평판/인지 파워를 독립변수로 하는 회귀분석 함수를 사용하여 브랜드 성과를 결정짓는 결정요소들의 가중치를 파악하여 브랜드 파워의 영향력을 규명하는 것이다. 또한 이 브랜드 측정 모델을 기반으로 브랜드 경쟁 현황 및 지속적인 트래킹(Tracking)을 통한 시계열분석[3]에 의해 경쟁 상황 변화에 대응하고 있다.

비법 4. 지속적인 제품 개발과 투자

회사 설립과 연구개발을 동시에

1960년대 초 회사 설립 당시 국내에는 시장점유율 1위의 삼양식품을 비롯하여 대여섯 개의 업체들이 난립해 있었다. 하지만 대부분 선진국의 기술을 그대로 도입

수 사이의 인과관계에 따른 선형적 관계식을 구하여 독립변수가 종속변수에 미치는 함수 관계를 분석하는 통계 방법이다.

3) 시계열분석(時系列分析)은 특정 대상의 시간적 변동을 계속적으로 관측하여 얻은 자료에 근거하여, 그 변동의 원인을 규명하고 미래를 예측하기 위하여 행하는 분석이다.

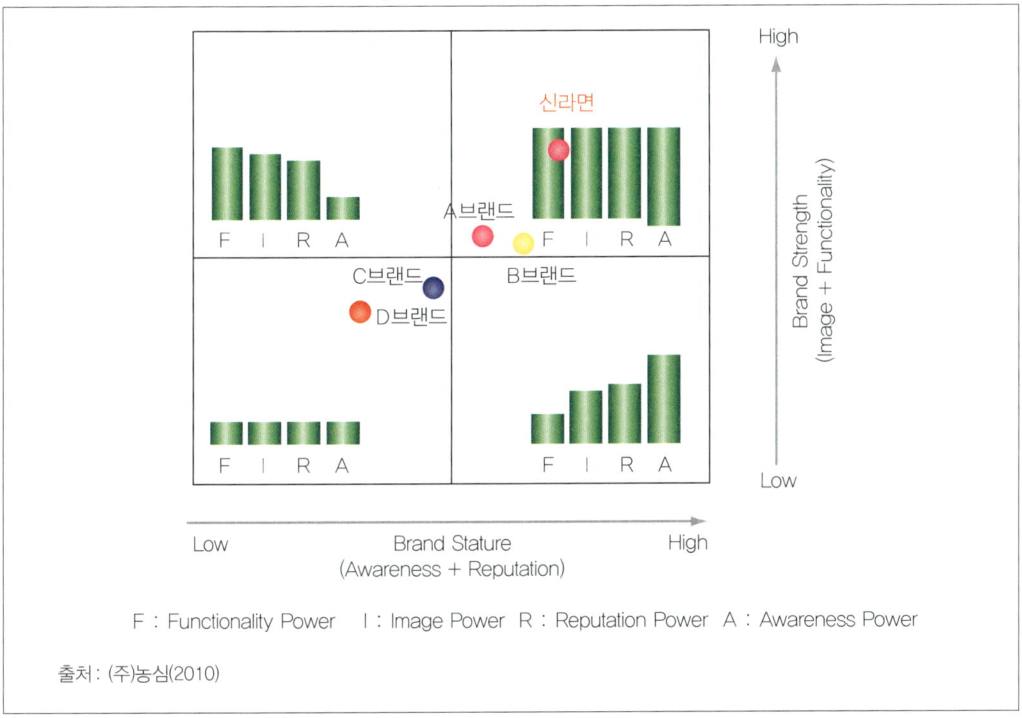

[그림 21] NBAI 브랜드 측정 모델을 활용한 주요 브랜드 파워 경쟁 현황

했거나 잘 팔리는 제품을 서로 모방하고 있는 실정이었다. 후발주자로서 차별화할 수 있는 것은 결국 품질이었다. 辛라면 개발 사례에서 볼 수 있었듯이 (주)농심은 창업 초기부터 한국인의 입맛에 맞는 제품을 스스로 만들어야 한다고 생각하였다.

"식품사업은 단순히 먹거리를 만들어서 배고픈 사람들에게 공급하는 단순 제조업이 아니라, 한 나라, 한 사회의 생활방식과 사람들의 기대수준에 부응해야 하는 문화사업의 의미를 가지고 있다. 나아가 한 봉지의 라면이라 하더라도 그것 나름대로의 품격을 갖추어야 하고 그것만이 가진 특색과 개성을 지녀야 한다"는 창업주 신춘호 회장의 신념을 이어받아 (주)농심은 처음 회사 조직을 구성하면서부터 연구개발 전담부서를 편제하였고, 이것은 오늘날 (주)농심이 끊임없는 연구개발로 장수 브랜드와 식품을 보유할 수 있는 밑거름이 되었다.

연구개발에 대한 끊임없는 투자

투자(投資)란 단순히 이익을 얻기 위하여 어떤 일이나 사업에 자본을 대는 것만을 의미하지 않는다. 시간이나 정성을 쏟는 것 또한 투자이다. 회사 설립과 동시에 연구개발 전담부서를 편제한 (주)농심이 선발주자들을 제치며 1위에 올라선 후 수십 년간 그 위치를 지킬 수 있었던 것은 차별화된 고품질의 제품을 만들기 위해 위장을 혹사해 가며 연구에 몰두한 연구원들과 연구시설이 뒷받침되었기 때문이다.

1980년대 초 (주)농심은 라면에 대한 수요를 어떻게 유지시키고 나아가 새로운 수요를 창출할 수 있을지 고민을 했다. 그 해답은 바로 '질적인 차별화'였다. 질적인 차별화를 위해 선택한 것이 바로 과거와는 차원이 다른 고품질의 스프를 개발하는 것이었다. 이를 위해 서구 여러 나라의 스프 제조회사를 두루 방문하여 최신 스프생산 설비에 대한 정보를 수집했다. 당시 (주)농심의 자본금의 두 배에 달하는 40억 원이라는 엄청난 돈을 설비 시스템에 투자하여 1982년 5월 안성 스프 전문 공장을 건설하게 되었다. 모든 재료가 첨단 시스템으로 관리됨으로써 품질이 월등하게 개선되고 확실한 품질 차별화를 이룬 (주)농심은 라면은 100원이라는 오랜 통념을 깨고 자신 있게 가격을 리드할 수 있게 되었다.

이후 안성 스프공장에서 개발한 안성탕면(1983년), 짜파게티(1984년), 辛라면(1986년) 등의 고품질을 기반으로 한 다양한 제품 컨셉을 갖춘 빅히트 상품을 만들어 냈다. 하지만 이에 그치지 않고 1980년대 말까지 200억 원 이상을 투자해 설비증설을 계속해 나갔다. 또한 1993년 경북 구미에 경쟁업체들은 생각조차 못했던 세계 최초의 CIM(컴퓨터 통합 제조 시스템) 공장을 완공하여 생산에서 포장까지 라면 관련 모든 공정을 컴퓨터로 작동 가능하게 하였다. 이후 (주)농심은 사업 경쟁

[그림 22] 농심 안성공장 전경

[그림 23] 농심 구미공장 전경

력을 더욱 강화하기 위하여 연구개발 조직을 2007년 12월 경기도 군포에서 서울 신대방동 신연구동으로 이전하였고 각종 현대식 실험장비들을 구비하여 150여 명의 연구원들이 최첨단 연구 환경에서 제품 연구에만 몰두할 수 있도록 하였다.

이처럼 (주)농심이 1980년대 중반부터 국내 라면업계의 1위로 도약하고 수십 년간 유지하며 세계화를 이룩하게 된 것은 다른 기업에서는 엄두도 못 낼 연구개발과 시설에 대한 막대한 투자와 노력이 있었기 때문이다.

(주)농심은 지속적인 연구개발과 끊임없는 노력의 결과로 좋은 원료만을 엄선하여 고품질의 제품을 개발할 수 있었고 이를 기반으로 기존에 없던 차별화된 제품 컨셉을 가진 다양한 브랜드들을 출시하였다. 그 브랜드들이 바로 육개장 사발면(1981년), 너구리(1982년), 안성탕면(1983년), 짜파게티(1984년) 등이었으며 출시 제품들의 연속적인 히트로 1985년 3월 삼양식품을 제치고 라면업계 1위로 올라섰다. 이후 (주)농심은 1986년 최고의 히트작인 '辛라면'을 출시하며 시장점유율을 끌어올렸고, 명실공히 1위로서의 위상을 공고히 할 수 있었다. 한편, 라면업계 선발주자였던 삼양식품은 1989년 우지사건 발생, 소비자 기호 변화에 미대응 등으로 인해 농심과의 경쟁에서 점점 멀어지게 되었다.

비법 5. 철학을 가진 쟁이의 운영

철학을 가진 쟁이는 행복하다

"라면은 다른 제품과는 달리 '사람이 먹는 음식'이다. 옷이나 가전제품 같은 물건은 불량이 있더라도 고쳐 쓸 수 있지만 불량음식을 사람이 먹으면 당장 건강에 탈이 날 뿐만 아니라 심지어는 생명을 잃을 수도 있다. 그래서 식품사업을 하는 사람에게는 남다른 소명의식이 있어야 한다." 이는 1965년 회사 설립 당시 창업주 신춘호 회장의 신념이었다. 단 하나밖에 없는 생명은 누구에게나 소중하다는 것을 알고 식품을 만드는 사람들이 생명에 대한 존엄성을 한시라도 잊지 않도록 창업초기부터 철저한 품질 위생관리를 당부한 것이다.

1970년 10월 (주)농심이 소고기라면을 개발하면서 품질이 우수한 우지만을 사용하여 품질 차별화로 인기를 얻자 다른 업체들도 뒤따라 우지를 사용하게 되었다. 이때부터 우지 사용이 일반화되었는데 라면 소비가 계속 늘어나면서 그 사용량도 계속 증가하게 되었다. 하지만 식품의 트렌드 및 지속적인 소비자 조사 결과, 농심의 마케팅팀은 소비자들이 동물성 기름 우지 대신 식물성 기름에 대한 잠재적인 욕구(Needs)가 있음을 발견하게 되었다. 이 결과를 토대로 신춘호 회장은 더 이상 동물성 기름인 우지를 사용하지 않고 대신에 국내 최초로 식물성 기름 팜유를 사용하기로 결정하였다. 1979년 당시 톤당 우지는 637달러였지만 팜유는 721달러였다. 당시 연간 최소 15,000톤의 유지를 사용하는 회사실정을 감안하면 있을 수 없는 결정이었다. 하지만 신춘호 회장은 '나와 내 자식들이 매일 먹는 음식의 재료라는 생각과 미래에 대한 투자'라는 생각으로 눈앞의 이익에만 연연하지 않고 고객과 회사의 미래를 위해 당시로서는 상상할 수 없는 일을 결정한 것이다.

辛라면 개발 사례를 통해서 알 수 있듯이 한국 사람들의 전통적 식습관을 파악하여 '한국적인 매운 맛'을 출시한 것처럼 철저하게 고객의 입장에서, 고객의 건강을 생각하고, 나아가 (주)농심을 통해 고객이 행복해질 수 있도록 끊임없이 노력하여 제품을 만들고 있다. 바로 이러한 '정성'이 (주)농심을 수십 년간 라면시장에서 확고부동한 1위를 차지하고 있게 하는 근간이 되게 하였다. 최근에는 신동원 농심 부회장을 비롯하여 1985년 삼양식품을 제치고 라면업계 1위에 등극하는 데 기여한 40년 경력의 '농심맨' 이상윤 대표이사를 중심으로 장수식품의 정착과 해외 시장별 맞춤형 제품 개발에 힘쓰고 있다.

"여러분, 지금까지 제가 말씀드린 내용을 통해 서두에 퀴즈로 제시한 코카콜라와 辛라면의 공통점을 찾으셨나요?"

이형춘 차장이 두 연구원에게 질문하였다.

"지금까지 차장님께서 말씀해주신 내용들을 유추해 보면 코카콜라와 辛라면의 공통점은 바로 '독창성(Originality)'과 해당 제품범주(Category)에서 '판단이나 의사결정의 기준 및 표준이 된 제품'이라고 생각합니다."

주경희 연구원이 이야기하자 이형춘 차장은 살짝 미소를 지으며 답했다.

"제 이야기를 귀 기울여 잘 들으셨군요. 맞습니다. 코카콜라는 우연히 개발되긴 했지만 매우 독창적인 컨셉과 맛으로 콜라의 대명사가 되었습니다. 펩시콜라 등 전 세계에서 무수히 많은 유사 제품들이 출시됐지만 소비자들은 콜라 맛의 판단 기준을 코카콜라와 비교하였기 때문에 이미 콜라 맛의 표준이 된 코카콜라의 아성을 무너뜨리지 못하고 있는 것입니다. 저희 농심의 辛라면 역시 독창적인 컨셉으로 '매운 맛' 라면이라는 새로운 시장을 창출하였고, 매운 맛 라면의 원조로서 소비자들이 '매운 맛 라면을 먹을 때 판단하는 기준'이 된 것입니다. 하지만 코카콜라와 달리 저희 辛라면은 철저한 사전 소비자 조사를 통해 소비자 기호에 맞는 고품질의 원료를 사용하여 각고의 노력 끝에 '한국인이 가장 좋아하는 매운 맛'을 구현하여 만든 제품입니다."

주경희 연구원은 자리에서 일어나 이형춘 차장에게 악수를 청하며 감사의 인사말을 건넸다.

"오늘 말씀 잘 들었습니다. 오늘 인터뷰와 현장 방문을 통해 농심 '辛라면'이라는 브랜드가 어떻게 개발되어 한국의 대표 장수 브랜드로서 성장할 수 있었는지 그 비결을 알 수 있는 좋은 시간이었습니다. 공개해주신 내용들을 통해 저희와 같은 중소업체들도 장수 브랜드를 구축하고 관리할 수 있겠다는 기대와 희망을 갖게 되었습니다. 정말 감사합니다."

토론과제

토론과제 1.

본인이 처한 기업의 브랜드를 장수 브랜드로 성장시키기 위한 마케팅 전략과 전술을 수립해보자.

토론과제 2.

장수 브랜드의 비법 중의 하나인 "일관성" 구축 전략을 위한 "변화" 노력의 전술에 대해 논의해보자. 본인이 처한 기업의 브랜드에서 일관성 VS 변화란 주제 아래 당면 마케팅과제를 정리해보자.

토론과제 3.

〈그림 6〉에서 볼 수 있듯이 (주)농심은 '辛라면' 출시 이후 지금까지 높은 시장점유율을 기록하고 있지만, 2000년대 이후 시장점유율은 계속 25%대에 머무르고 있다. 격변하는 환경 속에서 장수 브랜드 辛라면이 시장점유율을 높이기 위한 방안을 논해보자.

참고문헌

김민주(2003), 마케팅 어드벤처2, 미래의 창.

동아일보, "[A+리포트] 70개국 수출… 대표 한류식품 (주)농심 신라면," 2009년 6월 13일.

동아일보, "치즈같은 두부, 빈티지 적힌 막걸리," 2010년 1월 28일.

매일경제, "[한국 100대 CEO] 신동원 농심부회장," 2010년 3월 31일.

방규식, 김택균, 이용훈(2005), 대한민국 장수기업의 조건, 해토.

서울경제신문, "라면시장 새바람 부나," 2010년 3월 24일.

신병철(2004), 쉽고 강한 브랜드 전략, 살림.

안광호, 한상만, 전성률(2008), 전략적 브랜드 관리, 제3판, 학현사.

이경미(2007), "출출할 때면 울면서도 찾게 되는 매울'신': (주)농심 신라면," 광고정보, 통권 제313호, pp.58-61.

왕문도(2008), "한국 기업의 중국진출 마케팅 전략에 관한 연구", 건양대학교 경영행정

대학원.

중앙일보, "[최지영기자의 장수 브랜드] 농심 신라면," 2009년 3월 24일.

중앙일보, "[취재일기] 장수 브랜드의 비결은 '변신'," 2009년 12월 23일.

최이규, 이문(2000), "차별화지향의 모방전략(Second-but Better)을 통하여 업계리더가 된 (주)농심라면의 사례연구," 마케팅관리연구, 제5권 제3호, 143-161.

한국경제신문, "[중국은 제2 내수시장] (주)농심… 신라면 등 年 6억 개 중국 현지 생산," 2008년 1월 8일.

한국경제신문, "[장수 브랜드] 세대 넘은 히트상품… '長壽 DNA'에 주목하라," 2009년 10월 27일.

한국경제신문, "(주)농심 '신라면' …연간 8억 개 판매… 국내를 넘어 세계로," 2009년 10월 27일.

한국일보, "'패떳' 음식 일등공신 라면스프 뭘로 만드나," 2009년 1월 5일.

Davis, S. M., M. Dunn, D. A. Aaker(2002), Building the Brand-driven Business: Operationalize Your Brand to Drive Profitable Growth, NY: John Wiley & Son, Inc.

Keller, Kevin Lane(2007), Strategic Brand Management, 3rd Edition, PrenticeHall.

www.nongshim.com

www.nscom.co.kr

www.shinramyun.com

사례 3.

문화와 마케팅, 시간을 함께 걷다

- 정동극장의 마케팅 전략의 변천기(1995~2009년) -

김다미* 이두희** 서지영***

아시아의 브로드웨이로 자리매김한 정동극장에 사람들이 몰려 있다. 한국을 찾은 외국인들과, 데이트하러 온 젊은 커플들부터 가족 나들이로 정동극장을 찾았다는 아이 손을 잡고 있는 엄마까지 다양한 나이대의 사람들이 공연을 앞두고 이야기를 나눈다.

"과거에는 외국인들만 주로 찾았어요. 주로 마케팅의 대상이 외국인들이었던 것도 사실이었습니다. 국내 관객들에게 전통공연이란 늘 따분한 것으로 비춰지곤 했었죠."

정동극장의 공연 기획팀 박진완 팀장은 완성도를 높여 올 4월부터 선보인 〈미소2, 춘향연가〉가 국내 관객들에게 좋은 반응을 얻고 있다고 말했다.

"외국인들을 표적집단으로 그동안 힘써왔다면 최근에는 좀 더 국내 관객들의 관심을 얻기 위해 노력하고 있습니다. 전통공연에 대한 교육에 초점을 두고 있으며 구미에 맞는 공연들을 발굴하기 위해 애쓰고 있습니다."

이미 외국인들에게는 중국과 일본에는 없는 브로드웨이라는 별칭을 가진 정동극장. 발전의 해답은 국내 관광객에게 있다는 박진완 팀장의 말이 앞으로 정동극장이 나아갈 방향을 제시하고 있다. 물론 해외 관광객의 적극적 유치와 해외로 진출하는 공연 역시 정동극장이 끊임없이 추구하는 사업이다. 설립된 이래로 때에 따라 적절한 마케팅을 펼쳐 주목을 받게 된 정동극장은 공연 예술계에서 모범 사례로 통한다.

"2010년 도약할 정동극장이 앞으로 어떻게 발전할지 기대하셔도 좋을 것 같습니다."

박진완 팀장의 각오가 더욱 기대하게 한다. 정동극장의 지나온 길을 더듬어본다.

*고려대학교 대학원 **고려대학교 경영학과 교수 ***고려대학교 대학원

정동극장의 역사

정동극장은 1908년 설립되어 춘향가, 심청가, 은세계 등을 상연한 국내 최초의 근대식 극장인 원각사를 복원하자는 취지에 맞게 설립되었다. 1914년 화재로 소실된 원각사의 문화적 전통을 이어가고자 탄생한 정동극장은 1995년 6월 17일 덕수궁 돌담길을 끼고 시립미술관 맞은편에 자리 잡았다. 1990년대에 이르러 사회 각계각층에서 문화를 향유하고자 하는 목소리가 증가함에 따라 몇 차례의 논의에 걸쳐 정동극장은 이념 취지에 따라 우리의 문화예술을 보존하여 발전시키며, 내외국인들을 위한 전통과 현대가 만나는 문화명소가 되었다.

문화관광부 국공립 예술 단체, 기관 운영 평가서에 언급된 정동극장의 평가 목표를 보면 정동극장의 설립이념을 좀 더 정확히 확인할 수 있다.

〈근대극장의 역사성을 바탕으로 전통예술의 발전과 보급에 지속적으로 노력하면서 도심 속에 위치한 생활친화적인 문화 향수의 기회를 제공하는 공간에 대한

[그림 1] 정동극장

출처: 정동극장(2009)

[표 1] (재)명동 · 정동극장 연혁

1995년	06.17 개관(국립중앙극장 분관체제 운영)
1996년	01.01 문화관광부 관리위탁(사단법인 국립중앙극장 예술진흥회)
1997년	01.01 문화관광부 관리위탁(재단법인 정동극장 출범)
	01.01 제 1대 홍사종 극장장 취임
	전통예술상설무대 공연 시작, 문화특활 시작
2000년	03.02 제 2대 박형식 극장장 취임
	전통예술무대 공연 상설화
2004년	06.01 제 3대 최태지 극장장 취임
2008년	06.18 (재)명동, 정동극장 통합운영 정관개정
	11.17 제 4대 구자흥 극장장 취임
	미소 공연 상설화
2009년	06.05 명동예술극장 개관
2010년	02.26 2극장장 책임운영제 직제 개정
	03.29 구자흥 명동예술극장장 임명
	03.29 제 5대 최정임 정동극장장 취임

출처: 정동극장 홈페이지(2009)

예술사업의 성과와 경영성과를 평가하여 운영의 책임성과 민주성을 확보한다.〉

정동극장은 1997년 문화관광부 산하 재단법인으로 독립하면서 주목을 받게 되었다. 민법에 의해 설립된 비영리법인극장인 정동극장은 예산승인이나 임원임명권, 감사는 관할 정부기관에서 맡고 있고 일정한 운영비만 지원을 받는다.

제 1대 홍사종 극장장은 약 20여 년 동안 세종문화회관에서의 경력을 바탕으로 정동극장을 새롭게 운영하기 시작했다. 뒤를 이어 취임한 극장장들 역시 순수 문화로서의 연극을 상업적으로 운영하는 것에 대한 반발을 뒤로 하고 홍보마케팅, 수익성 향상에 집중하여, 선진 극장운영을 보여주었다. 정동극장은 여러 문화기관들의 벤치마킹 대상이 되었을 뿐 아니라 최근 더욱더 각광받는 문화마케팅의 선두 주자로 떠오르게 되었다. 정동극장은 공연산업을 통하여 주 수입을 창출하며 공연 예술계에서 성공한 마케팅으로 자리 잡은 극장 중의 하나이다. 이러한 정동극장의 성공한 마케팅에 대하여 알아보기 앞서, 공연산업의 특성과 현황에 대하여 살펴본다.

공연산업의 특성과 현황

공연산업의 개념과 성격

공연산업은 연극, 뮤지컬, 음악, 무용 등의 공연이 펼쳐지는 공간 안에서 관객이 실시간으로 관람을 하고 소통을 할 수 있게 하는 관련된 기획, 제작, 공연, 유통 등의 모든 산업들을 뜻한다. 공연산업은 서비스산업 안에 속하지만, 여타 다른 산업과는 독특한 특성을 지니고 있으며, 공공지원의 의존도가 높아 다른 산업들에 비해 마케팅적인 접근이 성숙하지 않은 단계에 있다. 공익성을 띠고 있기 때문에 경영적인 접근이 간혹 논란의 대상이 되기도 했으며, 공연 단체들 역시 산업 성격상 적극적으로 수익성 향상을 위해 어떻게 효과적인 마케팅을 펼칠지에 대한 고민이 치열하지 않았다.

[표 2]를 보면 2007년 공연 시설 연간 총 수입 및 지출을 확인할 수 있는데 수입액보다 지출액이 약 3500만원 많다. 대부분의 타 산업들이 영리추구가 제 1목표

[표 2] 2007년 공연 시설 연간 총 수입/지출 (단위 : 천원(%))

총 수입액		총 지출액	
845,736,851		880,744,538	
자체수입	287,922,477(34.0)	사업비	306,705,656(34.8)
공공지원수입	549,501,448(65.0)	경상비	574,038,882(65.2)
기부금수입	7,351,675(1.0)		

출처 : 문화체육관광부, (재)예술경영지원센터(2008)

임에 반해 공연산업은 수익성 외에도 여러 가지 다양한 이유로 지속되고 있다. 하지만 공연에 대한 마케팅이 영리추구에만 목적을 두는 것이 아니라, 좀 더 공연을 알려 궁극적으로는 많은 사람들이 공연예술상품을 누릴 수 있는 환경을 조성하는 것이 마케팅의 최종 목표라고 생각한다면 공연 예술 활동에 대한 마케팅의 필요성을 부정하기 어렵다.

공연산업의 역사

공연산업은 산업화 이후 빠르게 발전하기 시작했다. 산업화 이후 소득이 증가함에 따라 사람들은 여가 시간을 질적으로 어떻게 누릴 수 있을지 고민을 하게 되었고, 그 결과 영화 및 각종 오락 산업들이 빠르게 팽창하였다.

지식기반의 산업이 본격적으로 시작되고, 고령화와 함께 국경을 넘어 국민들의 이동이 활발해지면서 다문화 역시 새로운 키워드로 등장하였다. 사람들은 조금 더 새로운 문화를 맛보고 싶어 하고, 상업적인 성격이 강한 각종 엔터테인먼트 산업에서 좀 더 나아가 순수문화예술에 대한 관심을 갖기 시작했다.

그러한 관심은 결국 순수문화예술이 좀 더 경영의 성격을 띠고 등장하게 되는 계기가 되었다. 자유롭고 창의적이며 개성적인 '예술'에 합리성과 경제성을 떼고 생각하지 않을 수 없는 '마케팅'의 개입은 전반적으로 지식의 수준이 높아지고 감각적인 것을 추구하는 현대인들을 사로잡기 시작했다.

1990년대 초 경제적 안정을 이룬 우리나라는 다른 선진국들에 비해 관심을 갖게 된 시기는 뒤쳐져 있지만 빠른 속도로 정치적으로 문화예술의 부가가치 창출에 관심을 쏟게 되었다. 그 결과 공연시설물에 대한 발전과 관심이 급속도로 증가하고 있다. [표 3]은 2008년 공연실태에 대한 조사 결과를 보여주고 있다.

문화마케팅의 대두와 상품으로서의 공연

'문화마케팅'은 문화를 상품으로 인식하여 잘 팔릴 수 있게끔 마케팅적인 차원에서 문화를 만들어내고, 홍보하고 유통과 관련된 모든 전반적인 과정을 도맡는 개념으로 볼 수 있다. 이에 비해 '예술경영'은 예술창작 과정에, 또는 예술창작 및 배급(보존)을 목적으로 설립된 조직이나 단체를 이끌어가는 과정에 경영적인 방법(지속적, 계획적, 조직적, 효율적인 방법)을 적용하여 목적한 바를 수행하는 행위를 이

[표 3] 2008년 공연실태조사 주요 결과

(단위: 개, 석, 일, %, 명, 천원)

비교항목		2008년 (2007년 기준)	2007년 (2006년 기준)	전년대비 증감	전년대비 증감률(%)	비 고
일반현황	공연시설수 (공연장수)	662(891)	637(847)	25(44)	3.9% (5.2%)	-조사모집단 수치임
공연시설 규모 및 가동현황	인구 1천명당 객석수	9.7	9.0	0.7	7.8	
	총 공연일수	102,737	104,209	-1,472	-1.4%	
	평균 공연일수	115.3	123.4	-8.1	-6.6%	
	공연장 평균 가동률	46.5	48.8		-2.3%	
	문예회관 평균 가동률	40.8	43.8		-3.0%	
공연실적	총 공연건수	38,155	42,055	-3,900	-9.3%	- 공연장별 실적 수치임
	평균 공연건수	42.8	49.7	-6.9	-13.9%	
	총 공연횟수	116,525	123,294	-6,769	-5.5%	
	평균 공연횟수	130.8	145.6	-14.8	-10.2%	
	총 관객수	28,362,774	29,046,227	-683,453	-2.4%	
	평균 관객수	31,833	34,293	-2,460	-7.2%	
재정현황	연간 총수입(천원)	845,736,851	819,573,561	26,163,290	3.2%	
	총수입 평균(천원)	1,277,548	1,278,276	-9,728	-0.8%	
	연간 총지출(천원)	880,744,538	800,524,005	80,220,533	10.0%	
	총지출 평균(천원)	1,330,430	1,257,356	73,074	5.8%	
	재정자립도(%)	52.3	57.2		-4.9%	
	문예회관 재정자립도	17.2	18.9		-1.7%	
인력현황	총 인력수	9,037	9,371	-334	-3.6%	
	총 인력 평균	13.7	14.7	-0.6	-6.8%	
	정규직원수	6,708(74.2)	7,353(78.5)	-645(-4.3)	-8.8%	-( )는 정규직 비율임

출처: 문화체육관광부, (재)예술경영지원센터(2008)

미한다.[1)]

정동극장은 공연을 주된 수입으로 판매하며, 지속적으로 문화 콘텐츠를 발굴하는 성공적인 '문화 마케팅'을 이루어낸 극장으로 꼽힌다. 그렇다면 '문화 콘텐츠'에 해당하는 공연은 상품으로서 어떠한 특성을 가지고 있는가? 정동극장의 마케팅 전략을 살펴보기에 앞서 공연이 상품으로서 가지는 특성에 대하여 살펴본다.

경험재(Experience Goods)인 공연상품

공연상품은 다른 상품과 마찬가지로 직접 소비한 후에야 품질을 확인하고 재구매할지에 대한 여부를 판단할 수 있다. 또한 생산과 소비가 동시에 공연장 안에서 이루어진다. 다른 상품에 비해 더욱더 개인의 취향이 구입에 크게 작용되며, 언제든지 경험에 따라 취향이 변할 수 있고, 불확실하기 때문에 입소문의 영향력 또한 크다. 따라서 스타마케팅에 의존하고, 이미 인정받은 공연 위주로의 기획에 쏠리는 경향이 있으며, 성공작이 나오기 전까지 대규모의 재정을 뒷받침할 수 있는 기업의 힘이 절대적으로 필요하다.

고유성의 성격이 강한 상품

다른 산업에 비해 더욱더 독자적이고 고유한 색을 지니길 원하는 예술 산업의 특성상 공연 예술 단체들 간의 협력이 미비한 편이다. 자기만의 개성을 지닐 수 있는 공연을 창작하기 위해 공연 관계자들은 끊임없이 고민한다.

경기에 더욱 민감한 상품

최근에는 미국에서 시작된 금융위기가 국내경기에 파급되어 공연예술에 대한 소비지출이 급감하고 그로 인해 공연시장이 위축되지 않을까 우려의 목소리도 들린다. 즉 경기에 민감한 공연 예술 산업의 경우 언제든지 기업협찬 감소 등으로 악화될 수 있는 환경에 노출되어 있다. 필수품이 아닌 사치재로 분류될 수 있기 때문에 경기가 좋지 않을 때 가장 소비를 쉽게 줄일 수 있다.

앞서 살펴본 공연산업의 여러 가지 특징들에서 극복해야 할 사항 외에도, 정

1) 송희영(2006), 공연예술경영 무엇을 어떻게 할까, p. 21

동극장은 전통 예술 공연 극장이기 때문에 '고루하고 지루하며 어디서나 쉽게 볼 수 있지 않을까' 하는 전통에 대한 소비자들의 선입견을 극복해야 한다.

산업화가 이미 성숙단계로 진행된 선진국을 포함한 우리나라에서 문화는 21세기를 이끌어갈 거대한 트렌드임이 분명하다. 정동극장은 그것을 알고 있고, 단순히 티켓을 파는 극장을 넘어 스토리를 만들어내어 정동극장만의 고유의 브랜드를 구축하려 했다.

정동극장의 마케팅 전략의 변천기(1995~2009년)

진입기(1995~2002년) – "시장 확대기"

인지도 제고를 통한 관람객 극대화 시기

정동극장은 1995년 국립극장의 분관으로 개관 후, 1997년 재단 법인화에 따른 사업을 어떻게 특성화시킬지가 정동극장 마케팅의 가장 큰 과제였다. 턱없이 모자란 주차장, 단 1개관 400석의 협소한 공간과 시설을 가진 정동극장은 매우 도전적인 마케팅 환경에 놓일 수밖에 없었다.

2007년 전국 공연장 기준으로 전수조사와 표본조사의 결과를 바탕으로 추정한 891개 공연장에서 총 객석수의 공연장 규모별 점유율을 살펴보면 1000석 이상의 대공연장이 97개(10.9%), 300석 이상 1000석 미만의 중공연장이 406개(45.6%), 300석 미만의 소공연장이 388개(43.5%)로 집계되었다.[2] 규모면에서 중공연장에 속하는 정동극장의 경쟁자는 단순히 중공연장에만 한정되지 않았다.

앞서 살펴본 설립의의에서도 확인했듯이, 정동극장이 세워진 배경에는 원각사 설립이념을 계승하고 전통예술공연을 증진시키는 국가적 사업의 성격을 지니고 있

2) 문화체육관광부, (재)예술경영지원센터 발간 2008년 공연예술실태조사(2009년 1월)

었기 때문에 단순히 공연을 하고 수익을 올리는 것을 넘어선 정동극장만의 Identity를 구축하는 것이 시급했다. 이 시기에 정동극장은 정동극장의 최대 약점을 보완하고 공간을 효율적으로 사용하기 위한 전략으로 타임 마케팅(Time Marketing)과 표적집단 마케팅(Target Marketing)을 실행하게 된다.

타임 마케팅(Time Marketing)의 적용

정동극장은 소규모 공연만 가능한 단 1개관의 400석 공연장을 가진 단일 극장이다. 그동안 정부와 지방자치단체들이 문화공간을 확대하고자 세운 전국의 극장들은 대형이고 다목적홀이었기 때문에 규모면에서부터 일단 한계를 지니고 있었다. 공연기획팀 박진완 팀장은 이제 막 설립된 정동극장의 양적 성장을 위해서는 극장 가동률을 최대로 올리는 일이 급선무였다고 말했다.

"우리는 일단 좁은 공간을 어떻게 최대한 활용할지 고민하기 시작했습니다. 먼저 한 개의 공연장을 시간대별로 다양한 공연장으로 전환하여 공연장 활용을 극대화시켜야 한다는 필요성을 느꼈습니다. 기업들이 개인 각자의 생활 패턴에 따라 여러 서비스를 제공하는 것처럼 정동극장도 시간을 적극 활용해야겠다는 생각을 하였습니다. 마케팅에 유리하거나 불리한 특정 시간대를 정하여 여러 혜택을 제시해 적극적으로 손님을 끌 수 있는 '타임마케팅'의 개념을 적용시켰다고 할 수 있겠지요."

정동극장은 연중무휴 공연과 함께 기존에는 생각조차 하지 않았던 오전 시간을 적극 활용하여 오전, 정오, 오후, 저녁, 심야시간을 두루 이용한다. 예컨대 청소년들을 위하여 공연예술을 접목시켜 추억을 남길 수 있는 〈문화소풍〉이란 프로그램의 경우 공연 보는 시각을 당시에는 공연시각으로 생소한 오전 10시와 오후 1시 2회로 잡아서 학교의 소풍 진행에 따라 공연관람이 가능하게끔 공연 시간을 정하였다. 기존에는 주로 저녁시간대에 공연시간을 정해 놓았다면 〈재즈 그 깊은 밤의 대화〉 심야 음악회의 경우 밤 10시라는 획기적인 공연시간의 편성을 보여주었다. 또한 독일 작가 하롤트 뮐러의 작품 〈로젤〉은 화, 수, 목 일요일은 오후 4시, 주말에는 저녁 10시 공연을 진행하여 기존 공연 문화에 소외되었던 주부 여성 관객층들을 배려하는 모습을 보여주었다.

[표 4] 연도별 공연횟수

연도	내부 공연횟수(대관공연포함)	외부 공연횟수
2000년	606회	29회
2001년	782회	105회
2002년	797회	146회

출처 : 정동극장(2009)

정동극장은 관객이 무엇을 어떻게 언제 필요할지를 늘 고민하여 마케팅 정책을 세웠다. 그 결과 1년 960회 공연이라는 숫자를 기록하였다. 보통 대부분의 극장 가동률이 30~50%를 보여주는 가운데 정동극장은 거의 200%에 가까운 수치를 보여주었다.

표적집단 세분화 마케팅(Target Segmentation Marketing)

앞서 언급했던 것과 같이 타 대형 복합 공연장과는 차별화가 필요했던 정동극장은 틈새시장을 개척하고 관객층을 구체적으로 분류하여 각각의 기호에 맞는 공연을 제공하여 마케팅을 펼친다. 단순히 다수의 관람객들에게 같은 공연이 제공되는 것이 아니라, 관람객을 나누어 공연 시각을 효율적으로 편성하고 관람객들은 작은 공연장에서 구미에 맞는 다양한 공연을 선택할 수 있었다. 각 표적집단별로 세부적인 마케팅 전략에 대하여 살펴보자.

외국인 관람객 대상 먼저 원각사 복원이념에 맞게 내국인뿐만 아니라 외국인 관광객들을 표적집단으로 한국전통 고유의 공연예술을 알리고 현대공연예술로도 손색없는 흥미로운 공연을 보여주었다. 1997년에 초연해 2000년부터 상설화한 전통예술무대는 1997년부터 1999년까지 전통예술상설무대로 주 2회 공연 총 80여회의 공연을 하였다. 2000년 이후로는 전통예술무대로 공연명을 바꾸고 매일 1회 공연(매주 월요일 쉼)을 하여 2000년도 236회, 2001년 연간 평균 315회의 공연을 보여주었다. 공연 시간을 오후 8시로 바꾼 것은 관광객들의 식사시간을 반영한 것으로 관광객의 편의를 고려하였으며, 그 결과 일본의 대형 5대 여행사(JTB, JAL-PAK, KINTETZ, 일본여행, 한큐)들의 관광 상품으로 선정되기도 하였다. 이용자 중심의 극장을 만들기 위하여 안내하는 직원들이 한복 착용을 하고 전통차를 제공

[그림 2] 미소 1 공연

출처: 정동극장(2009)

하며 공연 후 공연자들과 함께 뒤풀이 마당을 할 수 있게끔 했으며 서울시내의 일부 호텔로 셔틀버스를 운영하여 관광객들이 공연을 편히 즐길 수 있게 프로그램을 진행하는 적극적인 표적집단 마케팅을 펼쳤다.

뿐만 아니라 2000년 6월 18일부터 12월 31일까지 정동극장, 일본 큐슈 여객철도 주식회사, 한국관광공사가 함께 진행한 〈상설국악공연〉 연계프로그램은 일본에서 수학여행을 오는 학생이나 단체 관광객들을 대상으로 〈조선통신사 삼사임명식 재현 행사〉를 하였다. 역사 테마 기행은 관광객들이 직접 재현 행사에 참여하게끔 하였으며, 가야금병창, 장구춤, 여성국극, 판굿 등의 공연을 보여주어 외국인들이 한국의 문화를 느낄 수 있는 기회를 마련하였다. 이러한 노력은 2000년 공공부문 경영혁신 국무총리상수상이란 성과를 이뤄내기도 했다. 전통예술무대는 이후 〈미소〉라는 공연으로 정동극장의 재 위상정립의 핵심 공연이 되었으며 단순히 관광객 눈높이의 공연을 넘어서 예술적 가치를 인정받게 되었다.

20~30대 성인남녀 대상 2000년 6월 2일부터 7월 29일에 열린 〈재즈, 그 깊은 밤의 대화〉는 주로 20~30대를 표직집단으로 매주 금요일, 토요일 밤 10시 10

분 심야음악회였다. 여름밤에 이정식(색소폰), 신관웅(피아노), 유복성(타악기) 기존의 재즈 연주자들부터 홍종민, 이우창과 퓨전 밴드 '웨이브'의 리더 김용수 등 미국에서 재즈를 익힌 2세대 연주자들까지 다양한 재즈 공연을 선보였으며, 입장객 전원에게 맥주 한 캔과 재즈 CD를 무료로 제공하였다. 1990년대 이후 대중음악의 다양한 장르 속에서 급부상한 재즈바람은 여러 사회현상에서 두드러지기 시작했고, 확산되는 재즈 현상을 적극적으로 극장으로 끌어들인 것은 다수를 대상으로 공연하는 다른 극장과는 차별화된 기획이었다. 이 후 정동극장은 좀 더 특정관객 계층에 적합한 위상정립 전략을 펼치는데 2004년, 2005년에 보여준 심야 콘서트 〈Live Addiction〉은 언더그라운드에서 활동하는 실력 있는 뮤지션의 공연을 보여주어 매니아 문화를 형성하고 있는 젊은층에게 큰 호응을 받았다.

40~50대 중장년층 대상 〈오구〉는 40대 이상을 표적집단으로 열린 공연이었다. 1997년 강부자 주연의 작품으로 상설 레퍼토리로 정착시키는 데 성공하여 관객 점유율만 115%를 넘는 등 성황리에 공연을 마칠 수 있었다. 죽음을 해학적으로 묘사하여 비극의 미학을 보여주는 이 공연은 전통가옥을 배경으로 하여 극의 사실적인 요소를 부각시켰다. 최근 젊은이들 사이에서 인기가 좋은 서양의 뮤지컬, 혹은 장르가 모호하고 이해하기 난해한 공연과 거리를 두고, 일상적인 말 위주의 대사를 넣어 40~50대 관객들의 구미에 맞게끔 기획한 노력을 보여주었다. 매년 수정, 보완되어 다듬어진 공연은 중년관객들의 문화적 욕구를 만족시켜줄 수 있었다. 일부 백화점들은 이 공연을 통째 구매하여 중년 고객들을 대상으로 우수 고객을 선정하는 등, 정동극장의 표적집단 마케팅에 부응하는 전략을 펼치기도 했다.

직장인 관람객 대상 정동극장의 유명세를 더욱 안겨준 유명한 공연 중의 하나로 〈정오의 예술무대〉를 빼놓을 수 없다. 극장 주변의 직장인들과 일반 시민들을 대상으로 봄, 가을 점심시간 12시 30분부터 1시 사이에 여러 장르의 공연들이 펼쳐진다. 귀에 익은 가곡, 뮤지컬 곡들, 재즈, 팝, 사물놀이 등의 공연은 바쁜 직장생활 때문에 문화를 누릴 여유를 갖지 못했던 직장인들에게 큰 호응을 얻었다. 거의 무료공연과 다름없는 이 공연은 직장인들에게 스트레스를 풀고 공연문화에 접할 수 있는 기회를 제공하여 잠재적 관람객을 창출할 뿐만 아니라 정동극장이 단

[그림 3] 정오의 예술무대

출처: 정동극장(2009)

순히 상업적으로 공연을 파는 것에 그치지 않고 공익성을 추구함을 보여주는 예가 되기도 했다.

청소년 관람객 대상 정동극장은 개관 이후 청소년을 위한 공연 및 문화프로그램 기획을 위해 노력했다. 초, 중, 고등학교 학생단체를 대상으로 오전 시간을 활용한 〈청소년 1일 문화체험-문화특활〉은 정동극장 근처의 유명 사적지들을 걷고 전통문화를 직접 체험하게끔 하여 청소년들이 학교 밖에서 생생하게 전통 예술 공연을 접할 수 있는 기회를 마련하였다. 특히 〈문화특활〉은 한국에서 살고 있는 외국인 학생들에게 호응이 높았다.

그 밖에 청소년을 위한 오페라 〈사랑내기〉나 여름방학 기간에 선보인 〈2000년 여름방학 청소년 음악회〉 등은 청소년들이 보다 쉽게 공연을 즐길 수 있게 기획되었다. 실내악이나 성악의 이해를 높이고 친근한 팝, 가요로 함께 구성된 공연은 청소년들이 문화생활로 이미 컴퓨터 게임이나 수용하기 쉬운 영화에만 익숙했던 것에서 벗어나 다양한 공연의 기쁨을 맛보게 하였다.

또한 소외 청소년을 위하여 2002년도에 선보인 〈소외 청소년을 위한 연말연시 방과 후 전통예술체험교실〉은 소년소녀가장 등을 대상으로 공연예술 등의 문화

활동을 체험할 수 있게 구성되었다. 사물놀이, 판소리, 고전무용 등을 직접 우수한 강사진들의 가르침을 받을 수 있게 구성되었을 뿐만 아니라 〈전통예술무대〉공연을 무료로 관람할 수 있게끔 하였다. 또한 다양한 상품 증정을 통해 예술을 접할 수 없었던 청소년을 위하여 공익성을 추구하는 표적집단 마케팅을 펼쳤으며 이는 곧 다양한 계층에게 홍보 효과로도 이어질 수 있었다.

1997년 이래로 13년째 진행되는 교육과 문화예술의 복합 프로그램인 〈문화특활〉은 단순히 청소년을 표적집단으로 한 성공적인 마케팅으로 평가될 것이 아니라 미래 고객을 창출하기 위한 적극적이고 장기적인 마케팅의 측면에서 바라볼 필요가 있다. 〈문화특활〉은 1998년 한국능률협회 주관 '지식경영대상'을 수상하였다. 또 2000년 대통령 주재 국무회의에서 우수사례선정, '국무총리상'을 수상하여 다른 극장이나 기관들에게 학생들의 교육을 고려한 마케팅 사례로 귀감이 되었다.

젊은층들에게 랩, 발라드, 레게, 힙합과 같은 다양한 장르로 가득한 대중음악은 익숙한 데 비해 전통음악에 대한 상대적 인지도나 선호도는 매우 낮다. 또한 상대적으로 연령대가 높은층 역시 전통음악을 이해하고 즐기는 사람들 역시 많지 않다. 정동극장이 전통 예술 공연이 주가 되는 극장인 만큼 가장 크게 해결해야 할 과제가 바로 여기에 있었다. 아직 발달하지 않은 전통 예술 시장 개척 및 미래 잠재 고

[그림 4] 문화특활

출처: 정동극장(2009)

[표 5] 2010년 〈문화특활〉 프로그램 구성

정동극장 공연 관람	주변 문화시설 관람
퓨전국악콘서트 마법의 성(마술) 클래식 퍼포먼스 국악 뮤지컬	서울시립미술관 덕수궁 서울역사박물관 농업박물관 중명전

출처 : 정동극장 홈페이지(2009)

객을 개발하는 일은 정동극장이 장기적으로 운영되기 위해 꼭 해야 하는 일이었다.

현재 2010년 〈문화특활〉 프로그램을 참고하면 공연 중 하나를 택하고, 주변 문화 시설 중 하나를 택하여 날짜와 시간을 정해서 신청을 하면 일인당 1만원에 1일 문화체험을 할 수 있게끔 구성되어 있다.

단순히 당장 얼마나 많은 관객을 이끌어낼 수 있을지를 넘어 미래 관객을 창출시키기 위한 정동극장의 노력은 학생들에게만 국한되지 않고, 다양한 계층에 맞게 쉽게 구성된 공연 프로그램들을 선보여, 관객들에게 순수예술에의 관심을 증가시키고, 다양한 공연 창작의 발판을 만들어내는 효과를 기대하고 있다. 즉 예술 활동에 참가할 사람들의 숫자를 늘리거나 새로운 부류의 사람들을 관객으로 끌어들이기 위한 목적으로 계획된 전략적이고 조직적인 다양한 마케팅 차원의 여러 가지 방법을 추진하는 관객개발(Audience development)의 측면에서 평가될 수 있다. 관객개발은 관객과 후원의 개발과 관련하여 극장의 잠재고객을 확보하고, 극장운영 재원을 마련하며 극장의 브랜드 가치강화 등에서 꼭 필요한 공연마케팅의 일부분이라 할 수 있다.[3)]

정동극장은 양적 성장을 목표로 규모가 작은 공연장을 시간대별로 다양한 공연장으로 전환하여 활용률을 극대화하고, 관객을 구분하여 각각의 관객에게 가장 필요한 공연과 서비스를 제공할 뿐만 아니라 차별화된 틈새시장을 개척하였다. 그뿐만 아니라 미래 관객을 창출하기 위한 표적집단에 맞는 교육 제공이 이 시기에(진입기 1995~2002년) 적절히 맞아떨어졌다. 그러나 양적 팽창에 대비하여 질적 성장이 미흡하였고, 그것은 새로운 과제를 던져 주었다.

3) 김만석, 〈공연예술경영〉, 북코리아(2008년 11월)

성장기(2003~2006년) – "정동극장만의 아이덴티티(Identity) 확립기"

1995년부터 2002년까지의 진입기 당시 정동극장이 개관된 이후 가장 큰 목표는 정동극장을 알리고 극장 가동률을 높여 적극적으로 극장을 활용하고 관객의 수를 증가시키는 것이었다. 하지만 성장기에 들어서는 단지 양적 발전은 대규모 공연장 틈 사이에 낀 정동극장의 동력이 될 수 없었다. 국립극장, 예술의 전당, 전국의 수많은 작은 소규모 극장들에서 정동극장이 나아갈 방향은 어디에 있을까? 정동극장은 질적 성장을 목표로 공연의 횟수보다는 공연의 질을 높이고, 관객의 유료점유율을 높이기 위해 집중하였다. 또한 정동극장은 전통예술공연이란 콘텐츠가 적극적으로 활용될 수 있는 관광시장과 글로벌 마케팅(Global Marketing)에 주목하기 시작한다.

유료점유율 극대화 전략

공연횟수는 줄었으나, 관객의 유료 정책화 시도와 공연 사업의 내부 완성도에 집중한 결과 유료점유율이 눈에 띄게 증가하기 시작한다.

극장 운영에 있어 유료 객석 점유율을 높여 수익성을 제고하고자 하는 정동극장의 노력은 [표 6]에서와 같이 증가하는 유료점유율에서 확인할 수 있다. 2003년도에서 2006년도까지의 공연횟수가 오히려 줄어들지만 유료점유율은 약 20% 가까이 증가함을 볼 수 있다. 유로점유율이 높을수록 실질적인 수익이 증가함을 나타내고 효율적으로 극장이 운영되고 있음을 어느 정도 증명할 수 있다. 진입기에는 양적으로 공연횟수를 늘리는 데 치중하여 정동극장의 인지도를 높이고 수익을 내려고 했다면 성장기에 들어서는 공연의 횟수보다는 공연의 질, 즉 공연의 내용과 구성이 보다 질적으로 발전할 수 있게끔 노력하였다. 즉 점유율 자체보다 유료점유율

[표 6] 연도별 공연실적 (전통/기획공연) (단위: 회, 석)

연도	공연횟수	유료	초대	전체	유료점유율
2003년	727	102,246	67,707	169,953	60%
2004년	615	91,791	42,730	134,521	68%
2005년	441	57,832	9,589	67,171	86%
2006년	416	57,033	10,858	67,891	84%

- "유료점유율"은 전체 중 유료에 대한 점유율을 나타낸 것임.

출처: 정동극장(2009)

에 초점을 두어 선진극장운영의 체제의 기틀을 마련하였다. 많은 공연장들이 객석 점유율은 높은 데 반해 유료점유율이 낮아 실질적인 수익은 거의 내지 못하는 실정에 놓여 있다. 그에 비해 정동극장의 유료점유율은 높은 수준을 보여주고 있다.

글로벌 마케팅(Global Marketing)

정동극장은 관광객을 대상으로 공격적인 마케팅을 펼친다. 진입기에 전통 예술 공연을 상설화하여 성공시킨 정동극장은 좀 더 관광시장에서의 수익에 눈을 돌린다. 먼저 관광시장에서 전통 콘텐츠 공연에 대한 관객의 선호도를 높이고, 경쟁력을 갖추기 위해 정동극장을 방문 시 한 번에 한국 전통을 경험할 수 있는 One-Stop 전통 문화체험 프로그램을 개발하였다. 전통공연을 관람하고, 장구나 전통무용을 체험할 수 있는 기회를 제공하였다. 또 한류 열풍으로 드라마의 인기가 높아진 것을 이용하여 전통의상 등을 직접 입어볼 수 있는 체험 상품을 선보여 관객들의 니즈를 충족시키는 전략을 펼쳤다.

문화체험 프로그램은 단순히 듣고 보는 공연을 넘어 직접 연주자가 되어 악기를 다뤄보고 무용을 하며 외국인 관광객들은 한국의 전통 공연에 대해 좀 더 이해하고 더욱 즐길 준비를 갖추게 하였다. 극장 통역원과 함께 진행된 체험 프로그램은 '단 한 명의 관객을 위해서도 장구스쿨은 진행됩니다'라는 문구를 내세울 만큼 단 한 명의 관객을 위해서라도 훌륭한 서비스를 제공하겠다는 의지를 보여주어 관광객들에게 깊은 인상을 남겨줄 수 있었다. [표 7]을 통해 체험교실의 참여자의 증가 추이를 확인할 수 있다.

정동극장은 연계된 여행사에게 문화패키지 상품(전통예술무대, 장구스쿨, 캐릭터 상품 증정)이나 공연을 3분의 1 가격에 할인해주는 전략을 펼쳐 외국인 관광객을 적극적으로 유치하려는 노력을 보여주었다. 그 밖에 특별공연으로 한 단체만을 위해 특별히 공연되는 〈전통예술무대〉는 단체의 성격이나 일정에 맞게 프로그램의 구성이나 시간을 조정해주어 한국에 관심이 많은 단체관객이나 일본수학여행 단체 등을 집중 공략하여 마케팅을 펼쳤다.

1개의 공연장에서 전통공연이 상설로 운영되고 기타 기획공연(연극 등)이 같이 진행됨에 따라 전통공연의 공연시간 변동에 따른 관객 유치는 불균형을 보여주었다. 일본 관광객들이 많이 방문하는 4월~9월 저녁 8시에 관객이 증가하고 10

[표 7] 연도별 체험교실 실적정리

연도	체험교실(장구+의상)	
	횟수	인원수
2003년	87	836
2004년	110	1,045
2005년	81	2,073
2006년	81	1,782
2007년	278	2,189
2008년	408	4,532
2009년	441	6,289

출처 : 정동극장(2009)

월~3월 오후 4시의 관객은 저조한 현상을 보이기 시작했다. 주로 일본 시장 위주로의 마케팅이 펼쳐짐에 따라 일본 경기 흐름에 극장 운영이 흔들리는 경향이 나타났다. 특히 2003년 아시아 전역에 유행했던 싸스의 영향으로 일본 관광객들이 민감하게 반응하여 관광시장이 급격히 무너지는 것을 경험한 정동극장은 일본 위주의 시장에서 좀 더 다각화되어야 함을 느꼈다. 먼저 동절기가 한국 방문 성수기인 중국, 동남아의 중화권 시장 개척으로 2004년 관객 40% 증가라는 성과를 낼 수 있었다. 동절기에는 관객이 저조하고 하절기에는 관객이 늘어나는 불균형을 좁히기 위해 해외시장 개척에 힘쓴 결과 월별 유료관객 추이가 2003년 이후 점점 균형을 찾아감을 확인할 수 있다(그림 7 참조).

또한, 2003년 이후부터는 찾아오는 관광객들을 위한 공연을 넘어 해외 공연 진출에 힘을 쓰게 된다. 2003년 이전에도 물론 해외 공연은 있었지만 더욱더 공연의 내용을 수정하고 보완하여 적극적으로 홍보하였다. 2002년 월드컵을 통해 한국에 대한 관심이 조금 발생된 시점에서 한국에 대해 좀 더 직접적으로 알 수 있는 기회가 되어 한국에 대한 국가 이미지 상승뿐만 아니라 국내 프로그램들이 해외에 진출할 수 있는 발판을 마련해 주었다.

또한 배울 것이 많은 장르에 있어서 해외 유명 예술 단체의 초청활동에도 힘을 썼다. 특히 아동문화예술에 대해 아직 미비한 한국의 실정을 반영하여 2003년 정동극장의 여름철 공연 테마를 인형극으로 정하였다. 러시아, 체코, 일본의 극단

[그림 5] 장구체험

출처 : 정동극장(2009)

[그림 6] 의상체험

출처 : 정동극장(2009)

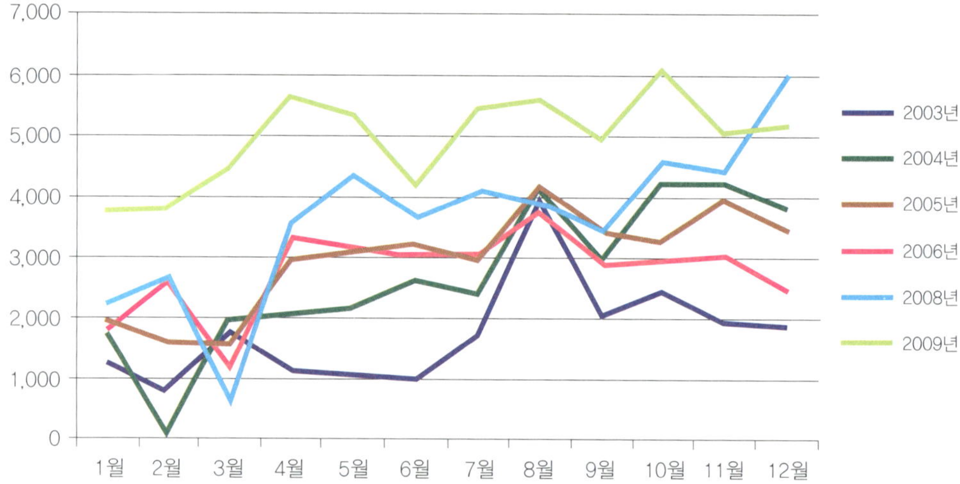

출처 : 정동극장(2009)

[그림 7] 월별 유료관객 추이

[그림 8] 해외 공연 (일본, 도쿄)

출처 : 정동극장(2009)

[그림 9] 해외 공연 (일본, 도쿄)

출처 : 정동극장(2009)

들을 초청하여 〈3국 3색 인형극〉이라는 제목으로 국내에서는 좀처럼 보기 힘든 공연들을 선보였다.

성숙기(2007~2009년) – “차별화 시기”

성숙기에 들어서 정동극장은 좀 더 완벽한 공연을 지향하게 된다. 어느 정도 해외에서의 인지도가 높아짐에 따라, 국내 시장 확장에도 관심을 갖게 되었으며 그러기 위해서 가장 먼저 지향되어야 하는 것은 공연의 완성도였다. 관광시장에서 전통 공연 콘텐츠를 만들어 정동극장 브랜드를 구축한 것은 정동극장이 개성 있는 극장으로 명성을 얻을 수 있게 된 큰 계기가 되었다. 미국에는 브로드웨이가 있고 영국에는 웨스트엔드가 있어 관광객들이 미국이나 유럽에 갈 때 꼭 그곳을 방문하는 일정을 넣는 것과 달리 아시아권에서는 공연 문화가 그다지 발달되지 않았기 때문에 소규모로 진행되는 공연에 알음알음 찾아가는 것이 전부였다.

정동극장의 〈전통예술무대〉나 여러 문화체험 프로그램들은 관광시장과 연계되어 입소문을 타면서 오히려 내국인은 모르는 상황에서 외국 관광객은 일본 중국

[표 8] 〈미소〉 해외 공연 연혁

연도	공연 내용
2003년	프랑스 깐느 2003 MIOTV KOREAN DAY 초청공연(문화관광부 초청) 브루나이 문화체육청소년 초청공연 (문화관광부) 말레이시아 세계 최상 대회 (한국관광공사 초청) ASIAN ART FESTIVAL IN MALAYSIA (한국관광공사 초청) 대만 초청공연 (한국관광공사 초청) 중국 곤명시 초청공연 (문화관광부 초청) 한국-인도 수교 30주면 기념 초청공연 (문화관광부 초청)
2004년	북아프리카 순회공연 (모로코, 리비아 2개국, 문화관광부 초청) 한일 문화관광 교류의 밤 공연 (일본 나고야) 문화관광부 미국 순회공연 (피닉스, 시애틀, 라스베가스, 로스엔젤레스)
2005년	일본 문화청 무대예술 페스티벌 2005 싱가포르 SA TOUR FAIR 행사공연 이집트, 알제리 순회공연 중국 성도, 중경 해외공연 홍콩 대장금 문화관광 대축제 참가공연
2006년	한국홍콩 친선 교류행사 한국관광공사 주최 한류 이벤트 공연 (일본 동경) 고베 민단공연 (일본 고베) 인도 3개 도시 (뉴델리, 뭄바이, 첸나이) 순회공연 동유럽 2개국 (체코, 헝가리) 순회공연 KOTRA 한국의 미 페스티벌 (일본) 니가타 서울문화교류제 (일본) 2006 KOREA WEEK 해외공연 (일본 요코하마)
2007년	요르단 케냐 해외공연 (한국국제교류재단 주최) JATA 세계여행박람회 해외 특별공연 (한국관광공사 주최) 한국-가나 수교 30주년 기념공연 (문화관광부 주최) 러시아 해외공연 (문화관광부 주최)
2008년	캐나다 해외공연 (문화체육관광부 주최) 일본 오사카 해외공연 (문화체육관광부 주최) 인도 초청 해외공연 (문화체육관광부/ 외교부 주최) 베트남 한류 로드쇼 호치민 해외공연 (한국관광공사 주최) 베트남 퀴논정부 해외공연 (문화체육관광부/ 베트남 지역정부 주최)

출처 : 정동극장 홈페이지(2009)

에서는 몰라도 한국에 오면 꼭 전통 공연을 관람해야 한다는 인식을 주고 있었다. 관광시장에서 좀 더 확고한 자리매김을 하기 위해서는 국내의 높은 인지도가 필요하게 되었고 정동극장은 명품 극장으로 거듭나기 위해 전통 공연 강화 및 전문화 방침으로 사업 정책을 전환한다. 성숙기에 들어와 정동극장이 펼친 전략은 '전문화와 차별화, 그리고 코마케팅(Co-Marketing)'이었다.

전문화를 통한 차별화

2007년도에 들어 국회 등 정부 부처에서는 정동극장의 전통 사업의 완성도와 수준에 대한 향상을 요구했다. 2007년도 국공립 예술단체 기관운영평가 보고서에 기록된 정동극장 평가를 살펴보면 "정동극장의 특수성을 고려하는 가운데 극장의 고유한 성격과 정체성을 형성해나갈 수 있는 평가를 지향"하는데 그 결과 2006년도 평가 항목 배점과 비교하여 예술사업 시스템 및 성과 공연사업의 성과 항목을 35점에서 40점으로 상향 조정하고 경영관리 항목을 30점에서 25점으로 하향 조정하게 되었다.

성과 측정 지표도 수정하여 공연의 질과 관련하여 "전통예술무대 작품 평가 및 환류체계의 적정성", "전통예술무대 홍보·마케팅 강화 노력", "특성화된 관객 개발 노력" 및 "공연 프로그램에 대한 만족도"를 신설하였고, "기획 공연 전년대비 실적", "전통상설예술무대 전년대비 실적", "외주기획사사업 전년대비 실적", "국내

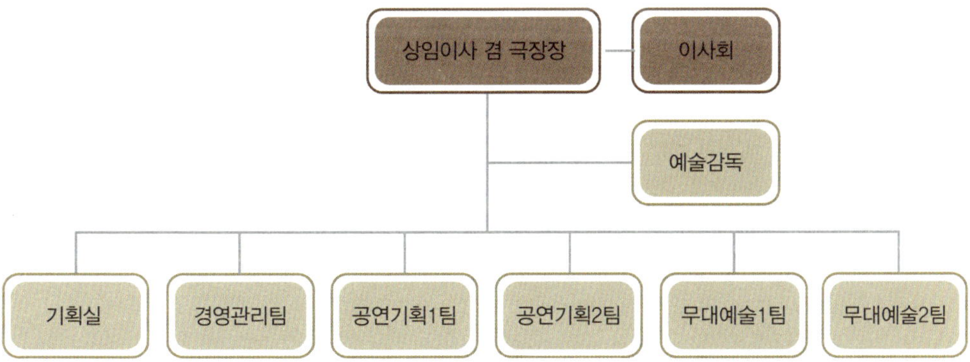

출처 : 정동극장(2009)

[그림 10] 정동극장 조직도

[표 9] "공연기획1팀" 조직도 및 업무분장표

2008년		2009년~현재	
업무분장	인원수	업무분장	인원수
팀장	1	팀장	1
일본마케팅	1	일본마케팅	2
중국/동남아 마케팅	1	중국/동남아 마케팅	2
국내홍보마케팅	2	국내홍보마케팅	2
기획/제작	2	기획/제작	2
하우스매니저 및 티켓마스터	4	하우스매니저 및 티켓마스터	5

출처 : 정동극장(2009)

외 예술작품 교류 기여도", "창작품 및 레퍼토리 개발", "회원 수 증대 노력" 및 "회원 수 증가 추이"를 삭제하였다.

조정된 평가 항목은 구체적으로 정동극장이 기존 다양한 공연 사업 중에서도 전통공연에 대해 전문성을 갖추고 있어야 함을 반영하고 있다. 기존에는 다양한 장르의 작품 공연을 추구하는 복합장르 공연장의 사업추구로 1개의 공연장에서 연중 1일 2작품 이상이 공연되었다. 이에 따라 무대, 음향, 조명 등의 시설이 한 작품에 집중할 수 없어 발생하는 작품 완성도 미흡에 대한 관계자들의 지적이 있었다. 정동극장은 선택과 집중으로 "전통 콘텐츠를 활용한 관광 특성화" 전략을 펼쳤다. 정동극장은 예술단 운영시스템을 개선하고, 엄격한 오디션 및 프로그램 제작 기획 전문화를 도입하며 시장별 해외 마케팅 업무 전담을 위해 업무분장을 실시했다.

또한, 그동안의 관객 모니터링 등을 통해 Korean Musical 〈미소〉를 탄생시켜 2009년부터 연중 20시 공연하기로 결정하였다. 2008년 〈미소〉는 유료객석점유율 52%, 2009년 유료객석점유율 68.1%를 기록하였으며, 2009년 〈미소〉 관객의 90%가 유료 관객, 외국인 관객이 89%를 차지하였다.

정동극장의 가장 큰 성공요인 중 하나를 꼽자면 전통 콘텐츠 개발이라 할 수 있다.

1997년부터 초연하여 2000년부터 상설화된 〈미소〉는 그 예술적 가치를 인정받아 14년째 롱런하고 있다. 또한 2010년부터는 우리나라 국, 시립 예술극장 중 처음으로 공연 타이틀을 이름으로 한 〈미소〉전용관으로 거듭났다. 〈미소 1〉에서 한

[그림 11] 미소 2

출처: 정동극장(2009)

국인의 풍속을 통해 사계절의 흐름을 젊은 남녀의 사랑이 성숙되어 가는 과정에 빗대어 풀어나갔다. 여주인공 설희는 하얀 눈이 내리는 날 한 남자와 우연한 만남을 갖게 되고 따뜻한 봄과 함께 행복한 시간을 갖는다. 여름날의 이별은 서로에 대한 진실한 사랑을 확인하는 계기가 된다. 넘실대는 황금빛 벌판과 풍성한 과실을 수확하는 가을의 어느 날 설희와 남자의 사랑은 결실을 맺게 되고 마을 사람들이 모두 나와 잔치마당을 벌인다. 2010년 4월부터 공연이 시작되는 〈미소 2〉는 한국 고전 소설 춘향전을 토대로 춘향과 몽룡의 아름다운 사랑에 춘향을 사랑하는 변학도의 삼각관계에 초점을 두고 춤과 노래 기악연주 놀이가 어우러진다. 더욱 탄탄한 드라마 전개로 호평을 받고 있다. 구자흥 전 극장장(현재 명동예술극장장)은 해외

[표 10] 〈미소〉 2001~2009년 관객 실적

연도	유료	초대	합계
2001년	23,098	33,655	56,753
2002년	23,841	30,322	54,163
2003년	20,773	31,932	52,705
2004년	32,171	23,242	55,413
2005년	33,109	2,034	35,143
2006년	35,228	4,016	39,244
2007년	31,784	5,995	37,779
2008년	43,275	5,602	48,877
2009년	59,458	6,155	65,613

출처 : 정동극장(2009)

에서 더 많이 알려진 공연 〈미소〉에 대해 이렇게 말했다.

"미소는 레퍼토리가 하나이지만 업그레이드된 공연으로 점점 나아가고 있습니다. 2009년부터는 해외보다 국내 시장으로 좀 더 집중하여 내국인들의 절대적인 지지를 확보하는 데 주력하고 있습니다. 관광객보다는 국내 거주 외국인을 상대로, 외국인보다는 내국인을 상대로 마케팅을 넓혀 나가고 있는데 교육기관 또는 선생님 등의 영향력을 지닌 사람을 초청하여 공연을 직접 감상하고 여러 패키지 상품을 함께 선보여 다양한 전통 문화 경험의 기회를 드릴 계획입니다."

정동극장은 전통예술의 세계화, 대중화, 명품화를 지향하고 있다. 전체 공연사업에서 핵심인 전통 예술 공연을 어떻게 발전시킬 것인지 고민한다. 또 다른 기관이나 현재 정동극장에서 보여주는 유사한 관광 상품형 전통공연과 차별화되는 높은 수준의 예술성과 대중성 달성을 위해 노력하고 있다.

공동 마케팅(Co-Marketing)

정동극장은 앞서 언급한 것과 같이 국가에서 일부 운영비를 지원받는 소규모 극장이기 때문에 오픈 런(open run)공연의 해외 마케팅을 위한 비용과 인력 확보

[그림 12] 미소 2

출처: 정동극장(2009)

에 한계가 있다. 보통은 각 공연단체에서 독자적으로 자체 홍보 마케팅을 하는 것이 기본이다. 하지만 정동극장의 경우 타 경쟁 공연단체(난타, 점프 등)의 예산과 인원의 약세를 극복하고자 홍보비용과 인력 운영의 극대화를 위하여 단독 활동을 넘어서 한국관광공사, 테마파크, 리조트, 공연단체 등과 제휴 공동 마케팅을 진행한다. 과거에는 일본 현지 여행사에서 관광 상품에 넣을 수 있는 공연은 2~3개로 한정되어 있었지만 지금은 손님이 선택할 수 있는 옵션으로 5~6개까지 늘어나 함께 마케팅하기 좋은 여건이 조성되었다. 공연 단체 혼자서 해외 현지에 일일이 찾아다니며 홍보 마케팅을 하기에는 시간과 인력, 예산이 부족하기 때문에 타 단체와 출장을 같이 하여 에이전트나 상품 기획 관계자들을 만나 함께 설명하였다. 또한 여러 곳의 에이전트 중 어느 공연이 메인으로 자리 잡고 있다면 서로 출혈 경쟁을 피하고자 이미 자리 잡힌 공연 영역을 침범하지 않는 식으로 일방적 진입을 삼가는 전략으로 함께 하기 시작했다. 그것은 곧 관광 시장의 질적 향상으로 이어졌다.

외국인 관객을 유치하기 위한 관광시장에서 혼자 독식하여 잘되는 전략보다 공연에 대한 수요를, 즉 공연이라는 콘텐츠가 필수 요소로 자리 잡아 많은 고객들의 니즈가 생길 수 있게 시장을 키우는 방법으로 공연단체의 해외 관객 자체를 늘리는 방법을 취했다. 그 결과 지금은 국내의 11개 이상의 공연 단체가 해외 시장에서 활발히 활동하게 되었다. 해외 에이전트에서는 기존에 이미 자리 잡은 정동극장에 신뢰가 쌓여 있기 때문에 신규 공연이 에이전트로 접촉을 해오면 최종 결정 전에 검증받은 정동극장에 새로운 공연단체의 질과 신뢰성에 대한 문의를 하게 되었고 점점 상호 간의 영향력을 키워나가 공연 시장에서 손쉽게 마케팅 활동을 할 수 있게끔 만들었다.

여행사와 공연단체간의 관계는 흔히 갑과 을로 놓이는데 호텔이나 숙박업소와 여행사와의 관계에서는 여행사가 을의 입장을 취하게 된다. 그러나 호텔이나 숙박업소와 공연 단체들간의 관계에는 갑을관계가 형성되지 않기 때문에 여행사와 공연단체의 관계에서 공연단체의 힘을 증진시키기 위해서 공연단체들끼리 제휴하여 리조트나 테마파크 등과의 연계로 새로운 이벤트 상품을 제의한다. 이러한 과정을 통해 여행사들과의 비즈니스에서 일방적인 '을'이 아니라 협의해야 하는 '을'의 위치를 지니게 되어 정동극장 역시 좀 더 편하게 마케팅할 수 있는 위치에 설 수 있게 되었다. 또한 관광시장에서 활동하고 있는 공연단체의 실무자들이 정기적으로 모여 시장에 대한 정보와 노하우, 아이디어를 공유하여 마케팅 비용을 절약하고 있다.

당면과제와 향후 추진방향

1995년 개관하여 지금의 정동극장이 되기까지 많은 경영 과제와 목표들이 있었다. 정동극장은 차근차근 시기에 맞게 마케팅 전략을 펼쳐오며 공연예술계에서 마케팅 개념이 본격적으로 도입될 수 있는 환경을 주도하였다.

정동극장이 국내 극장에서 당당히 설 수 있게끔 양적 성장을 목표로 다른 공연단체가 주목하지 않았던 표적집단에 적극적으로 마케팅을 펼쳤으며 소규모의 공연장을 최대한 효율적으로 사용하기 위해 시간대를 나누어 알맞은 표적집단을 상대로 여러 가지 공연을 선보였다. 그뿐만 아니라 미래의 고객 창출과 극장운영에 꼭 필요한 후원금 마련을 위한 교육 등을 펼쳐 장기적인 마케팅 효과를 기대할 수 있었다. 어느 정도 극장의 기틀이 마련되자 정동극장은 질적 성장을 목표로 공연의 질을 높이고 관광객을 상대로 전통문화체험을 제공하며 명실상부하게 "한국을 방문하면 꼭 와야 할 극장"으로 자리 잡았다. 이후 공연의 완성도에 더욱 집중하여 14년째 공연하고 있는 〈미소〉를 명품 공연으로 내세웠고 정동극장의 설립 취지에 맞게 한국을 대표하는 전통예술 공연장으로 재도약했다. 전문화된 조직 시스템으로 정비하고 관련 관광 산업과 경쟁단체들과 제휴하여 활동하고 있으며 명동예술극장이 개관하면서 연극계에 큰 주목을 받고 있다. 이러한 발전과 함께 2010년을 맞아 여전히 지목되고 있는 과제를 풀기 위해 다방면으로 나서고 있다.

내국민에게 사랑받는 정동극장

먼저 극장이 성공적으로 운영되기 위해서 가장 필요한 것은 내국인들의 절대적인 지지확보이다. 2008년 1월 10일 딸과 함께 장구스쿨을 참여하고 공연을 관람한 이정은 씨가 홈페이지에 남긴 관람 후기를 살펴보면 그러한 문제점이 드러나고 있다.

"장구를 직접 배우고 쳐보는 시간도 흥미로웠고 더구나 끝나고 감상한 공연은 엄지손가락을 절로 치켜들게 하더군요. 텔레비전에서 국악만 나오면 채널을 돌리던 제가 그 싫어하던 가야금, 거문고 등 국악기 소리에 반하게 되었고 정말 정말 싫어하는 판소리가 직접 들으면 그렇게 몸에 전율을 오게 하는 소리라는 것 처음 알았습니다. 아, 정말 예쁘고 연약한 소리하시던 분이셨는데 극장을 쩌렁거리게 하는 목소리를 내시다니… 정말 몸이 부르르 떨릴 정도였습니다. 살풀이며, 딸이 특히 반했던 소고춤이나 부채춤까지… 특히나 퍼펙트했던 사물놀이공연, 눈을 감고 악기에 빠져들던 그분들의 모습이 아직도 잊혀지지 않네요. 끝나고 관객들을 배려해주던 뒷풀이며 친절하신 단원들, 미소 지으시며 아이와 포즈 잡아주신 단원 여러분께 감사드립니다. 장구교실은 저희 모녀만 한국인이었고 공연도 외국분들이 더 많이 보러 오신 것 같더라고요. 우리나라의 음악,

우리가 더 관심가져야겠다는 생각했습니다."

출처: 정동극장 홈페이지(2008)

실제로 공연기획팀 박진완 팀장 역시 정동극장의 중요한 과제에 대해 이렇게 이야기했다.

"전통 예술에 대해 인지도와 선호도를 높이는 것이 가장 큰 열쇠입니다. 많은 사람들이 전통에 대한 선입견이 매우 강합니다. 공연을 굳이 보지 않아도 다 알 것 같고 살면서 쉽게 어디선가 보지 않을까 하는 생각을 바꾸는 것이 관건입니다."

공연예술에 대한 인프라나 관심은 급속도로 증가하기 시작했으나 대중문화를 겨냥한 대형 뮤지컬과 같은 콘텐츠에 대한 성장이 주가 되어 있었다. 반면에 연극이나 오페라 전통예술에 대한 고급예술 분야에서는 사람들의 관심이 여전히 저조하고 그 분야에 종사하는 사람들도 감소하는 추세이다. 특히 국악이나 연극(그나마 공연되는 연극 역시 젊은층 중심의 현대극)을 보면 뮤지컬이나 양악과 비교하여 공연 횟수에 비해 관객수가 저조함을 확인할 수 있다. 최근 몇 년 동안 대형 뮤지컬들이 수입되어 국내의 큰 공연장을 중심으로 성공적으로 공연을 마친 데 비해 여전히 한국 전통 예술의 관심이나 인기는 그것에 미치지 못한다(표 11 참고).

이러한 사실은 정동극장에만 국한되는 것은 아니지만 정동극장이 극복해야 할 가장 큰 마케팅 과제로 분명하고 장기적인 목표를 세워 여러 단체들과 함께 고민해야 할 것이다.

브랜드 아이덴티티의 확립 (Brand Identity)

이제 정동극장은 해외에서 방문한 관광객들이나 국내에 거주하는 내국인들 모두에게 수준 높은 한국의 전통 예술 공연을 언제든지 관람할 수 있는 극장으로 인식되고 있다. 정동극장을 방문한 사람들은 운치 있는 덕수궁 돌담길을 돌아 정동극장을 마주하여 들어설 때 다른 큰 규모의 공연장과는 다른 느낌을 받는다고 이야기한다. 조용하고 아담한 정동극장에서 몸도 마음도 리프레쉬될 수 있는 작은 쉼터 같은 느낌을 주고 있다. 극장에 들어서면 행사나 작은 공연을 할 수 있는 쌈

[표 11] 장르별 공연실적(평균) (단위: 건, 일, 회, 명, %)

구분		전체(평균)			
		공연건수	공연일수	공연횟수	관객수
전체		47.7	142.7	177.5	54,221.2
장르	연극	10.6	88.9	112.2	22,773.5
	뮤지컬	9.3	73.9	95.9	28,791.4
	무용	9.3	28.7	37.1	7,452.4
	발레	3.4	7.1	8.4	5,185.9
	양악	36.3	37.1	41.3	23,097.3
	오페라	6.5	12.8	13.4	10,103.3
	국악	15.6	24.5	24.1	5,745.5
	복합장르	17.2	23.8	31.1	15,619.4

출처: 문화체육관광부, (재)예술경영지원센터(2008)

지마당이 보이고 왼쪽으로는 최근 친환경적이고 건강지향을 표방하여 더욱 인기 있는 레스토랑 '길들여지기'가 자리 잡고 있다. 작지만 내실 있고 전통 예술을 공연하는 정동극장의 이미지와 잘 어울린다는 평을 듣고 있다. 정동극장의 본 공연이 펼쳐지는 공간은 입구에서 오른쪽 지하로 내려가게 되어 있다. 극장 자체는 장애인용 휠체어 포함 총 344석으로 되어 있으며 극장을 들어가기 전 로비에는 한국 전통 공예품을 살 수 있는 아트숍이 있다. 또 한쪽으로 전통의상을 입어 볼 수 있게끔 여러 소품들이 자리 잡고 있다.

그러나, 극장의 규모가 작기에 최대한 작은 공간을 효율적으로 활용하기 위한 노력은 실제로 기둥들로 시야가 막혀 있고 장식으로 사용된 소품들의 색깔이나 크기가 서로 잘 어울리지 않아 아쉬움을 주고 있다. 극장에 들어서는 문의 모양이나 아트숍의 인테리어 역시 VIP 손님을 맞이하기에는 역부족이란 느낌이 든다. 이러한 평가로 인해 공연 외에 관람객이 느낄 수 있는 기쁨이 반감될 수 있다는 지적이 있어 인테리어 부분 부분을 신경 써야 한다는 의견이 제기되었다. 단순히 로고나 홍보용 포스터 제작의 미시적 접근이 아닌 일관성 있고 한국을 대표하는 전통 공연 극장의 면모를 갖추어야 할 것이다. 널리 인정받고 있는 전통 공연 콘텐츠를 보유한 정동극장에 어울릴 Brand Identity 구축이 시급하다.

출처: 정동극장 홈페이지(2009)

[그림 13] 정동극장 SYMBOL MARK

정동극장 symbol mark를 구현하고 있는 정동극장 이니셜 C를 인간의 감성과 커뮤니케이션의 핵심인 심장(Heart)의 모습으로 형상화하여 다양하고 화려한 컬러와 움직임으로 표현함으로써 역동적이고 창의적인 이미지를 표현하였다.

정동극장은 진입기, 성장기, 성숙기를 거쳐 지금까지 달려왔다. 2010년 정동극장은 이 시기를 도약기로 생각하며 더욱 나아가기 위해 준비 중이다. 특히 앞으로는 Integrated Marketing Communications의 차원에서 마케팅 전략들이 계획되고 실행되어야 할 것이다. IMC는 고객중심 그리고 데이터에 의해 주도되는 소비자와의 의사소통방법이라고 할 수 있다. 고객 개개인의 니즈, 동기, 애티튜드(태도와 성향), 그리고 행동양식을 기반으로 한 마케팅에 중점을 두어 여러 마케팅 수단 등을 통일되게 활용하여야 한다. 정동극장을 가장 대표하는 이미지는 수준 높은 한국의 전통 예술 공연을 볼 수 있는 극장이라는 것이다. 정동극장의 위상정립을 시장친화적인 전통예술 장르로 집중한 것은 앞으로 정동극장이 어떻게 나아가야 할지 분명한 방향을 제시하고 있다.

문화상품의 Version-Up, 전문화된 홍보

2006년부터 다른 장르의 공연들을 줄이고 전통예술의 명품화, 세계화, 대중화의 목표에 따라 〈미소〉는 빠르게 성장하였다.

정동극장은 2010년 4월 이후 그동안 관람객과 전문가의 의견에 따라 높은 제작비를 투입하여 수정하고 보완하여 좀 더 완성도를 높인 〈미소 2, 춘향연가〉를 1일 2회 공연한다. 공연 횟수 증가는 관객의 수나 다른 여러 가지의 여건을 고려하여야 하기 때문에 큰 부담이 되는 것이 사실이다. 갑자기 관광객이 두 배로 증가하는 것도 아니고, 관광객이 두 번 이상 관람하는 것이 쉽지도 않은 상황이지만 마케팅적 시도를 더욱 많이 할 것으로 기대가 되며 내국인으로부터의 공연의 인지도 신뢰도와 선호도 향상뿐만 아니라 정동극장의 주력상품인 전통 예술 공연에 집중하여 정동극장의 브랜드와 이미지를 명확히 보여줄 수 있는 기회를 마련할 것이다.

전통예술의 명품화 '미소 2, 춘향연가'

'미소 2, 춘향연가'는 '미소'의 새로운 도약을 위해 고전 '춘향전'의 사랑이야기를 바탕으로 새롭게 만든 국가브랜드공연이다. 이달 26~29일 명동예술극장에서 첫선을 보이고 내년 4월부터 정동극장에서 하루 2회씩 한해 540회 공연할 계획이다. 이 공연은 그동안 한국의 전통미를 세계무대에 알려온 극단 여행자의 양정웅 연출이 대본과 연출을 맡았으며 박범훈 중앙대 총장이 작곡했다. 무대는 임일진 전 국립오페라단 상근 미술감독이 춘향과 몽룡의 공간을 한 폭의 동양화 같은 장면으로 꾸몄다. 명동예술극장 무대에는 국립무용단의 주역 무용수였던 국수호, 정재만, 손병우, 김승일, 김장우 등이 특별출연한다. 1997년부터 13년간 50만 명이 찾은 정동극장의 전통예술공연은 평균 유료점유율 70%를 기록했으며 외국관광객의 비중이 85%가 넘을 정도로 한국을 알리는 문화상품으로 자리 잡았다.

출처 : 연합뉴스 2009년 11월 18일

정동극장은 현재 엄격한 오디션을 통해 우수 인력 발굴 및 작품 고급화를 꾸준히 추구하고 있으며, 전문화된 홍보와 관객정보를 적극적으로 활용해야 할 것이다. 다른 장르의 공연에는 많이 활용되지만 전통공연에는 좀처럼 스타마케팅이 거의 전무한 점을 파악하여 전통 예술 스타를 창출하거나, 해외 유명 인사들의 관람을 언론에 많이 노출하는 마케팅 등의 다양한 마케팅 활동으로 새로운 표적집단에 접근하는 것이 필요하다.

또한, 앞서 언급했던 것과 같이 계획된 극장 내부 시설 확충을 통해 정동극장만의 강력한 BI를 정립해야 할 것이다. 이미 현대 백화점, 하나은행 등 여러 기업들에서 VIP 손님 마케팅 전략으로 정동극장과 손을 잡고 단체 관람이나 행사 등이 진행된 것과 같이 정비된 정동극장은 더 빛나는 자리를 마련할 수 있을 것이다. 특히나 공연이 관객의 경험에 의해서 만족을 얻어지는 상품이란 측면에서 살펴볼 때 공연 외에 여러 서비스를 제공해줄 수 있는 환경이 매우 중요하다. 이것은 공연 마케팅에서 필수적으로 이행되어야 할 관객개발과도 크게 관련이 있으며 공연을 관람한 고객이 정동극장에서 공연 외에 다양한 서비스를 받고 좋은 경험을 통해 계속적인 고객이 되는 계기가 될 수 있다. 예술의 전당이 기관마케팅으로 대형 분수대를 설치하는 등 타 공연장들이 공연만큼 시설에도 관심이 높은 것과 같이 정동극장 역시 작고 아담한 공연장의 특색을 살려 명품 공연을 하는 고급스런 공연장의 모습을 보여주어야 할 것이다.

이러한 요청을 받아들여 정동극장은 올해 상반기 내부 리모델링을 하고 있다. 관람객들의 의견을 적극 수렴하고 공연 관계자 및 마케팅 전문가와 함께 협의하여 정동극장의 설립 이념과 구축해온 이미지를 최대한 반영시킬 수 있는 극장의 모습이 되어야 할 것이다. 정동극장이 가지고 있는 Brand Identity 측면에서도 살펴 단순히 로고작성이나 시설정비로만 끝나는 것이 아니라, 극장 관계자들이 정동극장이 추구하는 가치를 공유하게 하고 정동극장만의 정체성을 효과적으로 표현하여 적극적인 마케팅 활동의 기반이 될 수 있게끔 극장을 만들어 나가야 할 것이다.

토론과제

토론과제 1.

정동극장이 소규모 극장임에도 불구하고 성공할 수 있었던 요인은 무엇인가?

토론과제 2.

정동극장 사례를 통해 국내의 많은 소규모 극장들이 취할 수 있는 마케팅은 무엇이 있을지 생각해보자.

토론과제 3.

최근 마케팅에서는 문화가 핵심 키워드로 자주 거론되고 있다. 문화마케팅의 성공적인 사례를 생각해보자.

참고문헌

문화체육관광부, (재)예술경영지원센터 발간, 2008년 공연예술실태조사(2009년 1월).

문화체육관광부, 2009년 공연예술진흥기본계획.

김만석(2008), 공연예술경영, 북코리아.

김민주 외 공저(2005), 컬덕 시대의 문화마케팅.

송희영(2006), 공연예술경영 무엇을 어떻게 할까?

유민영(2004), 도약하는 정동극장 이야기.

사례 4.

도시마케팅 전략

- 역사문화도시 청주시 도시마케팅 전략 사례 -

서구원* 이두희**

도시마케팅(city marketing)은 기업의 마케팅 원리를 지방자치단체 즉 도시에 적용한 것으로서 국내뿐 아니라 전 세계적으로 지방자치단체의 행정에 접목되어 효과적으로 활용되고 있다. 본 사례는 우리나라의 중심부에 위치한 천년의 역사를 가진 지방 도시로서 충청북도의 도청소재지이며, 유네스코 세계문화유산에 등록된 직지의 고장인 청주시의 도시마케팅을 중심으로 도시마케팅에 관한 전반적인 지식과 함께, 청주시의 도시마케팅 현황을 소개하고 있다. 독자들은 이를 토대로 향후 청주시가 실행해야 할 효과적인 도시마케팅 전략을 수립하는 활동을 통해 도시마케팅 지식의 응용능력을 기르는 것이 본 사례의 목표이다.

청주시는 향후 청주시의 관광을 활성화하고 기업을 유치하여 잘사는 도시로 만들기 위해 도시마케팅 전략을 개발하기로 하고, 이를 위한 태스크포스팀(task force team)을 구성하였다. 이 팀에는 청주시의 실무를 담당하고 있는 주요부서의 과장들이 팀에 합류하였다. 이와 함께, 도시마케팅의 전문가인 고려대학교 이두희 교수와 한양사이버대학교의 서구원 교수를 초청한 세미나를 통해 도시마케팅에 관한 전반적인 지식을 습득하고 자문을 받기로 하였다.

청주시장은 이두희 교수와 서구원 교수를 초청한 세미나 자리에서 다음과 같이 강조하였다. 청주시는 천년의 역사를 가진 충청북도의 도청소재지이자 2001년 유네스코에 의해 세계기록문화유산으로 선정된 직지의 고장인 청주시가 세계적인 역사·문화도시로 다시 태어나기 위한 새로운 도시마케팅 전략이 절실히 필요한 시기가 되었다. 이제 공무원은 단순히 행정서비스를 제공하는 행정공무원이 아니라 살맛나는 도시를 만들기 위해 기업을 유치하고 관광자원을 개발하여 일자리를 창출하고 세수를 증대시키는 주식회사 청주시의 직원이다. 시장은 자리에 연연하지 말고 주식회사 청주시의 CEO로서 필요하면 이 자리를 내놓는다는 자세로 경영행정을 해야 한다.

*한양대사이버대학교 교수 **고려대학교 경영학과 교수

이어 다음과 같은 당부를 하였다. “오늘 여러분들께서 도시마케팅에 대해 좀 더 깊은 이해를 갖도록 하기 위해 특별히 도시마케팅의 권위자이신 고려대학교의 이두희 교수님과 한양사이버대학교의 서구원 교수님을 모시고 도시마케팅 전략에 대한 심도 있는 교육과 토론을 벌이는 기회를 갖게 되었습니다. 이 귀중한 시간을 여러분들이 잘 활용하셔서 앞으로 청주시가 나아가야 할 도시마케팅 전략을 잘 만들어 주시기 바랍니다.”

이두희 교수가 자문교수를 대표하여 간략히 인사를 하였다. 흔히 21세기는 글로벌 경쟁의 시대로서, 국가 간의 경쟁은 주로 도시 간의 경쟁에 달려 있기 때문에, 21세기는 도시의 세기라고 불리고 있다(Li, 2005). 국내에서도 국가경쟁력을 높이기 위해서는 도시가 매우 중요하다는 인식이 증대되고 있는 것을 볼 수 있다. 이명박 대통령께서는 2009년 8월 7일 인천 송도국제도시에서 열린 ‘2009 인천세계도시축전’에서 “20세기가 국가들 간에 경쟁하는 국가의 시대였다면, 21세기는 도시들이 치열하게 경쟁하는 도시의 시대”이며 “도시의 경쟁력이 곧 국가의 경쟁력이 되는 시대가 됐다”고 강조하였다. 이미 2008년 11월 세계지식포럼을 위해 서울을 방문한 마이클 포터(Michael Porter) 하버드대 교수와 오세훈 서울시장은 대담을 통해 국가경쟁력보다 도시경쟁력이 더 중요하다는 점에 공감하였다.

도시의 경쟁력이 중요하게 인식됨에 따라 도시 행정에 대한 개념도 변화되고 있다. 전통적으로 지방자치단체는 주민들에게 행정서비스를 제공하는 것이 주 업무였으나, 이제는 전 세계의 도시들은 이러한 단순한 행정서비스에서 벗어나 보다 적극적으로 주민들의 삶의 질적 수준을 높이고 일자리를 창출하고 세수를 증대시키는 적극적인 역할을 해야만 하는 상황으로 변화되었다. 따라서 종래의 행정기념에서 벗어나 보다 적극적으로 기업의 경영 원리나 마케팅 원리를 행정에 접목하게 되었다. 행정학자들은 기존의 행정 방식에 기업의 경영 방식이나 기업가 정신을 도입하는 것을 ‘경영행정’이라 부르기도 한다(정기섭, 장인봉, 2002).

도시행정 경험을 바탕으로 미국의 지방정부의 경영에 대해 새로운 방향성을 제시해 세계적인 행정이론가가 된 오스본과 게블러(Osborne and Gaebler, 1992)는 공공부문의 개혁(transforming the Public Sector)의 핵심을 기업가적 정신(Entrepreneurial Spirit)에서 찾고 있으며, 기업가적 정신을 가진 정부를 기업가적 국가(Entrepreneurial State) 또는 기업가적 정부(Entrepreneurial Government)라고 부르고 있다. 이제는 도시도 마케팅 개념을 갖고 일해야 할 시기가 되었다. 이제는 도시마케팅(city marketing) 또는 장소마케팅(place marketing)에 입각하여 일을 할 때가 된 것이다.

도시마케팅(City Marketing)이란?

사회를 맡은 기획예산과 박공무 과장은 다음과 같이 세미나를 시작하였다. "불과 10여 년 전만 해도 우리에게 도시마케팅은 매우 생소한 개념이었습니다. 과거에 우리 공무원은 그저 시민들이 원하는 행정서비스를 친절하게 제공해 주면 되는 것이었습니다. 그러나 이제는 달라졌습니다. 시장님은 주식회사 청주시의 CEO이고 우리는 주식회사 청주시의 관리자라는 자세로 일하고 있습니다. 이제 공무원은 '철밥통'이라든지 '신의 직장'이라고 하는 말은 옛말이 되었습니다. 이제 공무원도 일을 잘하면 월급을 더 받고 능력이 떨어지면 퇴출당하는 시대가 되었습니다. 우리가 기업보다 더 많은 일을 한다고 생각합니다. 구체적으로 도시마케팅은 무엇이고 진짜 도시를 마케팅한다는 것이 맞는 이야기인지 학술적으로 명확하게 설명해 주셨으면 좋겠습니다."

도시마케팅의 개념

도시마케팅에 대한 질문에 서구원 교수가 설명하였다. 외국에서도 시장을 흔히 CEO(Chief Executive Officer)라고 부르고 있다(Renn, 2009). 시장은 CEO로서 기업의 원리대로 경영을 하며 효율(efficiency)과 효과(effectiveness), 및 우수한 고객서비스(better customer service)를 중시한다는 것이 새로운 특징이다. 도시마케팅은 이러한 기업경영원리를 바탕으로 해서 지방정부를 마케팅하는 것을 말한다.

도시마케팅 개념이 실무적으로 적용되기 시작한 것은 1970년대 뉴욕시로 거슬러 올라가지만, 체계적이고 본격적으로 도시마케팅이 연구되기 시작한 것은 1990년대로 볼 수 있다. 미국 노스웨스턴대(Northwestern University)의 필립 코틀러(Phillip Kotler) 교수 등이 장소마케팅이라는 제목으로 논문을 발표한 시점이 1993년(Kotler, Rein, and Haider, 1993)이며, 이후 이들의 정의가 도시마케팅의 대표적인 정의로 인용되고 있다(Metaxas, 2002). 코틀러 등(Kotler et al., 1999)은 도시마케팅을 목표시장(target market)의 욕구 만족과 관련한 도시의 계획으로 정의하였고, 기업, 방문객 및 주민의 만족을 도시마케팅의 성공 기준이라고 주장하였다. 서구원과 배상승(2005)은 보다 구체적으로 미국마케팅학회(AMA: American Marketing Association)의 정의를 바탕으로 도시마케팅을 정의하고 있는데, 도시마케팅은 도시의 이해관계자(stakeholder)로서 투자자인 기업, 도시의 방문객 및 도시에 거주하는 주민 등과의 좋은 관계를 수립하기 위해 가치(value)를 창출(creating)하고, 커뮤니케이션(communicating)하고, 전달(delivering)하는 일련의 활동으로 정의하고 있다.

도시마케팅과 기업의 마케팅과의 차이점

세미나에 참석한 공무원이 질문하였다. "그러면, 기업의 마케팅과 도시마케팅과의 가장 큰 차이는 무엇인가요?"

우선 시는 시, 군, 읍 등을 포함하는 포괄적인 개념으로서 지방자치단체를 일컫는 공통된 용어이다. 기업의 마케팅과 도시의 마케팅의 차이를 간단히 설명하면, 기업은 주로 상품을 직접 생산하여 소비자에게 적정한 가격으로 판매하게 된다. 이때 기업의 상품이 소비자에게 주는 이점이 바로 가치가 된다. 주로 기업의 상품은 소비자가 품질을 구분하는 기준이 측정하기 쉬운 경우가 많다. 때로는 성분이 품질을 측정하는 기준이 되기도 하고 새로운 기능이 기준이 되기도 한다. 기업에서는 중요한 기준을 광고를 통해 소비자에게 알리게 되면 소비자는 브랜드 간의 차이를 구분할 수 있다. 그러나 도시는 직접적으로 상품을 만들지 않고 대신 지역에 있는 유·무형의 문화자산을 활용해 방문객을 유치하여 지역경제를 활성화하는 것이 중요한 활동이 된다. 도시의 상품을 예로 들면, 관광자원, 쇼핑, 스포츠이벤트, 축제, 문화행사, 컨벤션, 교육, 수출상품, 지역 특산품 등 기업의 상품보다 매우 다양한 상품으로 구성되어 있다.

또한 마케팅의 대상으로 보면 주로 기업은 상품을 소비하는 소비자가 중심이 된다. 이와 달리 도시마케팅의 대상은 앞서 상품에서 나타나 있듯이 매우 복잡하고 다양하다. 다양한 대상을 크게 세 집단으로 분류할 수 있다. 우선 도시에 공장이나 사무실을 설립하려고 하는 기업을 꼽을 수 있다. 기업은 도시의 입지, 주변

상권의 크기, 수도권과의 거리뿐 아니라, 지방정부에서 제공하는 임대조건이나 세금감면 혜택들을 고려하여 투자결정을 하게 된다. 다음은 도시의 문화자원 등을 둘러보기 위해 방문하려는 방문객을 들 수 있다. 도시의 방문객은 관광을 목적으로 하거나, 컨벤션에 참석하기 위해 방문하기도 하며 교육적 목적을 갖고 도시를 찾아오기도 한다. 마지막으로 도시에 거주하고 있는 주민이다. 시민은 살기 좋은 환경과 일자리가 많은 도시를 선호하게 된다. 도시는 이와 같이 다양한 이해관계자를 대상으로 다양한 가치를 만들어서 공급해 주어야 하기 때문에 기업보다 훨씬 복잡하고 어려운 의사결정을 해야 한다.

도시브랜드 (City Brand)

세미나 도중에 방청객이 다음과 같이 질문을 하였다. "최근 도시브랜드(city brand)나 도시브랜딩(city branding)과 같은 용어를 사용하는 것을 많이 볼 수 있습니다. 도시브랜드는 무엇이고 도시도 브랜딩이 가능한 것인지, 도시브랜딩 전략은 어떻게 만드는 것인지 설명해 주셨으면 합니다."

도시도 기업의 상품이나 서비스처럼 브랜드로 만들어서 마케팅할 수 있다(Rainisto, 2003). 도시의 소비자들도 도시에 대해 상품처럼 어떤 것(something)을 의미하기 때문이다(Freire, 2005). 따라서 오늘날 많은 국가와 도시들이 브랜딩 기법을 활용하고 있다. 기본적인 원리는 기업의 브랜드전략과 크게 다를 것은 없다. 브랜드전략의 기본 원리를 도시브랜드에 확장해서 사용하면 된다. 도시에 있어서도 브랜드는 이름, 심볼, 디자인 등 특정 도시를 다른 도시와 구별할 수 있게 만드는 여러 가지 요소의 총합으로 정의된다. 도시는 앞서 설명드린 바와 같이 다양한 상품과 이해관계자가 연관되어 있기 때문에 도시가 하나의 엄브렐러 브랜드(umbrella brand, 다른 말로는 母브랜드라고도 부름)처럼 기능을 하며 용도에 따라 축제브랜드, 수출브랜드, 특산물브랜드, 관광브랜드 등 자(子)브랜드를 가질 수 있다. 도시브랜드는 이해관계자에게 특정도시를 매력적으로 보이도록 하기 위해 사용하게 된다. 도시브랜드는 도시가 갖고 있는 특징을 이해관계자가 용이하게 이해하도록 도와주며, 도시가 의도하는 방향으로 이해관계자들의 인식을 변화시키기 위해 사용하게 된다. 도시브랜딩(city branding)은 city brand building,

또는 city brand marketing의 약어로서 도시브랜드를 잘 관리하여 이해관계자의 마음속에 좋은 브랜드로 자리 잡게 하는 것이다. 도시브랜딩은 이해관계자들이 특정의 도시브랜드를 떠올릴 때 도시의 장점을 잘 연상(association)하도록 총체적인 마케팅 전략 아래 준비되어야 한다. 도시의 특징을 잘 연상시킬 수 있는 슬로건을 사용하고 있다. 'I amsterdam', 'I ♥ NY', 'uniquely Singapore'와 같은 도시 슬로건은 잘 알려져 있다.

최근에는 많은 기관이 전 세계의 도시에 대해 순위를 측정하여 발표하고 있다. 모든 도시가 전체적으로 1위를 할 수 없기 때문에 세계 각국의 도시들은 자신만이 갖고 있는 차별점을 강조하여 특히 특정 분야에서 상위에 오르기 위해 노력하고 있다. 캐나다의 밴쿠버(Vancouver), 오스트리아의 비엔나(Vienna), 호주의 멜버른(Melbourne)과 같은 중소도시는, 살기좋은 환경 지표(liveability index)에서 높은 점수를 받고 있다(Ooi, 2010).

참고로 우리나라의 도시와 외국의 도시 심볼(symbol)과 슬로건(slogan)을 비교해 보도록 하겠다. 우선 국내도시를 보면 심볼과 함께 슬로건을 동시에 활용하는 경우가 주종을 이루고 있으며, 미국의 도시는 슬로건 대신 주로 이미지를 활용하고 있다. 국내 도시의 경우 주로 추상적인 형상이 활용된 반면, 미국의 도시는 도시의 특징을 상징하는 이미지를 활용하여 도시를 쉽게 연상할 수 있도록 하

[그림 1] 국내 도시의 심볼과 슬로건

[그림 2] 미국 도시의 심볼과 슬로건

였다. 우리나라의 도시들은 브랜딩할 때 이러한 점을 참고하였으면 좋겠다. 특이한 것은 다른 도시들은 외부인에게 메시지를 알리는 외부마케팅 관점에서 슬로건이 만들어졌으나 청주시는 시민에 중점을 둔 내부마케팅 측면에서 슬로건이 제작되었다고 볼 수 있다. 도시가 최우선 순위로 두는 목표에 따라 내부마케팅 측면의 슬로건이 제작될 수도 있다. 중요한 것은 도시의 목표이다.

도시 특산물 브랜드 성공사례로서 아주 간단한 실례를 보면, 브랜드 전략이 얼마나 중요한가를 알 수 있을 것이다. 이 사례는 일본의 사례로서 지역 특산품의 브랜드 사례이다. 1991년 일본의 사과로 아오모리현에 초속 53m의 강풍이 불어와 지역의 사과 수확에 큰 피해를 가져왔다고 한다. 태풍으로 인해 전체 사과의 90%가 유실되었고 단지 10%만이 남았다고 한다. 이때 마을 주민은 사과판촉위원회를 구성하였고 한 주민의 아이디어로 초속 53.9m의 태풍에도 떨어지지 않은 사과로서 '행운의 사과'라는 이름을 붙여 수험생을 대상으로 정상가의 10배나 되는 가격에 판매하여 성공하였다고 한다. 각 도시마다 특산물이 생산된다. 도시가 갖고 있는 특성이 브랜드에 잘 반영되어야 한다.

세미나에 참석한 공무원이 질문을 하였다. "우리 청주시는 '직지쌀'이라는 브랜드를 사용하고 있다. 좋은 브랜드인지 아니면 개선해야 하는지 교수님께서 갖고 계신 생각이 있으면 말씀해 주십시오."

좋은 브랜드인지 아닌지는 무엇보다도 소비자조사를 통해 확인하는 것이 가장 좋은 방법이다. 2006년도 자료를 기준으로 살펴보면 이천의 '임금님표'와 '철원 오대미'를 제외하면 다른 브랜드는 인지도나 충성도가 매우 낮게 나타나고 있다(유상오, 2006. 11). 도시 특산브랜드는 그 지역의 특성과 쌀이라는 상품의 특성이 연관성(relatedness)이 있어야 한다. '임금님표'는 이천이 기름진 평야로서 밥맛이 좋은 쌀이 생산되기 때문에 500년 동안 임금님께 진상해 왔던 쌀이라는 메시지가 브랜드에 잘 반영되어 있다. 이러한 내용은 동국여지승람 누정편에 역사적으로 기록되어 있어, 소비자들을 설득시키는 데 매우 좋은 증거 자료가 된다. 철원 오대미의 경우에는 두루미가 서식하는 철원의 비무장지대(청정지역)에서만 생산되는 유기농 쌀이라고 강조하여 소비자들에게 어필한 것으로 볼 수 있다. 안전한 먹거리라는 인식이 소비자들에게 어필한 것으로 보인다. 청주 '직지쌀'은 직지와 쌀이 자연스럽게 연결이 잘 되지 않아 브랜드와 상품 특성의 연계성이 낮은 것으로 판단된다. 소비자조사를 통해서 브랜드에 대한 인식을 분석하는 것이 가장 좋은 방법이다.

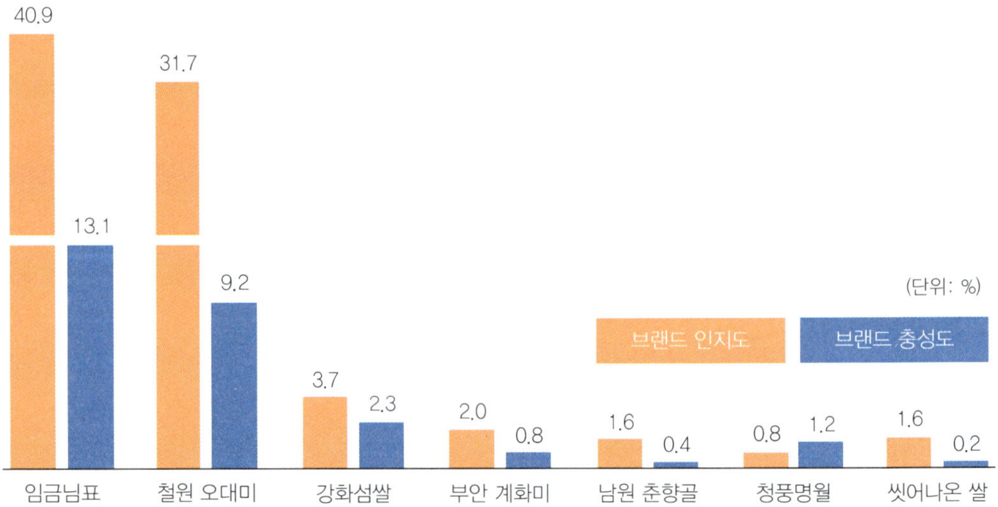

출처 : 농림부자료를 유상오(2006. 11)에서 인용

[그림 3] 쌀 브랜드 인지도 및 충성도

문화관광과 B과장이 질문하였다. "도시브랜드를 평가할 때 어떤 것을 기준으로 평가를 하게 되나요?"

도시브랜드를 평가하는 기관에 따라 평가 기준이 다른데, 사이먼 안홀트(Simon Anholt)라는 전문가가 개발한 도시브랜드 지표(city brand index)가 가장 널리 알려져 있다. 안홀트의 도시브랜드 지표는 6개의 요인으로 구성되어 있으며 각 요인에 대해 다수의 질문을 통해 점수를 산정하게 된다. 6개 요인의 평가 척도는 존재감(presence), 장소(place), 전제조건(prerequisites), 인적자원(people), 역동성(pulse), 잠재력(potential)이다. 존재감(presence)은 도시의 대외적인 위상, 친밀도, 지식, 문화적 가치 등을 통해 측정이 된다. 장소(place)는 도시의 경관, 기후, 시설 등 물리적 관점에서 측정한다. 전제조건(prerequisites)은 공공기반시설이나 교통과 같은 인프라(infrastructure)를 의미한다. 인적자원은 도시에 거주

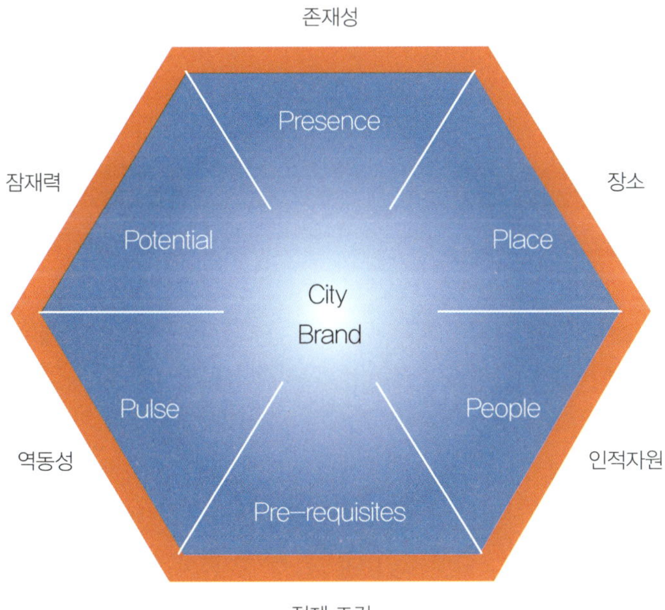

출처: http://www.gfkamerica.com/practice_areas/roper_pam/placebranding/cbi/index.en.html

[그림 4] 안홀트의 도시브랜드 육각형(City Brand Hexagon)

하는 시민들의 친절성, 외지인이 기존의 커뮤니티에 동화되는 것이 용이한 정도, 우호성, 안심할 수 있는 생활환경 등 주민에 대한 평가이다. 역동성(pulse)은 자유 시간을 보낼 수 있는 재미있는 일들과 새로운 여가방식이 제공되고 있는지를 측정한다. 마지막으로 잠재력(potential)은 도시 내에 거주할 경우 경제적 교육적 기회가 많은지를 평가한다.

도시마케팅 전략(City Marketing Strategy)

도시마케팅 전략 수립 절차

기획예산과 박기관 과장은 마케팅 전략을 수립할 때 어떤 순서로 하는 것인지 질문했다.

도시마케팅 전략 수립 절차(process)는 기업의 마케팅 전략 수립 절차와 크게 다를 바가 없다. 다만 기업의 제품차원의 전략이 아닌 기업차원의 전략 수립 절차와 같다. 제품차원의 전략은 이미 제품이 만들어진 후 이에 대한 위상정립이 후에 이루어지지만 기업차원의 전략이나 도시마케팅의 경우 전체적인 목표이미지에 따라 위상정립 전략이 수립된 후 이를 달성하기 위한 구체적인 세부 전략들이 후속작업으로 이어지게 된다. 전반적인 절차를 살펴보면, 우선 도시마케팅 목표가 수립이 된다. 도시마케팅에서는 세 가지 분야의 목표가 포함되어야 한다. 다음에는 목표대상자(target audience)가 선정이 된다. 조사의 목표이미지를 바탕으로 도시 전체의 위상정립(positioning)이 만들어진다. 이 후 도시가 갖고 있는 자원과 환경 분석을 바탕으로 SWOT분석이 이루어지며 각 목표에 맞는 다양한 전략을 개발해야 한다. 전략이 실행되면 반드시 평가과정을 거쳐야 향후에 강화할 것과 보완할 것 등을 찾아낼 수 있다.

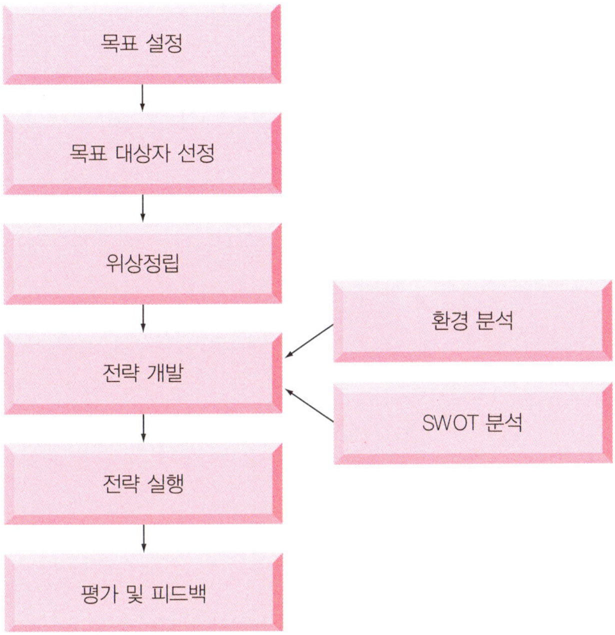

[그림 5] 도시마케팅 전략 수립 절차

목표의 설정

도시마케팅의 대상은 도시마케팅의 목표와 긴밀한 관계가 있다. 따라서 도시마케팅은 세 개의 집단을 만족시키기 위한 세 가지의 목표를 갖게 된다(Hospers 2004; Kotler and Gertner 2002; Papadopoulos and Heslop 2002; van den Berg and Braun 1999). 첫째는 기업의 투자를 증대시키고 이들을 만족시킴으로써 장기적으로 좋은 관계를 유지하는 것이며, 둘째는 외지 방문객을 증대시키며 이들을 만족시킴으로써 장기적으로 이들과 좋은 관계를 유지하는 것이다. 마지막으로는 도시 주민의 생활을 질적으로 향상시킴으로써 이들을 만족시키며 장기적으로 이들과 좋은 관계를 유지하는 것이다.

마케팅의 대상에 따라 도시마케팅 활동을 내부마케팅과 외부마케팅으로 분류할 수 있다. 우선 주민을 대상으로 한 활동은 도시의 거주자를 대상으로 하기 때문에 내부마케팅(internal marketing)이라고 부른다. 내부마케팅은 전통적으로 행정 분야의 주요 활동에 해당한다. 기업이나 관광객을 대상으로 한 마케팅은 도시의 외부인이 대상이기 때문에, 외부마케팅(external marketing)이라고 부른다.

외부마케팅 중에서도 기업을 대상으로 한 활동은 지방자치단체의 투자 환경 조성이 매우 중요하다. 투자 환경 조성은 도시마케팅의 영역보다는 경영 정책의 영역에 해당한다. 도시마케팅은 이러한 정책을 외부에 알리는 역할이 중심이 된다. 관광객을 대상으로 한 도시의 인프라(infrastructure) 개발과 자원의 개발 및 이를 외부에 알리는 커뮤니케이션 활동이 도시마케팅의 가장 중요한 부분을 차지하고 있다. 외부마케팅을 위한 다양한 마케팅활동은 주민을 만족시키는 활동이 되며, 외부마케팅을 통한 경제 활성화는 궁극적으로는 주민의 만족도를 높이는 활동이 된다. 따라서 외부마케팅 활동은 결국 내부마케팅 목표를 달성하는 수단이 될 수도 있다.

과거에는 지방자치단체의 주요 기능이 주민들에게 공공의 행정서비스를 제공하는 내부마케팅이 중심을 이루었으나, 지방자치제도가 발달함에 따라 지방자체단체의 역할이 기업을 유치하고, 외부 관광객을 끌어들여 지방경제를 활성화시키는 외부마케팅이 점차 중요해지고 있다(서구원, 2008). 이제 국내에서도 시장이나 군수를 CEO라고 부르고 있고 지방자치단체를 "주식회사장성군"과 같이 부르는 것이 자연스럽게 받아들여지고 있으며, 심지어 국가의 경우에도 "주식회사대한민국"이라고 부르고 있다. 시장, 군수, 대통령은 주민들이 잘 살 수 있도록 기업을 유치하고 관광객을 늘려서 주민의 소득수준을 높여주는 것이 주 임무라는 의미로 이해하면 된다.

"청주시는 어떤가요? 이 세 가지 집단을 대상으로 세 가지 목표를 설정하고 이를 달성하기 위해 노력하고 계신건가요?" 자문교수의 질문에 청주시장이 다음과 같이 설명하였다.

청주시는 민선4기가 시작된 2006년 시민들의 의견을 반영하여 100대 공약을 준비했다(청주시, 2010). 일반행정 8건, 교육문화 30건, 산업경제 19건, 복지환경 27건, 도시건설 16건으로 구성되었다. 임기 4년 동안 이러한 공약을 최우선으로 실행하여 시민들이 살기 좋은 도시를 만들자는 의미에서 도시 슬로건을 '살맛나는 행복한 청주'로 정했다. 이 공약은 2009년 전국적으로 실시된 '공약이행 시민평가단' 평가에 의해 검증을 받았다. 2009년 기준으로 말씀드리자면, 기업의 투자 유치와 관련하여 하이닉스, SK케미컬, 7개의 콜센터 등 23개의 우량 기업을 유치하여 9조 6천억원의 투자효과와 1만여 명의 안정적인 일자리 창출을 하였고 세종시와 청주 간 직결도로 등 산업을 위한 인프라 구축을 목표로 하였다.

외부 방문객을 증대시키기 위해 청주 직지축제와 청주국제공예비엔날레 등 전국적인 축제를 성공적으로 운영해 오고 있고, 임진왜란 시 육전에서 처음으로 왜군과의 싸움에서 승리를 거둔 역사적인 사건인 청주성 탈환을 재현한 축제를 개최하여 관광객을 유치하였다. 이외에도 청주의 랜드마크인 가로수길을 확장하고 있고 직지문화특구사업을 조성하고 있으며, 시립미술관과 역사박물관을 조성하는 등 청주시의 문화자원을 업그레이드시켜 세계적인 문화도시로 거듭날 수 있는 백년대계를 마련하고 있다.

시민의 만족도를 높이기 위한 활동으로는 가장 중요한 것은 일자리 창출과 소득 수준 향상이라고 본다. 이러한 경제적인 것은 기업투자 유치를 통해 달성하고 있다. 주거 환경 수준을 높이는 작업은 각종 생태공원, 생태복원, 도심 소공원 조성, 녹지 공간 확보, 등산로 정비, 도서관 및 체육시설 확충 등을 통해 달성하고 있다. 이러한 노력에 힘입어 청주시는 2009년 국토해양부가 주관한 '살고 싶은 도시 만들기'분야 전국 최우수 시범도시로 선정되는 영예를 안았다.

목표대상자 선정과 위상정립

도시마케팅 전략의 목표대상자는 매우 다양하다. 마케팅 목표에 따라 살펴보면, 우선 기업유치를 위해서는 특정도시가 목표로 하고 있는 산업과 연관성이 있는 기업을 선정해야 한다. 청주시의 경우 콜센터 대상기업을 선정한 것은 대표적인 사례이다. 청주시는 사투리가 강하게 드러나지 않고 훈련에 의해 발음이 교정되기 쉬운 여건에 있으며 교육도시로서 인력공급이 유리한 도시로 보여진다. 따라서 콜센터 유치에 강점이 있다고 보여진다. 기업유치에 있어서 유의할 점은 투자하는 기업의 임직원과 가족은 특정도시에 이주해야 하기 때문에 주거환경에 대해 관심을 갖게 된다. 이들에게는 살기 좋은 도시로서의 주거 환경에 대한 좋은 메시지를 준비해야 한다. 외부 방문객의 경우는 우선 관광을 위한 방문객이 있으며, 교육을 위한 견학학생, 친지를 방문하는 사람이 있고, 컨벤션이나 세미나에 참석하기 위한 방문객 등 다양한 방문객이 있다. 이들을 연령별 직업별 등으로 세분화하여 이들의 욕구에 맞는 메시지를 준비해야 한다. 도시에 거주하는 시민들 역시 다양하게 분류될 수 있다. 직업, 연령, 성별 등에 따라 그에 해당하는 문화·교육·복지 등 서비스를 제공해 주어야 한다.

"청주시의 바람직한 목표이미지는 어떤 방향인가요? 이에 따라 위상정립을 중심으로 한 브랜드 전략이 수립되어야 할 텐데요. 문화관광과장님께서 설명해 주시겠습니까?"

현재 청주는 지방의 조용한 도시로 소비자의 인식 속에 다소 미약한 위치를 차지하고 있는 것 같다. 향후 뉴스거리가 될 수 있는 적극적인 활동을 통해 전국에 청주시의 이미지를 수립해 나가야 할 것이다. 현재 청주시가 갖고 있는 아이덴티티(identity)는 충절의 역사와 문화를 가진 천년도시이다. 구체적인 근거로는 세계기록문화유산 직지가 있으며 직지축제, 청주국제공예비엔날레, 고인쇄박물관, 것대산 봉수대 등이 있다. 자연 환경으로는 가로수길, 우암산, 무심천, 원흥이 방죽 등이 있다. 그러나 이러한 자원으로는 세계의 도시와 경쟁하기에 어려움이 많기 때문에 유실되었거나 묻혀 있는 문화자원을 복원하고 발굴하는 노력이 필요하다. 무엇보다도 청주를 상징하는 대표적인 랜드마크가 없어 하루빨리 랜드마크를 개발하는 것이 시급하다고 본다.

전략개발 및 실행

기업하기 좋은 환경 구축

우선 기업 유치를 위해서는 기업하기 좋은 도시 또는 기업형 도시로 만들어야 한다. 싱가포르, 홍콩, 실리콘 밸리, 라스베가스 등은 세계적인 기업형 도시이다. 서울시도 현재 '기업하기 좋은 도시'로 위상정립하기 위해 노력하고 있다. 가장 중요한 것은 기업하기 좋은 환경을 만들어 주는 법과 제도의 개선이다. 이와 함께 산업이 활성화될 수 있도록 인프라를 지속 구축해 주어야 한다. "기업하기 좋은 환경 구축을 위한 청주시의 활동에 대해 주무부서인 기업지원과 D과장님께서 설명 좀 해 주시겠습니까?"

우선 청주시의 가장 중요한 인프라라고 볼 수 있는 교통 입지부터 설명하겠다. 청주시는 오랫동안 군사 및 교통의 요충지로서 충청북도의 도청 소재지이며 최대 도시로서 지방 행정은 물론 정치·경제·교육·문화 등 모든 영역에서 충청북도의 중심지가 되어 왔다. 1905년 경부선 철도가 개통되면서 청주와 가까운 조치원에 역이 신설되었고, 1920년 조치원과 청주가 연결되는 충북선이 개통되면서 청주시는 지속적으로 발전할 수 있는 기회를 가져왔다. 이제 2010년에는 고속철도(KTX) 오송역이 신설될 예정으로 있고, 현재 천안까지 연결되어 있는 수도권 전철이 청주국제공항까지 연장될 예정에 있다. 이렇게 되면 이미 1997년에 개항된 청주국제공항과 더불어 도시가 가질 수 있는 교통수단의 이점을 최대한 누리게 된다. 청주시가 다시 한 번 획기적으로 발전할 수 있는 전기를 맞게 될 것으로 보고 있다. 이러한 교통의 이점은 기업의 투자 유치는 물론 관광객을 유치하는 데도 매우 유리한 위치를 점하게 된다.

이러한 이점을 바탕으로 청주시는 민선4기에 들어 기업의 투자유치를 위해 다각적인 노력을 하였다. 우선 '청주시투자유치촉진조례'를 제정하고, 투자유치 진흥기금 340억 원을 확보하여 투자유치 활동을 지원하였다. 기업에 대해서는 기술력과 성장력이 있는 기업임에도 담보 능력이 없어 어려움을 겪고 있는 기업이 많다. 청주시는 전국에서 최초로 '중소기업 특별신용보증제도'를 만들어 이들 기업에게 무담보로 자금을 지원하여 청주시에 유망기업이 자리 잡을 수 있도록 도와드렸다. 그 외에도 기업맞춤 원스톱(ONE-STOP) 종합서비스를 운영하여 청주에 기업이 투자할 때 등록 절차를 간소화하여 빨리 일을 시작하도록 도와드렸다. 좋은 예가 바로 우리나라를 대표하는 반도체 기업 하이닉스 공장 건축 사례이다. 하이닉스 공장을 건축할 때 종래에는 한 달 이상이나 걸리는 허가 절차를 3일 만에 처리해 우리 청주시의 고객인 하이닉스를 감동시켰을 뿐 아니라, 우리나라 우수 행정의 모범적인 사례로 알려지게 되었다.

이러한 공격적이고 창의적인 도시 행정에 힘입어 2009년 10월 기준으로 하이닉스 반도체 제3공장 유치 등 첨단 제조업체 15개 업체와 콜센터 7개 업체를 포함해 총 22개 기업을 유치하였다. 이를 투자효과로 환산하면 9조 5,700억 원에 상당하며 1만 3천여 명의 일자리를 창출하는 결과를 기록하였다. 재미있는 것은 청주시를 콜센터의 메카로 육성하면서 이에 필요한 인력을 확보하기 위해 충청대학에는 텔레마케팅정보학과, 주성대학에는 인터넷 쇼핑몰마케팅과를 각각 신설하였고, 청주여성인력개발 등에는 텔레마케터 인력양성 교육을 실시하도록 하여 교육 인프라를 확장하기도 했다.

도시 환경 개선

"기업 유치를 위해서, 시민의 삶의 질을 높이기 위해서는 도시 환경 개선이 필요하다. 산업혁명과 함께 영국 제2의 대도시였던 영국의 글래스고우(Glasgow)는 쇠퇴한 도시로 악명이 높았으나 도시 재생전략을 통해 모범적인 문화도시로 다시 태어났다. 청주시의 도시 환경개선에 대해서는 어느 분께서 설명해 주시겠습니까?"

청주시의 숙원 사업이었던 광역소각장 준공과 광역소각장내 생태공원을 조성하여 시민의 환경수준을 높이기 위해 노력하고 있으며, 청주시를 가로지르는 무심천의 생태를 복원하여 전국에서 유일하게 도심 한복판에 두꺼비가 대량으로 서식하는 원흥이방죽을 생태공원으로 만들고 있다. 이와 함께 도심에 소공원을 늘리고, 우암산과 부모산 등에 등산로를 정비하는 등 저탄소 녹색성장의 기반을 구축하기 위해 노력하고 있다. 또한 3개의 도서관 준공, 배드민턴·태권도 체육관 준공, 화장장 준공, 노인전문병원 건립 등 시민들의 문화·복지를 통한 시민의 삶의 질 향상에 기여하고 있다.

관광자원 개발

외지로부터 방문객을 끌어들이기 위한 많은 전략이 있다. 그 중에서도 가장 기본이 되는 것은 도시가 갖고 있는 역사·문화자원의 가치를 높이고 개발하는 것이다. 관광객을 유인하는 매력이 낮은 자원은 보완을 해서 매력을 높여 주어야 한다. 문화자원은 화제성이 있어야 한다. 예를 들면 라스베이거스(Las Vegas)는 도박의 도시로 잘못 알고 있는 경우가 많은데 라스베이거스는 세계의 상징적인 건축물을 한눈에 볼 수 있는 랜드마크 건물을 많이 가진 현대 건축의 보고(寶庫)로서 세계 최대의 엔터테인먼트 및 관광도시이다. 문화자원이 상징성이 있을 때 더욱 가치가 높아진다. 세인트루이스(St. Louise)의 게이트웨이 아치(Gateway

Arch)는 서부개척시대에 내륙으로 가는 관문도시를 상징하는 상징물로서 도시의 가치를 더해 주고 있다. 문학작품과 같은 문학·예술적 자원, 현대적인 박물관 건설과 같은 도시문화 활성화, 영화·드라마, 신화, 전통의 재현, 유명인의 고장이나 유적지, 체험(experience) 등도 관광객을 유도하는 역할을 한다. 영화를 촬영한 장소에 관광객이 방문하는 현상을 영화가 유발한 관광(Film-induced Tourism)이라 부른다.

테마관광루트(Themed Tourism Route)는 기존의 관광 자원을 테마별로 나누어 관광가치를 높이고 편리하게 만들어 주는 것이다. 관광객의 취향과 시간에 따라 미리 만들어진 코스를 따라 관광할 수 있도록 루트를 만드는 것이다. 일본 에히메현은 미리 5개의 루트로 만들어 놓았기 때문에, 관광객은 시간과 취향을 고려하여 원하는 루트를 선택할 수 있기 때문에 매우 편리하다.

“청주시의 관광자원 개발에 대해서는 문화관광과장님께서 발표해 주실 건가요?” “네, 제가 설명해 드리겠습니다.” 문화관광과장은 다음과 같이 설명했다.

[그림 6] 일본 에히메현의 테마관광루트 웹사이트

[그림 7] 일본 에히메현의 테마관광루트1(마쓰야마 시내 관광 루트)

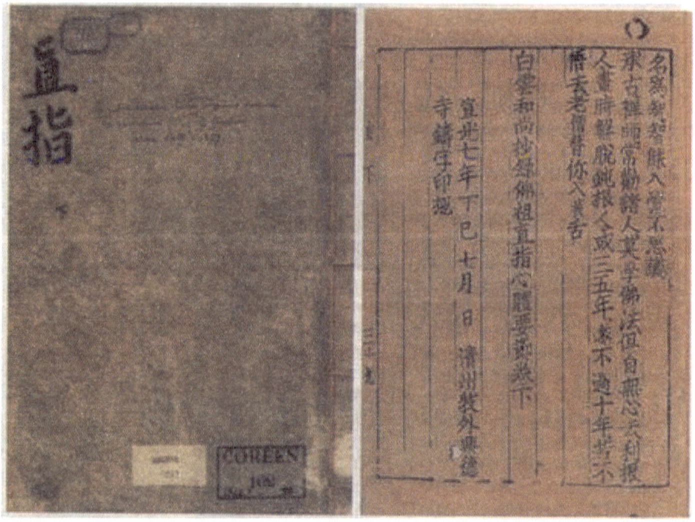

[그림 8] 직지 표지 및 출판 연도와 장소가 기재된 내지

출처: http://hinews.asia/data/hinews_asia/mainimages/200911/2009110356019527.jpg

우선 청주시는 세계에서 가장 오래된 금속 활자본 백운화상초록불조직지심체요절(일명 직지)이 1377년 독일 구텐베르크의 금속활자보다 70여 년이 앞서 인쇄된 장소로서 역사적인 도시이다. 직지(直旨)는 아쉽게도 상·하권 중 하권만이 프랑스 국립도서관에 소장되어 있다. 직지는 2001년 9월 세계기록유산으로 지정되었고 유네스코에서는 2004년 세계기록유산 최초의 상으로서 '직지상'을 제정하여 기록유산 보전에 이바지한 개인이나 단체를 대상으로 시상하고 있다.

[그림 9] 대조영 포스터

출처: http://pds2.egloos.com/pds/200610/16/29/c0049929_02105431.jpg

또한 청주는 예로부터 청풍명월(淸風明月)의 고장으로 불리며, 학문과 예절을 중시하는 뿌리 깊은 충·효·예의 고장으로서 우리나라 지방자치의 효시라 할 수 있는 서원향약을 제정한 곳이다. 청주는 3·1운동 민족대표 33인 중 대표였던 의암 손병희 선생이 태어난 고장이다. 3·1운동 민족대표 33인 중 충청북도 출신은 손병희 선생 이외에도 권동진, 권병덕, 신석구, 신홍식, 정춘수 등 여섯 분이 포함되어 있어 충절의 고장으로 불리고 있다.

[그림 10] 태왕사신기 포스터

출처: http://takz.com/tt/attach/1/1354579250.jpg

청주시의 대표적인 관광자원으로는 청주시에서 선정한 ‘청주자랑 10선’이 있는데 직지, 고인쇄박물관, 상당산성, 우암산, 가로수길, 무심천, 용두사지철당간과 성안길, 육거리재래시장, 중앙공원, 청주국제공예비엔날레 등이 있다. 간단히 요약하여 설명해 보면 다음과 같다. 직지는 앞서 논의되었기 때문에 생략하기로 한다. 청주고인쇄박물관(清州古印刷博物館)은 ‘직지’를 인쇄한 흥덕사 터에 개관한 전국 유일의 고인쇄 전문 박물관이다. 금속활자의 제작과 종이의 제작과정 및 인쇄과정을 한눈에 볼 수 있도록 만든 체험형 박물관이다. 상당산성(上堂山城)은 청주를 대표하는 우암산(牛岩山)에 있는 둘레가 4.2km, 내부면적이 22만평에 이르는 토성으로서, 역사·문화·건축사적으로 가치가 높아 문화재청에서 유네스코 세계유산 잠정목록으로 등재하기로 결정한 문화자원이다. 이곳은 최수종, 이덕화, 정보석 등이 출연한 〈대조영〉의 배경으로 활용되기도 하였고, 특히 대표적인 한류스타 배용준이 〈태왕사신기〉의 주연으로 촬영한 장소로서 한류 브랜드로 활용할 수 있는 곳이다.

우암산(牛岩山)은 소가 누운 모습과 비슷하다 하여 와우산(臥牛山)이라고도 불리는 해발 353.2m의 산이다. 토정 이지함이 천하의 명당이라 예견한 우암산은 침엽수와 활엽수가 울창하여 등산로와 산책로로 시민들의 사랑을 받고 있다. 우암산은 상당산성, 청주향교, 국립청주박물관, 청주대, 3.1공원을 품고 있으며, 주

출처: http://www.hyojahospital.co.kr/hospital/data/file/tour/2105859869_7a32c726_qqq.jpg

[그림 11] 청주 가로수길

변 명암동 일대에는 국립청주박물관, 어린이회관, 동물원, 유원지 등이 연결된 위락단지이다.

가로수길은 경부고속도로 인터체인지에서 청주시내 초입까지 6km에 걸친 1,527 그루의 플라타너스 터널이다. 이 가로수길은 1981년 영화 '만추'의 배경이 되어 외국에까지 소개되어 외국의 감독들이 '저 길이 실제로 이 지구상에 존재하는가'라고 묻기까지 했다는 일화가 있다. 1995년에는 SBS 드라마 '모래시계'의 배경으로 활용되기도 하였다. 2006년 건설교통부 및 한국도로교통협의회 주관 '한국의 아름다운 길 100선'에 선정되었고, '제1회 살기 좋은 지역 만들기' 경연대회에서 '도로부문 전국 1위'로 행정자치부장관상을 수상하기도 하였다. 가로수길은 현재 8차선으로 확장하고 있다.

무심천(無心川)은 청주의 젖줄로서 청주를 가로지르는 1급수 자연하천으로서 서울시의 청계천과 같은 의미를 갖고 있다. 무심천에는 천연기념물 330호, 환경부 지정 멸종위기야생동물 1급 원앙(천연기념물 제327호), 황조롱이(천연기념물 제323-8호), 흰목물떼새(멸종위기 야생동물 2급) 등 희귀 동식물이 서식하고 있다. 용두사지 철당간은 고려 광종 13년(962년)에 조성된 청주 유일의 국보(제41호)로서, 사찰의 상징인 깃발을 걸기 위한 시설로 만들어졌으며 기둥에 새겨진 준풍(峻豊)이라는 고려의 독자의 연호를 사용하였다는 점에서 민족의 주체성을 알려주는 귀중한 유물로 인정받고 있다. 철당간이 서 있는 옛 읍성터 한복판에 조성된 성안길은 육거리재래시장과 이어진 현대적 쇼핑공간으로서 '청주의 명동'으로 불리는 청주의 대표적인 상권지역이다.

육거리재래시장은 1970년대에 석교동 일대에 임시개설 시장으로 시작하여, 현재는 전국에서 성공한 재래시장으로서 해마다 전국 각지에서 1천여 명이 넘는 재래시장 상인과 공무원들이 방문하고 있다. 노무현 전 대통령이 전국 재래시장 최초로 육거리재래시장을 방문한 적이 있으며, 전국 최초로 상품권을 발행, 브랜드 마케팅의 선두주자가 된 전국 최대 규모의 재래시장이다. 중앙공원은 천년 고도의 중심부로서 고려 말 전설이 깃든 수령 9백여 년의 압각수, 고려시대 관아 부속건물이던 망선루, 충청병마절도사영문 등 문화재 5점이 있다. 청주국제공예비엔날레는 뒤에서 설명할 기회를 갖도록 하겠다.

그 외에도 국립청주박물관, 청주동물원, 우암어린이회관, 청주백제유물전시

[그림 12] 청주 수암골

출처: http://www.culture.go.kr/attch/ws_subject_contents/200904201008-51047.jpg

관 등이 있으며 가장 많은 관광객이 찾는 곳은 상당산성으로 연간 약 31만 명이 방문하고 있으며, 다음은 우암어린이회관으로 약 23만 명, 이어 국립청주박물관, 청주동물원, 고인쇄박물관이 약 20만 명 수준으로 나타나고 있다.

최근 특기할 만한 것은 2009년 청주시 상당구 수동 수암골이 SBS 드라마 〈카인과 아벨〉의 촬영지로 등장하면서, 이곳이 청주의 새로운 관광명소로 부각되었다. 드라마나 영화의 배경으로 활용되는 경우를 PPL(product placement) 또는 간접광고, 제품배치 등으로 부르는데 우리가 그리 좋은 장소라고 생각하지 않는 곳도 전략적으로 잘 활용하면 매우 좋은 관광지가 될 수 있다는 것이 우리가 배울 수 있는 중요한 교훈이다.

청주 수암골은 1950년대 한국전쟁 당시 피난 온 주민들이 우암산 아래에 모여 살면서 형성된 개발되지 않은 낙후된 지역으로서 소위 달동네이다. 이곳에 2008년부터 예술단체와 대학생 작가 등이 골목길에 벽화를 그리는 공공예술 프로젝트를 진행하여 낙후된 공간이 예술 전시공간으로 변화하게 되었다. 그러던 중 드라마 〈카인과 아벨〉이 이곳을 무대로 촬영하면서 시청자들에게 알려지게 되었고, 전국의 관광객과 사진작가들이 방문하는 청주시의 중요한 명소로 자리잡게 되었으며, 청주시의 새 관광지도에 소개되고 있다. 청주시에서는 '촬영하기 좋은 도시 아름다운 청주'를 주제한 레디고 청주시이트(http://readygocj.com/)를 청주시 홈페이지와 연계하여 홍보하고 있다.

테마관광루트에 관련하여 청주시에서는 이와 유사한 활동을 하고 있다. '청주문화 바로알기' 시티투어이다. 청주문화원을 통해 연중 무료로 운영하는 프로그램으로서 청주의 문화유산을 돌아볼 수 있는 코스를 역사, 환경, 체험 3개의 테마로 나누고 이를 6개 코스로 만들어 원하는 코스를 탐방할 수 있는 무료 프로그램이다. 25명 이상의 단체관람객이 신청을 하면 45인승 관광버스로 문화유산해설사의 안내를 받으며 관광할 수 있다.

축제와 박람회

우리나라에서 지방자치단체장을 주민의 선거로 선출하기 시작한 1995년 이후 지방 축제가 증가하기 시작하여 정부에서 공식 집계하는 공식 축제가 2008년 기준으로 926개이며, 비공식적인 것까지 포함하면 매년 1천 개가 넘는 축제가 열리고 있는 것으로 추산된다(김한도, 김태영, 2009). 문화체육관광부에서는 관광 상품성이 있는 축제를 매년 선정하여 지원을 하기 때문에 차별성 있는 좋은 주제의 축제는 정부의 지원을 받을 수도 있다. 축제는 관광객을 도시로 유인해 비용을 지불하게 됨으로써 지역경제 활성화뿐 아니라 도시 이미지 수립에도 중요한 역할을 한다(윤설민 2007; 정강환, 노용호, 김상호 2007). 박람회는 대도시에서 주로 개최되고 있으며 국제박람회는 막대한 자금과 함께 외국도시와의 경쟁이 매우 심하여 유치가 매우 어렵다. 그러나 한번 개최되면 도시의 위상을 한 단계 높일 수 있는 중요한 계기가 될 수 있다. 상해는 2010년 엑스포를 통해 세계적인 도시로 발돋움하는 기회를 갖게 되었다.

"청주시의 축제와 박람회 활동에 대해 설명 좀 해 주세요. 문화관광과장님께서 다시 한 번 수고해 주셔야 할 것 같네요."

청주시의 대표적인 축제로는 청주국제공예비엔날레와 청주직지축제가 있다. 매년 두 축제가 번갈아 개최되어 각 축제는 2년에 한번 열리고 있다. 청주국제공예비엔날레는 2009년까지 총6회가 개최되었으며, 매년 관람객수가 증가하여 2007년 기준으로 58만 명의 관람객과 755억 원의 경제파급효과를 가진 성공적인 축제로 자리 잡았다. 이와는 반대로 청주직지축제는 2006년 기준으로 관람객 11만 명, 경제파급효과 80억 원 정도의 축제로서 아직 성공적인 축제로 자리 잡지 못하고 있다. 향후 직지축제의 내용과 컨텐츠가 업그레이드될 필요가 있다.

청주시의 독특한 축제로는 2008년 처음 개최된 '청주성탈환축제'를 꼽을 수 있다. 임진왜란(1592년) 당시 의병장 조헌, 박춘무와 승병장 영규대사가 이끄는 의병과 승병들이 주축이 되어 왜군과의 치열한 전투 끝에 청주성을 탈환하였다. 이는 왜군과의 전투에서 육지에서 처음으로 승리를 거둔 역사적인 사건이다. 청주성탈환축제는 청주뿐 아니라 우리 민족의 애국심과 민족정신을 일깨워 주는 의미있는 축제로 앞으로 전국적인 축제로 키울 예정이다. 청주에서는 작지만 정기적으로 각종 컨벤션이 열리고 있다. 그러나 현재 국제적인 컨벤션을 유치할 만한 장소나 역량이 부족한 상황이다.

스포츠 행사 유치

올림픽이나 월드컵 같은 세계적인 대형 이벤트는 전 세계에 대중매체를 통해 전달되며 대규모의 관람객과 시청자를 갖고 있어, 도시의 운명을 변화시키는 힘을 갖고 있다. 이미 우리나라는 1988년 서울올림픽을 통해 서울은 물론 한국의 위상을 한 단계 업그레이드시켰고, 중국은 2008년 베이징올림픽을 통해 첨단도시로 위상정립하였고 세계 중심도시로 재탄생하였다.

"청주시는 어떨까. 스포츠 이벤트를 활용해 도시를 알리는 활동이 활발히 이루어지고 있는지요?"

청주시는 '직지배 전국 3 대 3 길거리 농구대회'와 같은 특이한 스포츠 이벤트와 '전국남·여 종별양궁선수권대회'와 같은 다양한 전국규모의 스포츠 이벤트를 지속적으로 개최해 오고 있다. 이제는 국제적인 규모의 스포츠 이벤트를 유치하려고 노력하고 있다. 그 결과 청주시는 2009년 말레이시아 쿠알라룸푸르에서 열린 세계스쿼시연맹 총회에서 2012년 세계 남자 주니어 스쿼시 대회, 세계 여자 주니어 개인전 스쿼시 대회를 유치하는 데 성공하였고, 2014년 월드마스터즈대회 유치 우선권까지 청주에 부여받는 쾌거를 이루어냈다. 2010년에는 '2022년 월드컵

축구대회 유치위원회'에 청주시를 개최도시로 신청하였다. 청주시에서는 향후 보다 적극적으로 세계적인 스포츠 이벤트를 적극 유치하기 위해 노력할 예정이다.

랜드마크(landmark) 개발

랜드마크는 도시를 대표하는 뛰어난 것으로서 건축물뿐 아니라 도시를 대표하는 것이면 어느 것이든 랜드마크가 될 수 있다. 파리 에펠탑(Eiffel tower)과 뉴욕 자유의 여신상(Statue of Liberty)은 랜드마크의 대표적인 사례이다. 파리 에펠탑은 1889년 프랑스 혁명 100주년을 기념하여 개최된 만국박람회에 기념 건축물로 건설되었다. 에펠탑이 건축될 당시 파리 시민들은 흉물이라고 혹평을 했고 철거운동을 벌이기도 하였다. 그러나 현재 에펠탑은 프랑스를 상징하는 랜드마크로서 세계인의 사랑을 받고 있다. 뉴욕의 자유의 여신상은 1886년 미국독립 100주년을 기념하여 프랑스가 제작하여 미국에 선물한 것이다. 자유의 여신상은 아메리칸 드림의 상징물로서 엘리베이터를 타고 머리 부분까지 올라갈 수 있어 맨하탄(Manhattan)의 스카이라인(skyline)을 감상할 수 있는 전망대로서 많은 관광객들의 사랑을 받고 있다.

인구가 30만 명밖에 되지 않는 스페인의 중소도시 빌바오(Bilbao)는 세계적인 해체주의 건축가 프랭크 게리(Frank Gehry)가 설계한 빌바오 구겐하임 미술

출처: http://en.wikipedia.org/wiki/Guggenheim_Museum_Bilbao

[그림 13] 빌바오 구겐하임 뮤지엄(Guggenheim Museum Bilbao)

[그림 14] 영국 버밍햄 불링의 셀프리지 백화점

출처: http://s0.geograph.org.uk/photos/26/56/265614_619a419a.jpg

관(Guggenheim Museum Bilbao)에 의해 일약 세계적인 도시로 알려지게 되었다. 이 박물관은 메탈 플라워(metal flower)라고 불리며, 20세기 최고의 건축물로 꼽히고 있다. 1997년 개관이래 매년 100만 명이 넘는 관광객을 끌어들이는 세계적인 랜드마크가 된 것이다.

백화점 건물도 랜드마크가 될 수 있다. 영국 버밍햄(Birmingham)의 셀프리지(Selfridge) 백화점이 대표적이 사례이다. 버밍햄은 영국 제2의 도시로서, 증기기관차를 발명한 제임스 와트(James Watt)가 태어나고 기업을 시작한 산업혁명의 발상지였다. 산업혁명과 함께 지속 성장하던 버밍햄은 1980년대 불어닥친 랜드로버 등 산업의 쇠퇴와 함께 슬럼으로 전락한 도시가 되었다. 버밍햄의 중요 상업 지구인 불링(Bull Ring) 역시 같은 운명을 맞게 되었다. 불링의 새로운 건설 계획이 지속 논의되어 오던 중 2003년 9월 불링은 셀프리지 백화점과 함께 다시 테어나게 되었다. 셀프리지 백화점은 외관상 우주선 모양의 디자인에, 1만 5천 개의 은색 알루미늄 원판(discs)이 외관을 장식한 신비스런 이미지의 건축물이다. 불링이 새로 개장한 2003년 9월 4일 하루 동안 27만6천6백 명이 방문하는 기록을 남겼다. 이 백화점은 연간 3천 6백만 이상의 방문객을 끌어들이는 영국을 대표하는 관광 상품이 되었다.

"청주시는 어떤 랜드마크를 갖고 있고 향후 랜드마크를 개발하기 위해 어떤 활동을 하고 있는지 설명 좀 해 주시겠어요?" 이번엔 청주시장이 답변하였다.

최근 청주시에서는 도시마케팅 전략개발을 위해 외지인 2,000명을 대상으로 조사를 실시했다(청주시, 2009). 그 결과 청주시를 상징하는 상징적인 것으로서 청주가로수길(20%), 무심천(13%), 성안길(10%), 상당산성(9%), 우암산(5%), 흥덕사지 · 직지(5%), 예술의 전당(5%), 육거리시장(4%), 가경버스터미널(4%), 충북대학교(4%), 청주국제공예비엔날레(3%), 명암유원지(3%), 용두사지철당간(2%) 순으로 나타났다. 청주에서 경관을 조망할 수 있는 가장 좋은 장소로는 상당산성(24%), 명암타워 및 주변공원(21%), 우암산(20%), 무심천(19%), 성안길(7%), 부모산(3%), 상당공원(2%), 중앙공원(1%) 순으로 나타났다.

가로수길은 이미 영화 '만추'나 드라마 '모래시계' 등에 배경으로 활용되어 잘 알려져 있으며, '한국의 아름다운 길'에 선정되고 있다. 이 가로수길을 한 단계 업그레이드(up-grade)시키기 위해 현재 8차선으로 확장하고 있다. 이 길이 완성되면 많은 관광객이 사진도 찍고 직접 걸어 보는 체험을 할 수 있는 추억의 장소로 만들 수 있을 것이다. 그러나 우리 청주시는 세계적인 도시들과 경쟁하기 위해서는 더 많은 랜드마크가 필요하다. 앞서 살펴본 조사결과(청주시, 2009)에서도 향후 청주시가 경관개선 시 우선적으로 시행되어야 할 사업으로 상징적인 장소나 상징물과 같은 랜드마크 조성이 필요하다는 의견이 10%로 상위로 나타나고 있다.

도시행정이 몇 해 만에 한꺼번에 다 이룰 수는 없는 것이고 단계적으로 추진해가야 할 수밖에 없는 것이 현실이다. 청주시는 이제 기업을 유치하여 일자리를 창출하고 지역경제를 활성화시키는 일과 전반적인 인프라 구축과 복지 수준 향상을 통해 살기 좋은 도시를 만드는 일이 어느 정도 완성되었다고 보고 있다. 향후 청주시가 가장 힘써야 할 일 중에 하나로 청주시를 다른 도시와 차별화할 수 있는 랜드마크를 만들어 나가는 일이라고 보고 있다. 이 작업은 시간과 아이디어가 매우 필요한 사업이다. 청주시는 이러한 장기적인 비전을 가지고 이미 많은 투자를 하고 있다.

작은 사례이지만 2009년 6월 것대산의 봉수대 터에 봉수대 5기를 복원하였

[그림 15] 복원된 청주 것대산 봉수대

출처: http://boomup.chosun.com/site/data/html_dir/2009/06/29/2009062900732.html

다. 봉수대는 횃불과 연기를 활용해 국가의 위급한 소식을 알리던 고대 통신수단으로서 것대산 봉수대는 조선시대 전국 봉수망 가운데 제2 봉수 노선으로서 문의 소이산으로부터 신호를 받아 진천 소을산으로 연락해 서울의 남산에 최종 신호를 보내는 중요한 노선이다. 것대산 봉수대는 청주의 역사와 문화를 이루는 중요한 자원으로 활용될 것이다.

이와 함께 장기적으로 추진하는 사업도 있다. 일제시대에 강제 철거된 석교동 남석교(南石橋)와 중앙공원 부근 청주읍성을 복원하려는 계획이다. 남석교는 BC 58년경 마한시대 축조되어 2100여년이나 된 국내에서 가장 오래되고 가장 긴 돌다리인데, 1920년 일제가 도시 정비를 하면서 땅속에 묻어버린 중요한 문화자원이다. 청주시에서는 현재 육거리재래시장 아래에 있는 남석교를 복원하여 다리 위에 방탄유리를 설치하여 시민들이 다리의 원형을 볼 수 있도록 하는 방법을 생각하고 있다. 청주읍성은 임진왜란 당시 국내 최초로 읍성을 탈환한 의미있는 승전지로서 1910년 일제에 의해 강제 소실되었다. 청주읍성은 청주의 중심부로서 철당간, 동헌 청녕각, 충청병영 문루 등 문화재가 있고, 청주 최대의 상권인 성안길과 육거리재래시장이 연결되어 있다. 청주읍성이 복원되면 청주의 천년 역사와 문화를 상징하는 랜드마크가 될 수 있을 것이다. 그 외에도 우암산과 부모산에 남산타워와 같은 상징성 있는 랜드마크를 세울 것을 검토하고 있다. 이러한 사업은 1~2년을 목표로 하는 것이 아니라 10여 년 뒤에 우리 청주시를 먹여 살릴 수

[그림 16] 청주 남석교의 옛모습

출처: http://www.ok.or.kr/photo/2006/060211_NamSeokGyo/Old_NamSeokGyo_01.jpg

있는 관광자원으로 만들어야 할 필요가 있다.

특산품생산과 특산물브랜딩

중소도시의 경우 특산품 생산은 매우 중요한 역할을 한다. 일본은 오래 전부터 일촌일품(一村一品) 운동이라 하며 한 가지 특색있는 상품을 개발하는 것을 장려해 왔다. 특산물이 좋은 브랜딩 전략에 따라 관리된다면 도시의 경제 활성화에 기여할 수 있다. 우리나라 도시의 특산품 브랜드 사례를 보면 하이 서울이 대표적이며, 안성시의 안성맞춤, 충청남도의 청풍명월을 꼽을 수 있다. 앞서 살펴본 바와 같이 일본의 아오모리현의 '행운의 사과'와 같이 소위 스토리텔링(story telling)이 있는 브랜드면 훨씬 재미있는 브랜드가 될 것이다.

"청주시의 특산품에는 어떤 것이 있고 향후 어떤 것이 개발되고 있는지 문화관광과장님께서 설명해 주시지요?"

특산품 중에서도 음식은 매우 중요한 부분이다. 금강산도 식후경이라는 말처럼 관광에 음식은 빼놓을 수 없는 즐거움을 제공해 준다. 청주의 대표적인 음식은 청주 올갱이국, 청주 해장국, 청주 버섯찌개, 추어탕 등이 알려져 있다. 청주시에서는 시장님의 강한 의지를 바탕으로 '청주한정식'을 개발하여 보급하고 있다. 청주한정식은 청주시가 주도하여 문헌과 시민 설문조사, 공청회, 학계, 요리전문가 등의 자료를 토대로 2007년 개발되었다. 청주한정식은 청주의 향토음식 5가지(도토리묵, 버섯, 올갱이, 삼겹살, 시래기)를 중심으로 20여 가지 메뉴로 구성된 음식으로서 '청주한정식 취급업소'에서만 제공하고 있다. 향후에 청주시를 대표하는 음식으로 육성하려고 노력하고 있다. 주류로는 국가에서 지정한 전통 민속주인 청주 대추술이 있다.

청주의 특산품으로는 직지쌀이 있으며, 점질 양토의 황토밭에서 나는 뻘국산 고구마, 점질 양토에서 재배한 청주감자가 있다. 강낭콩에 글씨를 새긴 콩을 화분에 심으면 5~6일 후 돋아나는 떡잎에 글씨가 나타나는 학습탐구용 팬시형 문화 상품인 러브콩도 있다. 우리 시에서는 향후 청주 지역에서 생산된 상품을 선택하여 공동브랜드를 만들 계획을 갖고 있다.

커뮤니케이션 전략

이제까지는 실체(substances)를 개발하는 전략이었다. 커뮤니케이션 전략은 개발된 실체를 이해관계자들에게 알리는 활동이다. 텔레비전이나 신문과 같은 대중매체를 활용하면 좋겠지만 지방정부의 광고·홍보 예산은 기업과 달리 충분치 않다. 따라서 커뮤니케이션 매체의 선정에 주의를 기울여야 한다. 여행을 위해 방문지를 선택할 때 주로 참고하는 정보를 분석한 결과(한국관광공사, 2008)를 참조하면 매체전략을 준비할 때 매우 유용할 것이다. 친구나 친지의 권유(60.8%)가 가장 중요한 정보원이 되며, 다음은 인터넷(26.4%)이 높게 나타나고 있다. 기타 보도·기사·프로그램(3.8%), 관광안내서적(1.9%), 광고·여행사(1.4%) 등이 참고로 활용되고 있음을 알 수 있다. 인터넷 매체의 경우 포털(portal)사이트 여행정보(94.4%), 관광공사 여행정보 사이트(4.6%), 인터넷동호회·카페(3.8%), 지자체 여행정보 사이트(2.8%), 개인홈페이지나 블로그(2.3%) 순으로 나타나고 있다. 전반적으로 볼 때, 그 지역을 방문하거나 체류한 경험이 있는 사람들이 구전, 인터넷 등을 활용한 홍보가 매우 중요하다는 것을 시사하고 있다.

서울시와 같이 대규모 예산이 가능한 경우 '가수 비'나 '배우 이병헌' 등을 활용한 국내외 TV광고를 비롯하여 영국의 명문 축구 구단 맨체스터유나이티드를 활용한 이벤트와 옥외광고, 광화문 스노우잼 대회와 같이 대형 이벤트를 활용한 스포츠마케팅 등 효과적인 커뮤니케이션 활동이 가능하다. 그러나 대부분의 지방도시는 예산의 한계가 있어 비용이 저렴한 온라인 광고나 이벤트를 전략적으로 활용하고 있다.

예를 들면, 광주시는 포털 사이트 다음을 활용해 2009 세계광(光)엑스포, 2015 유니버시아드 도전 등 글로벌 이벤트를 진행하고 있다. 경상북도는 지역특산물을 12개 인터넷 포털을 활용한 온라인 홍보 이벤트를 실시하였다. 괴산군 역시 싸이월드의 미니홈피, 블로그, 온라인 공모전, 온라인 프로모션 등을 적극 활용하기도 하였다. 수도권 지하철 광고 및 옥외광고는 밀양시, 거제시, 창녕군, 산청군, 하동군, 남해군, 통영군, 함양군, 부여군, 충남, 전북, 부산, 서천군 등 전국의 많은 도시들이 활용하고 있다. 그 외에도 인사동, 청계천, 고속도로 휴게소 등에서 홍보 이벤트를 실시하거나, 기자나 전문가를 초청하여 팸투어(Familiarization Tour)를 실시하고 있다. 최근에는 2001년 시작된 누구나 자유롭게 '편집'할 수 있는 세계 최고의 무료 백과사전으로서, 네티즌이 공동으로 참여하는 웹 기반의 다언어 백과사전인 위키피디아(Wikipedia)는 특히 해외홍보에 매우 효과적으로 활용될 수 있다.

평가와 피드백

도시마케팅 전략을 실행한 후 그 결과에 대해 평가하고 평가된 결과를 바탕으로 전략을 보완하는 과정은 매우 중요한 과정이다. 이 과정에는 지방자치단체장의 의지와 예산이 필요하다. 또한 중앙정부와 공공단체 및 외부기관은 지방도시의 행정을 관리하고 감독하는 과정에서 도시의 다양한 활동을 평가하기도 한다.

"도시마다 평가와 피드백 활동이 천차만별 다르기 때문에 청주시의 구체적인 활동을 들어 보는 시간을 갖는 것이 좋을 것 같습니다." 자문교수의 제안에 전체적인 내용을 살펴보기 위해서는 기획예산과에서 종합하여 설명하는 것이 낫겠다는 의견이 있어 기획예산과 박기관 과장이 설명하기로 하였다.

전반적으로 우리시의 활동에 대한 평가를 한눈에 알아볼 수 있는 것은 2009

년 4월에서 5월 사이에 전국적으로 실시된 '공약이행시민평가단'의 보고이다. 청주시는 민선4기가 출발하면서 시민들을 직접 참여시켜 당선자의 공약과 다른 후보의 공약 중에서 청주시의 발전에 필요하다고 생각되는 100개의 공약을 선정하였다. 청주시민으로 구성된 평가단은 민선4기가 출범한 2006년 7월 이후부터 2009년까지 3년간의 청주시 100대 공약 이행 사항을 평가하였다. 평가 결과 3년간 100대 공약 중 77건이 완료되었고, 23건이 추진 중이며, 미착수 공약은 단 한 건도 없어 청주시는 전국 230개 기초자치단체 중 민선4기 3년 동안 주민과의 약속을 잘 지킨 '공약이행 우수지자체'로 선정되었고, 특히 경기도 이천시, 경남 창원시, 경북 안동시, 충남 서산시와 함께 'Best 5'에 올랐다. 또한 중앙정부나 상위행정단위인 충청북도에서 수여하는 각종 상을 수상한 내용을 통해 청주시의 우수 행정 분야를 살펴볼 수 있다. 그 중에서도 녹색성장위원회로부터 '생생도시' 지정, 국토해양부로부터 '살고 싶은 도시 만들기 시범도시 전국 1위' 선정, 보건복지가족부로부터 드림스타트 시범사업 수행평가 최우수, (재)살기좋은지역재단으로부터 참살기좋은마을가꾸기 전국콘테스트 최우수상을 수상하였다. 중소기업청으로부터는 육거리재래시장이 전국 우수시장 박람회 우수시장에 선정되어 대통령상을 수상하였다. 또한 행정안전부로부터는 지방공기업 경영 평가 우수상을 수상하였다.

청주시 자체적으로도 시민을 대상으로 다양한 조사를 실시하고 있다. 그 중에서도 소개해 드리고 싶은 것은 2008년 기관단체장, 위원회 위원, 일반시민 등 2,000여 명을 대상으로 실시한 2009년 "시민행정수요조사"이다. 이 조사는 민선4기 2년 동안 청주시가 시행한 사업에 대한 시민만족도와 향후 2년간 청주시의 발전을 위해 추진해야 할 사업에 대한 의견을 수렴하였다. 청주시가 시행한 사업에 대한 만족도에서는 '하이닉스 등 15개 기업유치를 통한 일자리 창출'이 1위, '무심천 자전거도로 연장 및 생태공원 조성'이 2위, 시내버스안내정보시스템(BIS) 설치 확대가 3위로 나타났다. 그 외에 학교 숲, 쌈지공원 조성 등 '녹색도시 만들기', 노인전문병원, 청주화장장 등 '복지시설 건립' 순으로 분석되었다. 향후 중점 추진 과제로는 청주 · 청원 통합이 1위, 서민경제 안정이 2위, 기업유치 및 지원이 3위로 나타났고, 그 외에 공원 · 녹지공간 확충, 수도권 전철 연장, 주차시설 확충, 대중교통이용 활성화, 노인복지 향상, 첨단산업 육성, 교육 지원 등이 나타났다. 기타 192건의 다양한 의견이 제시되었다. 시에서는 이 의견을 수렴하여 정책에 반영하고 있다.

도시마케팅 추진 조직

청주시청의 조직 구성과 업무분장을 총괄하는 기획예산팀장은 도시마케팅을 어느 부서에서 담당해야 할지 질문을 하였다. "설명을 들으니 도시마케팅에 대해서 어렴풋이 이해할 수 있을 것 같습니다. 그러나 누가 도시마케팅 업무를 맡아서 해야 하는지 모르겠습니다. 이 점에 대해 설명해 주시기 바랍니다."

도시마케팅의 능력(how and ability)을 구성하는 요인을 전략 개발(strategic exploitation), 조직 능력(organizing capacity), 실체의 존재(presence of substance), 측정과 관리(measurement and follow up)로 구분하는데(Rainisto, 2003), 이 중에서 조직능력은 도시의 자원과 계획을 전략적으로 관리하고 실행하는 능력을 말한다. 조직능력을 향상시키기 위해서는 도시마케팅을 전문적으로 담당할 수 있는 담당자나 부서가 필요하다. 이미 2001년부터 우리나라의 지방자치단체들은 도시마케팅 업무를 전담하는 부서를 신설해 오고 있다.

서울특별시는 국내 최초로 2001년 도시마케팅 추진반을 신설하였는데 2002년 도시마케팅담당관으로 명칭을 변경했다. 도시마케팅담당관이 다루고 있는 예산은 2009년 약 321억 원, 2010년 약 322억 원 정도의 수준으로 서울을 국내외에 홍보하는 데 투자하고 있다. 이어 2004년에는 대전광역시가 도시마케팅팀을 신설하였고, 안성시에서도 안성맞춤마케팅담당관을 부시장 직속으로 신설하였

[표 1] 국내 지자체의 도시마케팅 담당 부서 현황

지방자치단체	연도	담당부서 명칭
서울특별시	2001	도시마케팅 추진반 (2002년 마케팅담당관으로 명칭 변경)
대전광역시	2004	도시마케팅팀
안성시	2004	안성맞춤마케팅담당관
광주광역시	2007	도시 마케팅본부, 마케팅기획과
김천시	2008	스포츠마케팅담당
대구광역시	2009	도시브랜드담당신설
순창군	2009	스포츠마케팅팀신설
구로구	2010	마케팅팀

다. 광주광역시는 2007년 국내 최대 규모의 도시마케팅부서인 도시마케팅본부를 신설하였다. 이어 2008년 김천시는 스포츠마케팅담당, 2009년 대구광역시는 도시브랜드담당, 순창시는 스포츠마케팅팀을 신설하였다. 구로구와 같이 구 단위에서도 2010년 마케팅팀을 신설하고 있다. 그 외에도 제주특별자치도는 마케팅기획담당, 해외마케팅담당을 두고 있고, 경기도 역시 해외마케팅담당을 두고 있다(서구원 외, 2010).

현재 도시마케팅 관련 조직이 다양하게 신설되어 운영되고 있는데, 의왕시의 e-마케팅담당, 봉화군의 지역마케팅담당, 영월군의 농산물마케팅담당, 구미시와 영광군의 스포츠마케팅담당, 경상북도의 관광마케팅사업단을 꼽을 수 있다. 이미 서울과 광역시 수준에서는 지자체 산하의 관광공사를 운영하고 있다. 2008년 설립된 서울관광마케팅주식회사, 2002년 설립된 경기관광공사, 2005년 설립된 인천관광공사, 2009년 설립된 부산관광공사가 있다.

자문교수는 다음과 같이 보충설명을 하였다. “지방자치단체의 특성과 규모 등에 따라 모든 도시의 도시마케팅담당 조직이 다르게 나타나고 있다. 향후 청주시의 업무 내용을 면밀히 분석한 후 청주시의 도시마케팅 목표와 실정 등을 감안하여 조직의 구성을 결정하여야 할 것이다.”

향후 과제 및 추진방향

"세미나가 끝나기 전에 마지막으로 각 부서에서 요청할 사항이 있으면 발표해 주시기 바랍니다. 향후 청주시의 도시마케팅 전략을 개발하기 위해 고려해야 할 점이나 반영해야 할 점 등을 미리 말씀해 주시면 청주시의 도시마케팅 전략을 개발하는 데 도움이 될 것 같습니다."

'청주자랑 10선'에 대한 소비자분석 결과의 반영

청주시는 앞으로 도시마케팅을 외부마케팅 지향적이고 적극적으로 추진해 나가기로 결정했다. 이에 따라 청주시가 갖고 있는 '청주자랑 10선'에 대해 수도권 거주자를 대상으로 소비자 조사를 실시했다(서구원 외, 2010). 그 결과를 간단히 설명하면 다음과 같다.

[표 2]에 나타나 있듯이, 인지도에서는 직지(3.48)와 공예비엔날레(3.32)가 가장 높게 나타났으며, 다음은 가로수길(3.05)과 고인쇄박물관(2.53) 순으로 나타났다. 나머지는 5점 만점 중 2.5 미만으로 낮게 나타났다. 전반적으로 볼 때 청주시에서 기대한 만큼 인지도가 높지 않은 것 같다.

[표 3]은 청주자랑 10선에 대한 소비자가 인식하는 가치(value)를 분석한 것으로서, 전반적인 점수는 모두 3.28 이상으로 인지도에 비해 가치인식이 훨씬 높게 나타났다. 대상별로 살펴보면, 인지도와 마찬가지로 직지(4.39), 공예비엔날레(3.82), 가로수길(3.75) 순으로 나타났다. 상당산성(3.69)과 고인쇄박물관(3.67)도 높게 나타나고 있다.

[표 4]에서 보는 바와 같이, 청주자랑 10선에 대한 체험의도는 전반적으로 인지도보다는 약간 높고 가치인식보다는 약간 낮게 나타났다. 대상별로는 가로수길(4.01), 직지(3.75), 공예비엔날레(3.72) 순으로 나타났다.

요약하면, 청주자랑 10선에 대한 소비자의 가치 인식이 가장 높고 다음은 체험의도이며, 인지도가 가장 낮게 나타나고 있다. 따라서 무엇보다도 인지도를 높이는 활동이 필요할 것으로 보인다. 이와 함께 한 번 방문해서 체험해 보도록 할 수 있는 아이디어가 필요할 것 같다.

[표 2] 청주자랑 10선에 대한 인지도 (척도: 5점 만점)

대상	인지도
직지	3.48
공예비엔날레	3.32
가로수길	3.05
고인쇄박물관	2.53
우암산	2.38
육거리재래시장	2.35
무심천	2.34
중앙공원	2.33
철당간 · 성안길	2.27
상당산성	2.2

[표 3] 청주자랑 10선에 대한 가치인식 (척도: 5점 만점)

대상	가치인식
직지	4.39
공예비엔날레	3.82
가로수길	3.75
고인쇄박물관	3.69
우암산	3.67
육거리재래시장	3.61
무심천	3.59
중앙공원	3.39
철당간 · 성안길	3.37
상당산성	3.28

[표 4] 청주자랑 10선에 대한 체험의도 (척도: 5점 만점)

대상	체험의도
직지	4.01
공예비엔날레	3.75
가로수길	3.72
고인쇄박물관	3.49
우암산	3.43
육거리재래시장	3.31
무심천	3.31
중앙공원	3.18
철당간 · 성안길	3.16
상당산성	3.13

브랜드전략 검토

현재 청주의 정체성(identity)은 청주시의 비전(vision), 심볼마크(symbol mark), 슬로건(slogan) 등에 나타나 있는데, 이를 분석해 보면 '천년의 역사'를 가진 '충절'의 고장으로서, '직지'를 만들어 낸 세계적인 문화 예술의 도시로 요약해 볼 수 있다. 청주의 상징물은 가로수길, 직지 및 고인쇄박물관, 무심천, 성안길, 상당산성을 꼽을 수 있으며, 직지축제와 국제공예비엔날레가 잘 알려져 있다. 외부에서 보는 청주의 이미지는 문화, 양반, 교육, 친환경 개념이 있으며, 청주와 연상(association)되는 단어는 직지, 충절의 고장, 양반, 교육도시, 가로수길 등이다. 청주의 이미지를 요약해 보면 세계적인 문화자원(직지), 역사(충절, 양반, 교육, 상당산성), 친환경(가로수길, 무심천, 상당산성)으로 요약할 수 있다. 따라서 향후 다른 도시와 차별화할 수 있는 청주의 위상정립(positioning) 방향은 크게 '역사·문화 도시'(구체적으로는 문화예술과 충절의 역사)와 '친환경생태도시'를 고려해 볼 수 있다. 추후 이 두 가지 방향 중에서 도시브랜드 컨셉을 결정하거나 새로운 컨셉을 개발할 수도 있다.

추가로 고려해야 할 점이 있다. 청주시에 대한 인식을 조사해 보면, 청주를 교육도시로 연상(associate)하는 경향이 높다. 이는 예전부터 인구에 비해 학생

수가 많고 대학이 많다는 인식 때문이다. 예를 들면, 청주시내에 충북대학교, 청주대학교, 서원대학교, 청주교육대학교가 있고, 인근 청원군에는 한국교원대학교, 현도사회복지대학교, 한국 폴리텍4대학, 충청대학, 주성대학이 있으며, 공군사관학교도 청원군에 있다. 교육도시라는 이미지가 청주시의 도시마케팅 활성화에 기여할 수 있을지를 검토해 볼 필요가 있다.

국민여행 트렌드의 반영

청주시의 도시마케팅 전략을 도출해 내기 위해서는 최근 관광 트렌드를 알아 둘 필요가 있다. 이 조사 자료에 의하면(한국관광공사, 2008), 국민들이 여행지를 선택할 경우 고려하는 요인으로는 자연경관(35.8), 볼거리 다양성(24.7)이 가장 높게 나타났고, 여행경비(9.9), 여행지 지명도(9.3), 새로운 체험가능성(6.2)도 다소 높게 나타났다.

태스크포스팀장을 맡고 있는 기획예산과 박기관 과장은 다음과 같이 회의를 마쳤다. "자 이제까지 수차례의 세미나를 통해 많은 자료와 아이디어를 살펴보

[표 5] 여행지 선택시 고려요인

순위	2008년(n=10,607)	2007년(n=17,251)
1위	자연경관(35.8)	자연경관(37.8)
2위	볼거리 다양성(24.7)	볼거리 다양성(25.5)
3위	여행 경비(9.9)	여행 경비(10.1)
4위	여행지 지명도(9.3)	여행지 지명도(6.6)
5위	새로운 체험 가능성(6.2)	새로운 체험 가능성(5.9)
6위	교통 및 거리(4.1)	교통 및 거리(4.2)
7위	숙박(2.1)	숙박(2.7)
8위	음식(2.0)	문화유적(1.9)
9위	관광 편의시설, 문화유적(1.7)	관광 편의시설(1.7)
10위	–	음식(1.5)

출처: 한국관광공사(2008, p.179)

았습니다. 이제는 우리 시에 알맞은 도시마케팅 전략을 개발해야 할 시간입니다. 이제까지 논의된 내용을 바탕으로 각 부서에서 향후 청주시의 도시마케팅 전략 방향을 정리하셔서 다음 회의에 의견을 제시해 주시기 바랍니다.”

토론과제

토론과제 1.

청주시가 실행한 도시마케팅 활동은 무엇이며 그 활동에 대해 비평하고 개선점에 관한 의견을 나누어 보자.

토론과제 2.

여러분이 새로운 청주시의 도시마케팅 전략을 수립한다면 어떤 전략안을 제안하는가?

토론과제 3.

우리나라의 한 도시를 선정하여 도시마케팅전략을 수립해보자.

토론과제 4.

최근 다양한 지자체에서 도시마케팅을 진행하고 있으나 그 성과가 가시화가 안 되는 경우가 많다. 그런 사례들을 토론해 보고 이에 대한 해결방안을 수립해보자.

참고문헌

김한도, 김태영(2009), 지역축제의 조정 및 개선방안, 경남발전연구원.

서구원(2008), "도시마케팅의 이해 : 도시가 갖고 있는 무엇보다 고객이 원하는 가치 창출이 중요," 광고정보, 2008년 10월호.

서구원 외(2010), 청주시 도시마케팅전략연구, 청주시.

서구원, 배상승(2005), 도시마케팅, 서울, 커뮤니케이션북스.

유상오(2006.11), 쌀 브랜드 난립에 낮은 인지도, 경향닷컴. http://news.khan.co.kr/kh_news/khan_art_view.html?artid=200611051710241&code=210000&s_code=af042

윤설민(2007), 문화관광축제가 개최되는 관광지의 매력 평가와 관광객 만족도에 관한 연구 : 위도 관광지와 대천 해수욕장 관광지를 대상으로, 경희대학교대학원 고황논집, 40, 185-208.

정강환, 노용호, 김상호(2007), 역사문화축제의 마케팅적 접근 : 대가야체험 축제의

2005-2006년 비교, 한국콘텐츠학회논문지, 7(3), 129-139.
정기섭, 장인봉(2002), 지방행정경영에 관한 지방공무원·지방의원의 인식 분석 : 지방경영행정 합리화의 함의도출을 위한, 한국지방재정논집, 7(2), 195-228.
청주시(2009), 청주시 경관계획 요약보고서.
청주시(2010), 민선4기 3년 청주시장 공약이행평가자료.
한국관광공사(2008), 국민여행실태조사.

Freire, J. (2005), "Geo-branding, are we talking nonsense? A theoretical reflection on brands applied to places," Place Branding, 1(4), 347-362.
Hospers, G. J. (2004), Place marketing in Europe: The branding of the Øresund Region, Intereconomics: Review of European Economic Policy, 39(5), 271-279.
Kotler, P., Asplund, C., Rein, I., and Haider, H. D. (1999), Marketing places Europe: Attracting investments, industries and visitors to European cities, communities, regions and nations, Harlow, UK: Financial Times Prentice Hall.
Kotler, P. and Gertner, D. (2002), "Country as brand, product, and beyond: A place marketing and brand management perspective," Journal of Brand Management, 9(4-5), 249-261.
Kotler, P., Rein, I., and Haider, H. D. (1993), Marketing places: Attracting investment, industry, and tourism to cities, regions and nations, New York; Macmillan.
Li, Y. (2005), Conceptual model for urban competitiveness, Chinese Business Review, 4(9), 6-10.
Metaxas, T. (2002), Place / city marketing as a tool for local economic development and city's competitiveness: A comparative evaluation of place marketing policies in European cities," Paper presented at the EURA Conference Urban and Spatial European Policies: Levels of Territorial Government. Turin, 18-20 April 2002.
Ooi, C.(2010), Branding cities, changing societies, Creative Encounters Working Paper #45, Copenhagen Business School.
Osborne, D. and Gaebler, T. (1992), Reinventing government: How the entrepreneurial spirit is transforming the public sector, Reading, Mass: Addison-Wesley.
Papadopoulos, N. and Heslop, L. (2002), "Country equity and country branding:

Problems and prospects," Brand Management, 9(4-5), 294-314.

Rainisto, S. K. (2003), Success factors of place marketing: A study of place marketing practices in Northern Europe and the United States, Unpublished Ph. D. dissertation, Helsinki University of Technology.

Renn, A. M. (2009), The mayor as CEO, Forbes.com, http://www.forbes.com/2009/12/03/mayor-leadership-branding-opinions-contributors-smart-cities-09-aaron-m-renn.html

van den Berg, L. and Braun, E. (1999), Urban competitiveness, marketing and the need for organizing capacity, Urban Studies, 36(5,6), 987-999.

사례 5.

소비자의 SOUL을 움직이다*

- 기아자동차 SOUL의 혁신적인 제품전략 -

이두희* 이종호** 전기흥***

서 론

기아자동차는 2000년 이후 국내 자동차 시장에서 점점 시장점유율이 떨어지는 위기를 맞게 되었다. 2000년 초반에는 시장점유율이 20% 후반대였으나, 지속적으로 감소하여 20% 초반까지 떨어지게 됨으로써(그림 1 참고), 기아자동차의 경영진들은 이러한 시장점유율 하향세를 극복할 전략적 반전을 꾀하고자 하였다.

시장점유율 하락 원인을 알아보기 위한 자체적인 소비자 의식 조사 결과, 소비자들은 기아자동차의 품질을 상대적으로 저평가하고 있다는 것을 알 수 있었다. Strategy Clock(C. Bowman and D. Faulkner, 1990)을 이용한 분석은 경쟁사 제품과 비교하여 자사의 제품이 지닌 가격 대비 강점 및 약점을 파악함으로써 자사 제품이 어떠한 전략적 자세를 취할지 알려줄 수 있는 지침이 될 수 있으며, 분석 결과 당시 기아자동차의 이미지는 low price / low added value에 머무르고 있었으며 이러한 소비자 의식을 변화시키기 위한 적극적인 노력이 필요하다는 것을 알 수 있었다. 또한 Soul이 앞으로 취해야 할 방향은 Hybrid, 즉 가격 대비

*고려대학교 경영학과 교수 **고려대학교 경영학과 교수 ***전주대학교 경영학과 교수

* "본 사례는 한국마케팅저널 제11권 제3호 2009년 10월호(151-165)에 게재되었습니다. 한국마케팅저널의 허가를 받아 재인쇄합니다."

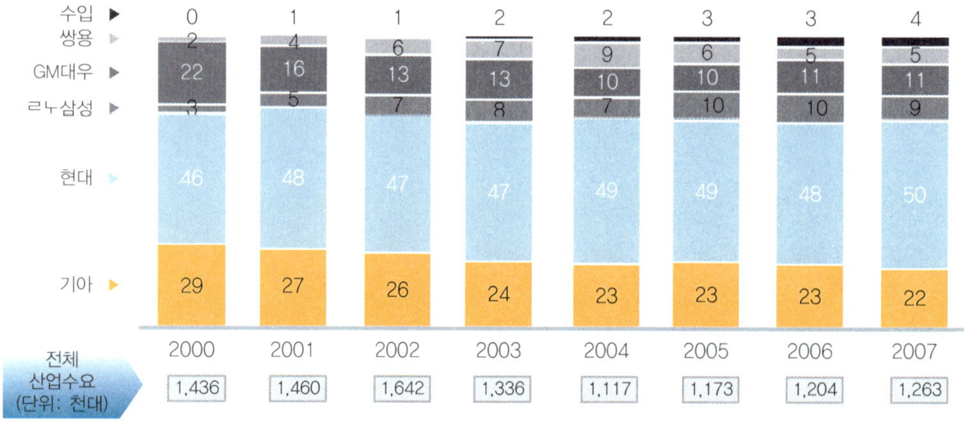

[그림 1] 기아자동차 M/S 판매 추이

상대적으로 높은 가치를 줄 수 있는 제품으로 인식되도록 해야 함을 알 수 있었다(그림 2 참고).

적극적인 변화를 위한 노력의 일환으로 기아자동차 측에서 선택한 것은 '디자인 경영'이었다. 정의선 기아자동차 사장은 2005년 부임하자마자 '디자인 경

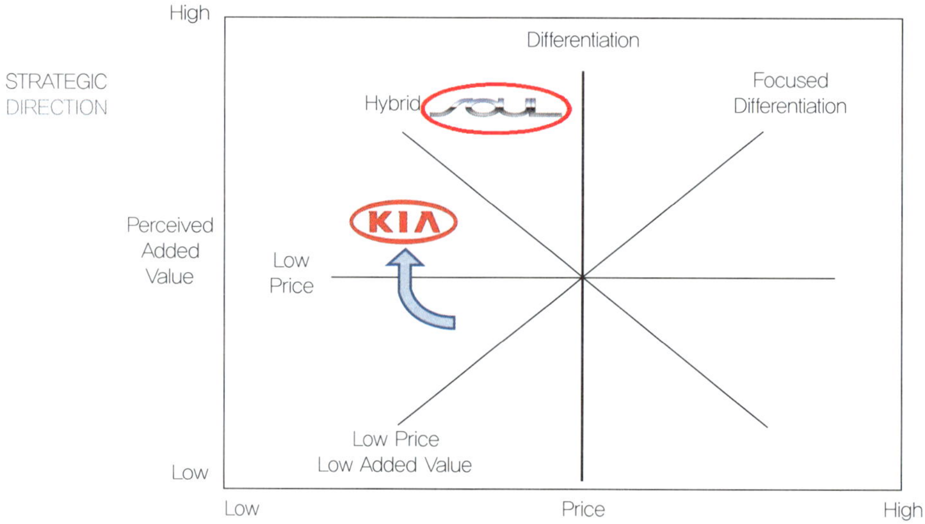

[그림 2] Strategy Clock

영'을 주문했다. 현대자동차와 같은 엔진과 차체를 쓰는 기아자동차가 디자인으로 차별화를 하지 않고서는 판매력과 생산성에서 뒤처지므로 흑자를 내기 어렵다는 판단에서였다. 하지만 현대·기아 통합 디자인연구소는 좀처럼 변화를 보이지 못하였으며, 기아자동차 디자인 담당자들 사이에서는 '현대자동차에겐 이길 수 없다'는 패배의식도 팽배하였다. 이와 같은 상황에서 정의선 사장은 아우디, 폭스바겐의 수석 디자이너로 유럽에서 손꼽히는 자동차 디자이너인 피터 슈라이어(Peter Schreyer)를 디자인 총괄 부사장으로 영입하였고, 또한 디자인 조직을 현대자동차에서 분리하게 하였다.

기아자동차는 디자인 혁신을 통한 차별화를 꾀하고자 하였으며, 그 후 출시된 모하비, 포르테, 로체, SOUL 등은 혁신적인 디자인이라는 평가를 받게 되었다. 이들 중 SOUL은 COOL & COSMO, 즉 '유행에 민감한 세대를 위해 도시적이고 활동적인 차'란 제품 컨셉으로 개발에 착수되어 대중에 선보인 후 세계 3대 디자인상인 2009 레드닷 디자인 어워드(Reddot Design Award Honorable Mention 2009) 및 미국 워즈오토월드(Ward's Autoworld) 선정 2009 올해의 인테리어상 등 디자인 관련 상뿐만 아니라, 미국 고속도로 안전보험 협회의 안전도 평가에서도 최고점을 받는 등 국내외 각종 언론 및 대중으로부터 호평을 받고 있다. SOUL은 기아자동차의 디자인 경영의 성공적 결실로서, 기업브랜드의 차별적 아이덴티티 형성에 기여하고 나아가 국내 CUV(Crossover Utility Vehicle) 신시장 선점을 통한 성장기반의 강화라는 목적 아래 전략적 차원에서 치밀하게 개발되었다. 구체적으로 SOUL이 어떠한 제품전략을 바탕으로 시장에 출시되게 되었는지 살펴보도록 한다.

혁신적 제품전략을 통한 블루오션 개척

블루오션 전략은 기존의 전통적 입장과는 달리 새로운 시장 창출에 초점을 맞추고 있다. 기존 시장 내에서 경쟁자들을 견제하는 데 초점을 맞추고 있지 않으며, 대체적인 역할을 할 수 있는 새롭게 창출된 시장(across substitute industries)을 통한 재화 및 서비스의 제공은 기존 소비자들의 기능적, 정서적 욕구(across functional and emotional appeal)를 충족시켜주는 역할을 하게 된다. 성공적인 블루오션 시장 창출을 위해서는 혁신적인 제품 및 서비스를 기반으로 혁신적 가치와 함께 성공적인 비즈니스 모델이 형성되어야 한다. 그러나 이러한 제품과 서비스는 기존 소비자들의 니즈와 완전히 동떨어진 가치들을(value jump) 제공함으로써 가능하다기보다는, 지금까지 간과될 수 있었던 소비자들의 니즈를 충족시켜 주며 기존의 제품과 서비스를 대체하는(across complementary offerings) 역할을 함으로써 혁신적이라 할 수 있다. 이와 같은 혁신적 제품 및 서비스는 특정 고객만이 아닌, 다양한 소비자 계층(across strategic group)에 어필할 수 있으며 또한 기존의 고객 외에 새로운 고객(across chain of buyers)을 불러들일 수 있는 역할을 하기도 한다. 블루오션 시장이 창출된 경우 이러한 시장은 단기간 트렌드로 인기를 얻었다가 소멸된다기보다는, 시간과 트렌드(across time & trends)를 초월할 가능성이 높다(Kim & Mauborge, 2005a, 2005b).

Kim & Mauborge(2005a, 2005b)에 의해 소개되고 있는 블루오션 전략의 많은 사례들을 살펴보면 신제품 개발 전략과 깊은 연관이 있음을 알 수 있다. 또한 이러한 신제품들은 기존의 다른 제품들과는 달리 가치 혁신(Value Innovation)을 추구한 결과물이라 할 수 있다. 기아자동차 SOUL의 경우에도 다음과 같은 측면에서 가치 혁신을 통한 혁신적 제품 및 서비스를 기반으로 하여 블루오션 시장을 개척한 경우라 할 수 있다. 기존에 출시된 어떠한 차종과도 다른 차별적 외관인 박스카 형태의 CUV 차량으로 개발함으로써 디자인 측면에서 혁신적인 가치를 소비자들에게 제공할 수 있었으며, 튜닝전문 커스터마이징 서비스 브랜드 TUON

을 출시함으로써 기존에는 제공되지 않았던 새롭고 혁신적인 서비스 제공을 통해 가치 혁신을 이룬 것이라 할 수 있다. SOUL은 기존 차량과의 단순 경쟁을 위한 목적으로 한 차량이라기보다는 새로운 차종 시장을 개척하고 기존에 국내에 존재하지 않았던 새로운 서비스를 제공하는, 일종의 블루오션 시장을 개척한 것이라 할 수 있다는 것이다.

특히 디자인 혁신은 차별화를 통해 기업의 매출 및 수익 증진에 기여하며, 동시에 브랜드 이미지를 제고시킴으로써 브랜드 가치 또한 증대시키는 중요한 역할을 한다. 영국 디자인 협회의 조사에 따르면 디자인 선도 기업(Design Led-company)의 주가는 1994년에는 FTSE(Financial Times Stock Exchange) 100대 기업과 유사한 수준이었으나 2007년에는 약 2배의 격차를 보이는 것으로 드러났으며, 이러한 예는 디자인 혁신이 기업의 실제 경제적 이익으로 연결됨을 보여주는 것이라 하겠다. 이와 같은 디자인 혁신의 최우선 조건은 디자인 리더십이라 할 수 있으며, 최고 경영진 스스로 디자인에 대한 이해를 바탕으로 직접 유능한 인재를 선발하고 창의적인 조직을 운영하여야 한다. 또한 디자인 책임자에게 많은 재량권을 부여하고, 다양한 배경을 지닌 우수 인력 등이 함께 제품 개발에 뛰어들어야 하며, 기업의 이념과 전략에 부합하는 일관된 디자인 철학이 수립되어야 한다(하송, 2008). SOUL의 개발을 총 지휘한 정의선 사장의 노력도 이와 같은 맥락에서 디자인 리더십을 가진 최고경영진의 성공적인 디자인 경영의 예라 할 수 있을 것이다.

SOUL 개발 시 고려사항

다양한 차급으로의 인식

2002년 이후 승용차 시장은 증가 추세에 있으나 SUV(Sports Utility Vehicle) 및 MPV(Multi Purpose Vehicle) 시장은 감소 추세에 있었다(그림 3 참고). 단계적인 세제 혜택 및 유가 혜택이 축소됨에 따라 경제성을 이유로 SUV, MPV를 구입하는 소비자들은 줄어들게 되었으나, 여전히 차량의 활용성을 고려해서 이들 차종을 구입하는 소비자들이 존재하였다. 실용성 측면에서는 긍정적인 측면이 부각되더라도 차종별 소비자 인식 조사 결과 해치백의 경우 짐차와 같은 이미지로 고급스러운 이미지가 부족하였으며, MPV의 경우 디자인 차별성이 부족하게 느껴졌으며, SUV의 경우 승차감 및 정숙성이 부족하다는 단점이 지적되었다. 이와 같은 시장 상황에서 SOUL은 외관상 특정 차급으로 규정되기보다는 차별화되고 독특한 컨셉의 다양한 차급으로 인식될 수 있는 차종으로 개발하고자 하였다. 소비자들에 따라서 각각 승용차, SUV, MPV와 같이 인식할 수도 있으며, 이와 같은

(단위: %)

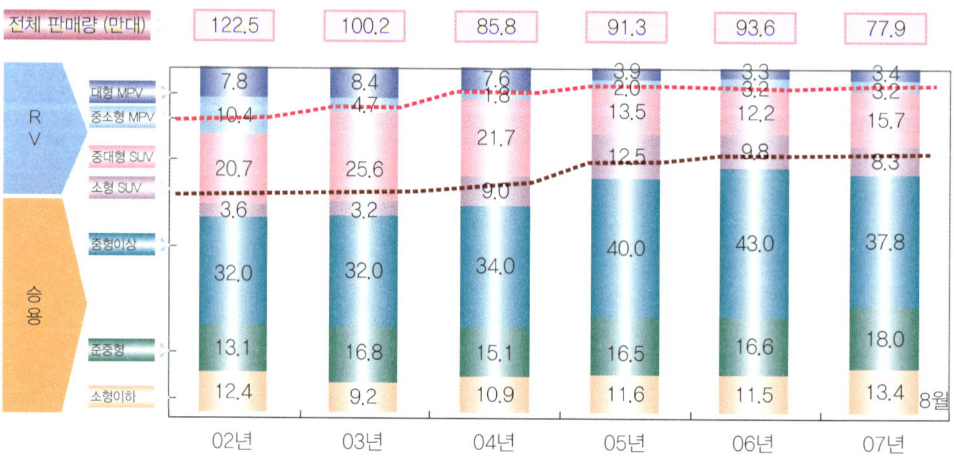

[그림 3] 국내 차급별 비중(M/S)

차종에 포함되지 않는 새롭고 독특한 형태의 차종으로 인식될 수 있도록 하고자 한 것이다. 그러므로 SOUL은 CUV 차량으로 개발함으로써 차급 간 수요 간섭을 막으며 차별화되고 독특한 이미지로 보이고자 하였다.

튜닝에 대한 소비자들의 니즈

자체 조사 결과, 최근 소비자들은 휴대폰, 신발, 의류 등 다양한 품목에 대해 개성을 드러낼 수 있도록 자체적으로 튜닝을 하고자 하는 트렌드를 확인하였다. 특히 차량 튜닝에 대해서 단순히 내/외장 디자인을 개선하여 개성을 드러낸다는 차원을 넘어서서, 성능 업그레이드를 통해 운전 스타일에 맞게 기능을 변경함으로써 만족을 극대화하기 위한 수단으로 인식했다. 이와 같은 트렌드는 20~30대 사이에서 남과 다른 나를 표현하고자 하는 욕구는 증가하였으며, '미코노미(Meconomy)' 즉 웹을 비롯한 각종 기술의 발달로 더 많은 표현과 생산의 능력을 갖춘 개인이 과거 기업의 고유영역이었던 공급자의 역할을 대체하면서 개인이 중심에 자리잡는 경제체제와 같은 맥락에서 개인이 생산과 소비에 모두 참여하는 것에 익숙해졌기 때문이다(김태우, 2008).

그러나 이와 같은 소비자층의 튜닝에 대한 니즈를 충족시키기엔 국내 튜닝 부품, 서비스 제공업체가 부족한 실정이며 전문 종합 튜닝서비스 브랜드도 전무한 실정이었다. 그러므로 기아자동차는 이와 같은 소비자들의 튜닝트렌드를 반영하여 튜닝 전문 커스터마이징 서비스 브랜드를 개발하고자 하였다. 튜닝 산업 자체의 잠재적 성장 전망도 굉장히 밝을 것으로 예상되므로 튜닝전문 서비스를 제공하고자 하는 것은 단순히 SOUL 소비자에 대한 서비스 강화 차원을 넘어서서 국내 튜닝 전문 브랜드를 통한 서비스 제공이라는 블루오션을 개척하는 것이라 할 수 있다(그림 4 참고).

표적집단인 '영 트렌드세터(Young Trendsetter)'의 특성

SOUL은 개성이 뚜렷하고 유행 및 트렌드에 민감한 '영 트렌드세터'를 표적집단으로 삼았으므로, 혁신성과 즐거움(Innovative & Fun)을 줄 수 있는 브랜드 개성을 가지도록 개발하고자 하였다. 이들은 자신들이 만족할 만한 활동을 하는데 아낌없이 투자하고, 집이나 차 등의 개인 생활공간을 다양한 장치와 시설로

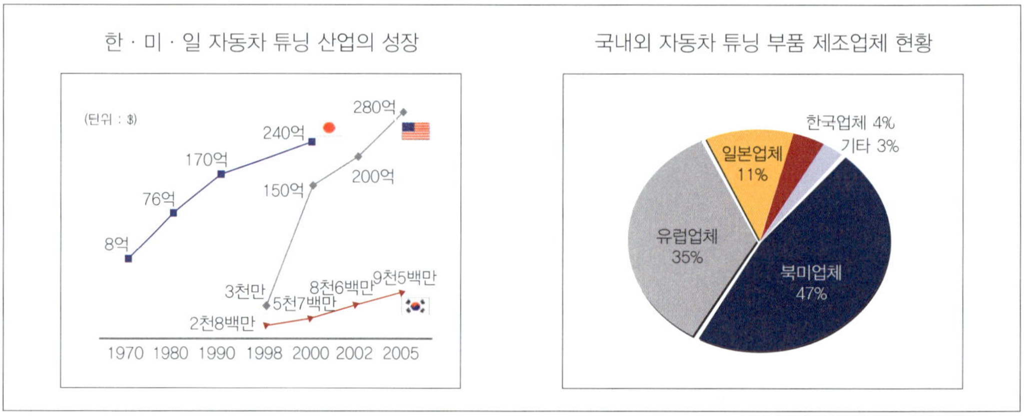

[그림 4] 국내외 튜닝 산업 현황

꾸미고 자신의 삶을 표현하는 데 적극적인 것으로 파악되었다. 즉 SOUL의 소비층은 흔히 볼 수 없는 독특하고 혁신적인 스타일의 제품을 선호하며, 새로운 트렌드의 수용성이 높은 얼리어댑터 성향을 띠므로, 혁신성과 즐거움을 줄 수 있는 제품으로 다가가는 것이 적절한 전략인 것으로 파악된다. 그러므로 SOUL을 개발하는 데 있어서 혁신성을 내포하는 것은 필수적이라 할 수 있으며, 디자인, 서비스, 차종, 기술성 등 다양한 제품 속성에 있어서 혁신성을 강조하여 제품을 개발하고자 하였다.

SOUL의 혁신성

디자인 혁신성 SOUL은 디자인 측면에서 볼 때 기존에 국내에서 출시되지 않았던 박스카 형태의 차별적 외관 디자인을 통해 소비자들의 눈길을 사로잡고 있다. '젊은 감각의 신개념 CUV'로 개발한다는 취지 아래 세단, SUV, 미니밴과 같이 서로 다른 각각의 장점 및 차량 특성을 결합시켜 복합적인 컨셉을 띠고 있으나, 기존에 출시되었던 타 경쟁사의 CUV와는 달리 더욱 개성적이며 혁신적인 디자인의 CUV로 개발되었다. 수입차종인 닛산의 큐브(CUBE) 및 도요타의 싸이언 xB(Scion xB)와 외관상 닮은꼴이라는 평가들도 있으나, 좀 더 SUV 이미지가 강하며 다이나믹한 캐릭터를 지녔고, 독특하고 혁신적인 디자인이라는 긍정적인 평가를 받고 있다. 피터 슈라이어가 SOUL 디자인의 핵심은, '지금까지의 관습을 거부하는 것'이라고 인터뷰에서 밝힌 것처럼 SOUL의 디자인은 기존에 출시된 여느 차종들과는 차별화에 성공한 것으로 평가된다.

외관에 대한 첫인상 선호도 조사에서 'SOUL(64%) 〉 스포티지(46%) 〉 i30(44%) 〉 카렌스(31%) 〉 프라이드(14%)' 순으로 긍정적인 평가를 받았으며, 독특하고 신선하며 미래지향적이며 긍정적이라는 이미지가 강하다는 반응이 많았다. 특히 국내에서 보지 못한 독특하고 신선한 디자인으로 강한 인상을 주고 있으므로, 기존 차량 대비 차별적이고 독창적인 포지션을 선점할 수 있을 것으로 판단

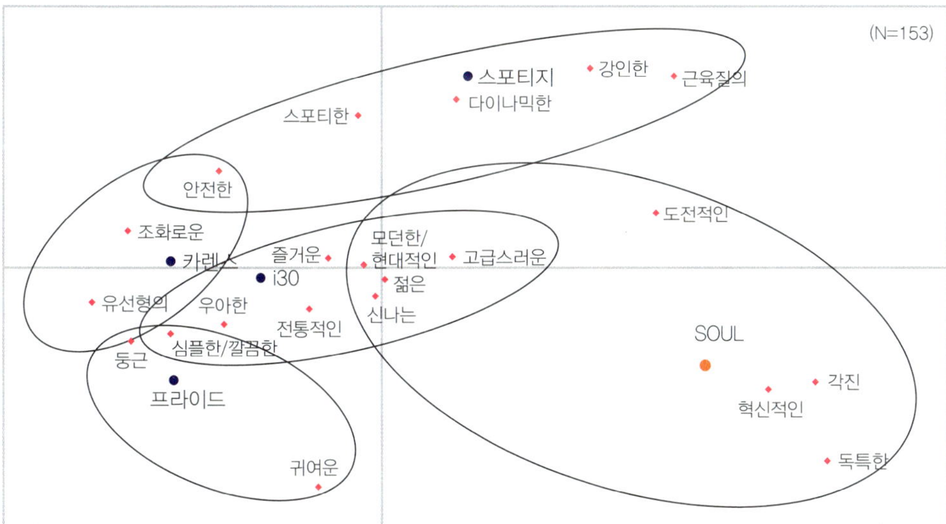

[그림 5] 외관 이미지 위상정립도

된다. 시장에 출시된 경쟁 차종들과 함께 이루어진 외관 이미지 조사에서도 다른 차종들과는 달리 '혁신적인, 독특한, 도전적인'과 같은 평가를 받고 있는 것으로 드러났다(그림 5 참고).

국내 CUV 차종의 시초

SOUL은 특정 차급으로 인식되기보다는 다양한 차급으로 인식될 수 있도록 하기 위해 세단, SUV, MPV 등의 특성 및 장점을 통합한 국내 CUV 차종의 시초라 할 수 있다. 개발 단계에서 심층 면접을 통한 조사 결과, 측면에서 봤을 때 짐을 실을 수 있는 미니밴으로 느껴지면서 SUV보다는 엔진 배기량이 낮다는 점에서는 MPV로 인식되며, 차높이와 근육질의 디자인이라는 점에서는 SUV로 인식되며, 소형차 이미지의 차체와 실내 크기로 인해 해치백처럼 인식된다는 응답들이 나왔다(그림 6 참고). 즉 SOUL을 MPV(Multiple Purpose Vehicle)로 인식하는 비율이 높긴 했으나, 여러 차종의 특성들을 다 연상시키게 하므로 CUV 차종으로 인식되는 비율이 높으며 이러한 차급 인식은 개발 단계에서 제작진들의 의도가 잘 반영된 것이라 할 수 있다. 또한 이와 같이 다양한 차급으로 인식될 수 있으므

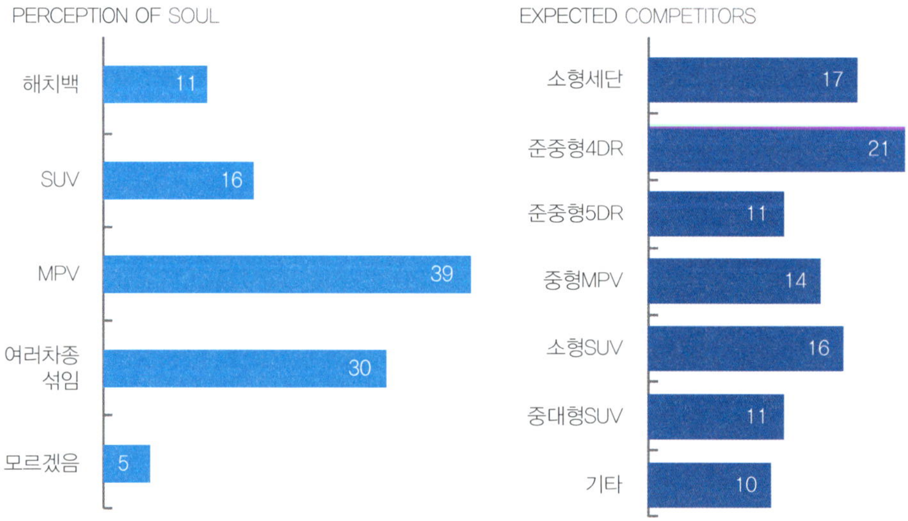

출처: KIA MOTORS

[그림 6] SOUL에 대한 차급 인식 및 예상 경쟁차종

로 세단, MPV, SUV 형태의 다양한 차종과의 경쟁이 가능하며, 여러 차종의 잠재 소비자들 또한 SOUL에 대해 구매를 고려할 수 있다고 예상할 수 있다. CUV 차종 시장이라는 블루오션 시장을 형성한 것이라 할 수 있으며 이와 같은 시장 형성은 경쟁차량에 의한 시장잠식이 적은 이점이 있다.

튜닝전문 커스터마이징 서비스 브랜드 출시

국내 최초 튜닝전문 커스터마이징 서비스 브랜드인 TUON을 SOUL과 동시에 출시함으로써 튜닝에 대한 소비자들의 니즈를 충족시키고자 하였다. 차량에 대한 전문적인 종합 튜닝서비스 수요는 증가하는 데 비해 이와 같은 서비스를 제공하는 국내 경쟁메이커는 전무한 상황에서, 기아자동차의 튜닝전문 커스터마이징 서비스 브랜드 출시는 혁신적인 것이라 할 수 있다.

일반적으로 튜닝서비스는 내/외장 스타일을 변경하는 '드레스업', 주행성능/출력을 증강하도록 도와주기 위한 '튠업', 다양한 기능 개조를 위한 '기능업' 서비스가 있지만, TUON은 '드레스업'에 중점을 두어 전문적인 이미지를 기본적으로 보유하면서 흥미있고 즐거운 정서적 이미지를 강조하여 차별화를 가져오고자 하였다. 바디킷, 인테리어킷, 데코레이션킷, 18인치 플라워휠, 윙 스포일러, 바디데칼과 같이 엔진/트림별 TUON의 개별 옵션이 운영되고 있으며, 각각의 개별 옵션들을 '여성, 스포츠, 럭셔리'와 같이 컨셉에 따라서 스패셜 패키지로도 선택할 수 있는 서비스를 제공하고 있다(상세내용은 홈페이지 참조).

튜온이라는 네이밍 또한 'Tuning + On'의 조합어로 지속적인 발전과 함께, 'Tune Up the Optimistic Next'의 함축어로 튜닝의 새로운 패러다임을 연다는 의미를 통해 튜닝을 통한 차별적 이미지를 창출하고자 하는 브랜드 목표를 내포하고 있다. 또한 TUON, KIA, SOUL이라는 브랜드 각각이 서로 간에 신뢰성, 개성, 전문적인 이미지를 높임으로써, 상호 간 브랜드 시너지 효과를 창출하고자 한다.

기능의 혁신성

SOUL은 외관 디자인뿐만 아니라 내부 디자인 및 기능성 측면에서도 기존의 차들과는 차별적이고 혁신적이라 할 수 있다. 음악에 따라 프런트 스피커 내장

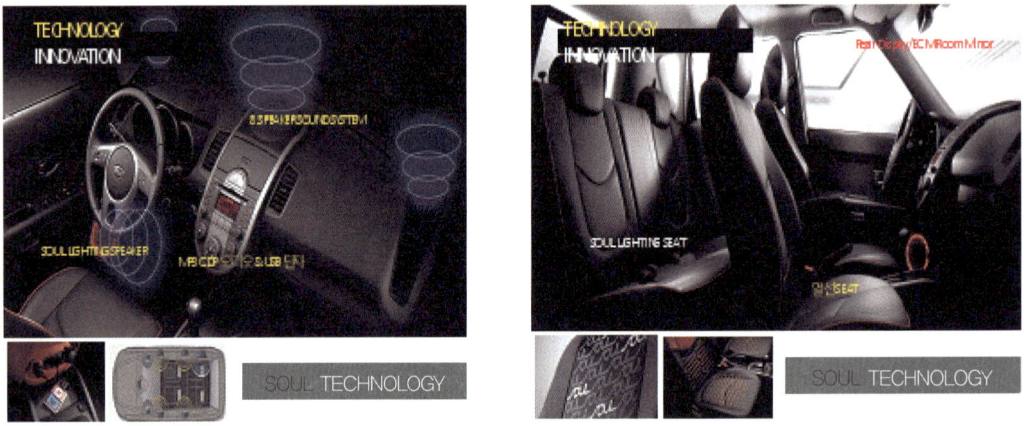

[그림 7] SOUL의 여러 기능들

조명이 변화하는 라이팅 스피커, 어두운 곳에서 시트에 새겨진 SOUL 문자가 빛나는 라이팅 시트, 도킹 스테이션, 노트북용 Power-Outlet, 후방 디스플레이 룸미러, 시트 구조를 다양하게 변경하여 아웃도어 활동 시 넉넉한 실내공간을 제공하는 것이 그 예라 할 수 있다(그림 7 참고). 이와 같은 신기술 적용은 차량 내부 공간을 생활의 중요한 거주 공간으로 여기며, 기능성을 중시하는 20~30대 표적 집단 고객인 영 트렌드세터에게 강하게 소구할 수 있는 역할을 하고 있다.

SOUL 출시 전략

시장세분화 (Segmentation)

시장세분화 과정에서 각 차급별 소비자 집단은 차량 선택시 주요하게 고려하는 요소들 즉, 성능(performance), 경제성(economy), 스타일(style), 안전성

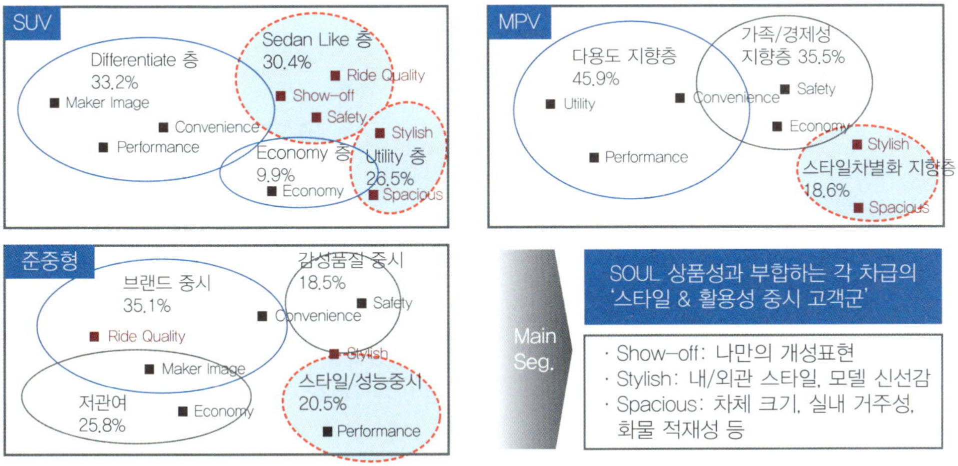

[그림 8] SOUL의 시장세분화

(safety), 기능성(utility), show-off(개성표현), 공간성(spacious) 들 중 주요하게 여기는 요소들의 차이에 따라서 다른 고객층으로 구분하였다. 이들 중 CUV 컨셉을 가진 SOUL이 중점을 두는 고객은 '스타일과 활용성'을 중시하는 고객들이다. 즉 자신들만의 개성표현을 중시하고(show-off), 차량의 내외관 스타일 및 모델의 독특성 및 신선함을 중요하게 여기며(stylish), 차체 크기 및 차량 내부의 공간성 및 화물 적재성(spacious)을 중요하게 여기는 고객층이라 할 수 있다(그림 8 참고).

표적시장선정 (Targeting)

SOUL은 독특한 개성과 상품성을 기반으로 다양한 차종과 경쟁구도를 형성하여 핵심 표적집단뿐만 아니라 폭넓은 세대로 소비 저변을 확대하고자 하였다. 주표적집단인 20~30대의 영 트렌드세터들은 경제력이 있고 개성이 뚜렷한 것이 주요특성이다. 인구통계학적으로는 20대 중반에서 30대 중반의 연령대에 월평균 소득이 300~500만원 정도이며, 미혼으로 사무직, 기술직, 전문직, 대학생일 것으로 예상하였다. 라이프 스타일 측면에서는 흔히 볼 수 없는 독특한 스타일의 제품을 선호하고 새로운 트렌드에 대한 수용성이 높은 얼리어댑터(Early Adopter)일 것으로 파악하였다. 서브타깃 고객층으로는 스타일과 개성을 중시하며 '마음이 젊은 중년층'(Ageless Senior)으로 정하였다. 활동적인 아외 활동을 선

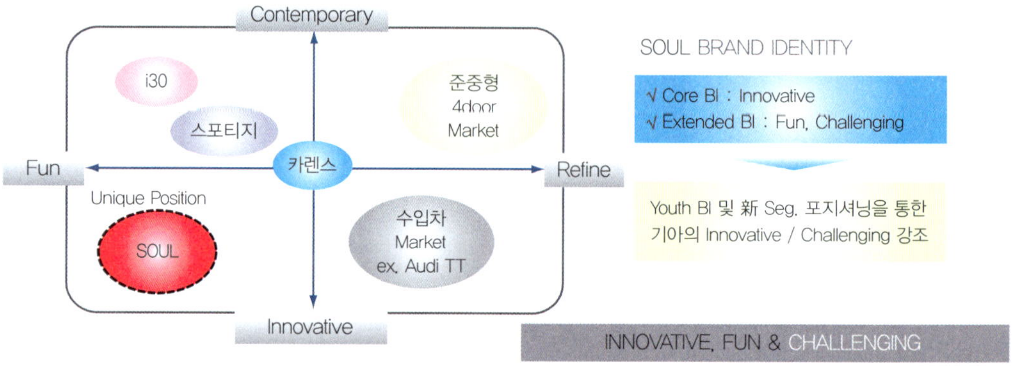

[그림 9] SOUL의 위상정립

호하며, 나이에 구애받지 않고 젊은 트렌드를 선호하는 중년층들이 서브타깃층이라 할 수 있다.

위상정립 (Positioning)

시장 및 표적집단 분석에 근거하여 SOUL은 혁신성과 즐거움(Innovative & Fun)을 줄 수 있는 브랜드 개성을 가지도록 개발하고자 하였다. 핵심 브랜드 아이덴티티(Brand Identity)는 혁신성이며(Innovative), 확장된 브랜드 아이덴티티는 즐거움과 도전정신(Fun & Challenging)이며 이와 같은 특성을 기반으로 경쟁차량과의 차별적인 위치를 확고하게 하고자 하였다(그림 9 참고).

마케팅 전략

SOUL은 독특한 개성과 상품성을 기반으로 다양한 차종과 경쟁구도를 형성하여 핵심 표적집단뿐만 아니라 폭넓은 세대로 소비 저변을 확대하고자 하였으므로, 마케팅 전략 또한 타깃 고객층에 따라 다르게 계획되었다. 주타깃층인 20~30대의 영 트렌드세터들을 위해서는 즐거움(SOUL of Fun) 및 도전(SOUL of Challenge)과 관련된 마케팅 전략 지침이 세워졌으며, 서브타깃 고객층인 스타일과 개성을 중시하는 중년층을 대상으로는 스타일(SOUL of Style)과 관련된 마케팅 지침들, 즉 다양한 프로모션, 광고, 홍보, 전시, 이벤트를 통한 출시전략이 차

[표 1] SOUL의 표적집단별 마케팅 전략

	SOUL of Fun	SOUL of Challenge	SOUL of Style
전략방향 (표적집단)	타깃층의 문화코드에 맞는 컨텐츠를 활용하여 관심과 참여 유도 (Young Trendsetter)	도전적, 새로운 형태의 PR을 통한 이슈화 및 관심 유도(Young Trendsetter)	Stylish, 고급 부각 개성표현 욕구가 강한 중년층 수요 저변 확대 (Ageless Senior)
차별화 프로그램	· 뮤직 페스티벌 주최 및 고객초청 · 압구정 전시장 활용 고객초청 파티 · 클럽 연계 'SOUL Mate Day' · 11개 색상의 Colorful 카 퍼레이드를 통한 칼라마케팅 · 여성고객 초청 시네마데이 시행	· MS RoboChamps 연계 이벤트 · 쏘울 Ambassador (2인) 선정 – Fun, Challenge, Style을 상징하는 20~40대 대표인물 선정 · 이색 POP를 활용한 POST 전시 및 차별화된 옥외광고 시행	· 서울 디자인 올림피아드 참가 · 다양한 업종의 대표 브랜드 및 매체와 제휴를 통한 공동전시 및 홍보 · 고급 Collection 용품 개발 및 활용 · 여성 디자이너 등 트렌디한 전문직 종사자 차량 시승

별적으로 계획 및 추진되었다(표 1 참고).

SOUL 출시 후 반응 및 향후 방향

기아자동차㈜는 SOUL 출시 이후에도 지속적으로 제품 및 브랜드 관리에 심혈을 기울이고 있다. 출시 후 소비자들의 인식 조사 결과, SOUL의 이미지는 젊고 세련된 이미지로 비추어졌으며, 커스터마이징 서비스가 구매에 긍정적인 영향을 미친다고 응답한 경우가 상당히 높았다(매우 긍정적 25.4%+긍정적 51.6%=약 77%).

또한 전체 응답자 중 90%가 SOUL이 기아 브랜드 이미지에 긍정적인 영향을 끼쳤다고 평가한 것으로 나타났다. 긍정적인 이미지로 변화를 가져온 요인들 중 디자인을 가장 중요한 요인으로 뽑았다. 실제 차량을 구매한 소비자들의 경우에도 구매 사유에 대해 디자인을 가장 중요한 요소로 꼽았다(35%). 이와 같은 반응은 SOUL을 출시함으로써 기아차 브랜드 전반에 대한 이미지 제고를 가져오고자 한다는 출시 당시의 목표에 부응하는 것이라 할 수 있다.

SOUL은 국내뿐만 아니라 미국 및 유럽 각국에서 판매가 지속적으로 증가하며 호조를 보이고 있다. 특히 미국의 경우 박스카(Box Car) 시장에서 4월 이래 4개월 연속 1위에 올랐으며, 2009년 누적판매량에서도 선두를 달리고 있는 쾌거를 이루고 있다. 특히 인지도가 높은 닛산 큐브가 미국시장에서 본격 판매되기 시작한 6월 이후 쏘울의 판매량이 줄어들 것이라는 예상을 뒤엎고, 1위를 고수하는 이변을 일으키고 있다. 쏘울은 미국시장 판매 가격이 약 1만 4천 달러(약 1750만원)로 싸이언 xB보다는 싸지만, 큐브보다는 비싸 단순한 가격경쟁력만으로는 이와 같은 인기를 설명하기 힘들며, 차량의 혁신성, 품질과 같은 제품 특성 및 마케팅 전략의 총체적인 결실이라 할 수 있을 것이다(그림 10 참고).

기아자동차는 SOUL과 각종 신차들의 판매 호조로 국내 산업수요 정체 상황

[그림 10] 미국 SOUL 매출 추이(2009년)

속에서도 전년판매량 대비 24.6% 증가한 19만 2천대를 판매함으로써 국내 시장 점유율이 25%에서 31%로 높아졌다. 또한 전 세계적인 경기침체의 영향으로 산업 수요가 대폭 감소한 미국(-35%), 유럽(-11%) 등의 시장에서도 선전함으로써 시장점유율이 미국은 3.1%, 유럽은 1.6% 상승했다. 이와 같은 기아자동차의 성장에 SOUL의 성공이 주요한 역할을 한 것으로 평가된다. 지금까지의 성과를 평가해 볼 때, SOUL의 신제품 개발 및 출시 전략은 성공적이었으며, 앞으로 사후 관리를 통한 제품 및 서비스에 대한 보완 및 개선이 이루어진다면 더욱 좋은 성과를 기대할 수 있을 것이다. '차급을 초월한 블루오션을 개척하여 판매 볼륨의 증대를 가져오며, 기업 이미지를 제고시킨다'는 목표는 지금까지 성과를 볼 때 성공적으로 달성된 것으로 평가된다. SOUL의 성공은 디자인 혁신을 통한 기아자동차의 초일류 기업으로의 도약을 위한 첫걸음을 성공적으로 디딘 것이라 하겠다.

토론과제

토론과제 1.

SOUL의 직접 경쟁자와 잠재적 경쟁자를 생각해보자.

토론과제 2.

SOUL의 고객층을 나누어 보고, 각 고객층이 원하는 가치는 무엇인지 알아보자.

토론과제 3.

SOUL의 Mass Customization 방안은 어떠한 것들이 있는가?

참고문헌

김태우(2008), 미코노미, 한빛미디어.

하송(2008), 디자인의 진화와 기업의 활용전략, 삼성경제연구소.

C. Bowman and D. Faulkner(1990), Competitive and Corporate Strategy, Irwin.

David A. Aaker(2007), Strategic Market Management, Wiley.

Kim, W. C. and R. Mauborgne(2005a), Blue ocean strategy, Boston: Harvard Business School Press.

Kim, W. C. and R. Mauborgne(2005b), Value innovation: a leap into the blue ocean, *Journal of Business Strategy*, Vol.26, No.4, pp.22-28.

사례 6.

파란문어가 시장선도형 브랜드가 되다

- 우리투자증권의 "옥토(octo)" 브랜드 런칭과 진화 성공 사례 -

이두희* 최은정** 박명진***

재미교포인 이진영 과장은 뉴욕 월스트리트에서 모 다국적 금융기업에서 근무하다가 MBA에서 재무와 마케팅을 복수전공하고 우리투자증권에 경력사원으로 입사하게 되었다. 한국에서 일하고 싶었던 오랜 숙원을 드디어 이룬 것이다. 근무 첫날, 설레는 마음으로 우리투자증권 본사에 도착한 이진영 과장은 본사 정면에 붙어 있는 대형 현수막의 파란 대형 문어 캐릭터를 보고 깜짝 놀랐다. "파란 문어? 음… 파란색 문어는 처음 보는 걸… 귀엽게 생겼네… 그런데, 증권회사의 캐릭터가 왜 파란색 문어일까?" 혼잣말을 하며 마케팅부가 있는 15층으로 올라왔다. 같이 근무할 사람들과 가볍게 인사를 나누고, 우리투자증권의 현황에 대해 고참부장인 최은혁 부장으로부터 간단히 오리엔테이션을 받게 되었다.

"반가워요 이진영 과장, 웰컴 투 우리투자증권! 저번 주에 경력사원 전체 합숙훈련 중에 회사 오리엔테이션은 대략 받았다고 들었으니, 오늘은 마케팅부의 주관업무 중 하나인 브랜드 마케팅에 대해 상세히 설명해드릴게요. 문의사항이 있으면 중간중간에 편하게 질문하도록 하세요. 우선, 이해를 돕기 위해 최근 한국금융시장의 트렌드에 대해 설명하겠습니다."

*고려대학교 경영학과 교수 **앤더모스트컨설팅 대표 ***이노션 로열티마케팅팀 팀장

금융시장의 변화

금융시장 내 위기 인식의 확대

2000년대 들어서 보험의 경우와는 달리, 국내 증권은 다양한 외부 변수에 의한 위기인식과 투자 자산 운영에 대한 욕구가 크지 않아 총자산과 자기자본의 비중이 줄어들고 있었다.

최근 간접투자의 증가를 이끈 핵심상품이었던 펀드판매 역시, 과거 펀드판매 독점구조에서 2000년 이후는 은행업종의 참여로 인해 직접적 경쟁이 이루어지고 [그림 2]에서 보여주듯이 2003년 82%에서 2008년에는 47%로 펀드판매 비중 또한 급격히 줄어들었다. 이와 함께 보험사들도 역시 적극적인 펀드판매시장 참여를 준비하던 상황이어서 시장의 경쟁은 날로 치열해지고 있었다.

달라진 법률규제

국내 금융시장은 자본시장법이 2009년 2월 4일에 전격적으로 시행되면서 복합금융상품과 파생상품 개발이 활성화되었다. 자본시장법은 2009년 2월 4일부터 시행된 『자본시장과 금융투자업에 관한 법률』(이하 '자본시장법'으로 표기)로서, 자본

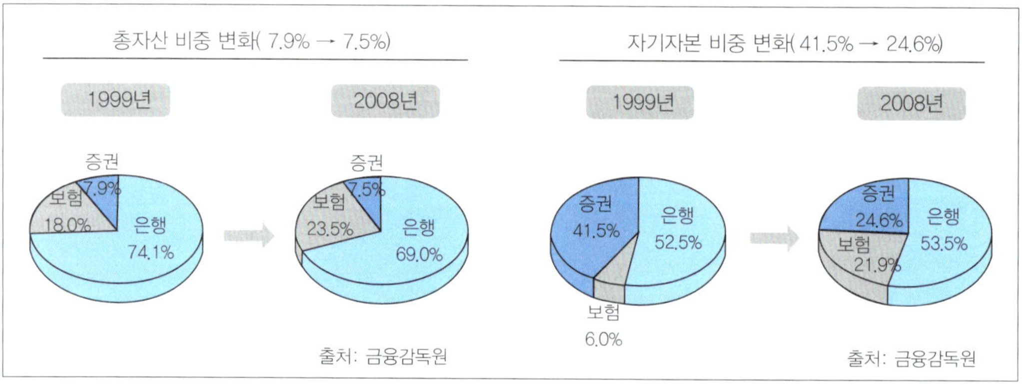

[그림 1] 금융시장의 변화

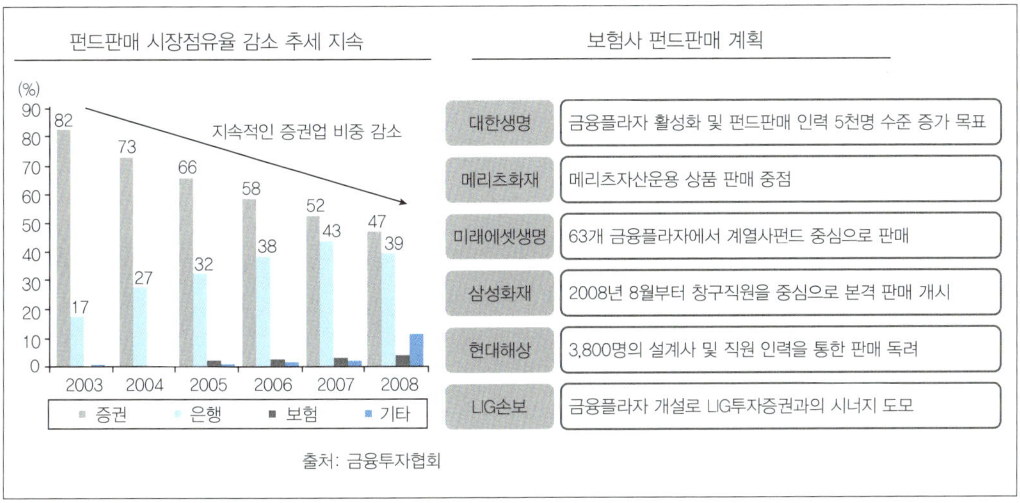

[그림 2] 펀드판매 경쟁상황 변화

시장 관련 금융산업의 경쟁과 혁신을 촉진하고, 자본시장에서의 투자자보호제도를 선진화하려는 목적에서 제정되었다. 그동안 자본시장을 규제해온 15개 법률 중 증권거래법, 선물거래법, 간접투자자산운용업법, 신탁업법, 종합금융회사에 관한 법률, 한국증권선물거래소법 등 6개 법률을 통합하고, 나머지 9개 법률은 관련 규정을 일괄 정비하는 등 자본시장 관련 법령규제의 개혁을 목적으로 한 것이다. 자본시장법의 주요 특징은 ① 금융투자상품 개념의 포괄적 규정, ② 경제적 실질에 따른 금융투자업의 기능별 규율, ③ 금융투자회사의 업무범위 확대, ④ 강화된 투자권유 규제의 도입 등 투자자보호제도의 선진화 등이다. 이에 따라, 설립 필요자본 축소로 업계 진출입이 용이해짐에 따라 금융기업들의 경쟁이 심화되는 단초가 되어, 시장, 상품, 고객, 기업에게 있어 다양한 변화가 이루어지게 되었다.

소비자 및 투자 트렌드의 변화

자본시장의 변화에 의해 소비자 및 투자 트렌드의 급변화가 이루어졌다. 개인의 직접 투자 비중이 감소하고 매매 회전율 역시 모든 투자주체가 낮아지고 있어 투자 성향이 변화되는 것은 당연한 결과라고 할 수 있다. 이에 따라, 과거 주식은 단기 매매에 의한 두기의 대상이었으나 점차 장기적인 투자전략수립이 일반화되었

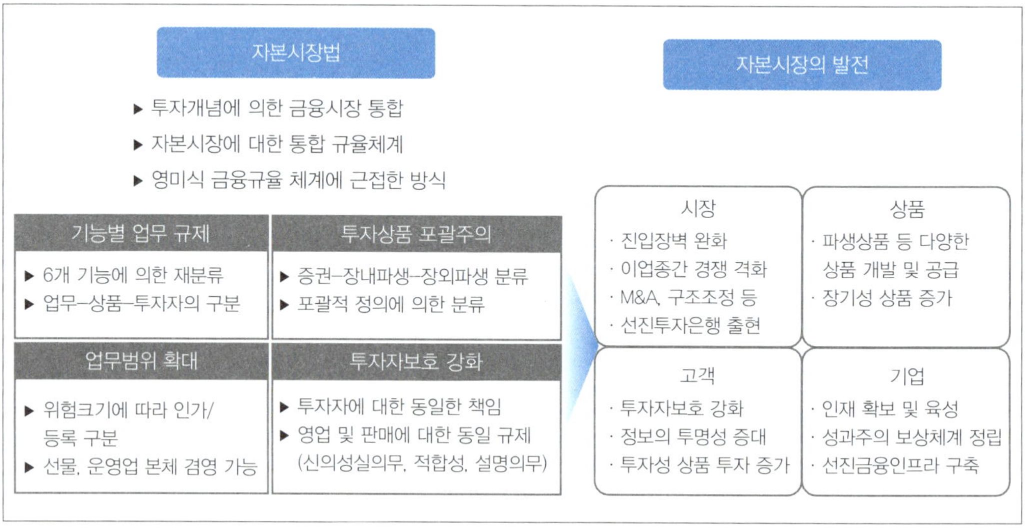

[그림 3] 자본시장법에 의한 변화

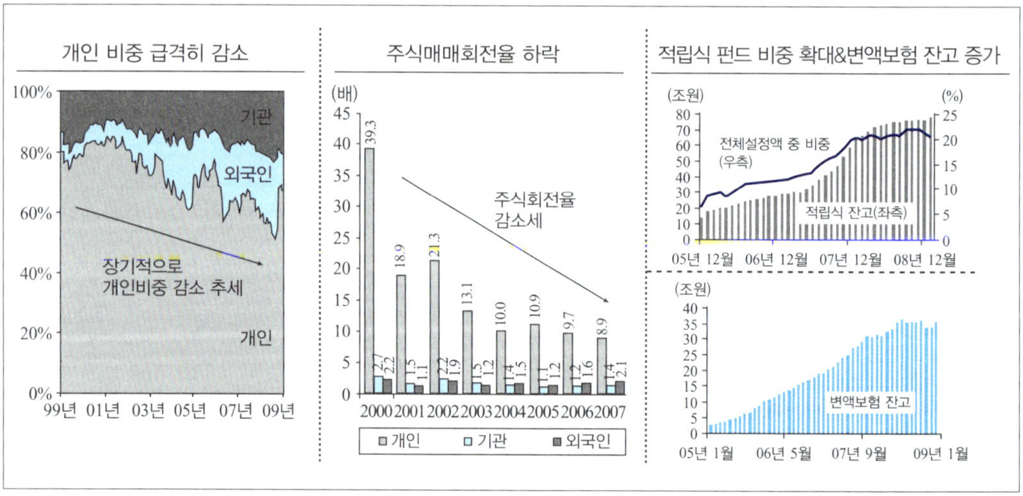

[그림 4] 소비자 및 투자 트렌드 변화

다. 그 결과 [그림 4]에서 보여주듯이, 직접 주식투자의 개인비중이 급격히 감소하고, 주식매매회전율이 하락하였다. 또 이와는 반대로 적립식펀드 비중이 확대되면서 변액보험의 잔고가 증가하였다. 소비자와 투자 트렌드가 변화함에 따라, 금융기업 입장에서도 다양한 상품개발 및 서비스 제공을 통한 경쟁우위 확보가 절대적으로 필요한 상황에 당면하였다.

과거 소비자들의 은행예금과 부동산에 집중되었던 투자방식이 주식과 함께 다양한 펀드, ELS, CMA 등 직간접적 투자상품으로 포트폴리오를 구성하는 소비 트렌드의 변화가 일었다. 이는 최근의 글로벌 금융위기와 함께 직접적 펀드투자로 극심한 손해를 경험한 금융소비자들이 보다 전문화되고 맞춤화된 자산관리에 대한 욕구가 증가하는 것으로 너무도 당연한 결과였다. [표 1]에서 보여주듯이 2007년도부터 금융소비 트렌드 변화의 바람이 불기 시작하였고, 이에 대응하는 다양한 금

[표 1] 투자성향의 변화

	투자성향	금융상품
2007년	· 주식 뜨고 부동산 지고(04.15 매일경제) · 재테크 트렌드 바뀐다 … 여윳돈 주식으로 대이동(07.18 국민일보) · 재테크 트렌드 바뀌나 급변동 장세 속 은행예금상품 '불티' 금 관련 투자 등 안전자산 선호 뚜렷(08.20 부산일보) · 여윳돈 투자 고민 … 펀드 우위 여전(12.13 매일경제)	· [CMA] 증권회사 CMA 잔고 10조 돌파(02.15 한국증권업협회) · [펀드] 직장인 재테크 트렌드, 저축에서 펀드로(10.24 파이낸셜뉴스)
2008년	· '은행 예금↑' 보수적 투자 트렌드의 증거(12.03 서울신문)	· [RP, MMT] 증권사 '단기 고수익상품' 불티(01.28 부산일보) · [ELS, ELF] 주가하락기 주가연계증권 인기몰이 올들어 13조원 몰려 4월엔 3조3000억원 '사상최대'(06.19 한국금융신문)
2009~2010년	· 펀드가입 불편한데 '랩'으로 맞춰입어볼까 자본시장법 한 달, 펀드 판매 줄어(09.03.02 머니투데이) · 재테크 트렌드 큰 변화 … 인구줄어 부동산 인기 시들(09.05.11 매일경제) · 한국인 투자성향 "안전한 게 최고에요"(09.12.22 경제투데이) · 펀드 인기 하락세, 투자비율 3년새 54% → 49%(2010.02.24 데이터뉴스) · 올해 투자성향…'투자 〈 저축'(10.03.30 헤럴드경제) · 글로벌 위기 이후 新트렌드 "묻지마 재테크 안할래"(10.03.30 헤럴드경제)	· [신탁상품] 올들어 증권사 신탁상품이 인기를 끌고 있는 가운데 생전에 제3자에게 증여할 수 있는 새로운 상품이 등장했다(09.06.29 이데일리뉴스) · [CMA] 금융 소비자 40% CMA 가입했다 CMA 계좌 1천만개 돌파. '국민통장' 등극(09.12.04 한국경제) · [연금상품] 연금상품 가입률 30% 미만 … 노후준비 '빨간불'(09.12.17 아주경제) · [복합금융상품] 3명 중 1명, 복합금융상품 따라 주거래 은행 바꿀 수 있다(09.12.18 아시아경제)

[그림 5] 주요 투자상품의 변화 및 다양화

융상품이 쏟아져 나왔다.

"최부장님, 최근의 한국금융시장의 트렌드는 금융사들의 입장에서는 참 좋은 기회였겠습니다. 상품의 다각화로 기회요인도 증가하고 영업 시 다양한 제품 제안을 통해 매출증대도 용이할 수 있구요."

"이과장, 그렇지만도 않아요. 최근 금융시장 급락이 간접투자자산에도 영향을 미쳤죠. 펀드 수익률이 마이너스 20, 30%로 급락하고, 반 토막이 나서 화가 난 고객들이 영업장에 와서 소리지르고, 항의하고…. 정말, 죄인이 된 느낌이더라고요. 매스컴에서는 연일 반 토막 난 펀드, 화난 투자자들, 해지율이 얼마라는 등의 부정적 내용들이 기사화되었지요. 이로 인해 금융사들은 투자자들의 신뢰를 상실하게 되었고 신규 자금 유입이 실질적으로 둔화되었지요. 그리고 자본시장법에 의해 투자의 보호 강화로 자산관리 영업의 제약도 커졌지요"(그림 6 참조).

"그렇군요. 이러한 변화들에 금융사들은 어떻게 대응해나갔나요?"

"앞서 설명한 자본시장법 시행으로 인해 투자자보호가 더욱 강화되면서 전문적인 종합자산상품과 브랜드 육성의 요구는 생존을 위한 금융사의 당연한 노력이었던 것이지요. 그 결과, 좀더 안전하게, 편하게, 금융사가 자산관리 서비스를 제공하는 시대의 문이 열린 것이지요. 고객 이탈을 방지하고, 현 고객의 충성도를 높이기 위해 기존의 다양한 상품들과 다양한 서비스들을 연계하여 토탈솔루션을 제공하는 종합 자산관리 서비스로써 금융상품들이 진화해나가게 되었습니다."

투자자 신뢰 상실

2008년 연간 수익률/설정액 100억 이상 펀드 기준

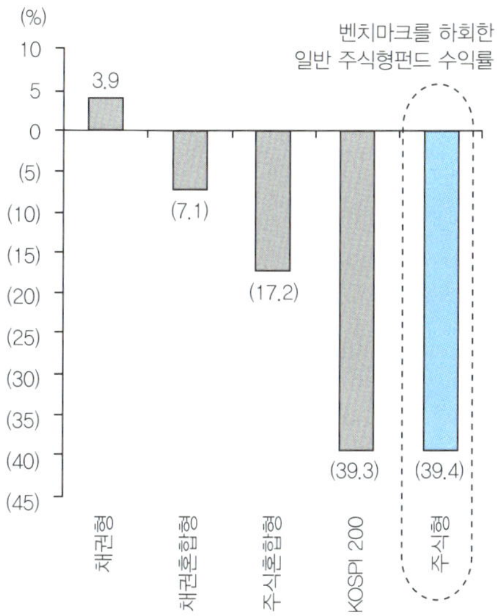

출처: 펀드닥터

주식형펀드 신규자금유입 둔화

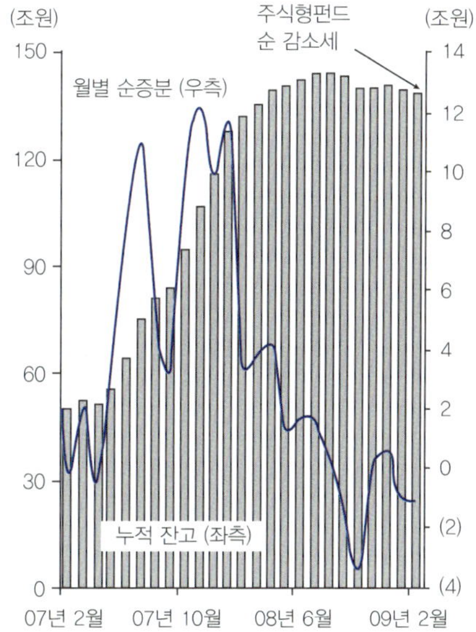

출처: 금융투자협회

투자자보호 강화로 인한 자산관리 영업 제약

1. 투자자 성향 파악
   - 투자상품 권유 전, 고객투자성향 파악이 선행되어야 하므로 고객 응대에 이전보다 더 많은 시간 필요
2. 투자자 등급별 권유 상품 제한
   - 과거와는 달리 고객투자성향에 적합한 상품 이외에는 투자권유가 금지되어 판매상품의 폭이 감소
3. 투자자 보호장치 강화
   - 불완전판매 사실 인정시 추정손실액 전체를 보상해야 한다는 조항 명기
4. 상품개발제약
   - 최고위험등급으로 분류된 ‘원금 비보장형 ELS’ 등은 투자권유의 어려움 등으로 인하여 상품개발제약 우려

[그림 6] 금융투자의 변화

종합자산관리 시대의 도래

2000년대 말 전 세계를 강타했던 글로벌 금융위기를 거치면서 한국의 개인투자자들은 그 이전과 상당히 다른 양상의 투자패턴을 보이기 시작한다. 즉, 글로벌 금융위기 이전에는 고수익률을 목표로 하는 투기적 성격의 투자상품을 선호했다면, 금융위기 이후에는 다양한 금융상품으로 포트폴리오를 구축함으로써 보다 안정적이고 종합적으로 자산을 관리하는 것을 더 선호하게 되었다. 이처럼 개인투자자들이 보다 안정적인 자산증식에 대해 더 많은 관심을 가지게 되고, 이런 소비자들의 욕구 변화를 감지한 증권사들이 내놓은 상품이 바로 종합자산관리서비스다. 일반적으로 종합자산관리서비스라 함은 고객의 요구를 다양한 상품과 서비스를 통해 종합적으로 고민하여 해결책을 제시하는 서비스를 말한다. 고객은 하나의 계좌에서 다양한 상품에 투자하고 손쉽게 투자성과를 조회할 수 있기 때문에 자신의 자산을 보다 효과적으로 관리하고 배분할 수 있다는 강점을 가지게 된다.

"이과장도 알다시피 금융업계는 FMCG(Fast Moving Consumer Goods)나 서비스업계와 달리 마케팅관점에서 매우 후발업계이잖아요. 제가 박사학위 마치고 우리투자증권 입사할 때, 브랜드 마케팅전략 관련 PT도 해보고, 주요 회의 및 전략 워크샵에서 여러 차례 마케팅전략의 중요성을 호소하였으나, 임원들 포함 직원 모두들 마케팅의 필요성을 전혀 느끼지 못하더라고요. 그때는 브랜드 마케팅 박사가 왜 금융업계에 들어왔는가 개인적으로 회의도 많이 들었다니까요. 최근 10년, 특히 국내시장에서 3,4년 사이에 벌어진 격변하는 금융시장을 대응하기 위해, 다양한 금융상품이 등장하고, 증권사는 이런 금융시장 변화에 발맞추어 진화하다 보니, 금융마켓이 이전의 단순 주식거래만이 아닌, 중장기적으로 다양화된 금융상품들로 자산관리 서비스를 제공해야 하는 고객지향적 마켓이 된 것이지요. 따라서 고객과 소통하기 위한 브랜드 마케팅의 필요성이 서서히 부각되더라고요."

"최근 몇 년 사이에 브랜드의 불모지와 같은 금융업계에서 브랜드에 대한 개념들이 형성되고 전개되고 있는 것이네요. 하긴, 제가 근무한 미국 금융계에서도 금융 브랜드 마케팅은 그리 부각되지 않은 부분이었는데, 우리투자증권이 매우 선도적인 것 같습니다."

"그렇죠. 최근 이런 금융시장의 변화가 오늘 이과장이 우리투자증권에 들어오게 된 배경 아니겠어요. 자, 이제 구체적으로 옥토 브랜드에 대해 설명해 드리지요."

옥토 브랜드의 등장

"2007년 3월에 출시된 옥토(octo)는 증권투자와 은행 거래를 동시에 할 수 있는 Total Financial Solution 상품으로 출시된 국내 최초의 선진금융형 종합자산관리 상품입니다. 오토머니백, 종합담보대출, 체크카드, 은행식 입출금, 이체·결제·납부, 통합조회, 주식거래, 금융상품투자의 은행과 증권 금융거래의 핵심 기능 8가지를 한 상품에서 거래할 수 있는 선진금융형 종합자산관리 상품으로 국내 금융기관에서 최초로 출시된 종합매매계좌라는 점에서, 매우 혁신적인 금융상품이랍니다. 이러한 혁신적 자산관리 브랜드는 타 증권사와 비교할 때 2년이나 앞섰습니다. 이러한 점에 우리는 자부심을 가지고 있죠."

"경쟁사보다 2년이나 앞서기는 정말 힘든 일인데… 브랜드 탄생 과정이 쉽지는 않았겠네요. 좀 자세히 알려주시지요 최부장님."

"옥토의 탄생 스토리는 off the record인데… 이과장을 위해 살짝 알려드리지요."

octo(沃土) 브랜드의 탄생

금융상품투자 확대, 저금리 자산 이동 등 금융소비환경이 급변하고 있는 상황에서 우리투자증권은 한 계좌로 펀드, 주식, 기타 금융상품까지 매매할 수 있는 차별화된 종합 매매 계좌를 출시하게 된 것이다. 하나의 계좌에서 추가 계좌개설 없이 상품투자를 할 수 있는 것은 국내에서 최초였으며, 단순히 예금상품의 대안으로 이자율이 높은 금융계좌가 아니라, 종합적으로 자산관리를 할 수 있는 새로운 개념으로 시장내 위상정립하고자 하는 전략을 가지고 있었다.

"이에 따라, 종합 자산관리 솔루션이라는 브랜드 컨셉을 수립하고 당사만의 차별화될 수 있는 다양한 자산관리 기능을 소구하기 위해 실무자들과 임원으로 구성된 전략 Task Force Team을 가동하였습니다. 고객 입장에서는 다양한 금융상품이 봇물처럼 터져 나오고 있었으며 각각의 상품을 이해하기에는 너무 어렵고, 상품이름조차 기억하는 것이 쉽지 않았잖아요. 이에 따라 좀 더 고객 친화적이고 친근한 이미지, 연상이 쉬운 캐릭터의 개발을 하기로 했습니다. 출시예정인 종합매매계좌는 수익률뿐만 아니라, 여러 가지 자산관리 서비스를 제공하니까, 한번에 여러 가지를 편리하게 할 수 있는, 누구나 아는 그런 것이 뭐가 있을까 고민하며 회의를 거듭해나갔는데, '손이 여러 개면 편할 것도 같은데' '다리가 여러 개 달린 생물?' 등등 여러 아이디어들이 논의되면서, 결국, 여덟 개의 다리를 가진 문어의 아이디어가 떠올려진 것이지요."

"그런데, 문어가 전달하는 부정적 이미지도 크잖아요. 금융브랜드에 문어라… 사내에서도 반대하는 의견들이 있었을 듯 싶은데요."

"TF팀 내에서도 문어발식 사업, 문어의 생태적 특성까지 거론되며, 부정적인 의미가 긍정적 의미보다 더 강해질 거라는 반대도 만만치 않았지요. 이과장한테만 말하는 것인데, 솔직히 저도 반대하는 사람 중에 하나였지요 … 후후. TF팀의 수많은 설전과 회의들을 통해 지금의 친근한 문어 캐릭터가 결정되어졌지요. 캐릭터 컬러는 우리투자증권 CI color가 푸른색인 점을 감안하여 푸른색이 채택되어, 파란 문어가 탄생되었지요."

"그럼, 옥토라는 브랜드 네임은 어떻게 만들어졌나요?"

"브랜드 네이밍은 로마 시저 황제 때 조카이름 옥토퍼스(Octopus)가 기원이 된 달, 중요한 의미의 달이라는 옥토버(October)의 접두어 octo를 채택했고요. 한자로 중의적 의미인 비옥한 토양의 확장적인 의미를 차용하여, 최종적으로 '옥토' 브랜드 네이밍과 디자인을 결정했습니다."

"그런 과정을 거쳐서 옥토라는 브랜드와 파란 문어가 탄생한 거군요. 옥토의 캐릭터도 개발하신 거 같으시던데요."

"네, 금융상품의 고객도 다양화되면서 다양한 고객 세분화를 인식하여 기억하기 쉽고 호감이 가는 긍정적인 이미지를 구축하도록 노력했죠. 지금 보시는 캐릭터가 초기 옥토 캐릭터를 활용했던 예들입니다(그림 7). 각각의 시즌성과 사용용도별

[그림 7] 옥토 캐릭터 이미지

로 고객 접점에서 사용활용도를 높이는 것에도 신경을 많이 썼지요. 예를 들면, 아이들이 좋아하는 스티커, 저금통, 회사원을 위한 컴퓨터 액세서리 등 고객들의 반응이 매우 좋았답니다. 어떤 가정에서는 아이가 옥토 캐릭터를 너무 좋아해서 옥토 캐릭터를 콜렉션한다고 캐릭터 제품을 더 줄 수 없냐고 본사에 문의가 올 정도였다니까요. 저도 덕분에 캐릭터를 구할 수 있냐고 친척들에게 부탁 전화 많이 받았답니다."

"최부장님, 우리투자증권이 캐릭터 산업으로도 사업을 확장할 수 있는 초석을 이미 닦아 놓은 셈이네요. 하하. 옥토 캐릭터의 런칭 배경을 듣고 보니, 왜 본사 정면에 옥토 현수막이 크게 걸려 있는지 이해가 되네요. 어려운 금융상품들의 종합적 자산관리 시스템을 고객에게 쉽게 설명하기에 주목성이 높고 친근한 이미지의 옥토가 소비자와의 매개체 역할을 톡톡히 했겠네요."

"그렇죠. 결국, 브랜드관점에서 브랜드 인지도를 제고시키기 위한 브랜드 연상 촉매제가 필요했는데, 우리투자증권이 친근성이 높은 캐릭터를 통해 성공적으로 브랜드의 인지, 회상, 선호를 이끌어낸 것이지요."

옥토의 마케팅 커뮤니케이션

우리투자증권은 옥토 런칭캠페인을 만들 당시, 옥토를 고객에게 친근하게 다가갈 수 있는 우리투자증권의 대표 브랜드(상품, 서비스)로서 위상정립시키겠다는 전략적 지향점을 가지고 있었다. 친근함을 통한 회사와 상품에 대한 인지도를 높이기 위해, 우리투자증권은 옥토가 지향하는 상품 및 서비스의 특성에 부합되고 쉽게 기억될 수 있도록 유쾌하고 활동적인 문어 캐릭터를 광고캠페인에 전격적으로 활용했다(그림 8). 런칭 캠페인 당시 어려운 금융상품에 대한 설명을 문어라는 친근한 캐릭터를 활용해 쉽고 재미있게 풀어냈다는 소비자들의 평가가 이어졌다.

문어 캐릭터는 TV광고뿐만 아니라 이색적인 라디오 광고로 더 유명해졌다. 당시 런칭 캠페인을 총괄했던 O본부장이 직접 '다리가 8개 달린 문어 꿈을 꾸었습니다'라는 이야기를 했던 라디오광고는 초기에 많은 이들의 관심을 끄는 데 성공했다.

런칭 캠페인의 성공 후 우리투자증권은 문어 캐릭터를 본격적으로 활용하여, 옥토(octo)의 확장형 상품과 서비스를 일관성 있게 커뮤니케이션을 하였다. 2008년 '옥토폴리오' 광고 캠페인은 '탄생', '밥상', '병원'편 등 총 3편의 시리즈로 구성되었으며, '탄생'편에는 우리투자증권의 상징인 문어를 바탕으로 '옥토(octo: 문어 Octopus의 약칭)가 아기를 낳았어요'로 시작한다. '이게 좋다 저게 좋다'며 투자상품을

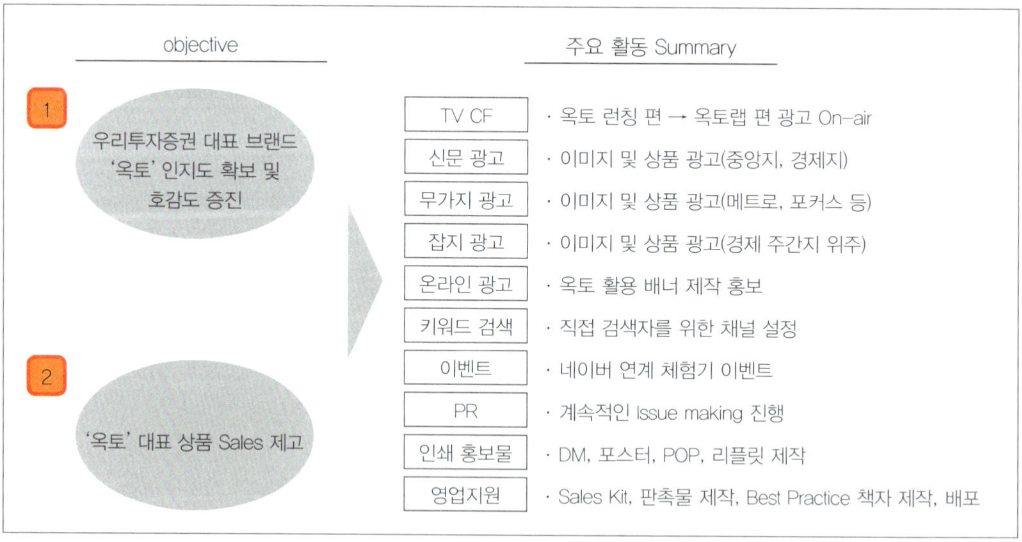

[그림 8] 런칭광고 캠페인 구조

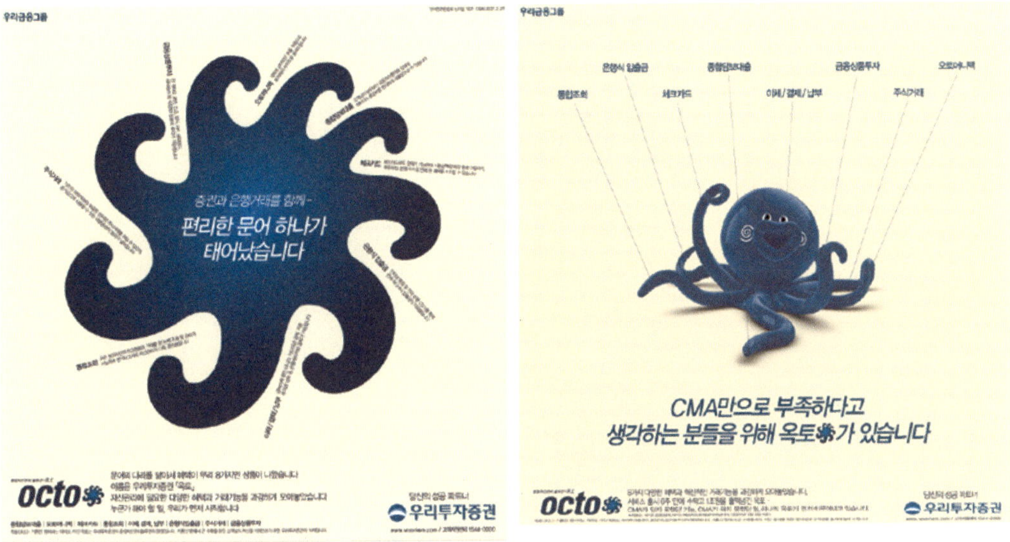

[그림 9] 2007년 런칭광고

추천만 하는 것이 아니라 좋은 투자상품을 모아 직접 포트폴리오 투자상품을 만드는 매우 똑똑한 문어라는 점을 강조한다. 또 요리를 추천만 하는 것이 아니라 직접 맛있는 밥상까지 차려 제공하는 요리사, 처방전만 주는 것이 아니라 직접 조제까지 해주는 의사로 변신하는 문어를 통해 '옥토폴리오'에 가입하면 한번에 다양한 투자상품에 분산투자를 할 수 있다는 것을 소비자들이 쉽게 이해할 수 있도록 제작됐다. 각 광고마다 효과적인 메시지 전달을 위해 '탄생'편에서는 아기에게 동화를 읽어주는 엄마의 목소리를, '밥상'편에서는 요리전문가 이종임의 목소리로 요리 프로그램을 보는 듯한 느낌을 줬으며, 마지막 '병원'편에서는 병원 안내 방송의 형식을 그대로 차용하는 등 상황에 맞는 적절한 성우와 효과음을 사용하여여 그동안 금융광고에서는 볼 수 없었던 참신한 시도로 주목받았다.

2009년 옥토CMA캠페인은 목표고객과의 관여도를 높이기 위해서 표적집단별 욕구를 반영한 광고를 런칭하였다. 성실한 직장인과 스타일 남녀, 가정주부, 자영업자 등 4개 시리즈로 방영되는 이 광고는 CMA가 다양한 고객층에게 주거래계좌 역할을 할 수 있다는 점을 강조하고 있다. 이체수수료 무료와 펀드 및 주가연계증권(ELS) 등의 금융상품 연계 서비스, 자산관리 등 고객층에 따라 활용도가 높은

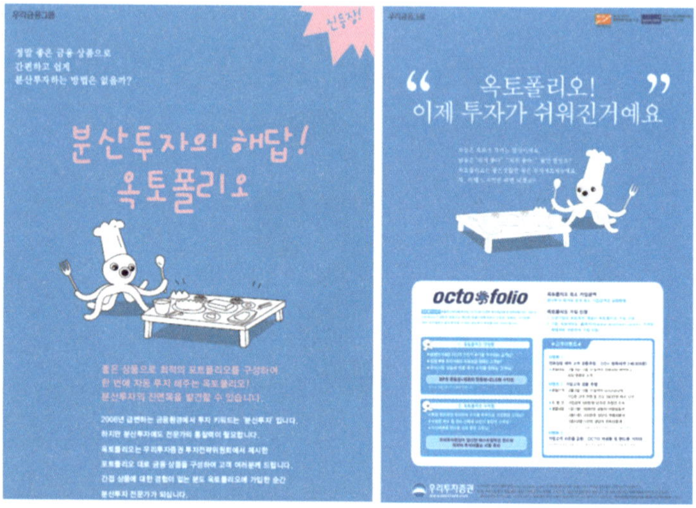

[그림 10] 2008년 옥토폴리오 캠페인

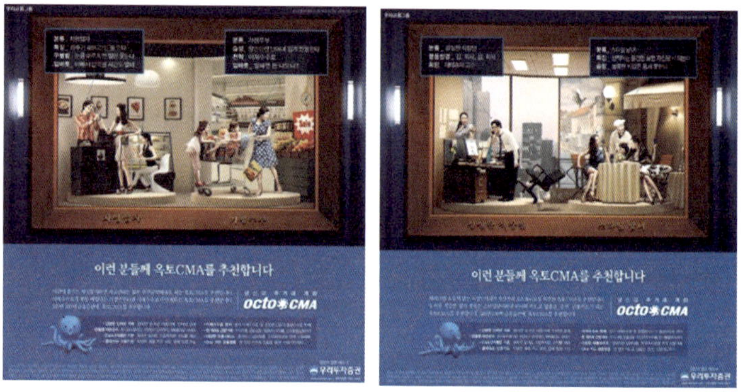

[그림 11] 2009년 옥토CMA 캠페인

서비스를 부각시킨 것이 특징이다. 특히 세련된 화면과 고객별 특성에 따른 독특한 설정으로 시청자들의 눈길을 사로잡는 데 성공했다.

2010년에는 펀드판매사 이동제도라는 시장의 이슈에 발 빠르게 대응한 옥토펀드GPS 광고가 전개되었다. 옥토펀드GPS 광고는 펀드상품에 대한 고객들의 불안요소와 욕구를 정확히 읽어내어 펀드선택에 대한 해답을 제시하겠다는 목표를 GPS라는 이해하기 쉬운 용어로 커뮤니케이션함으로써 고객들의 이해를 높였다.

[그림 12] 2010년 옥토GPS 캠페인

마케팅 커뮤니케이션 성과

2007년 3월 출시된 종합자산관리서비스 '옥토(octo)'는 출시 1개월 만에 신규 자금 8,100억 원을 유치하면서 돌풍을 일으키게 된다. 하루에 1,000명이 넘는 개인고객이 옥토에 가입하였고, 또 신규계좌 개설고객 중 절반이 넘는 고객이 '옥토' 상품에 가입할 정도로 선풍적인 인기를 끌었다. 출시 6주 만에 신규 유입자금이 1조 원을 돌파하였고, 전체 가입고객이 2만 8천여 명을 넘었으며, 가입고객의 총 자산이 4조2천억 원을 돌파할 정도로 큰 성공을 거두었다.

또한, 옥토는 마케팅 관점에서의 성과도 매우 훌륭하다. 4년 간이나 지속된 우리투자증권 옥토캠페인의 성과는 눈부실 정도다. 자체조사 결과, 2006년 2월 6위였던 증권사 광고 최초 상기도에서 옥토 캠페인 런칭 이후 줄곧 1위를 유지하고 있으며, 증권사 브랜드 최초 상기도에서도 삼성증권 등과 2위를 다툴 만큼 급성장하였다.

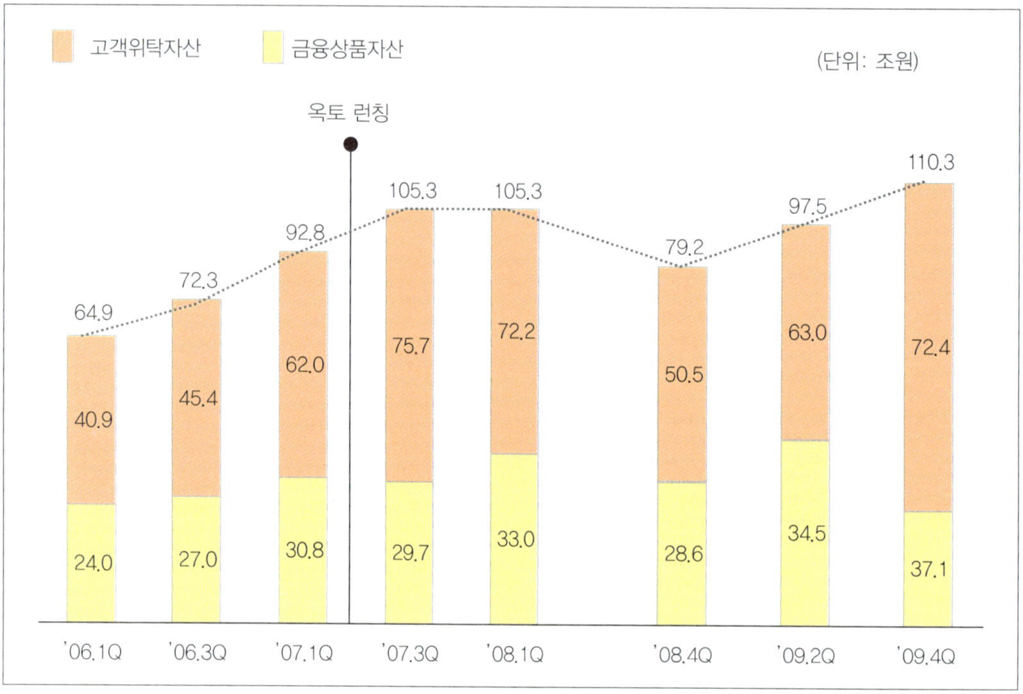

[그림 13] 우리투자증권 전체 고객 자산 추이

[표 2] 증권사 광고 최초상기도 추이

(단위: %)

06. 2		06. 5		07. 4		07. 11		08. 4		08. 9		09. 3	
미래	24.7	대신	23.4	우리	10.2	우리	22.6	우리	23.1	우리	22.6	우리	20.6
대신	14.0	미래	19.0	한투	7.8	미래	9.9	대투	7.5	동양	10.1	한투	13.6
한투	12.3	우리	12.8	대신	7.6	현대	8.7	한투	7.0	대투	8.8	미래	11.9
삼성	8.7	삼성	9.6	삼성	6.4	한투	7.1	미래	5.6	미래	4.8	동양	7.4
신한	8.3	한투	6.0	미래	5.0	동양	3.6	현대	4.8	유진	4.3	삼성	5.8
우리	7.7	현대	4.8	현대	3.0	삼성	2.8	동양	2.4	현대	3.8	키움	5.8
현대	4.7	신한	3.4	키움	3.0	신한	2.8	대우	1.6	한투	3.7	대신	5.3

출처: 2009. 4. 7 TBWA BMC

[표 3] 증권사 브랜드 최초 상기도 추이

	06. 5	07. 4	07. 11	08. 4	08. 9	09. 3
1	삼성증권 (18.6)	삼성증권 (17.6)	미래에셋 (27.7)	미래에셋 (26.3)	미래에셋 (23.3)	미래에셋 (21.7)
2	대신증권 (18.0)	미래에셋 (12.2)	삼성증권 (13.7)	삼성증권 (13.0)	우리투자 (13.7)	우리투자 (10.3)
3	미래에셋 (11.6)	우리투자 (10.4)	우리투자 (9.4)	우리투자 (12.7)	삼성증권 (11.3)	동양종금 (10.3)
4	현대증권 (10.8)	대한투자 (9.6)	대한투자 (8.7)	대한투자 (8.3)	대한투자 (7.7)	삼성증권 (9.7)
5	대우증권 (9.2)	한국투자 (9.2)	대우증권 (6.7)	동양종금 (8.0)	한국투자 (7.7)	대신증권 (9.3)
6	우리투자 (8.1)	현대증권 (8.0)	한국투자 (6.3)	한국투자 (6.7)	대신증권 (7.3)	굿모닝신한 (6.0)
7	대한투자 (5.6)	대신증권 (7.8)	현대증권 (6.3)	현대증권 (6.7)	동양종금 (7.3)	한국투자 (4.3)

출처: 2009. 4. 7. TBWA

옥토의 성장과 경쟁사의 대응

글로벌 금융위기로 해외시장이나 신 사업 진출에 어려움을 겪고 있던 국내증권사들은 국내시장에서 새로운 성장동력에 대한 대안을 찾아야만 했고, 개인투자자들도 단순히 금융기관에 돈을 맡기는 것에 그치지 않고 적극적으로 투자전략이나 자산관리방향성에 관심을 가지기 시작했다. 즉, 펀드와 개별주식 직접 투자 등 개별상품투자로 만족할 만한 수익을 거두지 못한 개인투자자들이 종합적으로 수익과 위험을 관리해주는 서비스에 주목하게 된 것이다. 이러한 금융 마켓 변화에 발맞추어 국내 유수의 증권사들도 너도나도 자산관리 브랜드 경쟁에 뛰어들면서 많은 자산관리 브랜드들이 앞다퉈 출시된 것은 너무나도 당연한 결과라고도 할 수 있다.

옥토의 2007년 성공적인 브랜드 런칭 이후, 2년 뒤 2009년에 이르러 타 금융사들의 자산관리 브랜드들이 속속 출시되었다. 어카운트(미래에셋), POP(삼성증권),

Believe(대신증권), Story(대우증권), QnA(현대증권), 서프라이스(하나대투), 아임유(한국투자) 등이 그 예이다. 이렇게 최근 증권사들이 자산관리서비스를 강화하는 것은 무엇보다도 안정적인 수익을 확보할 수 있기 때문이다. 아직까지는 대다수 증권사들의 경우 전체 수익의 60~80%를 단순 주식매매를 통해 올리고 있으며, 자산관리가 차지하는 비중은 10~30%에 불과하다. 그러나 최근 금융 마켓 트렌드의 변화추이로 볼 때, 자산관리의 수익비중이 전체의 50% 정도까지 올라갈 경우, 증시 시황에 상관없이 보다 안정적인 수익을 창출할 수 있다는 큰 장점이 있어서, 앞으로 종합자산관리서비스 경쟁은 더욱 치열해질 것으로 예측된다. 특히, 2010년 1월 펀드판매사 이동제가 도입되면서 종합자산관리서비스 경쟁은 더 심화되는 양상을 보이고 있다. 대형증권사들은 자산관리 업무가 당장 수익이 나는 사업이 아님에도 불구하고, 장기적인 고객확보와 자산관리시장을 선점한다라는 전략 하에 각 사의 자산관리서비스 브랜드 강화에 적극적으로 나서고 있다. 궁극적으로, 옥토는 국내 금융시장에서 자산관리 서비스 브랜드의 효시가 되었고, 국내금융시장에서 자산관리 서비스의 브랜드화 작업을 촉진한 선도자라 할 수 있다.

"최부장님, 보수적인 금융업계에서 자산관리상품을 위한 브랜드를 최초로 런칭하고 브랜드 마케팅을 전개했다는 점만으로도 마케팅하는 사람 입장에서 참 의미가 있는 일인데, 그 실질적 성과 또한 명료하네요. 브랜드 런칭에 따른 매출실적의 급등과 마케팅관점에서 고객인지 및 브랜드 회상을 단번에 올려 놓고, 계속 지속했다는 점에서, 이런 비즈니스 사례가 외국에도 흔하지 않은데요."

"그렇죠. 보수적인 증권 업계에서 옥토 브랜드 탄생은 상당히 고무적이었다고 내외부적으로 평가하지요. 브랜드 관점에서 친근성을 브랜드의 핵심 속성으로 정의한 것도 그렇고요, 캐릭터를 활용한 점도 매우 혁신적이었지요. 그 이후에 타 금융사들도 브랜드에 대한 관심이 높아지는 계기가 됐고, 우후죽순으로 브랜드가 생겨난 것만 해도 우리가 얼마나 시장 선도적이었는지 역으로 설명되지요. 그래서 옥토는 브랜딩 마케팅의 성공사례로도 여기저기 회자되고 있고요. 고객편의를 최우선으로 한 자산관리 서비스의 참신함을 높이 평가 받아, '2007 대한민국 금융혁신대상' '2010 한국능률협회컨설팅의 고객가치 최우수상품'으로 선정되는 등 그 우수성에 대해 수상의 쾌거를 거두었답니다."

옥토의 브랜드 확장 및 진화

옥토 브랜드 확장 과정

옥토의 출시성공을 기반으로 이후 2007년 8월 '옥토랩(랩어카운트)', 2008년 2월 '옥토폴리오(투자상담서비스)', 국내주식, 해외주식, 원자재, 부동산 등 8가지 영역에 분산투자를 위한 '옥토랩', '옥토펀드GPS' 등 다양한 금융상품에 적용되어, 진정한 의미의 종합자산관리 서비스 브랜드로서의 그 위상을 널리 확장해나갔다(표 4 참조).

옥토(octo)는 이제 우리투자증권을 연상시키는 하나의 심볼로 자리잡았다고 해도 과언이 아니다. 이에 따라, 우리투자증권은 옥토를 주축으로 리테일 사업의 핵심 방향을 증권형 자산관리 영업모델 구축으로 정했다. '증권형 자산관리 영업모델'이란 주식컨설팅역량을 기반으로 포트폴리오 형태의 투자설계 서비스를 핵심

[표 4] 옥토 브랜드 확장

-octo CMA	RP형, MMW형, MMF형의 자산관리 주거래 계좌
-octo salary	급여계좌로 지정된 octo CMA (수익률, 수수료 혜택 등)
-octo biz	사업자용 주거래 계좌 (신용카드 매출관리, 집금 서비스 등)
-octo wrap	Asset Allocation 기반의 종합 자산 관리형 상품
-octo folio	포트폴리오 구성, 일괄매수 등이 가능한 종합 자산 관리 서비스
octo 펀드 GPS 시스템	PSR 분석 등을 통해 고객의 포트폴리오 구성을 안내하는 서비스
-octo pension	우리투자증권 퇴직연금 서비스
-octo gallery	우리투자증권 온라인 금융상품 쇼핑몰

으로 하는 종합자산관리 모델을 뜻한다. 우리투자증권은 자산관리 영업을 위한 기반 확대에 중점을 두고 이를 추진한 결과 2005년 말 약 35조원이었던 리테일 총자산이 2009년 9월 69조 원까지 증가했다. 2009년 들어서만 약 6조5천억 원의 자산이 증가해 성공적으로 자산관리 영업이 정착됐다는 평가를 받고 있다. 앞으로 우리투자증권은 자산관리 고객 기반 확대를 위한 다양한 노력을 기울일 예정이다.

옥토 브랜드의 재정립 – 옥토는 진화한다

"지금 금융마켓의 브랜드 선도자인 우리투자증권의 옥토 브랜드는 재정립기를 맞이하고 있어요. 2010년 상반기 현재, 옥토브랜드 TF팀을 구성하여 브랜드의 기본 구성인 브랜드 아이덴티티와 브랜드 에센스 등을 명료히 정의하고 이를 체계적으로 정립하는 작업을 하고 있습니다. 내부적으로 의견일치를 이루어가는 작업과 함께 최종 브랜드 매뉴얼 개발을 하고 있습니다. 이과장도 이 TF팀에 메인으로 배치될 것입니다."

"최부장님, 이는 브랜드 원칙에 좀 위배된 것 아닙니까? 기획하고 실행하고 평가하는 plan-do-see의 기본원칙에서 우리투자증권은 do-see-plan으로 순서가 바뀌었다는 것인데, 좀 아이러니하네요."

"이과장 말도 맞아요. 물론, 브랜딩 관점에서 가장 선행되어야 하는 branding 관련 계획 및 전략이 선행되고 이를 기반으로 실행되는 것이 정석이기는 하나, 우리투자증권의 경우는 급변하는 금융시장에 대응하기 위한 생존대응이 브랜드를 탄생시키게 하고, 이를 적극적으로 고객대상 커뮤니케이션 실행을 우선적으로 한 후에, 브랜드의 기본 원칙의 명료화 작업을 진행한 사례라고 볼 수 있습니다. 이미 성공한 브랜드의 재정립을 위한 브랜딩 전략 작업을 한다는 것 자체도, 금융업계에서는 매우 선진적인 노력들이지요. 이과장도 알다시피, 최근 브랜드 관리는 고객대상의 외부적 브랜딩 중심으로 전개뿐만 아니라, 내부적 브랜딩의 중요성에 대한 인식이 높아지고 있잖아요. 그래서, 우리 마케팅부도 옥토 브랜드의 효과적인 내부적 브랜딩을 위한 현황조사도 진행했답니다."

"최부장님 결과는 어떻게 나오던가요? 아직은 금융선진국들에서도 Internal branding의 중요성에 대해서는 많이 거론되고 있으나, 실질적 구현 및 실행은 여전히 초기 단계인데, 옥토의 경우는 어떤가요?"

"마케팅부 내부에서도 기본적으로 아직은 매우 초보 단계일 것이라는 생각을 가지고 사전조사를 해보았지요. 결과는 내부인원 전반이 부서별, 직급별 내부적 브랜딩에 대한 인식 및 태도가 통계적으로 차이가 없는 것으로 나타났어요. 결국, 내부적으로 옥토브랜드의 기본 속성이 내부인원에게 골고루 동일하게 잘 전달되었다고 볼 수 있지요. 즉, brand dissemination이 잘 이루어진 것이지요."

"최부장님, 구체적으로 결과에 대하여 말씀해주시겠어요?"

"우리투자증권 CI와 옥토 브랜드 BI의 Brand Personality를 Aaker(1997)의 Brand Personality 측정항목으로 평가받아 비교 분석해본바, 우리투자증권은 competence, sincerity, sophistication, ruggedness 속성에서 옥토 브랜드보다 더 높게 평가되었으나, excitement 속성에서는 옥토 브랜드가 월등히 높게 인식되고 있더군요. 물론, 소비자 관점에서의 brand personality 평가도 향후 진행할 예정이지만, 지금까지의 CI 확장형의 타사들의 자산관리 브랜드와 달리, 옥토 BI가 제공하는 excitement 세부속성인 트렌디한, 활발한, 젊은, 상상력이 풍부한, 독특한, 최첨단의 이미지가 제대로 전달된 것으로 해석하고 있답니다."

"자, 이제 이과장이 맡게 될 업무에 대해서 간단히 설명해주겠습니다. 현재 마케팅부서에서는 옥토 브랜드의 성공을 바탕으로 옥토 브랜드를 강화하기 위한 브랜드전략 수립과 옥토 repositioning을 위한 실행방안들을 준비하고 있지요. 이

[표 5] 우리투자증권과 옥토의 브랜드 인격(Brand Personality) 비교 분석 결과

평균	Competence					Sincerity						
	신뢰성	지적인	테크니컬한	성공적인	지도자적인	현실적인	가족중심적	소박한	정직한	성실한	최초(독창적인)	친근한
우리투자증권	4.86	4.50	4.17	4.68	4.37	4.64	4.24	4.00	4.51	4.63	4.10	5.11
옥토 브랜드	4.31	3.80	3.83	4.20	3.84	4.23	4.53	4.26	4.31	4.46	4.80	5.31

평균	Exitement							Sophistication			Ruggedness	
	트렌디한	활발한	젊은	상상력이 풍부한	독특한	최첨단의	현대적인	상위층의	매혹적인	세련된	남성적인	강인한
우리투자증권	4.21	4.33	4.06	4.13	4.20	3.76	4.19	4.06	3.53	3.81	4.09	3.77
옥토 브랜드	4.54	4.71	4.59	4.86	5.13	4.03	4.04	3.63	3.49	3.53	3.57	3.41

출처: 우리투자증권 내부자 브랜드 설문조사 결과(2010.7.)

[그림 14] 우리투자증권 옥토의 브랜드 Master Plan

부분에 이과장에게 기대가 큽니다."

"최부장님, 옥토의 또 다른 혁신적인 모습을 보여드리도록 노력하겠습니다."

"자, 오늘 오리엔테이션은 마치도록 하겠습니다. 이진영 과장의 입사를 다시 한 번 축하합니다. 앞으로 파란 문어, 옥토와 같이 창의적이고 혁신적인 이과장의 모습을 기대하겠습니다."

옥토(octo)의 성공요인

금융의 새로운 패러다임을 열다

"우리가 먼저 시작합니다." 우리투자증권이 옥토 런칭시 내세운 광고 카피다. 경쟁사보다 먼저 고객에게 좋은 서비스를 제공하겠다는 우리투자증권의 의지를 잘 보여주는 예라고 할 수 있다. 종합투자은행으로의 전환을 위한 상품브랜드 강화전략에 많은 노력을 기울여온 우리투자증권은 옥토 출시를 통해 고객의 가치극대화를 이끌 수 있는 핵심브랜드를 창조하고, 이를 통해 선진형 서비스를 제공하고자 하였다. 앞서 살펴본 바와 같이 종합자산관리서비스가 시장에 등장하게 된 배경은 글로벌 금융위기를 겪으며 증권사들의 시장전략과 고객들의 투자성향에 맞추어진 금융서비스의 필요성이 대두되었기 때문이다. 이에 우리투자증권은 시장선도적인 브랜드 런칭을 전개했다는 점에서 위기를 기회로 만들어 새로운 패러다임을 열어간 개척자라 할 수 있다. 더욱이 이런 선진적 자산관리 브랜드 런칭이 업계보다 2년이나 앞섰다는 점에서 큰 의미가 있다. 금융마켓 및 금융소비 전반의 트렌드와 고객의 니즈 변화를 빠르게 감지하고 국내 최초의 자산관리서비스 브랜드의 런칭을 통해 마켓 전반의 트렌드 변화에 있어 촉매역할을 한 시장선도형 성공사례이다. 따라서, 옥토는 단순히 고객의 편의성을 높인 금융상품으로서의 의미만 있는 것이 아니다. 향후 투자의 새로운 패러다임이 될 종합자산관리를 한 발 앞서 제안한 개척자적인 마케팅으로서 그 의미가 매우 높다.

브랜드로 시장을 앞서가다

고객관점에서 어려운 금융상품과 서비스들을 쉽게 기억하고, 회상하고, 접근할 수 있도록 도운 캐릭터 마케팅의 성공사례이다. 브랜드 캐릭터는 브랜드 아이덴티티(BI)를 표현하는 로고나 트레이드마크와 함께 성질을 나타내는 부호나 심볼로서, 기업의 상품 이미지나 브랜드에 대한 소비자의 친근감을 제고하기 위해 사용되는 캐릭터이다(김맹호, 1997). 또한, 캐릭터의 중요한 기능은 강한 아이덴티티를 강하게 표출하는 도구로서의 기능, 정보전달 요소의 기능을 통해 제품의 이미지를 제고시키고, 대중의 흥미를 자극하는 기능, 시각을 통해 이성적·감성적 설득 커뮤니케이션이 용이하게 하는 매개체의 기능이다(박천일, 2000). 이런 브랜드 캐릭터의 장점을 우리투자증권은 성공적으로 활용하였다. 금융업계의 일반적인 마케팅 커뮤니케이션의 틀을 깨고, 파란문어라는 옥토 캐릭터를 개발하고 과감하게 전면에 활용한 점도 매우 차별화된 마케팅 시도로 볼 수 있다. 매우 제한적인 마케팅을 전개해온 보수적인 금융시장에서, 새로운 금융상품에 새로운 브랜드캐릭터 마케팅 접근 방식을 접목했으며, 그것도 경쟁사보다 2년이나 앞서서 브랜드 마케팅 커뮤니케이션을 했다는 점에서 매우 진보적이고 혁신적이었다.

이후 다양한 경쟁사들도 다양한 브랜드를 런칭하고 우리투자증권을 추격하였으나, 브랜드 캐릭터를 통한 차별화된 친근성으로 소비자 마인드맵에 명확한 아이덴티티가 위상정립된 옥토를 따라잡기에는 무리였다. 이만큼 옥토가 캐릭터 브랜드를 통해 차별화된 마케팅커뮤니케이션을 진보적으로 진행했다는 증거이다.

일반적으로 브랜드 캐릭터를 통한 커뮤니케이션이 친근성을 강화하다 보면 전문성이 약화되기 쉬운데, 옥토의 마케팅 커뮤니케이션은 금융상품 및 서비스의 전문성을 친근하면서도 이성적으로 고객에게 설명하고 전달하였다는 점에서 어려운 두 마리 토끼를 한번에 잡은 셈이다. 발이 여덟 개인 파란 문어 캐릭터의 개발을 통해 상품이 제공하는 혜택을 효과적으로 잘 전달하여 이성적으로 설득하는 커뮤니케이션을 하였으며, 귀여운 파란색 문어 캐릭터를 통해 친근하게 감성적 커뮤니케이션한 결과이다.

브랜드 확장과 진화는 계속된다

2007년 3월 옥토 브랜드 런칭시점의 성공을 기반으로 옥토는 지속적으로 진화하였다. 초기 종합거래계좌의 브랜드에서 시작한 옥토는 이후 다양한 금융상품 출시 시 옥토 브랜드를 적용하여 브랜드 확장을 성공적으로 이루어냈다. 금융상품이 진화하면서 브랜드의 진화도 자연스럽게 일어난 것이다. 결국, 옥토는 종합거래계좌 브랜드에서 이제는 종합자산관리 서비스 브랜드로서 그 영역이 성공적으로 확대되었다. 이러한 금융브랜드의 브랜드 확장 또한 업계에서 보기 드문 사례로서, 통합된 아이덴티티 연속선상에서 신규 런칭 금융상품의 인지 및 선호를 단기간에 올릴 수 있는 큰 자산을 가진 것이다.

우리투자증권은 옥토 브랜드의 자산을 기반으로 옥토 성공에 만족하지 않고, 최근 진행중인 브랜드 전략의 재정립을 통한 브랜드 다듬기 과정은 브랜드 이론상으로도 매우 정석적인 과정을 밟는 모범적 사례라고 할 수 있다. 현재 옥토 브랜드의 진화는 계속되고 있다. 전략적이고 체계적인 브랜드 관리 및 운영을 통한 옥토의 또 다른 마케팅 성공이 기대된다.

토론과제

토론과제 1.

브랜드 캐릭터를 활용한 마케팅의 성공사례와 실패사례를 토론해보고 성공적인 브랜드 캐릭터를 활용한 마케팅 방안을 수립해보자.

토론과제 2.

당신이 처한 특정 브랜드를 위해서 브랜드 아이덴티티를 재 수립해보고, 브랜드의 확장과 진화 모델을 수립해보자.

토론과제 3.

옥토처럼 시장의 패러다임의 변혁을 선도한 브랜드 마케팅을 성공적으로 진행한 다른 산업의 성공한 시장 선도형 브랜드의 사례에 대해 토론해보자.

참고문헌

김맹호(1997), 광고 디자인 구성요소로서의 캐릭터 의미에 관한 연구, 예술문화연구, 9, 1-33.

박천일(2002), 한국의 민속 문화 캐릭터, 국립민속박물관, 124-139.

사례 7.

새로운 제품 카테고리 창출을 통한 시장선도 전략

- 제품 카테고리 생성을 통해 프리미엄시장을 공략한 삼성 LED TV 해외마케팅 사례 -

이두희* 서정치**

삼성전자 영상사업부 마케팅팀의 김삼성 차장에게 2008년 11월 28일 뉴욕 맨하탄의 날씨와 바람은 유난히 춥고 차가웠다. 이른 아침 일찍부터 시작된 소비자 관찰 조사는 벌써 오후 5시까지 계속되고 있었고 피로를 잊기 위해 마시고 있는 뉴욕의 커피 맛은 생애 최고로 쓰게 느껴졌다. 2008년 블랙 프라이데이(Black Friday)는 다른 해와는 다른 특별한 의미를 가졌다. 2007년 미국의 서브프라임 사태로 시작된 금융위기가 세계 각국으로 번지고 있었고, 바로 9월 전 세계 4위의 투자은행 리먼브라더스의 파산으로 전 세계 경제가 더욱 무거운 경기 침체에 빠져들고 있었다.

일반적으로, 미국 소매 상점들은 11월까지 연간 적자 수준을 유지하다가 추수감사절(11월 4주차 목요일) 바로 다음날 금요일에 시작되어 크리스마스와 연말 때까지 계속 되는 쇼핑 시즌을 기점으로 흑자로 돌아서기에, 11월 4주차 금요일을 “블랙 프라이데이”로 부르며 대대적인 고객 대상의 판촉활동을 펼친다. 하지만 2008년은 서브프라임발 경제위기로 인해 소비자들의 지갑은 닫히고 자연스럽게 소매상들의 영업 활동이 위축될 수밖에 없었기에, 이번 블랙 프라이데이에 거는 기대와 관심은 그 어느 때보다 높을 수밖에 없었다.

삼성전자 영상사업부의 마케팅팀에 근무하는 김삼성 차장은 삼성전자를 포함한 많은 가전 업체들의 명암이 가려질 바로 이 중요한 쇼핑 시즌에 맞춰 뉴욕에 있는 여러 가전, 대형 리테일(retail) 매장들을 발로 뛰며 소비자 동향과 시장의 반응을 지켜보고 있었다. 오전에 방문한 시어즈(SEARS) 매장에서 김삼성 차장은 29세의 프리랜서 디자이너 브라이언을 만났다. 그는 기존에 자신이 갖고 있던 필립스 브라운관 TV를 이번 블랙 프라이데이에 맞춰 Full HD TV로 업그레이드하기 위해 나왔다. 그는 이미 상당기간 구매를 위한 사전 조사를 마쳤고, 조그마한 스튜디오에서 살기에 32인치 크기의 가격 경쟁력을 갖춘 비지오(Visio)를 559불에 구매했다. 그의 표정에서는 큰 만족감을 쉽게 읽을 수 있었다.

*고려대학교 경영학과 교수 **삼성전자 브랜드제품마케팅팀 차장

오후에는 뉴욕 맨하탄의 한가운데에 위치한 베스트바이(Best Buy) 매장에 방문했다. 이 매장의 바로 입구에는 애플 제품 전용 공간이 차지할 만큼 소득 수준이 높은 고객이 많이 찾는 곳이다. 43세의 변호사 케네스는 거실에 있는 LCD TV를 대체할 대형 Full HD LCD TV를 고르고 있었다. 삼성 TV가 약진하고 있다는 것을 잘 인지하고 있었으나 그의 마음에는 이전부터 소니 브랜드에 대한 높은 인지도와 선호도 그리고 무엇보다도 TV는 이전 브라운관 시절부터 트리니트론(Trinitron)으로 대표되는 "소니=프리미엄 TV"라는 강한 인식을 갖고 있었다. 그는 삼성 TV를 잠깐 보긴 했으나 곧장 소니 제품 쪽으로 가서 다른 사이즈와 가격 그리고 베스트바이의 세일즈맨에게 몇 가지 장점에 대한 설명을 듣고는 바로 고가의 브라비아(BRAVIA) 52인치 Full HD LCD TV를 구매했다.

여기는 삼성전자 영상사업부 마케팅팀이 위치한 수원사업장. 뉴욕에서 토요일 새벽 비행기를 타고 서울에 일요일 새벽에 도착한 김삼성 차장은 일요일 오후 긴급 소집된 미팅에 참석했다. 이 미팅을 소집 및 주재한 이는 삼성전자 TV 사업부 마케팅 총괄을 맡게 된 이성공 팀장이다. 그는 삼성전자 무선사업부 전략 마케팅 팀장으로 있으면서 프리미엄 제품 위주의 전략으로 휴대전화 최강자 노키아에 이어 삼성을 세계 휴대폰 단말기 시장에서 확실한 세계 2위 자리에 올려놓은 성공신화의 주역인 그는 최근 큰 고민에 빠졌다.

삼성은 이미 시장점유율 기준으로 휴대폰 세계 2위, 메모리반도체 세계 1위, 평판 TV 세계 1위로 겉으로 보기에는 글로벌 시장에서 큰 성공을 이루었다. TV 사업부 역시 디지털 시장으로 먼저 진입한 전략적 이점 때문에 LCD TV 시장에서 2005년부터 세계 시장점유율 1위를 달리고 있었다. 하지만 뉴욕의 시장반응 조사에서 확인되었듯이 아래로는 저가 가격 리더인 비지오에게 쫓기고 있고, 위로는 브랜드 파워에서 밀리는 소니에게 프리미엄 시장을 내주고 있었다. 경영 전략의 대가인 하버드대학 교수 마이클 포터(Michael Porter)가 말한 전략적으로 가장 좋지 못한 위치인 가운데에 끼여있는 상황(Stuck in the middle)에 놓여 있었다.

"현재 전세계에서 가장 많이 팔리고 있는 TV는 삼성브랜드이지만, 과연 소비자의 마음, 인식 속에서 삼성 TV가 가장 높은 자리를 차지하고 있을까요? 우리의 브랜드 이미지가 과연 우리의 시장점유율만큼 강한가요? 우리가 시장점유율 1위를 굳건하게 지키고 가격도 경쟁사에 비해 높게 받는 반면, 3,000 달러 이상 프리미엄 상품군에서는 2위 소니에 밀리고 있는 게 사실입니다. 이는 우리 TV

의 브랜드 이미지가 1등이 아니고, 삼성 TV가 많은 사람들의 선택을 받고는 있으나 가장 선호하는(Most Preferred) 브랜드가 아니기 때문입니다."

회의를 주재한 이만수 팀장이 화두를 던졌다. 많은 토론과 논쟁이 있었으나 아래에서 추격 받고 위에서는 브랜드 프리미엄에 밀리는 샌드위치 상황을 벗어나기 위해서는, 가격 경쟁에 의한 출혈로 레드 오션(Red Ocean)을 만들 저가 시장 공략이 아닌, 브랜드 이미지 1등의 목표와 프리미엄 시장의 확실한 공략을 위해 LED TV에 론칭과 마케팅을 집중해서 올인(All in)하는 것이 최선의 전략적 선택으로 보였다.

삼성은 한번 결정이 내려지면 무섭게 그 결정의 실행을 위해서 달려간다. 하지만 그날 회의에 참석한 사람들 중에는 과연 현재와 같은 글로벌 경기 침체 상황에서 고가의 프리미엄 제품(LED TV) 전략이 성공할지 의문을 갖고 있는 사람들도 꽤 있었다.

평판(LCD, PDP) TV 시장 개요

평판 TV의 개념 및 시장

평판(Flat Panel) TV는 디지털 방송을 수신 및 시청할 수 있는 디지털 TV 중 디스플레이 방식이 LCD(Liquid Crystal Display)와 PDP(Plasma Display Panel)인 TV를 말한다. 현재에도 상당수의 가정에서 브라운관(CRT) 방식의 TV로 아날로그 방송 혹은 디지털 방송을 시청하는 가정이 있으나, 오늘날 디지털 TV 수요의 대다수는 벽에 걸 수 있고 공간 절약이 가능한 LCD와 PDP 수요가 대부분을 차지하고 있다.

평판 TV는 미국 및 유럽을 중심으로 한 디지털 방송의 본격화, 제조업체들간의 원가절감 노력과 경쟁에 의한 가격 하락과 소비자 관점에서는 고화질, 대화면, 슬림 제품에 대한 욕구의 증가가 기업의 적극적 마케팅 활동과 맞물려 자연스럽게 증가한 것이 가장 큰 성장 요인으로 볼 수 있다.

먼저 평판 TV 시장의 구조를 보면, 초기에는 PDP TV가 우세를 보였으나 현재에는 LCD TV 위주로 시장이 완전 재편되었다. PDP TV는 대형화가 용이한 장점으로 초반 40인치 이상의 대형 TV 위주로 많은 판매가 이루어졌으나 전력 소모량이 LCD TV 보다 많고 선명한 색상에 뒤지는 단점이 있었다. 반면 업체들의 끊임없는 원가절감 노력과 대형화 개발을 통해 2010년 현재 거의 9:1의 비율로 LCD TV가 평판 TV 시장을 주도하게 되었다(표 1 참조).

하지만 2007년까지 50%대의 고성장을 기록했던 LCD TV가 선진국 시장에서 이미 확산이 고점에 이르렀고, 세계 경기 둔화의 영향으로 그 성장률이 현저히 둔화되었다. 시장조사기관 Display Search의 자료 및 전망에서도 볼 수 있듯이(표 참조), 판매 수량 기준으로는 연평균성장률이 14%로 떨어져 있으며, 판매금액 기준으로는 평판 TV 시장의 연평균성장률(CARG)은 겨우 2%의 정체기에 빠졌다.

시장 성장률이 판매 수량의 연평균성장률 14% 대비, 판매 금액 시장의 연평균성장률이 2%로 현저히 낮은 것은, 바로 '06년부터 '09년까지 평균판매 가격 ASP(Average Selling Price)에서 원인을 찾을 수 있다. 실제 '06년 1,053 달러였던

[표 1] 평판 TV 판매 대수 및 LCD PDP 비율

(단위 : Mill Units)

	'08년	비율(%)	'09년	비율(%)	'10년	비율(%)	'11년	비율(%)
LCD	105	89	131	90	154	90	172	91
PDP	13	11	15	10	17	10	17	9
총 규모	118		146		171		189	

출처 : Display Search '08 3Q

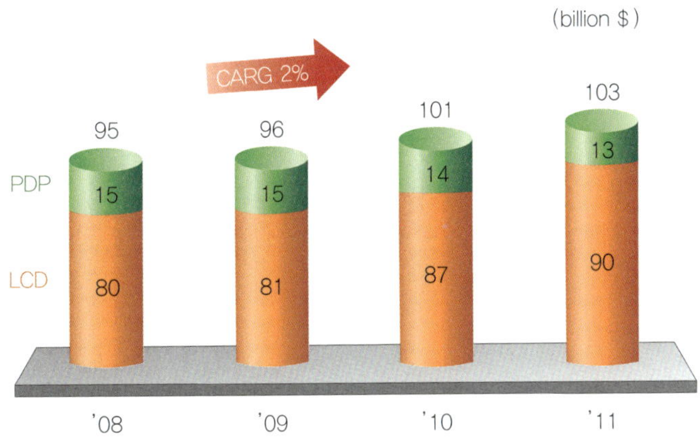

출처: Display Search '08 3Q

[그림 1] 평판 TV 시장 성장 (금액)

평판 TV 평균 판매 가격이 '09년에는 불과 548달러로 거의 반 값 수준으로 떨어졌다(그림 2 참조). 요약하면 현재 평판 TV 시장은 성장률이 둔화 하락함과 동시에 평균 판매 가격의 급격한 하락으로 업계와 개별 기업들은 이중고에 빠져 있다.

LED TV의 개념 및 초기 LED 시장 상황

평판 TV 시장의 성장률 둔화와 판매 가격의 급격한 하락은 이 시장에서의 새로운 성장 동력을 필사적으로 찾게 만들었다. 2008년까지 평판 TV 시장은 LCD TV와 PDP TV로 구성되었지만, 새로운 기술 방식인 OLED 유기(자체) 발광 다이오드(Organic Light Emitting Diode)와 LED 발광 다이오드(Light Emitting Diode) 역시 디스플레이 방식이 평판으로, 새로운 평판 TV의 솔루션 중의 하나로 볼 수 있다.

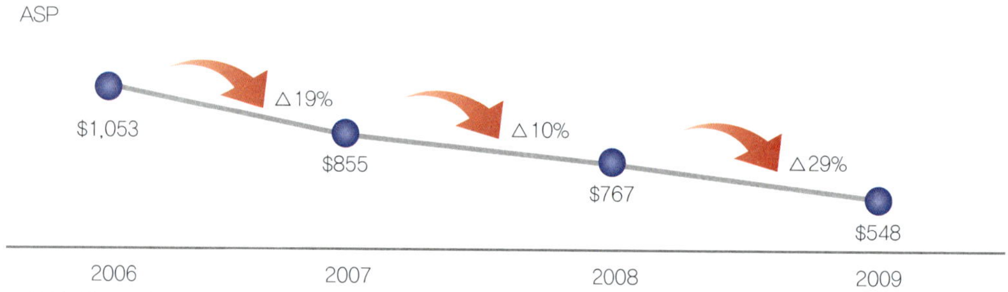

출처 : Display Search

[그림 2] 평균판매가격

LED TV는 크게 보면 LCD TV의 일종으로 빛을 내는 반도체로 불리는 발광 다이오드(LED)를 광원으로 사용하는 차세대 TV라 할 수 있다. 삼성은 시장 점유율 1위 기업으로서의 시장 지배력과 평판 TV 기술에 대한 기술 리더십을 바탕으로 2006년부터 삼성전기와 함께 LED TV 개발에 착수했었다. 반면 꿈의 디스플레이라고 불리는 유기 발광 다이오드 OLED TV는 이론상 패널 두께를 0.1mm까지로 만들 수 있고 넓은 시야각의 장점이 있으니, 대형화가 어렵고 아직까지 비용이 너무 높아서 상용화가 매우 어려운 기술적 제약이 있다.

LED TV를 가장 먼저 만든 업체는 그럼 현재 평판 TV 시장 1위의 삼성일까? 그렇지 않다. 소니가 2004년 세계 최초의 LED TV를 만들었다. 삼성은 '06년 최초로 40인치 LED TV M9을 소개했으며, 이후 경쟁사들이 LED TV 시장에 발을 들

[표 2] LED TV 출시 현황

2004년	소니 세계 최초의 LED LCD TV
2006년	삼성 M9 40인치
2007년	삼성 F9 52인치 소니 X3500 46인치, 52인치
2008년	삼성 780 (40/46인치) & 950 (46/55인치) 필립스 9803D, 42인치 소니 X4000, 46/55인치 샤프 XS1, 52/65인치 LG David LED LCD TV 46인치

이기 시작했다. '07년 소니와 삼성, 그리고 08년 필립스, 소니, 샤프가 제품을 내놓기 시작하였다. 그러나, 그 규모는 매우 작았으며 다분히 시장 반응을 살피기 위한 테스트 성격으로 볼 수 있었다.

실제 LCD와 PDP로 구성된 기존 평판 TV 시장의 연평균성장률이 2%의 극심한 정체를 보이는 반면, 새로운 평판 TV 솔루션인 LED TV는 2013년 전체 평판 TV 시장의 절반 이상을 차지할 정도로 가파른 성장세가 예상되고 있었다. 현재 평판 TV 시장 세계 1위 기업으로서 앞으로도 시장을 선도적으로 개척하고 지속적인 리더십을 가져가기 위한 전략적 기회 요인이 바로 LED 발광 다이오드 TV에 있다고 판단하였다. 삼성은 직면한 위기의 1위 자리와 성장률 둔화와 급격한 가격 하락에 처한 TV 시장 상황을 반전시킬 새로운 성장 원동력과 기회로 활용하기 위한 마케팅 전략은 다음과 같다.

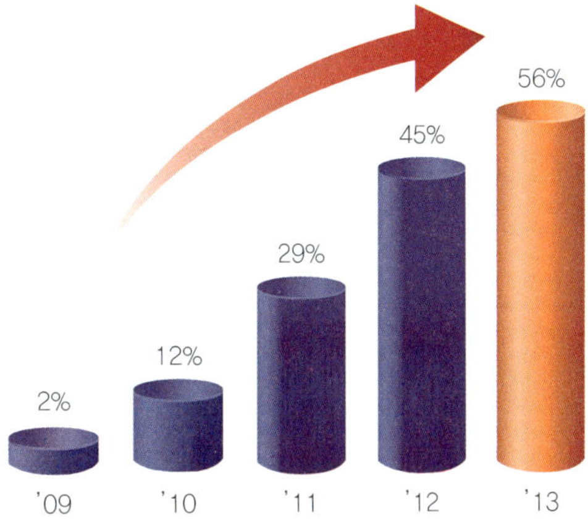

출처 : iSuppli WWT Q4 09 Market tracker

[그림 3] LED TV의 성장(Unit % of FPTV)

삼성 LED TV 마케팅 전략

고객의 시선에서 출발하다

마케팅의 가장 기본은 소비자의 니즈를 찾아 내어 제품화하는 것이고, 경쟁이 치열한 시장에서는, 시장에서 충족되지 못하는 고객의 잠재 욕구를 찾아내는 것이 무엇보다 중요하다. 요즘과 같이 디지털 기기를 사용하는 시대에는 고객 스스로도 자신의 요구가 무엇인지 잘 모르는 경우가 많기에 고도의 마켓 센싱(Market Sens-

[표 3] 소비자의 지불의향(LED TV)

시장 크기	잠재욕구(현재 평판 TV 대비)	지불의향
90%의 소비자	보다 좋은 화질	300 달러
86%의 소비자	보다 얇은 두께	200 달러
80%의 소비자	보다 작은 에너지 소비	150 달러

출처: 삼성 내부 소비자 조사 자료

ing) 능력을 갖추는 것은 기업의 마케팅 역량과 직결된다.

삼성은 세계 TV 시장의 가장 큰 격전지인 북미시장에서 대규모 시장조사를 실시하여 평판 TV에서 고객이 진정 원하는 것과 그것에 얼마만큼의 가격을 지불할 의향(WTP: Willingness To Pay)이 있는지를 파악하였으며, 삼성 LED TV는 이러한 고객의 충족되지 못한 잠재 욕구를 충실하게 해결해 주는 새로운 고객 중심의 TV였다.

실제 삼성은 이러한 고객의 잠재 욕구를 파악한 시장 조사 결과를 바탕으로 LED TV의 가격을 소비자 관점에서 책정할 수 있었고, 같은 크기의 기존 LCD TV보다 평균 700달러 이상 시장에서 더 받을 수 있었다.

새로운 제품 카테고리를 창출하다

앞에서도 살펴보았듯이, LED TV는 완전 새로운 TV는 아니다. 이미 여러 업체에 의해서 제품이 시장에 도입된 적이 있다. 하지만 삼성은 LED TV를 2009년 TV 사업부의 최대 전략 제품으로 선정하며 삼성 LED TV를 별도의 제품 카테고리(Category)로 위상정립하는 전략을 선택했다.

이는 LED TV가 기존 평판 TV에 비해 화질, 두께, 친환경 측면 모두에서 확실한 우위에 있음을 성공적으로 커뮤니케이션하기 위해 LCD TV와는 완전히 다른 제품 즉 "새로운 TV"로 위상정립하여 새로운 TV 분야의 개척자임을 고객에게 인지시키기 위해서이다. 또한 평판 TV 시장이 이미 성숙기의 정점에 달해서 성장률이 둔화되고 있으며, 개당 판매 가격이 지속적으로 추락하고 있는 상태에서, 새로운 TV로의 위상정립은 기존 평판 TV에 대해 갖고 있던 이러한 소비자 인식에서 벗어나고 새로운 욕구를 자극할 수 있는 스마트한 전략으로 볼 수 있다.

또한 무엇보다도 난공불락으로 보이는 소니가 가지고 있는 프리미엄 TV 시장에서의 브랜드 위상을 파괴하기 위해서는 기존 평판 TV의 업그레이드 제품으로는 분명히 한계가 있으며, 확실히 다른 그리고 보다 강력하고 좋은 새로운 TV로의 위상정립이 필요했다.

[그림 4] 새로운 TV 카테고리 메시지의 옥외광고

[그림 5] 새로운 TV 카테고리 메시지의 온라인배너광고

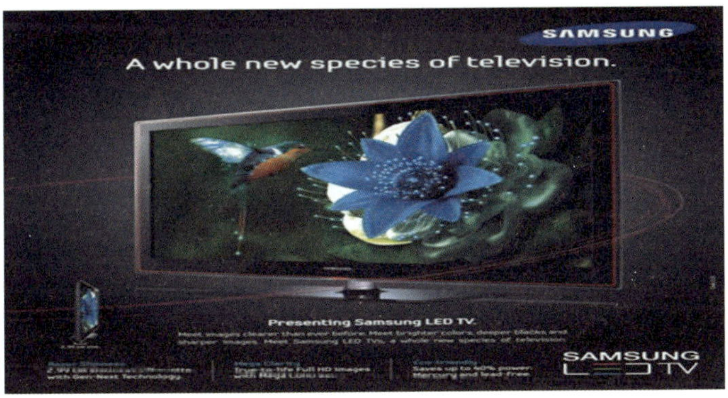

[그림 6] 새로운 TV 카테고리 메시지의 지면광고

[그림 7] 리테일 매장 내 별도의 LED TV 섹션

새로운 카테고리 창출을 위해서 글로벌 대상의 ATL(Above The Line) 광고에서도 새로운 TV라는 메시지를 일관적으로 커뮤니케이션했으며, BTL(Below The Line) 단의 스토어 내에서의 마케팅과 커뮤니케이션에서도 풀 라인업의 LED TV를 제공, 별도의 LED TV 섹션을 꾸미게 해서 리테일 환경 내에서 다른 평판 TV와의 차별화를 이루어 냈다.

제품전략

먼저 화질에 있어서 삼성 LED TV는 "크리스탈로즈 솔루션"이라는 자체 개발 엔진을 통해 빛의 3원색인 적색·녹색·청색에 더해 노랑·자주·청록의 영역까지 색을 표현, 보다 고화질의 색을 보여줄 수 있다. 경쟁사가 다른 회사의 칩셋을 사다 쓰는 것과는 달리 이 엔진은 500여명의 엔지니어들이 100% 직접 설계해서 반도체 시스템 LSI에서 제작한 것이다. 관련 특허를 3,000개 이상 가지고 있는 LED 기술력은 또한 가장 두꺼운 부분의 두께가 29mm인 초 슬림 제품을 가능하게 했다. 소니가 2009년 초 40인치 짜리 두께 9.9mm를 내놓고 슬림하다고 했지만 실상 그 TV의 중앙부는 볼록 튀어나와 34mm 달했다. 또한 모든 인류의 관심사라고 할 수 있는 친환경 문제에 대한 적극적 공략도 새로운 개념의 TV로 인식하게 만드는 역할을 하고 있다.

기존 평판 TV가 제조 과정에서 환경에 해로운 스프레이와 수은을 사용하며 전력의 소비도 많은 데 비해, 삼성 LED TV는 저 전력과 수은과 납을 전혀 사용하지 않는 이 세상에 나와 있는 TV 중 가장 친환경적 TV라 할 수 있다. 실제로 기

[표 4] 기존 LCD TV 대비 전력 소비 비교

Size	LCD TV	Samsung LED TV	Energy saving rate(%)
40"	175W	95W	 0 100
46"	185W	100W	 0 100
55"	220W	130W	 0 100

존 LCD TV 대비 전력을 40% 이상 줄일 수 있으며, 이러한 특징은 환경에 관심이 있는 소비자에게는 고가이지만 LED TV 구매를 고려하게 만드는 요인으로 작용할 수 있었다.

어워드(Award) 마케팅과 구전(Word of Mouth) 마케팅

삼성전자 영상사업부의 MI(Market Intelligence)팀은 소비자 구매행동에 대한 밀착 조사를 통해 미국 소비자들이 TV의 경우 구매 전 평균 약 3개월에서 6개월의 제품 탐색 기간을 가진다는 것을 알아냈다. 가장 먼저 하는 제품 정보 탐색은 일반적으로 제조사의 홈페이지 방문이나 온라인 상에 올라와 있는 제품 리뷰에 대한 검색이다. 이러한 온라인 검색을 통해서 제품 정보에 대한 자세한 구전 정보를 얻게 되며, 이후 실제 매장을 방문, 제품을 비교해 보는 단계를 거치고, 맨 마지막 구매에 이르게 된다.

'09년 말과 '10년 초 전 세계에서 가장 흥행에 성공한 영화는 제임스 카메룬 감독의 "아바타"이다. 이 영화는 또한 국내 모 인터넷 사이트의 역대 영화 리뷰 중 가장 소비자 평점이 높은 영화로 뽑혔다. 2009년 전 세계 모든 TV 중, 가장 많은 상과 높은 리뷰 점수를 받은 TV는 무엇일까? 바로 삼성 LED TV이다. 마케팅팀은 시장조사에서 파악된 소비자 구매 행동에 근거, 전략적으로 어워드 마케팅과 구전을 일으킬 수 있는 바이럴(viral) 마케팅 프로그램을 가동, 새로운 TV에 대한 제품 정보를 검색하는 고객에게 영향을 미칠 수 있는 효과적인 마케팅을 수행했다. 실제

[그림 8] 삼성 LED TV 해외 수상

로 삼성 LED TV는 2009년에만 EISA(European Imaging and Sound Association)의 최고 제품상, 미국 가전제품 전문 리뷰 사이트 Cnet의 역사상 가장 높은 제품 평점 등 100개의 상을 받았다.

또한, 온라인상에서 LED TV에 대한 버즈(buzz)를 일으키고 많은 구전효과를 창출하기 위해 영국의 바이럴 마케팅 전문 에이전시를 통해 “Extreme Sheep LED Art”라는 바이럴 동영상을 제작했다. 이 동영상은 '09년 3월 글로벌 론치 바로 이전 시점인 3월 17일 온라인상에 배포, 유투브(YouTube) 사이트 460만 건 조회, 영국 온라인 영상 웹사이트인 ‘바이럴 비디오 차트’(Viral Video Chart)에서 470만 건 이상의 조회수를 기록, 월간 기준 히트 동영상 1위를 차지하기도 했다. 이 동영상의 성공은 PR 효과로 이어져 국내 언론의 보도 및 미국 뉴욕타임스, 영국 BBC, 텔레그래프, 데일리메일 등의 유명 매체들에서도 보도되었다.

[그림 9] 삼성 LED TV의 온라인 동영상

마케팅 커뮤니케이션 성과분석

'09년 3월 글로벌 출시된 삼성 LED TV의 당초 판매 목표는 200만대 이하였으며, 삼성은 실제 목표 대비 30%를 초과한 260만대 이상을 판매했다. 미국 LED TV 시장 점유율은 금액기준 85.8%, 수량기준 80.5%에 달한다. 즉 작년 세계에서 가장 큰 시장인 미국에서 팔린 LED TV 10대 가운데 8대가 모두 삼성제품이다.

브랜드 위상의 변화

이러한 삼성 LED TV의 성공적 시장 진입과 판매를 통해 미국 채널의 판매원들이 갖고 있던 삼성 TV의 이미지가 기존의 가치 브랜드(Value Brand)에서 프리미엄 브랜드로 바뀌게 되었다. 실제로 J.D. Power and Associates에 의해서 삼성 TV는 "매장에서 가장 추천하는 브랜드"로 선정되었으며, '09년 2분기 미국 매장의 영업 사원들은 삼성 TV를 58%의 고객들에게 추천하였다. TV와 같은 고가의 정보 탐색을 많이 하는 제품에 있어서, 전문 판매원의 추천은 구매에 매우 결정적 역할을 하는 것으로 그만큼 삼성 LED TV의 위상이 다른 평판 TV와는 다르다는 것을 입증한다.

채널의 판매원들에게서 이렇게 확 달라진 대우를 받게 된 삼성 LED TV는 실제 매장에서의 삼성 TV에 대한 존재감 상승으로 나타났다. '09년 말 미국의 애널리스트가 뉴욕 교외의 평판 TV판매점에서 각 업체들의 부스 넓이를 조사한 결과, 모든 판매점들이 삼성전자 부스 크기를 전년 대비 확대했고 2배로 넓힌 곳도 있다고 한다. 이는 유통업체의 입장에서 보면 자연스러운 반응으로 볼 수 있다. 삼성 LED TV가 나오기 전까지 유통업체는 기존 평판 TV의 성장률 둔화로 판매의 감소와 또한 지속적으로 떨어지는 대당 판매 가격의 하락으로 마진이 나날이 줄어들고 있었기에 고가의 LED TV는 새로운 수요와 높은 마진을 가질 수 있는 매력적인 최고의 상품이었다. 이를 반영하듯 베스트바이는 홈페이지에 삼성 LED TV 섹션을 별도

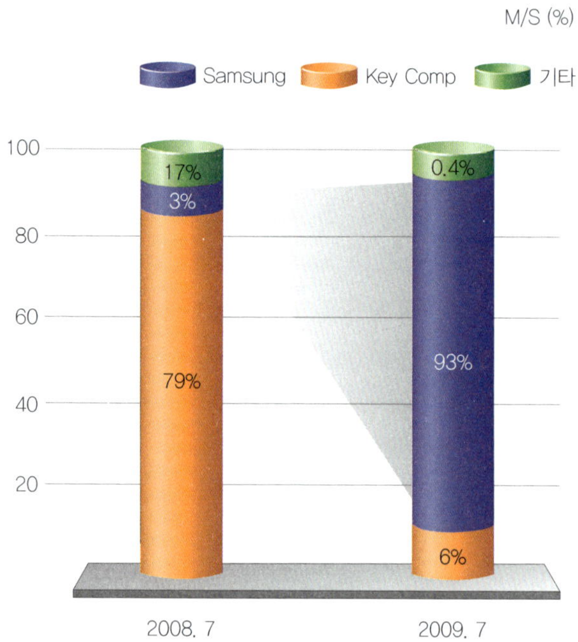

[그림 10] 미국의 3,000달러 이상 세분시장의 변화

마련했고, 영국 최고의 백화점에서도 삼성 LED TV에 별도 전시공간을 주었다.

또한 가장 큰 문제점 중의 하나였던 프리미엄 시장에서 2위 업체인 소니에게 밀리던 상황을 LED TV의 출시로 완전히 역전시킬 수 있었다. LED TV 출시 전 '08년에 3천 달러 이상의 프리미엄 시장에서 3%에 불과했던 삼성의 시장점유율이 '09년 3월 LED TV를 출시한 후 실제로 93%의 프리미엄 시장을 차지하는 성과를 이루었다(그림 10 참조).

[표 5] 소비자 최선호도 브랜드 변화

브랜드	'08년 하반기		'09년 하반기	
	최선호도	차이	최선호도	차이
삼성	20.4%	21.9%	22.4%	13.9%
소니	42.3%		36.3%	

출처: 2007년 하반기 삼성전자 자체 글로벌 조사 결과

최선호 브랜드의 경우 LED TV가 출시되기 전인 '08년 하반기에는 삼성 TV에 대한 브랜드 최선호도(Most Preferred)는 20.4% 그리고 소니의 경우는 42.3%였다. 하지만 '09년 3월 LED TV가 시장에 도입이 된 후 '09년 하반기에 측정한 브랜드 최선호도는 삼성이 22.4%로 2% 이상 상승한 반면 소니에 대한 최선호도는 40% 아래로 떨어져 36.3%로 조사되었다.

브랜드 최선호도가 불과 1년 전 20% 이상의 격차에서 불과 1년 사이 13%대로 떨어진 것은 어떤 의미가 있을까? 일반적으로 브랜드 척도에서 인지도(awareness)와 같은 척도는 대규모 마케팅 캠페인 혹은 굉장히 독창적인 마케팅 프로그램이나 광고를 통해서 어느 정도 수준으로 끌어올릴 수 있다. 하지만 브랜드 퍼널(Funnel)의 상위에 위치한 최선호도는 오랜 시간의 마케팅 활동과 매우 긍정적인 제품사용경험 등을 통해서 만들어질 수 있는 단기간에 그 수치를 쉽게 올릴 수 있는 브랜드 척도가 아니라는 점에서 1년 사이에 그 격차가 10% 초반대로 좁혀진 것은 마케팅 사례 어디에서도 쉽게 찾아볼 수 없는 업적이라 할 수 있다.

브랜드 후광효과 (Halo Effect)

LED TV의 성공적 마케팅은 삼성 평판 TV 전체에 후광효과로 작용했으며, 이는 2가지 결과로 나타났다. 먼저 삼성 LED TV가 출시된 '09년 3월 이후 2위 업체와의 전세계 시장점유율이 불과 2%대의 차이에서 시작되어 불과 6개월 만에 시장점유율의 차이가 21.5%로 그 격차가 10배 이상 차이가 나게 되었다(그림 11 참조).

이러한 평판 TV 전체 시장에서의 격차가 커지게 된 이유에는 삼성 LED TV로 인해 발생된 강력한 브랜드 파워, 인지도 상승, 제품 평가의 상승 등이 후광효과로 작용 다른 저가의 TV에게도 긍정적인 평가로 이어졌다고 볼 수 있다. 즉 LED TV를 통해 창출된 브랜드 파워와 제품 및 기술 리더십(Leadership)이 다른 제품군 전체의 평가에 긍정적으로 퍼져나간 확산효과(Spillover effects)의 결과로 볼 수 있다.

또한, LED TV가 론치된 시점부터 40인치 이상의 대형 TV 평균 판매가격이 역전되기 시작했다. 처음 론치된 '09년 3월의 불과 14달러 격차에서 불과 6개월 뒤에는 격차가 192달러로 삼성 TV의 판매가격이 경쟁업체보다 높아졌다(그림 12 참조).

LED TV를 통해 창출된 후광효과는 단순히 다른 평판 TV로 번지는 것에서 그치지 않았다. 미국 최대 최고의 가전 유통 베스트바이(Best Buy)에서는 삼성전자

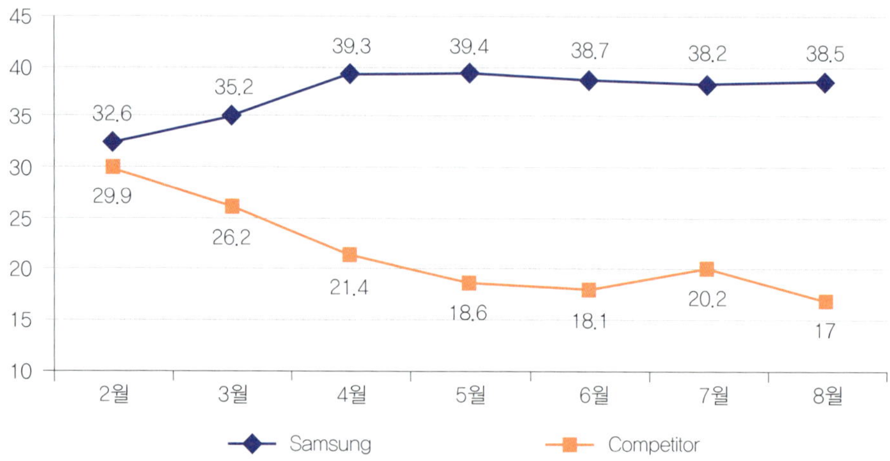

[그림 11] 글로벌 시장점유율(2009년 2월~8월)

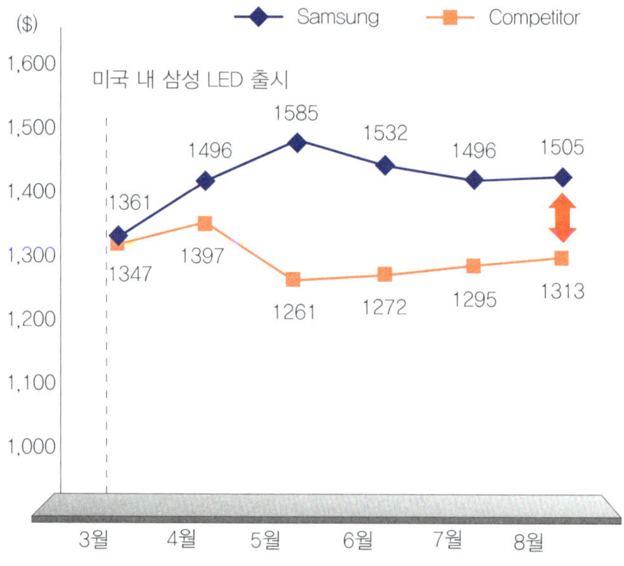

출처: NPD

[그림 12] 미국의 40인치 이상 TV 평균판매가격

[표 6] 2009년 미국 AV 시장점유율 (단위: %)

블루레이 플레이어		홈시어터	
수량기준	금액기준	수량기준	금액기준
삼성(34.7)	삼성(36.7)	삼성(29.6)	삼성(28.2)
소니(28.7)	소니(28.8)	소니(24.5)	소니(24.9)
파나소닉(12.5)	파나소닉(11.0)	파나소닉(14.7)	파나소닉(16.5)
LG(8.7)	LG(9.4)	LG(6.7)	보스(14.4)
샤프(2.2)	파이오니어(3.0)	RCA(6.4)	LG(6.7)

출처: NPD

제품이 판매장 면적의 30%를 차지하고 있으며, 이는 약 15%의 소니보다 2배 더 많은 판매 및 전시 공간으로 그 후광효과가 삼성전자의 다른 제품군으로도 작용했다는 것이다.

실제로 시장조사기관 NPD에 의하면 삼성전자는 '09년 최초로 미국에서 일본업체들이 주도하던 AV(오디오 비디오) 시장을 석권했다(표 6 참조). '09년 삼성의 블루레이 플레이어와 홈시어터에 특별히 뛰어난 성능이나 혁신적인 기능의 제품이 있었던 게 아닌 상태에서 일본업체를 누르고 사상 처음으로 1위에 등극한 것은 LED TV가 몰고 온 고객 및 유통업체 대상의 강한 영향력과 후광효과를 부인할 수 없다. 또한 삼성 LED TV로 시작된 삼성 브랜드의 영향력이 오디오 비디오 시장 전체에 그 영향력을 행사한 것처럼, 삼성전자의 존재감 상승은 '09년 삼성전자가 사상 최초로 연간 매출액 기준 세계에서 가장 큰 가전 및 IT 업체로 등극한 것과 연관이 없지 않다.

성공요인 및 향후 과제

삼성전자 영상사업부는 분명 LED TV를 기존 평판 TV와는 전혀 다른 새로운 TV, 즉 보다 선명하고 보다 슬림하고 보다 친환경적인 TV로 성공적으로 위상정립 시켰다. 여기에는 고도의 마켓 센싱(Sensing)을 통해 평판 TV 소비자의 잠재 욕구를 찾아내어 그것을 전혀 새롭고 성능이 매우 우수한 TV로 만들어 내는 제품화 능력과 기술력이 있어 가능했지만, 이것만으로 오늘날의 성공이 가능했을까? 쉽지 않을 것이다. 삼성의 또 다른 핵심역량의 뒷받침이 있었기에 가능했다.

삼성전자의 또 다른 핵심역량은 바로 글로벌 동시 출시 능력과 공급망 사슬관리(SCM: Supply Chain Management)의 조화이다. 삼성은 '06년 보르도 TV의 전세계 6주 동시론칭 달성으로 제품의 초기 확산 속도를 획기적으로 단축 글로벌 동시론칭 능력을 이미 확보했다. 여기에 글로벌 소프트웨어회사 SAP과 컨설팅 업체 맥킨지에서도 인증하는 세계 최고 수준의 공급망 사슬관리 능력이 힘을 더했다. 평판TV의 제품수명주기(PLC)가 1년 미만으로 짧아진 현실에서, 기존 16주가 걸리던 물류기간을 4주로 단축, 경쟁사보다 12주 빨리 시장에 진입하는 게 가능해졌다.

즉, 삼성이 LED TV라는 새로운 차원의 TV를 시장에 내고, 전략적으로 전혀 새로운 종의 TV로 위상정립하는 것만으로는 현재와 같은 큰 성공을 거두기는 힘들다. 이미 다른 경쟁사들도 LED TV를 출시한 적이 있어서 시장에 제품을 대거 내놓고 삼성과 정면으로 마케팅 경쟁을 했다면 삼성의 성공은 힘들었을 것이다. 하지만 다른 경쟁사에게는 삼성처럼 짧은 시간에 전세계에 LED TV를 동시에 출시할 수 있는 능력이 없었다. 결국 1년 미만으로 짧아진 제품수명주기의 시장 환경에서 빠르고 큰 대응을 하기가 힘들었고 이러한 이유로 삼성이 짧은 시간에 "삼성=LED TV"로 고객의 인식을 점령할 수 있었다.

LED TV로 그 격차가 더 벌어지게 된 일본업체들은 그 반격의 기회를 3D TV로 삼고 있으며, 실제로 2010년 CES 전시회에서 가장 큰 이슈는 3D TV였다. 삼성의 경우는 3D TV에 대해 일본업체보다 소극적 입장에 있었으나, 3D 영화 "아바타"

의 글로벌 대 히트를 계기로 3D에 대한 소비자의 글로벌 수요가 생각보다 빨리 크게 올 수 있음에 대비 2010년에는 3D LED TV로 '09년 LED TV로 시작한 시장 지배력 강화를 이어 가려고 한다.

3D TV의 경우는 3D 콘텐츠의 확보가 매우 중요하며, 이러한 관점에서는 할리우드의 콜롬비아 영화사를 소유하고 있는 소니에게 기회가 있다고 볼 수 있다. 과연 소니를 필두로 한 일본 업체들이 3D TV를 무기로 삼성이 '09년에 달성한 막대한 시장 및 브랜드 지배력을 위협해서 다시 이전의 주도권을 가져올 수 있을지, 아니면 '09년에 확실히 잡은 평판 TV 시장의 지배력을 삼성이 계속 3D LED TV로 지킬 수 있을지 삼성전자 영상사업부의 마케팅팀에는 새로운 문제가 주어졌다.

현재는, 일본업체들은 LED TV에서 글로벌 시장 주도권을 완전히 빼앗겼기에, 삼성이 사용한 전략과 유사하게 3D TV를 새로운 TV 카테고리로 완전히 다른 시장으로 위상정립, 시장 주도권을 잡을 수순을 밟고 있으며 삼성은 LED TV에서 굳힌 글로벌 독주 체제를 발판으로 3D TV 역시 본인들의 시장인 LED TV의 한 부분으로 즉 3D LED TV로 마케팅을 하고 있다.

과연 3D TV가 '09년 대성공을 거둔 LED TV와 같은 강한 소비자 수요를 창출할 수 있을까? 소비자들은 과연 3D TV를 일본업체들의 마케팅 방향대로 별개의 TV 제품군으로 인식할지 아니면 LED TV의 한 종류인 3D LED TV로 인식을 할지, 글로벌 TV 업체들의 또 한판의 마케팅 대결을 관심 갖고 지켜볼 필요가 있다.

토론과제

토론과제 1.

삼성 LED처럼 최초 제품 개발이나 최초 브랜드 출시는 사례는 아니나, 마케팅 역량과 자원을 집중하여 시장 선도형 브랜드가 된 사례들에 대해 논의해보자.

토론과제 2.

삼성전자는 LED TV의 성공적 마케팅으로 브랜드 최선호도(Most Preferred)의 격차를 20% 이상에서 10% 초반대로 줄일 수 있었다. 향후 브랜드 최선호도를 더 줄여서 궁극적으로 소니의 최선호도를 능가하기 위해서는 어떠한 마케팅 전략이 필요할지 토론해보자.

토론과제 3.

삼성에게 LED TV 시장을 완전히 내어준 일본 업체들이 3D TV로 대대적 반격을 준비하고 있다. 이에 대한 삼성의 대응 전략은 무엇이 있을 수 있으며, 그 대응전략이 효과적인지 아니면 효과적이 아닌지를 구체적으로 논의해보자.

사례 8.

현대카드 10년, 과학으로 만든 혁신의 역사

- 현대카드 과학적 혁신 마케팅 전략 사례-

이영라* 이두희** 최지은***

신인류대학교 마케팅원론 강의실. 담당교수인 김경영 교수가 들어서자 학생들의 웅성거림은 곧 잦아들었다.

김경영 교수 : 오늘 이 시간은 지난주에 공지해 드린 바와 같이 마케팅 분야의 현업에서 활발한 활동을 하고 계신 실무자를 초청하여 강연을 듣고, 중간 중간 질의응답을 하는 방식으로 수업을 진행해 나가겠습니다. 학생 여러분들은 국내기업체 중에 '파격적일 정도로 새로운 마케팅을 실행하는 회사' 하면 어떤 기업이 떠오릅니까?

한 두 학생들의 대답이 이어지고 강의실 뒤편의 한 학생이 손을 들었다.

학생 : 저는 국내 카드 디자인에 새로운 '혁신'의 기운을 불어넣은 현대카드가 가장 먼저 떠오릅니다. 현대카드는 2000년대 초반에 카드가 단순히 결제수단을 넘어서 패션 아이템이 될 수 있다는 사실을 소비자들에게 일깨워 주었고, 다양한 마케팅을 통해서 차별화된 현대카드만의 브랜드를 만들기 위해 노력하고 있는 것 같습니다.

김경영 교수 : 학생들의 좋은 의견 감사합니다. 많은 기업들이 새로운 마케팅 기법들을 도입하여 소비자들에게 자신들의 제품을 어필하기 위해 노력합니다. 그러나 진정으로 새로운 마케팅 전략이란 과연 무엇일까요? 오늘은 이에 대해 알아보기 위하여, 수많은 '최초' 수식어를 가지고 있는 기업, NCSI(국가고객만족도) 신용카드 부문 2005~2006년 2년 연속 1위, 한국능률협회컨설팅(KMAC)이 선정한 한국에서 가장 존경받는 기업 신용카드부문 2005~2009년 5년 연속 1위 등 수많은 찬사를 받고 있는 기업인 현대카드의 마케팅팀 이혁신 과장님을 오늘의 초청연사로 모셨습니다.

김경영 교수가 이혁신 과장을 소개하자 학생들의 뜨거운 반응이 이어졌고, 이혁신 과장이 조금은 수줍은 미소로 강단에 섰다.

*고려대학교 대학원 **고려대학교 경영학과 교수 ***고려대학교 대학원

이혁신 과장 : 반갑습니다. 저는 현대카드 마케팅팀의 이혁신 과장입니다. 학생들 모두 현대카드의 마케팅 전략에 관심을 가지고 있는 것 같아 강연이 흥미진진하게 진행될 것 같은 예감이 드네요. 오늘 강연에서는 현대카드가 '파격적'이라 불릴 만큼 새로운 마케팅 전략을 펼치게 된 배경과 어떤 방법으로 이러한 전략을 실행해 왔는지, 다른 기업의 그것과 차별화되는 점은 무엇인지에 관하여 말씀드리고자 합니다. 그럼 이제부터 시작해 보도록 하죠.

신용카드 시장분석

이혁신 과장 : 현대카드의 마케팅전략에 대해서 본격적으로 알아보기 이전에 학생 여러분의 이해를 돕기 위하여, 먼저 간단하게 신용카드의 기능과 국내 역사에 대해서 알아보기로 하겠습니다.

신용카드의 기능

이제 현대인들의 필수품이 된 신용카드는 우리나라의 '신용카드업법'에 따르면, '이를 상환함이 없이 제시함으로써 반복하여 물품의 구입 또는 용역을 제공받을 수 있는 증표로서 신용카드업자가 발행한 것'이라고 규정하고 있다. 이러한 신용카드는 다음과 같이 크게 세 가지 기능을 가지고 있다.

첫째, 정보수집의 기능이다. 신용카드를 사용하여 제품을 구매하면 상품용역 구매 시 언제 어디서 얼마만큼 구매했는지 모두 기록되기 때문에, 이를 통하여 카드 회사는 고객의 구매에 관한 정보수집이 가능하고, 소비자의 입장에서는 본인이 어느 기간에 얼마만큼의 구매를 하였는지 등에 관한 정보를 얻을 수 있다.

둘째, 대금지급의 기능이다. 신용카드의 대금지급 기능이 있기 때문에 카드가 현금이나 수표를 대신할 수 있는 것이다. 또한 신용카드를 사용하면 장소의 제한이 적으며, 도난을 당했거나 분실하였을 경우 카드 분실신고가 가능하여 분실의 위험을 감소시킬 수 있다.

셋째, 신분증명의 기능이 있다. 신용카드를 통하여 카드 소지자의 신분 확인이 가능하며, 구매자격 또한 식별이 가능하다.

신용카드의 도입과 성장

우리나라에 신용카드가 처음 도입된 것은 1969년 7월 신세계 백화점이 신용카드를 발행하면서부터이다. 신세계 백화점과 같은 유통업체에서는 고객의 편리

함을 위해서 신용카드를 발행하였으나 카드의 기능이나 목적이 제한되어 있어서 범용성 카드로 발전하지 못하였고, 본격적인 신용카드회사가 등장한 것은 은행카드가 발행되면서부터라고 할 수 있다. 은행카드는 1978년 한국외환은행이 비자인터내셔널의 정회원으로 가입하면서 해외여행자들을 대상으로 고객을 모집한 것이 최초이다. 그 후 상업, 서울, 제일, 조흥, 한일 등 5대 시중은행이 공동 설립한 은행신용카드 협회를 통해서 비씨카드를 발행하게 되면서 신용카드 사용인구 증가에 큰 기여를 하게 되었다. 또한 1988년 서울 올림픽을 전후로 하여 LG, 삼성 등과 같은 대기업이 카드 산업에 진출하면서 국내 신용카드 시장은 크게 성장하게 되었다. (현대카드가 신용카드 시장에 진출한 것은 2001년으로, 다른 대기업 카드사들과 대비하여 10년 이상 늦은 출발을 하였다.)

그러나 무엇보다도 국내 카드시장이 성장하는 데 가장 큰 기여를 한 것은 1999년, 정부가 IMF구제금융사건 이후로 축소된 소비를 진작시키기 위하여 펼쳤던 신용카드 활성화 정책이었다. 신용카드 활성화 정책에는 현금서비스 한도 규제 폐지, 신용카드 소득 공제 시행 들이 있었고, 이로 인하여 1990년 5.6%에 불과하던 신용카드 결제 비중이 2002년 45.7%까지 뛰어올랐다. 그러나 이는 카드사간의 무분별한 회원 수 늘리기 경쟁으로 이어졌으며, 이로 인하여 2003년 카드 시장은 유동성 위기를 맞이하게 되었다. 신용카드 연체율은 사상 최고치를 달성하였고, 이에 따라 신용불량자가 대거 나타나게 되었다. 이것이 바로 우리가 알고 있는 '2003년 카드대란'이다. 이 시기를 극복하기 위하여 카드사들은 채무가 많은 회원들을 대상으로 디마케팅(demarketing)을 실시하였고, 대규모 구조조정에 들어갔다. 또한 카드사들은 카드대란의 주요 원인이 되었던 현금성대출 부문을 축소하고 신용판매 부분에 주력하는 전략으로 수정을 하였다.

카드대란 이후에는 국내카드업계가 전업계 카드사와 은행계 카드사로 양분되는 특징이 나타났다. 2002년까지만 해도 전업계 카드사의 시장점유율이 73%에 달했지만 카드대란 이후에는 삼성카드, 엘지카드, 현대카드 등의 전업계 카드사의 영업이 급속도로 위축되었고, 국민카드, 외환카드 등이 은행으로 다시 흡수돼 전업계 카드사의 시장점유율은 2004년에 38.3% 수준까지 떨어졌다. 이후 건전성을 회복한 전업계 카드사는 2005년 이후부터 영업을 정상화해 2009년 9월 현재 48.2% 수준까지 점유율을 회복했다. 2009년 현재, 국내 카드시장은 6개의 전업카드사와 15개의 겸영은행, 11개의 유통계 카드사를 포함하여 총 32개의 사업자가 진출해 있고, 신용카드 발급 매수도 급격히 증가했다. 1998년 말 4200만장으로 경제활동 인구 1인당 2.0장을 보유했던 것이 2009년 6월말에는 1억27만장에 달해 1인당 4.0장을 보유하게 된 것이다. 민간소비지출 중 신용카드 비중은 24.9%에서 50.1%로 급증하여 비교적 안정된 시장이 되었다.

신용카드가 시장에 처음 도입되어 성장하던 시기에 많은 사업자들은 소비자가 신용카드로부터 어떠한 혜택을 원하는지, 그리고 이러한 혜택의 제공이 경쟁사업자와 확실하게 차별화되는지에 초점을 맞추었다. 이 시기에는 다양한 혜택을 가진 신용카드들이 쏟아져 나왔다. 그리고 특정한 신용카드가 인기를 끌기 시작하면 경쟁 사업자는 이러한 신용카드의 혜택을 모방, 확대하여 소비자를 유인하기 위하여 노력하였다. 그러나 신용카드 산업이 성숙기에 도달하여 1인당 카드 보유수가 4장에 이른 시점에서 경쟁사의 상품이나 서비스를 모방하는 전략은 더 이상 효과적인 전략이라고 볼 수 없게 되었다. 특히 경쟁사들에 비해 늦게 시장에 진출한 현대카드의 경우 시장에서 차별화 우위를 점하기 위해서는 경쟁사가

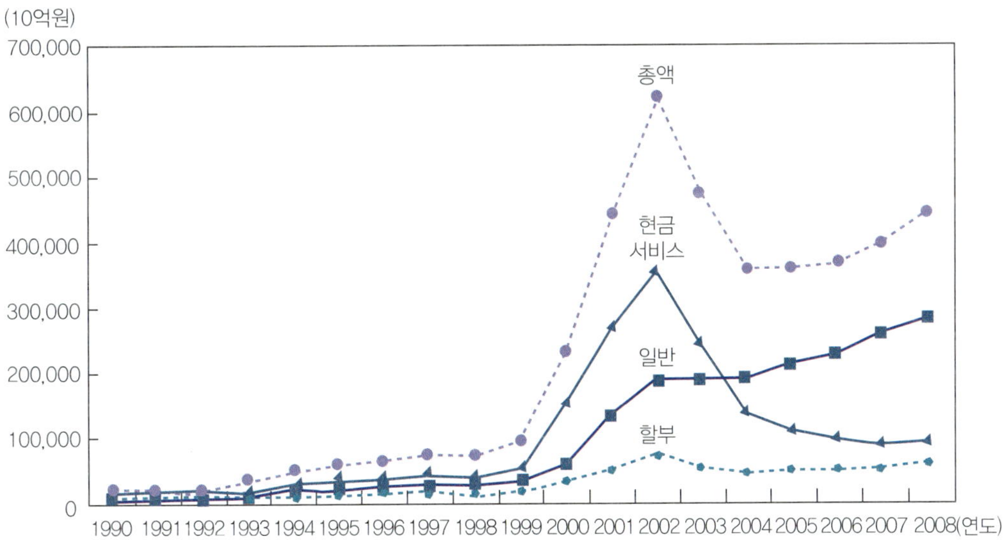

출처: 여신금융협회 여신금융 제20호(2010년 1월 발행)

[그림 1] 신용카드 이용금액 추이

손쉽게 모방할 수 있는 상품과 서비스만으로 고객을 유인하기 어려운 상황이었다. 따라서 현대카드는 이제까지 유례가 없을 만큼 새로운 마케팅 전략을 도입하여 성숙기에 도달한 시장 전체를 확장할 필요성을 느끼게 되었다. 이에 현대카드는 혁신적 마케팅 전략을 수립하기 위하여 전사적인 노력을 기울이기 시작했다.

시장진입 초기 장벽

김경영 교수: 현대카드의 연구 결과 어떤 새로운 마케팅 전략이 나왔는지 벌써부터 궁금하군요. 그런데 우선 그 전에 '2003년 카드대란'이라는 위기의 상황을 현대카드도 피해 갈 수는 없었을 텐데요. 그 위기의 상황을 구체적으로 어떻게 극복해서 지금의 위치까지 오게 되었는지 궁금해지는군요.

이혁신 과장: 휴…… 그때 상황을 생각하면 아직도 아찔합니다. 앞서 말했듯이, 현대카드가 신용카드 시장에 진출한 것이 2001년인데, 우리가 시장에 안착하기도 전에 카드대란이라는 악재까지 덮쳤으니 그야말로 설상가상의 상황이었습니다. 이제부터 현대카드가 시장 진입상황에서 겪은 어려움에 대해 자세히 설명드리죠.

2001년 10월, 현대캐피탈이 다이너스 클럽 코리아를 인수하면서 신용카드업계에 진출하였다. 현대카드는 시장 진입 초기에 자동차에 대한 모든 서비스를 제공하는 자동차 전문 신용카드로 시작하여, 신용판매 취급액 1.8%라는 작은 외형으로 사업을 시작하였다. 이는 기타 경쟁 카드사들보다 10여 년 늦은 출발이었고, 당시 LG카드(현재 신한카드와 합병), 삼성카드, 국민카드의 시장점유율이 각

각 22.6%, 21.4%, 16.8%로 전체 시장의 60%이상의 큰 비중을 차지하고 있었다. 이와 같은 경쟁사들의 압도적인 시장 점유는 현대카드에 있어서 큰 장애물로 다가왔다. 게다가 엎친 데 덮친 격으로 2003년 카드업계에는 '카드대란'이라는 악재가 터졌다. 당시 정부는 내수 경기를 진작한답시고 카드 남발을 허용했는데 그 후유증으로 카드 연체율이 사상최고치인 28.3%까지 올라 카드사들이 부도위기에 몰리게 되었다.

그러자 정부는 이에 대한 해결책으로 카드 신용 공여 한도를 축소해버리게 되는데, 이러한 정책으로 인해 단숨에 100만 명 신용불량자가 양산되었고, 카드 시장 전체가 1조 6000억 원이라는 적자를 기록하였다. 유동성 위기로 금융시장이 흔들리게 되면서 카드사들은 너도 나도 유동성확보를 위한 노력으로 디마케팅을 실시하여 대규모 구조조정에 들어갔다. 현대카드 또한 시작부터 1451억 원이라는 큰 적자를 내고, 어려운 시장상황에 처한 현대카드를 매각해야 하는 것이 아닌가라는 의견이 나오기도 하였다.

김경영 교수: 그럼 그 당시 회사 내·외부의 환경이 모두 매우 좋지 않았겠군요. 큰 포부를 가지고 시장에 진입하였을 텐데 이런 진퇴양난의 상황이 닥치다니 말이죠. 2003년 카드대란 이후 정부는 신용카드 업체들의 경영난 해소를 위해 각종 수수료 신축 조정, 부대 업무비율 준수시한 연장, 연체 관리 기준 변경 등을 골자로 신용카드 종합 대책을 내놓았었죠. 게다가 카드회사들은 이러한 악재가 터지자 고객이 더 이상 '왕'이 아닌 '짐'이 될 수 있다는 것을 깨닫고 회사에 짐이 될 수 있는 고객과의 거래를 과감하게 끊어버리고, 수익성이 낮은 업무 영역에서는 철수를 하는 디마케팅을 실시하였다고 알고 있습니다. 이러한 카드 시장의 상황 속에서 현대카드는 남다른 길을 갔다고 들었는데요. 그 길이 이전에 언급한 새로운 마케팅 전략에 대한 연구결과일 것 같은데…… 그 이야기에 대해서 이제부터 자세히 들려주시겠습니까?

이혁신 과장: 역시 교수님께서는 핵심을 꿰뚫어 보시는 군요. 그럼 이제부터 그 부분에 대해 이야기를 해보도록 하죠. 2003년 심각한 적자에 허덕이며 존재위기마저 위협받던 현대카드가 2005년에는 첫 흑자를 기록하였고, 그 이후 2008년에는 7,900억 원의 흑자를 내기에 이르렀습니다. 이러한 경이로운 성과를 이룩

할 수 있었던 것을 두고 어떤 사람들은 현대카드의 창의적인 광고 전략이나 디자인 전략이 그 비결이 아니냐고 묻곤 합니다. 물론 광고나 새로운 디자인 전략도 중요합니다만, 진정한 성공의 key는 따로 있었습니다. 후발주자인 현대카드가 어떻게 시장의 룰을 깨고 선발주자를 앞지를 수 있었는지 그 핵심 key에 대해 본격적으로 설명드리겠습니다.

과학적 마케팅

티파니 박스에 싸인 과학

이미 다수의 선발주자가 있는 경쟁이 치열한 시장상황에서 후발주자들이 할 수 있는 전략에는 무엇이 있을까? 크게는 선두 기업 및 브랜드의 전략을 모방하는 모방전략(me-too strategy)을 활용하거나, 이들과는 전혀 다른 차별화된 전략을 사용하는 두 가지 방향을 생각해 볼 수 있을 것이다. 미투전략은 비교적 쉽게 소비자들에게 접근할 수 있는 방법이면서, 또한 리딩 브랜드와 함께 동반 상승효과를 얻을 수 있는 장점을 가진다. 하지만 그 이면에는 기존에 잘 나가는 브랜드를 벤치마킹한 만큼 베끼기 브랜드, 짝퉁 브랜드로 낙인이 찍힐 가능성이 크고, 시장 내에서 1위의 자리를 차지하기 위한 전략으로는 보기 어렵다는 단점이 있다. 따라서 시장에서 후발주자가 선두의 위치를 차지하기 위해서는 기존의 기업들이 하지 못했던, 완전히 차별화된 전략으로 시장에 진입하여 경쟁사와 진검승부를 펼치는 쪽이 더 가능성이 클 것이다. 이것이 바로 후발주자인 현대카드가 추구한 핵심 마케팅 전략이다.

이미 시장에서 선두의 위치에 있는 기업은 더 많은 시장점유율을 확보하는 것보다는, 가급적 현재 상황을 유지하길 바란다. 따라서 이들은 시장에서 비교적 소극적인 자세로 모험을 회피한다. 현대카드가 노린 것이 바로 이 점이다. 즉, 후발기업인 현대카드는 선발주자에 비해서 잃을 것이 적기 때문에, 공격적인 자세로 기존 시장의 흐름을 깰 수 있는 차별화된 전략을 내세우는 모험을 시도한 것이다. 현대카드의 그 차별화된 전략은 금융시장 최초로 브랜드 마케팅을 도입하였다는 것이다. 이러한 브랜드 마케팅이 가능할 수 있었던 것은 치밀한 과학적 분석기법을 기반으로 한 브랜드와 제품 믹스 전략이 있었기 때문이다.

"많은 이들이 우리의 성공 비결로 광고와 디자인 등 시각적 요소를 꼽습니다. 그러나 남들의 눈에 화려함으로 포장된 성공의 이면에는 치밀한 과학과 역동적인 우리만의 기업문화가 자리잡고 있습니다. 화려함과 낭만의 아이콘인 '티파니 박스'에 싸인 '과학'이 우리의 근원적 경쟁력입니다."

– 정태영 사장과 직원들과의 회의에서

여성이라면 누구라도 한번쯤은 받고 싶어하는 선물이 티파니의 제품일 것이다. 특히 티파니의 블루박스는 그 박스 자체도 시각적인 면에서 아름답지만, 그 이면에는 사랑, 인생의 가장 중요한 순간의 설렘과 감동을 상징하는 하나의 문화코드로 자리잡고 있다.

현대카드가 추구하는 마케팅 전략도 이러한 티파니 박스에 비유될 수 있을 것이다. 대부분의 소비자들은 현대카드의 성공을 혁신적인 디자인과 광고전략에서 찾는다. 그러나 이러한 화려한 외양의 이면에는 고객의 가치에 기반한 세분화 전략과 지속적인 트렌드 및 시장상황 분석, 고객소비성향 분석 등의 치밀한 과학적 분석 기법이 자리잡고 있다. 즉, 소비자가 접하는 화려한 디자인과 광고는 티파니 박스이지만, 그 안에는 성공을 가능하게 하는 치밀한 과학이 숨어있다는 것이다. 말 그대로 '티파니 박스에 싸인 과학'이라는 정태영 사장의 비유가 딱 들어맞는 것이다.

알파벳/컬러 마케팅

현대카드의 브랜드 포트폴리오는 알파벳과 컬러를 기준으로 이루어져 있다. 알파벳 마케팅은 고객을 라이프스타일에 따라 26개의 세분화된 시장으로 나누고, 각각의 라이프스타일에 맞추어 현대카드 M, 현대카드 V 등의 브랜드를 확장하는 것이다. 이러한 알파벳 마케팅은 현대카드 제품라인업의 가로축을 구성하고 있는데, 가로축을 구성하는 각각의 알파벳 카드는 저마다 명확한 컨셉을 가지고

[그림 2] 현대카드의 제품라인업

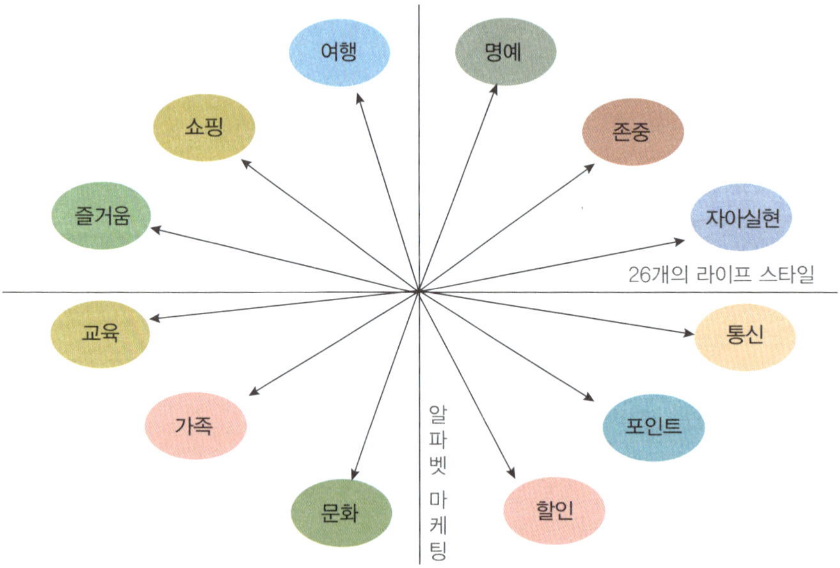

출처: 추성엽(2009), 현대카드처럼 마케팅하라

[그림 3] 현대카드 시장세분화 전략방향

차별화되어 있다. 소비자의 라이프스타일을 반영한 알파벳 시리즈에는 현대카드 M을 필두로 하여 할인혜택을 전면으로 표방한 현대카드 V(Value), 여행과 즐거움을 컨셉으로 한 현대카드 W(Weekend) 외에도 A, K, C, H, O, F, T 등이 있다.

컬러 마케팅은 프리미엄 고객에게 어필하기 위해 도입된 전략으로, 현대카드 제품라인업의 세로축을 구성하고 있다. 현대카드는 국내 최초로 상위 0.05%를 위한 VVIP 전용 카드인 '더 블랙'을 출시하였으며, 상위 5%의 프리미엄 고객을 표적집단으로 하는 '더 퍼플'과, 20~30대의 젊은 프리미엄 고객을 위한 '더 레드'에 이르는 컬러 시리즈를 출시하여 프리미엄 시장을 공략하고 있다.

이러한 현대카드의 라인업은 고도의 과학적 분석기법과 전략적 사고를 바탕으로 한 것이다. 현대카드는 소비자 분석을 통해 소비자는 다양하고 복잡한 메시지보다 알파벳이나 숫자와 같은 간단명료한 기호를 더 잘 인식하고 기억한다는 것을 발견하였고, 이러한 결과를 바탕으로 소비자들의 라이프스타일을 카드의 알파벳에 대입시키는 전략을 선택했다. 이러한 변화의 시초가 된 현대카드 M은 다양한 혜택을 제공하는 카드의 특성에 맞게 'Multiple'의 약자를 따서 탄생되었다.

또한 이러한 제품 라인업에는 전통적인 카드의 색상 개념을 뒤엎는 비비드(vivid), 프레쉬(fresh), 투명 색상이 활용되었다. 현대카드는 컬러 특유의 색이 가지고 있는 이미지를 각 카드가 가지고 있는 이미지에 잘 접목하여 감각적인 소비자들을 공략하였다. 특히 현대카드 컬러 마케팅의 정수라고 할 수 있는 투명카드는 컬러의 개념을 전복시키면서 '투명한 신용사회의 건설'이라는 의미를 담고 출시되었다.

VVIP 마케팅

카드업계 관계자들이 꼽는 현대카드의 가장 파격적인 행보는 알파벳 마케팅이나 컬러 마케팅이 아니었다. 그것은 2005년 초의 '더 블랙(the black)'카드 출시였다. 이것은 상위 0.05%를 대상으로 하고 연회비 1백만 원에, 전체 가입 고객수는 9,999명으로 제한한 진정한 VVIP를 위한 카드이다. 이러한 카드가 만들어진 배경에서도 현대카드의 치밀함을 살펴볼 수 있다.

현대카드는 정기적으로 Brand Index Research라는 회의를 열어 새로운 시장을 발굴하기 위한 노력을 게을리하지 않는다. 현대카드는 2003년 말, 이 회의를 통해 월 1천만 원 이상 카드를 사용하는 VIP회원에게 잠재되어 있는 새로운 수요를 발견하게 된다. 현대카드는 기존의 신용카드 시장에서 이러한 잠재된 수요를 충족시킬 만한 상품이 없다는 판단을 하게 되었고, 본격적으로 VVIP 시장 공략을 위한 신상품 개발 계획에 착수했다. 이후 현대카드는 13개월에 걸쳐 VVIP 시장 개척을 위해 VVIP 카드 시장의 잠재 고객군의 소비패턴과 라이프 스타일을 집중적으로 연구했다. 이에 더하여 외국에서 성공을 거둔 슈퍼 프리미엄 카드의 고객들에 대해서도 분석을 진행하였다. 이와 같은 치밀한 시장 분석과 함께, 정태영 사장은 VVIP를 위한 프리미엄 카드에 어울리는 디자인을 찾기 위하여 출장을 직접 떠날 정도로 더 블랙에 많은 노력을 기울였다. 그리하여 블랙카드의 디자인은 뉴욕을 기반으로 왕성한 활동을 하고 있는 세계적인 산업 디자이너 카림 라시드가 맡게 되었는데, 이와 같이 현존하는 유명 디자이너의 작품을 카드 디자인에 접목시킨 사례는 세계 최초의 시도였다.

현대카드가 연회비 100만 원짜리 카드를 만들었다고 하였을 때 신용카드 시장 내에는 누가 그 돈을 주고 카드를 발급하겠냐며 무모한 도전이라는 의견이 팽배하였다. 소비자들은 매년 1~2만원의 회비를 내는 것도 아까워하는 마당에, 과연 100만 원이나 회비를 지불하며 가입하려는 사람이 몇이나 있을까 하는 게 대체적인 반응이었던 것이다. 그러나 카드 발급 이후 5년이 지난 지금, 이 카드의 회원 수는 2,000명을 넘어섰고, 연회비는 100만 원도 모자라 200만 원까지 올라간 상태다. 이런 놀라운 성공이 가능했던 이유는 현대카드가 VVIP 시장이라는 니치 마켓의 니즈를 꿰뚫고 이를 만족시켜 줄 수 있는 서비스를 개발하기 위해 치밀한 시장 분석의 노력을 기울였기 때문이다.

정태영 사장은 "아무리 부자라도 평판이 좋지 않으면 블랙카드를 발급해주지 않다 보니, 카드를 발급받지 못한 사람들이 '세상에 나도 못 받는 카드가 있더라'며 소문을 내줘 역으로 마케팅에 도움이 됐다"는 일화를 소개했다. 기존의 신용카드 시장에서 제대로 충족시켜주지 못하고 있었던 VVIP의 니즈를 현대카드의 더 블랙이 충족시켜주게 됨으로써 성공이 가능했던 것이다. 더 블랙이 출시된 이후 현재 다른 카드사들도 VVIP를 대상으로 하는 상품을 잇따라 내놓고 있지만, 현대카드 측은 타 카드사와는 달리 몇 명을 유치하는가보다는 누구를 유치할 것인가에 더 초점을 맞춘다는 계획을 가지고 있다.

[그림 4] 현대카드 '더 블랙'

이 외에도 현대카드는 더 블랙 출시 1년 후인 2006년 2월에 이번에는 전문직 종사자나 대기업 차·부장급 이상 등 상위 5%를 표적집단으로 한 '더 퍼플(the Purple)'을 출시하였고, 발급 3개월 만에 2,000명의 회원을 돌파하고, 1인당 사용액이 월평균 300만원을 훌쩍 넘는 큰 성공을 이룩하였다. 또 2008년 7월에는 'Professional Luxury'를 표방한 연회비 15만원의 '더 레드(the Red)'를 출시하며 VVIP 신용카드 라인업을 완성했다. 이와 같은 현대카드의 VVIP마케팅 전략의 성공은 이후 신용카드사들의 프리미엄 레벨 시장으로의 러시가 일어나게 한 동력이 되었다.

과학적 고객관리기법 (CLM: Customer Lifecycle Management)

타 카드사의 고객관계관리(CRM: Customer Relationship Management)에 해당하는 현대카드의 CLM(Customer Lifecycle Management)은 회원의 소비패턴과 소비행동, 실적, 라이프스타일 등 수백 가지 데이터를 분석해 고객을 관리하는 기법이다. 현대카드는 CLM 사업실을 따로 만들어서 직원 60명이 회원 800만 명의 데이터를 분석하여 고객을 관리하고 있다. 이들은 회원이 신규고객인지, 기존고객인지, 우량고객인지에 따라서 각기 다른 치밀한 전략을 펼치고 있다.

신규 고객 대상 전략

카드사는 새로운 상품이 나오면 대대적인 홍보 및 영업전략을 펼쳐 신규 고객을 한 명이라도 더 끌어오고자 노력한다. 하지만 대부분의 카드사들이 큰 노력을 기울이는 것은 여기까지이고, 신규고객이 이 카드를 사용하게 하는 데에는 그만큼의 투자를 하고 있지 않는 경우를 많이 볼 수 있다. 현대카드는 이 부분에서도 남다른 전략을 펼치고 있다. 즉, 신규 고객의 '첫 사용'을 유도하는 전략을 펼치고 있는 것이다. 현대카드가 신규고객을 따로 관리하는 이유는 신규가입자가 카드 사용을 시작하게 되면, 이를 통해 장기 고객으로 남을 확률이 높아지기 때문이다. 현대카드는 신규 고객에게 첫 사용을 독려하기 위한 특별한 프로모션이나 마케팅 이벤트를 제공하는데, 이러한 마케팅 프로그램을 'EEP(Early Engagement Program)'라고 부른다. EEP는 지역밀착 마케팅의 형태로 진행된다는 점에서 타 카드사의 일반적인 마케팅 프로그램과 차별된다. 현대카드는 치밀한 분류작업을 통해 고객 생활권 내에서 활용이 가능한 프로모션이나 할인 쿠폰을 제공하는데, 그 효과성은 신규회원의 초기 이용률이 타사 대비 월등히 높은 것만 봐도 알 수 있다. 현대카드의 신규회원 초기 이용률은 지난 2008년 초 50%에서 2009년도 말 기준 70%로 20% 포인트 이상 증가하였다.

기존 회원 대상 전략

현대카드는 카드 이용이 낮은 회원을 위한 남다른 전략 프로그램을 가지고 있다. 그것은 세이브 프로그램과 MPO(Multi Plate Offer) 프로그램이다. 먼저, 세이브 프로그램은 미리 일정한 금액을 세이브 받은 후에, 매월 이용금액에 따른 포인트로 장기간에 걸쳐 상환하는 방식이다. 또 다른 프로그램인 MPO는 카드 이용자가 주로 사용하는 이외의 카드에 다른 서비스 제공을 통해 추가 발급을 유도하고 이용 금액을 높이는 기법이다. 반면에 카드 사용자의 한도에 비하여 이용 금액이 높은 회원을 위한 전략도 있는데, 그것은 과학적으로 Credit Risk를 고려하여, 한도 상향 마케팅을 적용하는 것이다.

이 밖에 카드업계뿐 아니라 타 업계에서도 주목하고 있는 시스템이 있는데, 그것은 현대카드의 Attribution Scoring System(ASS)이다. ASS는 카드를 해지할 여지가 있는 고객을 사전에 선별하여, 차별화된 표적집단 프로그램을 제공하는 시스템을 말한다. 이와 같은 ASS를 통하여 얻어진 분석 자료는 고객을 직접 응대하는 현대카드의 콜 센터와도 공유되어 업무의 효율성이 증대될 수 있다. 즉, 해지의사가 있는 고객이 직접 전화하여 그 의사를 밝힐 경우에, 과학적이고도 신속한 응대가 가능한 것이다. 이러한 ASS프로그램을 통하여 현대카드의 회원 이탈률은 업계 최저 수준을 달성할 수 있었다. 실제 지난 2007년 1.01%였던 현대카드의 회원 이탈률은 2009년 말 0.5%대로 떨어졌다.

우량회원 대상 전략

고사용(High Spender) 고객, 즉 우량회원에 대한 고객 유지를 위해 현대카드는 Gold friendship program을 개발하였다. 이 프로그램이 제공하는 서비스는 우량회원의 전담상담원을 지정하여 신속한 상담이 이루어지게 하며, 각종 이벤트에 대한 우선 예약, 우량 고객 대상 특별 책자 발행 등의 혜택을 제공한다. 이와 같은 지속적인 우량고객관리를 통하여 이들이 지속적으로 현대카드를 사용할 수 있게 하기 위해 노력하고 있다.

현대카드의 과학적 고객 관리 사례

이 밖에도 다양한 과학적, 통계적 고객관리 사례가 있다. 한 가지 예로 카드 이용자가 현대카드로 항공권을 구매했다면, 그 고객에게 7일 이내에 면세점 할인 쿠폰이나 해외매출 발생시에 혜택을 주는 프로모션을 제공하는 것을 들 수 있다. 이는 고객의 Lifecycle을 과학적으로 활용한 예이다. 또한 야간에 카드를 이용하는 고객들을 대상으로 금리할인 또는 취급수수료 면제 등의 혜택을 제공하는데, 이것은 '이들(야간 이용 고객)이 금융상품(현금서비스나 카드론)을 많이 이용한다'

는 과학적이고 통계적 분석결과가 반영된 사례이다.

브랜드 포트폴리오 전략

현대카드는 자신들의 성공은 마케팅이나 디자인 때문이 아니라 “브랜드 차별화의 승리”라고 단언한다. 즉 고객들에게 확실한 브랜드 이미지를 각인시키지 않는 한 새로운 마케팅 기법이나 디자인은 그 힘을 발휘하기 어렵다는 것이다.

현대카드 M이 출시된 2003년 당시, 다른 카드사들은 자사의 기업브랜드를 전면에 내세우고 있었지만, 현대카드는 일찍이 브랜드 관리의 중요성을 깨우치고 기존의 카드사별 경쟁이 아니라 카드 각각의 개별 브랜드별 경쟁으로 승부수를 던졌다. 이 전략은 이후 타 카드사들의 개별 브랜드 개발을 촉진하게 하는 계기가 되었다.

이처럼 현대카드의 변화의 시작에는 ‘브랜드’가 있었다. 현대카드는 브랜드 관리를 통하여 현대카드만의 브랜드 이미지를 갖추기 위하여 지금까지 끊임없는 변화와 노력을 시도하였다. 현대카드가 브랜드에 대해 가지고 있는 믿음에 대해 혹자는 종교에 가까워 보인다고 지적한다. 종교의 구성요소로는 믿음의 총체인 교조와, 이 믿음을 전파시키는 교리, 그리고 이 교리를 추종하는 교단을 필요로 한다. 정태영 사장은 브랜드라는 교리를 전파하는 교조와 같고, 현대카드의 충성고객들은 현대카드라는 브랜드를 믿는 교단과 같아 보인다는 것이다. 현대카드의 이러한 믿음 혹은 종교와도 같은 브랜드 마케팅은 소비자에게 힘을 발휘하였다. 소비자들은 사각형의 플라스틱에 불과하던 신용카드를 브랜드라 인식하기 시작했고, 수많은 브랜드 중에서 현대카드 브랜드에 점차 빠져들었던 것이다.

그러나 브랜드의 중요성을 깨닫는 것만큼 어려운 것은 브랜드이미지를 체계적으로 구축하고 관리하는 것이다. 브랜드이미지의 구축을 위해서 기업은 브랜드 관리에 대한 명확한 비전을 구축해야 하고, 그 비전을 바탕으로 한 일관성 있는 마케팅 전략을 수립해야 한다. 앞서 언급한 ‘현대 캐피탈 CI/BI 매뉴얼’이 만들어진 것도 현대카드의 브랜드 관리의 일환이라고 할 수 있다.

현대카드의 브랜드 관리의 결정적인 예는 ‘알파벳 카드’ 및 ‘컬러 카드’시리즈에서 찾아볼 수 있다. 이는 단순히 소비자들이 기억하기 쉽도록 하기 위하여 알파벳과 색상을 활용한 시리즈를 만든 것이 아니다. 이 시리즈 카드의 궁극적인

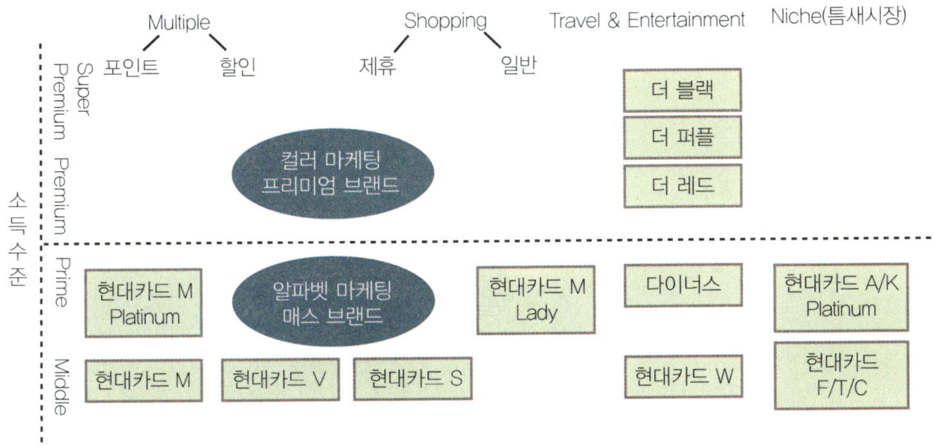

출처: 추성엽(2009), 현대카드처럼 마케팅하라

[그림 5] 현대카드의 브랜드 포트폴리오 전략

목적은 제품의 수평적 혹은 수직적 확장 시 일정한 규칙에 의해 확장을 실행함으로써 각 제품의 관리 및 운영에 있어서 브랜드 아이덴티티의 일관성을 유지하기 위함에 있다.

그렇다면 현대카드의 브랜드 마케팅이 다른 신용카드사와 다른 점은 무엇일까? 그것은 기업브랜드 전략과 개별브랜드 전략을 적절히 조화시킨 혼합브랜드 전략을 사용하고 있다는 것이다. 현대카드의 제품들을 살펴보면 라이프스타일을 바탕으로 한 알파벳 마케팅이라는 전제 아래 이를 현대카드라는 기업브랜드와 잘 결합시켜서 운영하고 있다는 것을 알 수 있다. 일반적으로 개별브랜드 전략을 사용할 경우에는 통합적 체계 관리와 효율적 커뮤니케이션, 브랜드간 시너지 효과 등을 기대하기가 쉽지 않다. 그에 따라 마케팅 비용이 증가하게 되고 또한 노출 빈도가 높더라도 고객 인지도가 낮아질 수 있으며 일관된 브랜드 포트폴리오 관리가 어려워질 수 있는 것이다. 이러한 개별브랜드 전략의 약점을 보완하고자 개별 브랜드 전략을 사용함과 동시에 현대카드는 기업브랜드 전략을 적용하여 적절한 브랜드 운용 전략을 구사하고 있는 것이다. 다시 말해 고객에 초점을 맞추어 각 개별브랜드의 역할을 분명히 규정하고, 각 개별브랜드 간의 전략적 연계성을 부여하기 위하여 기업브랜드 전략을 혼합함으로써 성공적인 '혼합 브랜드 운용전략'을 실행하고 있는 것이다.

마케팅 성과

이와 같은 지속적, 혁신적인 노력의 결과 현대카드의 시장점유율(MS/취급액 기준)이 2009년 10.9%로 삼성카드(10.7%)를 웃돌아 신한 및 KB국민카드에 이어 3위를 차지한 것으로 집계됐다. 시장점유율에서 현대카드가 삼성카드를 제친 것은 2009년이 처음으로, 2003년에만 하더라도 현대카드의 시장점유율은 4.1%로, 삼성카드(17.15%)와 격차가 상당했었다. 이는 삼성카드보다 12년 뒤늦게 시장에 뛰어든 현대카드의 눈부신 성장을 보여주는 결과이기에 더 큰 의미가 있다. 결국 현대카드가 후발주자로 시장에 진입하여 다른 기업들보다 빠른 성장을 할 수 있었던 데에는 혁신적, 과학적 분석노력을 바탕으로 한 장기적 관점의 브랜드 경영이 있었기에 가능했던 것이다.

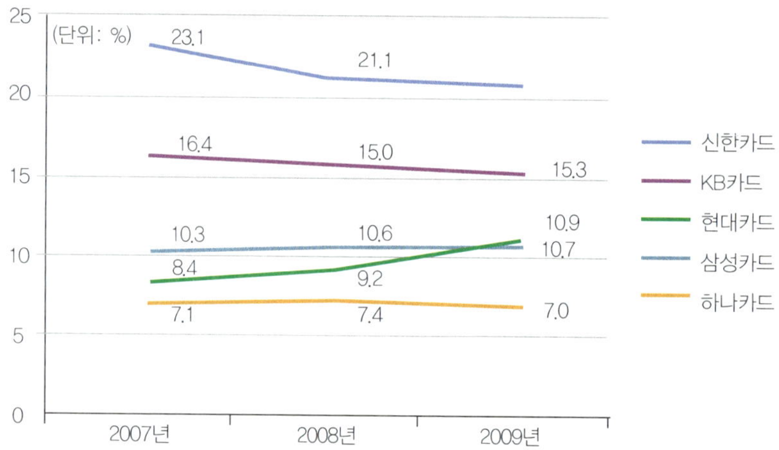

출처: 머니투데이, 2010.04.06

[그림 6] 5대 카드사 시장점유율 추이

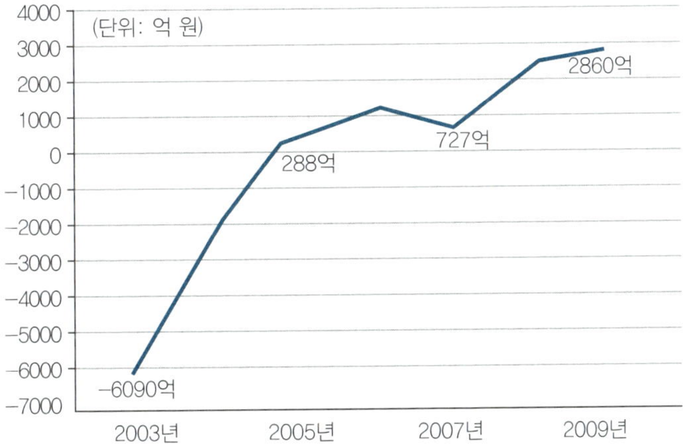

출처: 현대카드 내부자료

[그림 7] 현대카드 영업이익 연도별 추이

기업측면의 혁신(Innovation)

학생: 후발주자인 현대카드가 선발주자들을 뛰어넘기 위해 한 박자 빠른 마케팅 혁신으로 시장의 판도를 깼다는 얘기군요. 결국 시장을 지배하는 실질적인 현대카드의 성공비결은 '혁신'이라는 단어로 요약될 수 있을 것 같은데요. 현대카드의 성공비결은 비단 신용카드업계뿐만 아니라 여러 다른 산업의 후발주자에게 매우 교훈적인 시사점을 제공하고 있는 듯하네요. 그런데 이러한 '마케팅 혁신'이 가능하기 위해서는 마케팅 부문만이 아닌 전사적인 혁신이 일어났어야 할 것 같습니다. 이를 위해서는 CEO의 경영철학이나 비전이 남달라야만 할 것 같은데요?

이혁신 과장: 예. 맞습니다. 아시다시피 CEO의 경영철학이란 기업의 철학과

비전을 의미합니다. 회사 내에서 CEO의 경영철학은 기업의 움직이는 방향을 제시해 주고, 또 구성원들에게 회사가 추구하는 바가 무엇이며 어떠한 방향으로 나아가야 하는지 가리켜주는 이정표와 같은 매우 중요한 역할을 하죠. 즉, CEO가 확고한 철학과 비전을 가지고 있을 때 직원들은 공동의 목표의식을 가지고 일사불란하게 움직일 수 있습니다. 현대카드에도 이와 같은 확고한 철학을 가진 CEO가 있었습니다. 그 혁신의 바람을 불러일으킨 주역은 2003년 1월에 부사장으로 취임하신, 현재의 정태영 사장님입니다. 사장님께서 변하시니 직원들도 변화하는 것은 당연한 것이었겠죠? 그럼 정태영 사장님에 대한 얘기를 잠시 들려드리도록 하죠.

기업 CEO : 변화의 원동력 정태영 사장

그를 처음 본 사람들은 그의 외모를 보고 깜짝 놀란다. 정태영 사장을 처음 본 신입사원들은 그를 보고 한동안 어리둥절한 모습을 보인다. CEO하면 떠오르는 근엄한 표정과 엄숙한 느낌의 복장 대신 그는 신입사원과 같은 발랄한 모습으로 '끼'를 발산하기 때문이다. 세련된 정장과 뿔테 안경을 쓰고 있는 그를 보면 한눈에 그가 요즘 젊은이들의 패션과 유행을 꿰뚫고 있다는 것을 짐작할 수 있다. 어느 모임에 가서 스스로를 소개할 때 '돈장사 하는 사람'이라고 대답하는 '끼'와 '재치'가 가득한 그의 정체는 과연 무엇일까?

그의 정체를 훑어보자면, 그는 1960년 우리나라 교육 사업을 선도한 기업을 설립한 정경진의 장남으로 태어났다. 1979년 서울대학교 불문학과에 입학한 이후에는 프랑스의 예술과 문화에 대하여 관심을 갖게 되었고, 잠시나마 영화감독의 꿈을 안고 프랑스에 영화에 대하여 배우고자 유학을 다녀왔다. 이러한 그의 경험은 영상이나 광고에 대한 그의 관심과 안목을 만들어 주었다. 서울대학교 불문학과를 졸업한 후에는 미국의 와튼 스쿨에서 마케팅을 전공하였고, 또 이를 졸업한 후에는 매사추세츠공대(MIT)에서 재무학을 전공하여 금융 산업의 기본이 되는 지식까지도 갖추었다. 그가 금융산업에 전례가 없을 만큼 파격적인 방식으로 마케팅과 브랜드를 강조하게 된 것은 우연이 아닌 것이다. 그의 다양한 경험과 폭넓은 분야에 대한 전문 지식, 그리고 '끼'가 지금의 현대카드의 성공이 가능하게 한 주요 원동력이 되었다는 것에는 이견이 있을 수 없을 것이다.

그렇다면 그가 일으킨 변화는 어떻게 시작되었을까? 이를 자세히 알아보기 위해 2003년으로 거슬러 올라가보자. 그 당시 대한민국 금융을 휘청거리게 만들었던 카드대란이 일어나 국민들의 소비가 위축되고, 이에 따라 카드사들의 실적도 급격히 악화되었다. 이러한 상황을 현대카드도 역시 피해갈 수는 없었다. 하지만 이러한 위기의 상황에서 정태영 사장을 필두로 한 현대카드의 경영진들은 이에 흔들리지 않고, 오히려 이를 변화의 기회로 삼아 반전을 모색하였다.

정태영 사장은 2003년 1월, 부사장으로 취임하자마자 시장 내에서의 지위 및 실적이 형편없었던 현대카드를 '원칙'과 '기본'이라는 두 가지 개념을 바탕으로, 현대카드의 핵심 유지를 위해 꼭 필요한 것들을 제외하고는 모두 과감하게 없애고자 하였다. 이를 위해 현금서비스와 카드론의 비중을 대폭 줄이고 부실 고객들을 과감하게 정리하였으며, 카드 발급 기준을 강화하여 리스크 관리를 철저히 하였다.

또한 고객과 시장에 대한 과학적인 분석을 바탕으로 현대카드가 장기적으로 나아가야 할 방향을 제시하였다. '전략 경영, 스피드 경영, 혁신 경영, 변화 경영'을 중시하는 정태영 사장은 전략적 분석에 입각해서 혁신과 끊임없는 변화에의 노력으로 빠르게 변화하고자 하는 시장에 신속하게 대응하고자 하였다. 그의 경영철학을 바탕으로 변화에 대한 끊임없는 연구 끝에 세상에 첫 선을 보인 상품이 현재 현대카드의 주력카드인 '현대카드 M'이다. 현대카드 M은 기존의 현대카드가 가지고 있던 자동차 전문 신용카드라는 제한된 컨셉트에서 벗어나 '최대 적립처, 최고 적립률'로 대표되는 포인트 마케팅을 전면에 부각시켰다. 또한 소비자들의 행태 분석 결과 다양하고 복잡한 것보다 간단명료한 것을 더 좋아하고 더 잘 기억한다는 점을 바탕으로 하여, 소비자의 라이프 스타일을 대표하는 알파벳을 카드 디자인에 대입시키는 전략을 펼쳤다. 이는 현대카드의 변화의 시작이 되었으며, 신용카드 업계에 큰 반향을 불러일으켰다.

이와 같은 변화는 현대카드를 시장점유율 1.8%의 기업에서, 5년 만에 14%의 기업으로 바꾸어 놓았으며, 현대카드 M은 단일카드로는 국내 최초로 700만 회원(2009년 11월 기준)을 돌파한 카드업계의 베스트셀러이자 스테디셀러가 되었다. 이러한 현대카드의 성장의 중심에는 혁신적인 전략으로 변화를 이끈 정태영 사장이 있었기 때문이다.

그는 정기적으로 '직원들께 드리는 보고서'를 만들어 전 직원에게 발송한다. 일반적인 기업이라면 부하직원들이 상사에게 올리는 것이 보고서인데, 정태영 사장은 이 생각의 틀을 무너트렸다. 이 보고서에는 회사의 주요 현황 및 비전 등의 내용이 들어 있어, 직원들이 회사가 나아가고자 하는 방향을 이해하고 함께 노력할 수 있게끔 하는 원동력이 되고 있다.

과감하지 않을 수 없었다. 후발주자는 기존 업체와 다른 서비스를 제공하지 않는다면 나올 필요도 없고, 살아남을 수도 없다. 후발주자에게 혁신은 필수지, 선택이 아니다. 그러기 위해서는 과감하고 차별화되어야 한다고 생각했다.

—이채욱 GE코리아 회장과의 대화 중에서

이와 같이 정태영 사장이 경쟁사들과 차별화할 수 있는 비즈니스 모델과 마케팅 전략을 세우고, 회사의 비전을 명확하게 수립하여 전사적으로 공유하는 노력이 있었기에 지금과 같은 현대카드가 존재하는 것이다.

경영기법 – 디테일(Detail) 경영

정태영 사장은 사소한 것의 수준이 그 집단 전체를 보여준다고 믿는다. 즉 일류기업과 삼류기업을 구분하는 기준은 사소한 것의 수준이 얼마나 완성도가 높은가에 따라 결정된다는 것이다. 이러한 정태영 사장의 믿음이 반영된 경영철학이 바로 디테일 경영이다.

디테일의 중요성을 강조하는 경영철학은 현대카드의 전략맵에 잘 드러나 있다. 현대카드가 지향하는 바는 '잘 나가는 신용카드회사'가 되는 것이 아니라 '금융혁신을 통한 선도기업'으로 거듭나는 것이다. 그리고 이러한 금융혁신을 달성하기 위해서는 디테일 경영을 통해 사소한 것에서 원대한 것에 이르기까지 디테일한 완벽함을 추구해야 한다는 것이 바로 현대카드의 경영철학인 것이다.

새로운 마케팅 전략의 도입은 성공을 위한 중요한 요소임은 자명하다. 그러나 디테일 경영이라는 현대카드의 전사적인 철학이 확립되지 않았다면 새로운 마케팅 전략 혹은 기법은 사상누각일 수밖에 없는 것이다. 즉, 마케팅 전략이 성공적으로 수행되기 위해서는 마케팅뿐만 아니라 재무, 인사, 리스크 관리 등 전사적인 모든 부문의 지원이 필요하고, 이러한 지원은 완벽함을 추구하는 디테일 경영에 입각했을 때 시너지 효과를 발휘하게 된다는 것이다.

현대카드의 디테일 경영은 기업 내부에 문화와 철학으로 깊이 뿌리내리고 있는데, 이러한 사례는 회사의 업무시스템, 회사의 건물 내부 등에서 손쉽게 찾아볼 수 있다. 우선 현대 캐피탈 CI/BI 매뉴얼을 살펴보면 현대카드가 디테일의 완벽함에 얼마나 많은 노력을 기울이는지 쉽게 간파할 수 있다. 총 130쪽에 이르는 매뉴얼에는 광고, 포스터 등 모든 인쇄 및 영상매체에 들어가는 사진, 도안, 글꼴 등의 규격을 정해 놓고 있다. 여기에서는 얼핏 보면 무엇이 다른지도 모르겠고, 알고 봐도 크게 지장이 없어 보이는 부분까지 세밀하게 표시해 놓았다. 현대카드가 이와 같은 매뉴얼에 돈을 투자한 것은 아무리 훌륭한 광고 도안과 멋진 디자인이 있어도 현장조직에서 제대로 구현하지 않는다면 소비자에게는 아무런 소용이 없다고 판단하였기 때문이다. 더욱이 이 매뉴얼은 현대카드의 브랜드에 대한 Dos & Don'ts가 담겨 있는 헌법과도 같은 역할을 한다. 따라서 현대카드의 경영

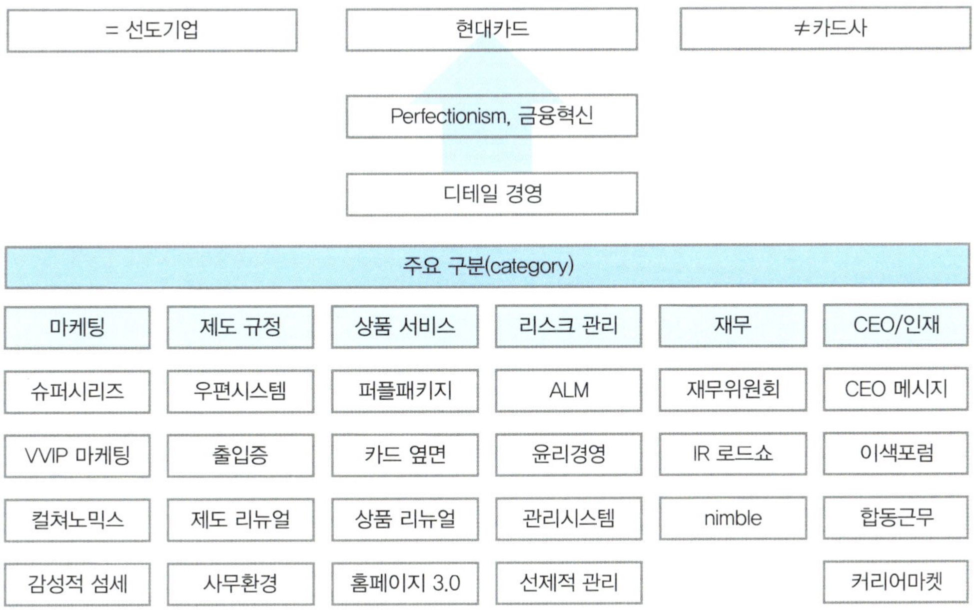

[그림 8] 사업별(업무 영역별) 디테일 경영 도출 전략맵

은 이 매뉴얼을 기준으로 이루어진다고 해도 과언이 아니다.

현대카드의 디테일 경영철학을 가장 잘 보여주는 것은 서울 여의도에 있는 현대카드 사옥이다. 일단 지하 주차장부터 남다르다. 'You & I'서체로 통일된 표지판과 환하고 깔끔한 지하주차장 로비는 내가 현재 위치한 곳이 현대카드의 사옥임을 명확히 일깨워 주게끔 한다. 1층 로비는 그 어떤 기업의 로비에서도 볼 수 없는 환경이 펼쳐져 있다. 로비의 한가운데 자리 잡고 있는 탁구대와 게이트볼을 즐길 수 있는 인조 잔디 필드, 그 옆에 비치된 자전거 비치대가 그것이다. 자전거 비치대에 있는 자전거는 영국제 스트라이다(STRIDA)제품인데, 이는 모두 직원용으로 점심시간이나 퇴근시간 직원들의 여가 활동을 위해 회사에서 비치해 둔 것이다. 또 로비 한쪽에 있는 M카페는 국내 사무실용 빌딩 1층에 있는 카페 중 가장 뛰어난 곳으로 꼽힌다. 보통의 기업 로비는 건물 내에서 가장 웅장하며 엄숙한 공간이지만, 현대카드의 로비는 직원들이 즐길 수 있는 '살아있는 공간'이다.

현대카드만의 디테일 경영을 보여주는 것은 로비에서 그치지 않는다. 직원들의 사무공간도 사무실에서 흔히 쓰는 전형적인 회색 톤이 아니라 화이트 톤으로 밝고 모던하게 만들었다. 회의실은 특급호텔 비즈니스 라운지를 능가하는 수준이다. 또 다른 회사와는 가장 큰 차이점이라 할 수 있는 것은, 모든 임원실의 벽과 문이 투명한 유리로 되어 있으며 블라인드도 달려 있지 않는다는 것이다. 이는 투명경영을 상징하는 것으로, 사원들이 임원들의 일하는 모습을 지켜볼 수 있게 하기 위함과 사원과 임원간의 자유로운 커뮤니케이션을 유도하기 위함이다.

또한 모든 사무공간에서 CI와 고유서체인 'YOU & I체'를 중심으로 통일된 커뮤니케이션 원칙이 철저하게 적용되어 있다. 이는 직원들의 자리 이름표뿐만이 아니라 각종 안내 표지판, 주요 사무용품에까지 모두 적용되어 있다. 스태플러, 머그컵, 계산기 등과 같은 작은 용품 하나하나에까지 현대카드의 CI가 새겨져 있다는 데에서 현대카드의 디테일 경영의 수준이 어느 정도인지 가늠할 수 있을 것이다.

현대카드가 고객과 만나는 접점의 공간인 '파이낸스샵(finance shop)'에서도 현대카드의 디테일 경영을 살펴볼 수 있다. 현대카드와 현대 캐피탈은 2006년 8월, 국내 최초로 멀티 서비스 금융공간인 파이낸스샵을 선보였다. 현대카드의 파이낸스샵은 최근 금융회사가 온라인화되면서 고객을 직접 접하는 기회가 점차 사라져가는 가운데, 고객들이 아날로그적 감성을 느낄 수 있도록 하는 데 초점을 맞추기 위한 취지 아래 시작되었다. 이 파이낸스샵에서도 현대카드의 디테일 경영은 빛을 발하였다. 파이낸스샵은 벽면과 천정, 배치물 등 모든 부분에 현대카드의 아이덴티티를 반영하고 있고, 최신 유럽 트렌드를 반영한 내부 디자인, 명품 디자인 가구 배치 등 최고급 인테리어에 신경을 썼다. 내부 디자인 설계에는 벤츠 박물관 및 고흐 미술관 디자인 작업에 참여한 글로벌 업체들이 참여했다. 이 파이낸스샵에서는 고객들이 신용카드 신청 및 청구/정산 업무, 대출 상담

[그림 9] 파이낸스샵 이미지

등 금융 업무를 볼 수 있을 뿐만 아니라 별도로 마련된 공간에서 뉴욕현대미술관(MoMA)의 디자인 상품을 쇼핑하거나, 국내외 전문서적을 찾아볼 수도 있고, 현대카드 라이프스타일 서비스인 PRIVIA의 여행, 교육상품 등도 알아볼 수 있다.

이처럼 현대카드가 디테일한 부분에까지 관심을 기울이는 이유는, 소비자는 사소한 판촉물, 전단지로 그 회사를 만나고, 직원은 사장의 현란한 철학보다 사무 공간, 식당, 화장실, 처우 등을 통해 회사와 사장을 평가하기 때문이다. 즉, 회사에서 보기에는 사소해 보이는 것이 내, 외부의 소비자에게는 크게 보일 수 있기 때문이라고 할 수 있다. 현대카드의 이러한 완벽함과 디테일의 추구가 있었기에 소비자는 '현대카드스러움'이 무엇인지를 '말'이 아니라 '눈'으로 자연스럽게 체득하게 되는 것이다.

기업문화

현대카드의 성공의 근원에는 디테일 경영이라는 경영철학과 함께 창의적이고 혁신적인 기업문화가 자리잡고 있다. 이러한 혁신적인 기업문화에는 정태영 사장의 경영철학이 깊숙이 반영되어 있음은 자명하다. 그는 혁신적인 기업문화가 조직원의 창의적인 사고와 교류를 가능하게 하고 결국 이는 기업성과의 향상으로 이어지게 된다고 믿는다.

현대카드의 조직운영 방침을 살펴보면 현대카드의 기업문화가 얼마나 혁신적인가를 가늠해볼 수 있다. 예를 들면, 현대카드는 직원들이 상사를 위해 어떤 성과를 낼 것인가를 강조하는 것이 아니라 상사들이 직원들 떠나기 전에, 있을 때 잘하라고 일침을 가한다. 또한 회의실 좌석에는 상석이 없으므로 사장이건 직원이건 오는 순서대로 앉으라고 권고한다.

〈현대카드 조직 운영 방침〉

- 원활한 커뮤니케이션은 인체의 혈액만큼 중요하다.
- 회의실 좌석에는 상석이 없다. 사장이건 직원이건 오는 순서대로 앉는다.
- 상사들이여, 직원 떠난 뒤 후회 말고 직원이 있을 때 잘하라.
- 직원들이여, 자신의 경력을 스스로 디자인하라.
- 회사는 직원들에게 자기계발 기회를 최대한 주는 것을 진정한 복지로 여

긴다.

- 경력직 비율을 전체 직원의 50%까지 끌어올린다.
- 남한테 싫은 소리 하는 게 미덕이다. 평가제도는 직원의 역량을 극대화하기 위한 것이다.
- 회사에는 비밀은 없다. 회사 중요 과제와 비전은 CEO가 조직원 모두와 공유해야 한다.
- 성희롱, 거래처에서 접대 받기, 고객정보 유출은 엄격하게 금지한다. 출중한 임원이라도 걸리면 해고된다.

현대카드의 기업문화 가운데 가장 중요하게 살펴보아야 할 것은 신속한 의사결정과 사내인력의 육성이다.

신속한 의사결정

마케팅의 바이블이라고 할 수 있는 알 리스의 『THE IMMUTABLE LAWS OF MARKETING(마케팅 불변의 법칙)』에 의하면 마케팅에 있어서 기본적인 요소는 최초로 뛰어들 수 있는 영역을 만드는 것이다. 이는 바로 '선도자의 법칙'이다. 이는 곧 '더 좋은 제품을 팔기보다는 최초로 시작하는 것이 낫다'라는 의미이다. 시장을 선점한 기업보다 더 좋은 제품을 가지고 있다고 납득시키기보다는 사람들의 기억 속에 맨 먼저 들어가는 것이 더 유리하다고 하였다. 이렇게 다른 기업보다 발 빠르게 움직이려면 '스피드 경영'은 필수 요건일 것이다. 이러한 스피드 경영을 몸소 실천하고 있는 것이 바로 현대카드이다. 이는 유달리 '최초', '처음'이라는 수식어가 많이 따라다니는 기업이라는 것으로부터 알 수 있다.

그렇다면 현대카드의 스피드 경영은 어떻게 가능했던 것일까? 스피드 경영은 현대카드의 경영철학 네 가지(전략 경영, 스피드 경영, 혁신 경영, 변화 경영) 중 하나로 현대카드가 빠른 시간 안에 발전하는 데에 중요한 밑바탕이 되었다. 현대카드의 스피드 경영은 정태영 사장 취임 이후 이전부터 지속되어오던 주간 회의를 없애버린 데에서 시작되었다. 매번 반복되는 내용을 위해 직원들이 모두 모여서 회의를 진행하는 것은 시간 낭비이자 매우 비효율적이라고 판단하였기 때문이다. 주간 회의를 대신하여, 항상 반복되는 내용은 이메일로 보고하도록 하였고,

각 부서가 함께 공유하여야 할 사항 같은 경우에는 사내 게시판을 이용하도록 한 것이다.

또한 현대카드의 결재 시스템만 보아도 이들의 스피드 경영을 단적으로 볼 수 있다. 다른 일반 대기업들은 결재하는데 보통 짧게는 1주일에서 길게는 1개월 이상까지도 소요된다. 결재 라인에 있어서 상급자들이 장기 출장을 가 있다거나, 협조 부서와의 의견 조율에 시일이 걸린다거나 같은 일 등으로 인해서 결재 진행과정에서 시간을 빼앗기는 많은 요소들이 나타나기 때문이다. 현대카드의 경우에는 모든 결재를 '9시간' 이내에 모두 처리한다. 이는 현대카드 내에서 대부분의 의사결정은 이메일과 전자결재로 해결하기 때문이다. 이는 상사가 출장을 가 있는 경우에도 결재가 가능하게 한다. 또한 긴급한 사안이 있을 경우에는 먼저 이메일로 보고를 해두고 업무를 추진한 다음에 사후에 결재를 받을 수 있도록 하였다. 이는 결재에 걸리는 모든 시간도 직원과 부서의 업무성과로 반영되기 때문에 이러한 문화가 정착될 수 있었던 것이다. 이와 동시에 만약 전자결재나 이메일로 해결하기 어려운 사안이 있다면, 일주일에 한 번 '포커스 미팅'을 통해서 해결한다. 이 회의 또한 2~3가지 주제를 2시간 이내로 끝내도록 하며, 이때 회사 전체에 영향을 줄 수 있는 안건에 대해서만 논의를 한다. 이때 각 담당 부서가 맡아야 할 역할을 구체적으로 제시하기 때문에 더 이상의 의사결정을 위한 절차가 필요 없다. 이러한 효율적인 비즈니스 프로세스가 있었기에, 현대카드의 스피드 경영을 통한 시장선점이 가능했던 것이다.

시장원리에 입각한 인사시스템

기업에 있어서 인사관리는 기업의 장기적인 발전에 무엇보다 중요한 부분이다. 이를 위해 기업은 필요에 따라 세부 조직으로 나누고, 또 그 세부 조직 운영에 필요한 인력을 적재적소에 배치하고자 노력한다. 하지만 이러한 방식의 인사배치는 직원들의 의사와는 무관한 경우가 대부분이다. 본인이 일해보고 싶은 분야가 있어도 그 기회를 얻기가 어려운 것이 기업 인사제도의 현실이다. 하지만 현대카드는 직원들에게 자신이 원하는 업무를 할 수 있는 기회를 제공하고자 노력하고 있다. 이는 현대카드만의 차별화된 인사제도인 '커리어마켓'에서 찾아볼 수 있다.

'커리어마켓'은 2007년 현대카드가 도입한 인사제도로 '오픈커리어존'과 '잡포스팅존'으로 나눠진다. '오픈커리어존'은 부서를 옮기고자 하는 직원들이 자신의 이력서를 등록하고 자신을 홍보하는 공간이다. 한편 '잡포스팅존'에서는 충원이 필요한 부서에서 해당 보직과 그 자리에 필요한 인재상에 대해 공지하는 공간이다. 우선 이러한 커리어마켓에도 꼭 지켜야 할 규칙이 있는데, 첫째는 한 부서에서 2년 이상 근무한 직원이어야 '오픈커리어존'에 등록할 수 있다는 것이고, 두 번째는 '선(先) 전출, 후(後) 충원'이라는 원칙이 지켜져야 한다는 것이다. 이러한 원칙하에 이루어지는 부서 이동은 아무리 부서장이라고 하더라도 막을 수 없다.

이와 같은 현대카드의 인사제도는 직원들에게 자신의 능력을 개발할 수 있는 기회를 주는 것이야말로 기업이 직원들에게 해줄 수 있는 진정한 복지라는 취지에서 비롯된 것이다. 수요와 공급의 시장원리에 입각한 이와 같은 인사제도는 직원들 입장에서는 본인이 일하고 싶은 분야에서 일해 볼 수 있는 기회가 있고, 기업의 입장에서는 자신이 원하는 부서에 지원하기 위하여 자신을 홍보해야 하는 직원들에게 자기계발의 동기를 부여한다는 점에서 장점이 있다.

현대카드는 이와 같은 사원 중심의 기업문화에 힘입어 현대캐피탈과 함께 한국능률협회컨설팅(KMAC)이 선정하는 '2009 한국에서 가장 일하고 싶은 기업' 신용카드·캐피탈 부문에서 1위에 선정되기도 하였다.

고객측면의 혁신(Innovation)

학생: 정말 들을수록 현대카드에 대해서 너무 궁금해지네요. 이혁신 과장님께서 중간 중간 현대카드가 변화를 일으킨 부분에 대해서 말씀해 주셨는데요. 현

대카드의 혁신이 반영된 제품이나 서비스에 대해 좀 더 자세히 알고 싶습니다. 그리고 제품이나 서비스의 혁신 이외에 어떤 다양한 변화의 시도를 하였는지도 알고 싶습니다.

이혁신 과장: 흥미롭게 듣고 있다니 감사합니다. 앞서 간략히 언급하였듯이, 현대카드의 변화는 제품과 서비스, 마케팅 전략, 그리고 조직문화에 이르기까지 그 변화의 폭이 상당히 방대합니다. 그럼 이제부터 고객이 체감할 수 있는 변화의 구체적 사례에 대해서 자세히 말씀 드리도록 하겠습니다.

고객서비스 측면의 혁신

카드대금 청구서, 키울 건 키우고 뺄 건 빼다

카드 대금 청구서를 볼 때 가장 먼저 확인하는 부분은 어디인가? 그것은 바로 청구대금 부분일 것이다. 하지만 대부분의 카드 청구서에서는 수많은 광고성 글들을 거쳐야만 한쪽 구석에 작게 표시되어 있는 청구 금액을 확인할 수 있다.

2008년 4월, 현대카드는 대대적인 청구서 개편작업을 시행하였다. 이에 적용된 핵심적인 디자인 원칙은 "Less is More." 정보 전달에 있어서 기업의 입장에서 회원들에게 보여주고 싶은 걸 한번에 다 보여주려고 하기보다는, 고객의 입장에서 가장 필요로 하는 정보는 강조하고, 그 외의 것들은 축소해서 전달해야 한다는 것이다.

이러한 변화에 의해서 고객들이 가장 먼저 접하는 청구서 앞면에서 광고성 글들이 모두 사라졌다. 그 대신 이번 달의 청구 금액과 포인트 잔액만을 크고 굵은 글씨로 쉽게 눈에 띄게 하였다. 즉, 청구서에서 고객들이 가장 궁금해 하는 부분을 손쉽게, 정확히 인식할 수 있도록 한 것이다. 청구서의 뒷면에는 필수적으로 포함되어야 할 카드 사용 내역과 함께 2장 이내로 제한된 분량의 행사 안내 등이 전부이다. 이러한 청구서의 변화는 회원들에게 좋은 반응을 얻었고, 현대카드의 카드 대금 청구서의 형식을 다른 카드사들도 벤치마킹하는 사례가 확산되었다.

사용자 중심 변화의 상징, 현대카드 홈페이지 3.0

금융기관의 인터넷 뱅킹이나 타 카드사의 홈페이지에 들어가 보면, 필요한

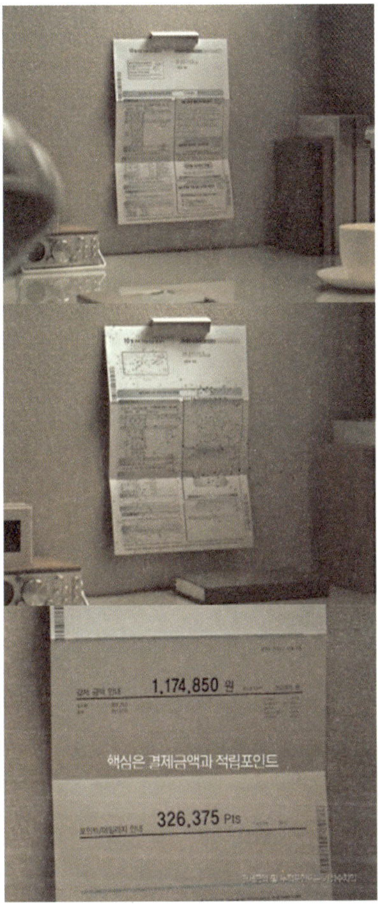

[그림 10] 2008년 현대카드CF 명세서편 中

정보를 찾기가 여간 쉽지 않은 일이라는 것을 알 수 있다. 복잡하고 통일성 없는 메뉴와 수많은 팝업창들이 이용자로 하여금 짜증과 답답함을 불러일으키곤 한다. 금융사의 홈페이지는 소비자의 편의보다는 기업에서 업무별로 구분하는 기준으로 홈페이지 메뉴들을 구성하고 있으니, 소비자의 편의를 고려하고 있기나 한 것인지 의구심이 드는 것은 당연한 일인지도 모르겠다.

이러한 기존 홈페이지 구성에 패러다임의 변화를 일으킨 것이 2009년 3월 현대카드가 새롭게 선보인 '홈페이지 3.0'이다. 기존의 현대카드 홈페이지가 국내 최고의 권위를 자랑하는 '웹 어워드 코리아 2008'에서 대상을 수상했을 정도로 좋은 평가를 받고 있었기에, 이런 현대카드의 변화의 시도가 이해하기 힘들다는 의견도 많았지만, 현대카드는 과감하게 변화를 시도하였다.

현대카드 홈페이지 변화의 가장 큰 목표는 'link to people's lives'라는 캐치프레이즈 하에 고객의 입장에서 실제 카드 이용과 연관성이 높은 정보를 효과적으로 전달하기 위함이었다. 현대카드의 사이트 컨설팅은 IDEO라는 회사에서 맡았으며, 미국과 한국의 인터넷 이용자 경험에 따라 메인 페이지를 작업하였다. 700개의 메뉴, 3000 페이지에 달하는 내용을 사이트 아키텍처(Site Architecture)에 맞춰 소비자들에게 있어서 꼭 필요한 Cards / Services / My Account의 세 가지 주요 메뉴를 기준으로 구성하였다. 별다른 팝업창도 뜨지 않는다. 자세한 세부 내용은 논리적인 흐름에 따라 단계적으로 제공되도록 구성하였으며, 아이콘과 그래프 등을 최대한 활용하여 소비자들의 이해도를 높였다.

'Cards'에서는 현대카드를 사용해 보지 않은 소비자들을 위해 현대카드의 카드 구성과 혜택 안내부터 신청, 발급까지 가능하도록 원 스톱 서비스를 제공하고 있다.

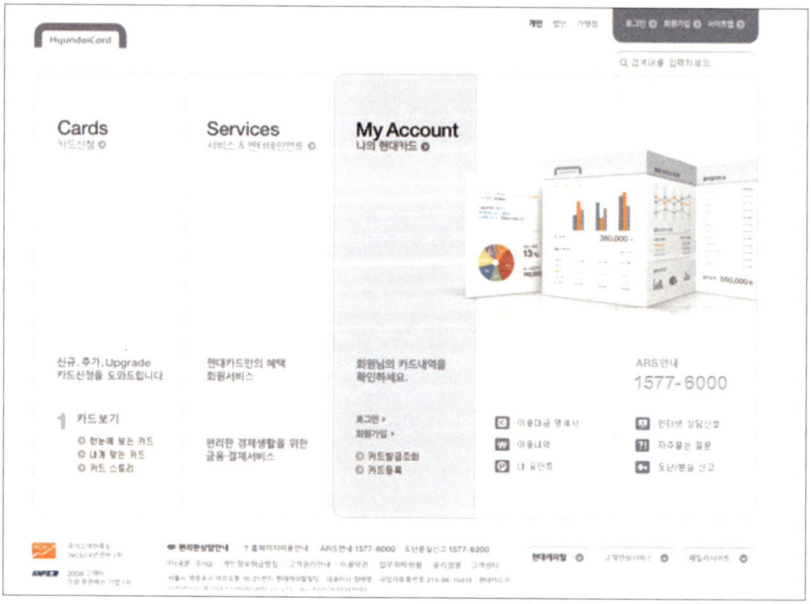

[그림 11] 현대카드 홈페이지 3.0

또한 고객들이 카드의 혜택에 대해 이해하기 쉽도록 하는 동영상도 준비해 두었다. 'Services'에서는 현대카드의 회원들이 활용할 수 있는 각종 서비스가 정리되어 있고, 'My Account'에서는 카드 대금 청구서와 마찬가지로 회원들이 가장 필요로 하는 정보인 결제 금액과 포인트 현황이 전면에 배치되도록 하였다. 특히 My Account에서는 최근 1년간 회원의 월별 및 분야별 카드 사용 내역을 그래프를 통해 한눈에 볼 수 있도록 함으로써 회원들이 자신의 이용 패턴을 손쉽게 알 수 있도록 하였다. 이와 같은 사용자 중심의 홈페이지 개편으로 현대카드는 한발 더 소비자들에게 가까이 다가갔다고 할 수 있다.

제품측면의 혁신

미니사이즈(Mini Size) 신용카드

현대카드는 2003년 8월 국내 최초로 신용카드의 사이즈에 변혁을 단행했다. 신용카드의 기존의 기능을 다 하면서도 기존 카드의 절반 크기인 현대카드 미니를 출시하였던 것이다. 미니카드는 신용카드의 기존 규격인 85*54(가로*세로, 단위mm) 대비 약 57%의 크기인 66*40(가로*세로, 단위mm)으로 출시되었다. 현대카드는 신용카드가 꼭 지갑에 보관되어야 하는 것이 아니라, 휴대폰 고리, 키홀더 등으로도 활용될 수 있다는 것을 보여줌으로써 기존 카드에 대한 고정관념을 과감히 깨뜨렸다.

컬러코어 디자인(Color Core Design)

2007년 9월에는 국내 최초로 '컬러코어(color core)' 기법을 도입하여 카드 디자인을 리뉴얼하였다. 컬러코어 디자인은 색깔이 있는 소재를 사용하여 카드 플레이트를 만드는 새로운 제작기법을 의미한다. 무색 소재를 활용하는 기존의 카드들과 달리 플레이트 표면뿐만 아니라 테두리 부분에서도 독특한 색상이 나타나도록 한 것이다. 이는 지갑이나 카드 홀더에 카드가 들어가 있을 때 카드의 옆면이 부각된다는 점에서 착안되어 시작된 것이다. 이는 현대카드의 디자인이 한 발짝 더 앞서 나가게 하는 계기가 되었다.

학생: 우와~ 현대카드에서는 정말 많은 시도를 하였군요! 정말 '최초'라는

[그림 12] 현대카드 미니 CF 中

수식어를 달고 사는 기업답습니다. 아, 그리고 또 궁금한 부분이 있습니다. 요즘 기업들은 사회에의 공헌을 한 가지 큰 이슈로 다루고 있습니다. 이 부분에 대해서 현대카드는 현재 어떠한 일을 추진하고 싶은지 알고 싶습니다.

이혁신 과장: 현대카드 역시 사회공헌을 한 가지 중요한 이슈로 다루고 있습니다. 하지만 다른 기업에서 흔히 하는 것처럼 직원들이나 CEO가 직접 자원봉사를 하러 나간다거나 금전적인 기부를 하는 것과 같은 일반적인 방식으로 사회공헌을 하지는 않습니다. 이 부문에서도 역시 현대카드의 남다름을 느끼실 수 있을 것입니다. 이제부터 한번 살펴보도록 하죠.

공익적 차원의 혁신

디자인 for 서울, 서울역 버스 환승센터

1년여 전, 서울역 앞에 가면 쉽게 찾아볼 수 있는 광경이 있었다. 본인이 타고자 하는 버스의 정류장은 어디인지, 어느 방향에서 타야 맞는지를 사람들에게 물어보고 있는 사람들의 모습이다. 또 겨우 겨우 해당되는 버스 표지판을 찾았음에도 언제 올지 모르는 버스를 기다리며, 버스가 오는 방향을 향해 넋을 놓고 쳐다볼 뿐이다. 이처럼 서울역 주변은 시차와 버스, 지하철, 택시 등의 다양한 교통수단이 밀집해 있는 교통의 요지임에도 불구하고, 비효율적인 시스템으로 그 역할을 제대로 수행하지 못하고 있다.

이에 서울역 인근의 교통 체증을 해소하고, 이용자들의 편리하고 효율적인 버스 환승을 위하여 2009년 7월 서울역 시내버스 환승센터가 새로이 탄생하였다. 이 새로운 버스 환승센터는 서울시의 노력 이외에도 일반기업의 노력이 있었다. 그것은 바로 현대카드였다. 현대카드는 서울시와 함께 버스 승차대의 디자인

[그림 13] 서울역 버스 환승센터

과 제작을 전담하였다. 이들이 서울시 환승센터 내의 승차대 12개를 디자인하는 데 가장 큰 중요성을 둔 부분은 '이용자의 편의 극대화'와 '장소기반 미디어의 탄생'이었다. 이를 통해 서울역 환승센터를 첨단 IT기술과 예술이 접목된 '아트쉘터'로 거듭날 수 있도록 하였다.

버스노선도들이 어지럽게 붙어 있는 외벽과 지붕으로 단순하게 구성되어 있는 기존 환승센터와 달리, 환승센터의 승차대는 불가피한 구조물들을 제외하고는 이용객들이 주변 교통 흐름을 한눈에 파악할 수 있도록 파워 글라스와 투명한 수지를 사용하였다. 또한 아트쉘터에 미디어 컨텐츠를 운영할 수 있도록 함으로써, 버스 승차대를 단순한 시설물이 아닌 장소 기반의 미디어로서 활용할 수 있도록 하였다.

그러나 여기서 드는 의구심이 있다. 현대카드는 이러한 시내버스 환승센터 제작과는 직접적으로 관계가 없는 금융회사이다. 회사에 수익을 가져다 주기는 어려운 이 환승센터의 제작에 현대카드가 참여한 이유는 무엇일까? 현대카드는 이것이 현대카드가 할 수 있는 재능기부의 일환이라고 판단하였다. 재능기부란 자신만이, 혹은 특정 기업만이 특화해서 가지고 있는 재능과 전문성을 발휘해 사회에 발전적으로 기여하는 것을 말한다. 크리스마스에 양로원과 보육원에 기부하는 것도 중요하지만 현대카드가 잘하는 일, 혁신적인 방식, 장기적 계획으로 사회에 환원함으로써 사회 공헌을 실천하고자 한 것이다. 현대카드가 잘하는 것, 그것은 국내에서 이미 정평이 난 디자인 역량으로, 그들의 그 특별한 재능기부를 실천하였다.

이와 같은 '재능을 기부하는' 선진국형 마케팅전략으로 현대카드는 사회공헌과 고객주목이라는 두 마리 토끼를 잡는 활동을 선도하고 있다. 현대카드가 서울시와 함께 서울역 시내버스 환승센터를 바꾸는 공공디자인 사업에 적극적으로 참여한 이유가 바로 여기에 있다고 할 수 있다.

뉴욕 현대미술의 상징 MoMA와 현대카드의 만남

미국 뉴욕의 MoMA(현대미술관)는 매년 250만 명 이상이 찾는 '현대미술의 메카'로 통한다. MoMA는 개관 80주년 기념행사로 2009년 11월 9일부터 2010년 1월 25일까지 '바우하우스-모더니티를 위한 작업실'이란 특별전을 열었다. 이는 디자인 역사에 큰 획을 그은 독일 조형학교 바우하우스(Bauhaus: 1919~33)와 그 사조를 다룬 전시다. 그 전시장에서 MoMA 측은 '이 전시는 현대카드가 있었기에 가능하였습니다'라는 문구를 눈에 잘 띄는 위치에 붙여 놓았다. 현대카드가 기업으로선 단독으로 후원했다는 사실을 관람객들에게 밝힌 것이다.

한국의 기업이, 게다가 금융회사가 미국의 뉴욕 현대미술 전시관에 투자를 하게 된 것은 어떤 이유였을까? 이에 대해 정태영 사장은 "예술을 통한 우리 식의 사회 공헌"이라고 답하였다. 이 역시 현대카드의 재능기부의 일환이라고 할 수 있다. 현대카드와 MoMA의 조우는 바우하우스전이 처음이 아니다. 2009년 2월 한국 미술인들을 MoMA에 소개한 '데스티네이션: 서울(Destination: Seoul)' 행사도 주체하였다. 이 데스티네이션 행사는 MoMA 디자인 스토어가 매년 두 곳씩 세계 주요 도시를 선정해 해당 지역 작품을 소개하고 신예 디자이너를 발굴하는 프로젝트이다. '데스티네이션: 서울'은 현대카드가 파이낸셜 파트너로 참가하였다. 금융회사의 문화행사 후원은 흔히 볼 수 있는 문화마케팅의 일환이지만, 현대카드는 이번 행사에서 단순히 경제적 후원을 넘어서 출품작 공모와 전시장 인테리어, 최종 선정된 제품의 포장 및 통관, 미국 배송 등 프로젝트 실무 업무를 총괄하였다.

현대카드가 '데스티네이션: 서울'에서 가장 역점을 둔 부분은 재능 있는 국내 디자이너들의 세계무대 진출을 돕고자 하는 데 있었다. 현대카드는 MoMA 관계자들과 국내 디자이너들과의 만남을 주선하는 한편, 국제적인 계약을 한 경험이 없는 디자이너들을 위하여 MoMA와 최종 선발된 디자이너들의 작품 납품 계약의 조정을 돕는 등의 지원을 아끼지 않았다.

이번 행사에는 35명의 작가들의 작품 75점이 전시되었는데 이의 선정에는 MoMA가 추구하는 디자인이 흔히 생각하는 감상용이거나 전시용이 아닌, 생활 속에서 나타나는 디자인과 디자인 이면에 숨어 있는 스토리라는 점이 중요한 기준이 됐다. 그 예로는 한국에서 병따개가 없을 때 숟가락으로 병뚜껑을 따는 데서 착안한 '숟가락 모양의 병따개'(디자인 그룹 '세컨드 호텔'작)도 있고, 전통적인 도자기를 컵으로 만든 제품(윤상종 작)과 포켓용 초 세트(박진우 작), 한글이 적힌 현수막을 재활용해 만든 쇼핑백(송기호 작) 등 다양하다.

이러한 현대카드의 적극적인 후원은 참가 디자이너들에게뿐만 아니라

MoMA측으로부터도 매우 좋은 반응을 얻었다. MoMA는 다른 나라의 기업들과 달리 현대카드의 적극적이면서 세심한 도움에 감사를 표하였고, 경기 침체로 미술계에 대한 후원이 줄어들고 있는 상황에서 해외 무대로 발돋움할 수 있는 기회를 얻게 된 디자이너들은 현대카드의 활동에 큰 지지를 보냈다.

학생: 현대카드는 정말 다른 기업들이 미처 생각하지 못한 부분에서 다양한 시도를 하였군요. 특히 현대카드에 대한 스토리를 들으면서 현대카드가 '혁신'이라는 모티브 아래, 치밀한 과학적 분석기법을 바탕으로 짜인 마케팅 계획을 일관성 있게 실천해 왔구나라는 것을 느낄 수 있었습니다. 지금까지 현대카드의 혁신이 남다른 성과를 낼 수 있었던 것은 이와 같은 수년간에 걸친 지속적이고 일관적인 추진력이 있었기 때문이 아닐까라고 생각됩니다.

이혁신 과장: 그렇습니다. 아무리 좋은 아이디어와 실행계획이 있더라도 생각만 하고 실천하지 않는다면, 또는 단발적인 시도에 그친다면 그것은 좋은 성과를 낼 수 없을 것입니다. 이러한 다양성에 대한 도전과 끊임없는 노력이 현재의 현대카드가 있게 해준 원동력이었다라고 생각합니다. 지금도 현대카드는 또 다른 혁신을 위해 끊임없이 움직이고 있습니다.

학생: 그렇다면 현재 현대카드가 또 어떠한 변화를 시도하고 있는지 궁금한

[그림 14] 뉴욕 MoMA의 데스티네이션: 서울

데요? 아, 그러고 보니 올해 초에는 현대카드의 슈퍼콘서트를 통해서 휘트니 휴스턴 첫 내한공연이 성공적으로 이루어졌다는 기사를 보았습니다.

이혁신 과장: 네, 맞습니다. 휘트니 휴스턴의 공연에 이어서 올해 7월에는 어셔의 첫 내한공연도 현대카드 슈퍼콘서트라는 타이틀 아래 진행될 예정입니다. 이러한 문화 마케팅 이외에도 재능기부의 일환으로 제주 올레에 디자인을 선물하였습니다. 즉, 보행자들의 편의를 위해 새로운 이정표를 세우고, 기념품을 제작하며, 홈페이지를 개선하는 등의 작업을 추진하고 있습니다. 이는 기업의 단순한 금전적인 사회공헌활동에서 벗어나 기업과 지역사회의 새로운 협력적 기부모델을 제시하고 있다 할 수 있습니다.

또 올해 7월 완공 예정인 현대카드의 본사사옥 2관에도 새로운 시도를 할 예정입니다. 이는 많은 내, 외부 사람들이 드나드는 로비의 한쪽 벽면에 스크린을 설치하여 콜 센터나 인터넷 홈페이지를 통해 접수한 고객들의 불만이 올라오는 시설을 만들기로 결정하였습니다. 이는 '고객만족 경영' 혁신을 위한 현대카드의 새로운 시도로, 회사는 이곳을 '통곡의 벽'으로 부르기로 했습니다. 통곡의 벽을 만든다고 하였을 때 많은 이견이 있었지만, 이 시도를 결정한 것은 고객을 만족시키지 않고는 절대 승자가 될 수 없다는 판단이 있었기 때문입니다. 이처럼 현대카드는 앞으로도 끊임없이 새로운 것을 만들기 위한 노력을 지속해 나갈 것입니다. 앞으로 펼쳐질 현대카드의 또 다른 성공스토리에 많은 관심과 응원 부탁드립니다.

김경영 교수: 긴 시간동안 강연 감사드립니다. 역시 한 기업의 성공에는 그 눈부신 성장에 걸맞은 눈부신 스토리가 있는 것 같습니다. 현대카드에 대해서 알면 알수록 점점 더 궁금해지게 만드는군요. 향후 현대카드가 또다시 어떤 비장의 카드를 내세워서 세상을 깜짝 놀라게 할지 기대하는 바가 큽니다. 앞으로도 현대카드의 큰 발전을 기원하면서, 이번 수업을 마치도록 하겠습니다. 감사합니다.

토론과제

토론과제 1.

혁신적 마케팅의 강점과 취약점을 논해보자.

토론과제 2.

후발주자가 시장의 지배적 룰을 깨고 시장의 선도자가 된 사례를 생각해보자.

토론과제 3.

향후 현대카드가 업계 1위를 달성하기 위하여 진행한 과학적 혁신성이 계속적으로 기업성공에 기여할 수 있을지 생각해보자.

참고문헌

추성엽(2009), 현대카드처럼 마케팅하라, 토네이도.

사례 9.

복지도 마케팅이 필요해?

- 서울시복지재단의 고객 지향적 마케팅 사례 -

윤희숙* 이두희**

한국종합사회복지관의 최고봉 관장은 다양한 사회복지환경의 변화에 2010년부터 고객중심의 복지관 경영을 강화하며 직원들이 고객을 위한 최선의 노력을 해 줄 것을 당부하였다. 그러던 어느 날 강심장 전략기획팀장이 김도움 부장을 찾아와 직원들의 어려움을 털어놓았다.

"부장님, 관장님께서 직원회의 때마다 고객 중심의 서비스 제공을 강조하셨고 직원들 또한 복지관의 전략을 실현하기 위해 최선의 노력을 다해왔습니다. 그런데 주변에 최근 신설된 은빛노인복지센터 개관 이후에 어르신들의 다양한 요구와 불평이 증가하고 있고 이용중지 사례도 좀 늘었습니다. 우리 복지관은 개관 15년째로 비록 시설은 노후가 되었지만 모든 직원들이 최선을 다해왔다고 생각했는데 각 팀장들이 원인을 파악하기 위해 노력하고 있지만 정확한 원인을 몰라 답답해하고 있습니다."

김도움 부장은 고민에 빠졌다. '고객 중심의 서비스로 복지관 전략을 수립하였고, 직원들 또한 고객들을 위해 열심히 노력하고 있는 것만으로는 부족한 것인가, 고객들의 불평은 정말 새로 개관한 신규시설 때문일까, 왜 이용을 중단하는 걸까? 정말 직원들에게 문제가 있는 걸까?' 고민해 봐도 문제의 원인이 무엇인지 딱히 떠오르지 않았다.

그러던 어느 날 학교 후배인 성급해 부장으로부터 전화를 받았다.

"안녕하세요? 저 희망장애인종합복지관에 근무하는 성급해입니다. 선배님께 조언을 구하고자 전화드렸습니다. 그동안 우리 복지관을 지속적으로 이용해 오던 장애아동이 많았고 대기인원도 많아 별로 걱정도 안 했습니다. 그런데 올해 들어 이용을 변경하는 분들이 증가하는데 왜 그런지 그 이유를 잘 모르겠습니다. 무엇이 잘못된 걸까요?"

"고객의 이동은 원인이 있기 마련이라네. 성 부장네 복지관의 내부원인이 있을 수도 있고, 혹은 새로 개관한 복지관 때문일 수도 있고…"

*서울시복지재단 컨설팅팀장 **고려대학교 경영학과 교수

"아무래도 경쟁이 심화되다 보니 예전에 자네 복지관 혼자 사업을 하던 때와는 여러 가지 변화가 있어서이지 않을까? 음…… 민간사설학원도 그렇지만 특수학교, 비영리기관 등에서 유사한 서비스를 공급하는 경우도 늘어나고 있고 바우처다 뭐다 해서 정부의 지원제도도 바뀌어가는 것 때문에 경쟁이 늘어난 것도 사실이구…… 예전보다 장애아동 부모님들께서 다른 시설들을 직접 방문해보고 프로그램 내용, 이용료, 이용시간, 시설 등을 비교한 후 선택하기 때문이지 않을까 싶은데……"

"그러니까 장애아동 부모님들께서 우리보다 더 많은 정보를 갖고, 어떤 시설에서 프로그램을 이용할지 더 많은 고민을 한다는 것이죠?"

"그동안 복지관 입장에서만 생각했었는데 우리 복지관의 고객이 누구인지, 무엇을 원하는지, 현재 우리 복지관 프로그램이 경쟁기관과 비교하여 무엇이 다른지 등을 확인하기 위한 노력은 부족했던 것 같습니다. 역시 선배님과 통화를 하니 고민이 해결되네요. 직원들과 함께 좀 더 고민해 봐야겠습니다. 감사합니다. 선배님."

전화를 끊은 김도움 부장은 문득 생각에 빠졌다. '우리 복지관은 고객이 누구인지, 무엇을 원하는지 정확하게 파악하고 있는 걸까?'

"작년 서울시복지재단*에서 경영컨설팅 발표사례를 본 기억이 나는데…… 사회복지시설에도 마케팅이 필요하다는 거였지 아마? 복지관에도 기관의 브랜드이미지가 중요하고……"

생각이 여기까지 미치자 김도움 부장은 일단 사회복지시설에 대한 경영컨설팅을 주관해온 서울시복지재단의 윤희숙 박사를 초청하여 사회복지에도 마케팅이 필요한 배경과 효과에 대하여 전직원 교육을 들어보아야겠다는 생각이 들었다.

> 복지마케팅을 실행하는 복지재단 – 서울시복지재단 소개
>
> 서울시복지재단(Seoul Welfare Foundation)은 2003년 12월 창립한 서울특별시 출연기관으로서 2004년 박미석 초대 대표이사가 취임하였다. 2010년 현재 이성규 3대 대표이사 체제 아래 최고의 사회복지 Knowledge가 되어 시민고객의 다양한 복지수요에 부응하고 새롭고 다양한 복지서비스 전문성을 증진하여 시민고객들께서 감동할 수 있는 사회복지서비스를 제공하기 위한 미션과 비전을 수행하고 있다. 2006년 국내 최초로 사회복지기관을 대상으로 마케팅 전략 등 다양한 경영관련 주제를 컨설팅 사업화하여 사회복지시설 전반에 걸친 경영선진화와 효율화 증진에 노력하고 있다.

복지마케팅의 개념

"안녕하십니까? 윤희숙입니다. 오늘은 여러분께 사회복지의 마케팅 도입사례와 성공요인에 대하여 설명드리는 시간을 가지도록 하겠습니다. 그럼, 먼저 복지마케팅이란 무엇인지 그 개념에 대하여 말씀드리겠습니다."

일반적으로 마케팅이라 하면 기업과 같이 이윤을 창출해내는 영리조직의 활동으로 알려져 있다. 즉 조직의 목적을 창출하기 위해 제품과 서비스를 개발하고 생산하며 판매를 촉진시키기 위한 광고 및 PR, 이벤트 등의 판촉활동 및 가격과 유통 관리 등에 적용되는 모든 계획과 실행 및 통제 과정을 일컬어 말한다. 이러한 마케팅활동을 통해 조직과 개발 사업단위의 프로그램에 대한 브랜드 이미지를 향상시킴으로써 궁극적으로 고객의 애호도(loyalty)를 증진시키고 이를 통해 타 기관보다 높은 경쟁력을 성취하고자 하는 것이다. 그러나, 최근에는 이러한 마케팅활동이 비단 기업과 같은 영리조직의 활동에만 국한되지 않는다. 국가브랜드란 개념이 나올 정도로 이제는 정부, 공공기관을 포함한 모든 유형의 조직에서 광범위하게 적용되고 있다.

비영리로 특성의 사회복지조직에서 마케팅 활동이 필요한 이유와 배경은 무엇보다도 사업의 주 이용자인 고객 자신의 선택권이 강화되면서, 예전의 서비스 공급자 중심으로부터 선택권을 가진 이용자의 권리와 힘(power)이 커진 점에서 찾아볼 수 있다. 즉 이제는 제품과 서비스를 계획하고 생산해내는 공급주체가 다른 여러 기관과의 경쟁(competition) 상황을 고려하지 않고는 이용 고객에게 지속적인 서비스 공급이 어려울 수 있으며 사업의 정체성과 본질적 특성을 제대로 전달하기 어려워질 수도 있기 때문이다.

"사회복지조직에 적용할 수 있는 마케팅개념과 활동 및 브랜드 관리는 일반적인 영리조직의 마케팅활동 및 브랜드관리와 비교하여 볼 때 공통사항도 있고 차이점도 존재합니다. 그럼 지금부터는 이러한 공통점과 차이점에 대하여 알아보도록 하겠습니다."

먼저 공통점은 조직의 사명을 고객만족지향에 둔다는 점이다. 고객이 무엇을 원하는지를 파악하고 고객이 원하는 바를 경쟁하는 타 조직보다 더 잘 충족시키기 위하여 모든 마케팅활동의 초점을 맞추어 진행한다. 마케팅 컨셉이 강한 조직은 3가지 공통되는 특징이 있는데, 첫째가 고객지향성(customer orientation)이고, 둘째 경쟁지향성(competitor orientation), 셋째 통합성(interfuctional coordination)이다. 고객지향성이란 늘 고객의 눈으로 보고 고객의 입장에서 생각하는 것으로 고객의 욕구를 충족시킬 수 있는 최적의 효용을 창출해내기 위해 늘 고객관점에서 의사 결정함을 말한다. 경쟁지향성이란 현재와 미래의 경쟁관계 대상이 되는 조직의 움직임을 늘 관찰하고 분석하여 제공 서비스가 어떤 점에서 충분한지 부족한지를 파악해 나가는 것을 의미하며, 무엇이 타기관과 다른지, 차별화된 요소가 무엇인지를 찾아가는 것이다. 통합성이란 조직의 여러 부서 간 협조와 협력을 통해 지원업무 및 실제 사업수행 간의 원활함을 도모할 수 있도록 하는 것이라고 할 수 있다. 이러한 점은 비단 영리조직만이 아니라 사회복지조직에도 공히 적용될 수 있는 공통점이라 할 수 있다.

다만, 차이점은 영리조직의 경우 마케팅의 구체적인 제품/서비스, 가격, 유통, 광고 및 PR 등의 커뮤니케이션 등 모든 활동들이 고객을 타 경쟁사보다 빨리 확보하고 오랫동안 유지하기 위한 목적으로 진행된다면 사회복지조직은 고객 군과 제품 및 서비스의 특징자체가 상업적 성격이 아니기 때문에 마케팅활동에 대한 구조와 목표를 다르게 보아야 할 것이다. 특히 조직의 외부 환경변화로 인하여 우리 고객이 받아들이는 우리 조직의 동일한 서비스, 동일한 방식에 대한 평가가 달라지기 때문에 상대적인 요인을 잘 파악해야 한다. 마케팅활동이란 철저하게 고객의 분석을 바탕으로 전략수립과 실행과정이 달라지는 만큼 조직의 내부 및 외부의 변화요인을 민감하게 분석하여 유연하게 반영되어야 한다.

언론기사 1

사회복지시설에도 경영마인드 도입된다!

"서울복지재단, 국내 최초로 사회복지시설 경영컨설팅사업 시작 "

앞으로 사회복지시설도 경영컨설팅을 받고 보다 체계적이고 과학적인 경영을 할 수 있게 될 전망이다. 서울복지재단(대표 박미석)은 19일 사회복지시설 컨설팅 시범사업 워크숍을 열고 경영컨설팅 모형 발표 및 컨설팅 사례와 필요성을 제시했다.

이날 윤희숙 서울복지재단 연구원은 "670개 복지시설을 대상으로 한 복지시설의 경영현안에 대한 조사결과, 시설에서는 인력부족과 재정부담으로 인한 어려움을 높게 호소했으며 시설 설립 이후 지속적으로 어려움이 존재한다고 응답한 비율이 높았다"고 밝혔다.

이 조사에 따르면 응답자의 46.3%는 '시설운영 개선이 필요하다'고 했으며, '시설운영에 경영마인드 도입이 필요하다'고 답한 응답자는 무려 94%에 달했다. 또한 경영컨설팅의 필요성을 묻는 질문에는 총 92%의 시설이 필요하다고 응답했다.

윤 연구원은 "사회복지시설 경영에 있어서도 '양 중심 복지보다 질 중심 복지'로의 개선이 요구되고 있는 추세"라며 "복지시설이 보유한 자원을 최대한 활용하고 미래지향적 실천계획을 세우기 위해 경영컨설팅 모형을 제작했다"고 밝혔다. 이 모형은 '착수–진단–실행계획 수립–실행' 단계로 구성되어 있다. '착수'단계에서는 프로젝트와 관련된 모든 구성원의 수행업무 범위와 역할에 대한 정의 내리기, 거시환경 분석, 경쟁환경 분석, 시장세분화 분석, 시장위치 분석, 포트폴리오 분석 등 프로젝트를 시작하기에 앞서 조직과 관련된 대내외 환경을 분석하게 된다.

복지시설의 경영실태를 파악하고 전략적 경영 방안을 도출하는 '진단'단계에서는 복지시설 미션과 비전 이해, 조직진단을 통한 업무프로세스 분석, 조직의 핵심역량 분석, 고객 분석 등이 행해지고, 이를 토대로 '실행계획 수립' 단계에서는 경영목표 설정, 전략 수립, 전략적 실행 우선분야선택, 경영모델·프로세스모델·조직모델 수립, 대안 평가 등이 진행되며, 마지막 '실행'단계에서는 이해관계자 분석, 위험요인 분석, 커뮤니케이션 계획, 변화관리 모니터링 등을 수행한다.

서울복지재단은 이 사업을 통해 △사회복지시설 경영에 필요한 체계와 경영 과정을 진단하고 대안을 제시함으로써 경영효율화 도모 △향후 사회복지시설 경영컨설팅사업 기초자료로 활용하는 등의 기대효과가 있을 것이라고 내다봤다.

http://www.bokjitimes.com/ 복지타임즈 김민경 기자(등록/발행일: 2006.04.21 10:09)

서울시복지재단의 복지마케팅 컨설팅 모델

서울시복지재단은 2006년부터 국내 최초로 복지시설을 대상으로 컨설팅사업을 추진하면서 사회복지조직에게 필요한 경영효율화와 성과를 도모하기 위한 경영전략모델을 수립해나가고 있으며, 2007년도 서울특별시 평가담당관 감사 조사에서 최우수사례 발표 A등급을 수상한 사업이기도 하다. 2009년부터 복지시설의 마케팅 컨셉트와 전략수립 및 과제개선을 위한 실행 안 도출 등을 수행해 나가고 있는데, 다음의 그림은 고객에게 제공되는 사회복지서비스 공급자들 간의 경쟁상황 속에서 어떤 차별요소가 고객의 선택을 결정짓게 되는가를 개념화한 것이다.

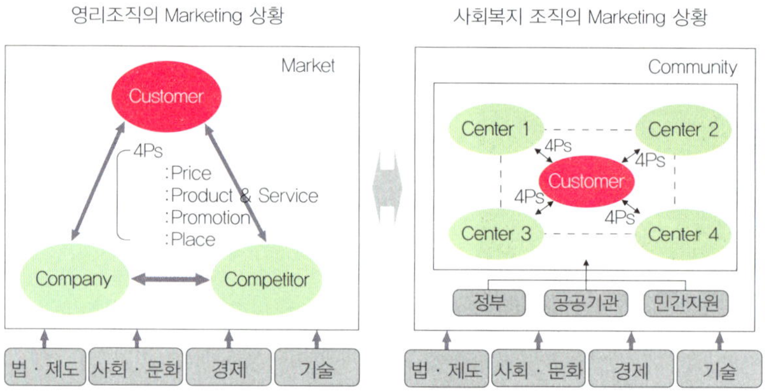

서울시복지재단의 경영컨설팅 모델은 사회복지시설의 경쟁력을 제고하기 위한 목적으로 진행되는 만큼 객관적인 현재의 위치를 명확히 진단하고 이를 개선하기 위한 우선과제와 실행 안 마련을 중요하게 생각하며, 현장 TFT와의 신뢰 안에 구체적 과정을 진행한다.

■ 복지마케팅을 위한 경영컨설팅 수행 체계

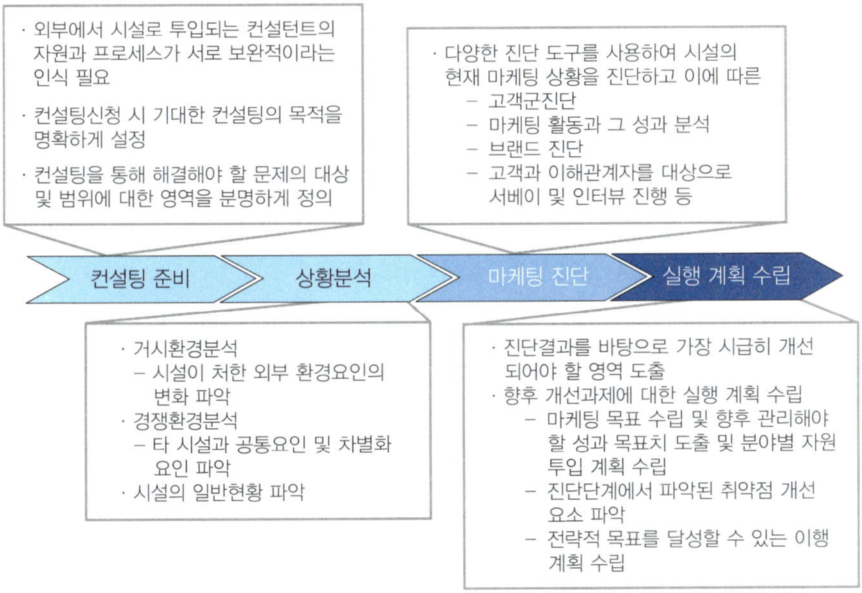

■ 마케팅전략 안 도출을 위한 컨설팅 추진 절차와 주요 내용

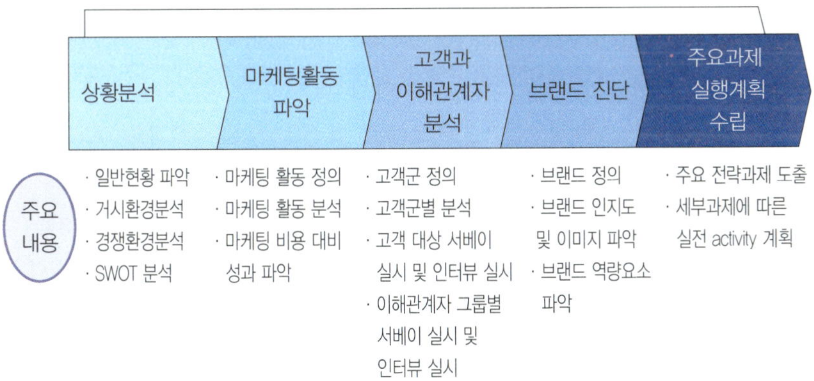

사회복지시설의 경영선진화 및 고객중심의 전략수행을 제고할 수 있도록 하기 위해 서울시복지재단은 컨설팅이 종료된 이후 차년도에는 사후컨설팅을 진행하여 2개년에 걸친 실제적 변화를 추진한다. 2011년부터는 사회복지시설의 운영책임을 맡고 있는 법인컨설팅까지 확장하여 복지서비스의 고객만족 증대를 위한 사업으로 성장하고 있다.

고객 지향적 복지마케팅의 등장

"사회복지조직에 불고 있는 변화의 바람은 상당히 거세다고 할 수 있습니다. 날로 증가하는 복지영역에 대한 예산의 증가폭만큼 소외계층과 사각지대가 줄어들고 있는지에 대한 성과 검증 등 예전엔 공급자적 입장에서 사회복지서비스를 책임져왔던 사회복지조직에게 공공성과 투명성을 담보하는 정부예산의 성과와 품질 등 경영효과에 대한 많은 결과들을 요구하고 있습니다. 이에 사회복지조직에서도 고객을 중심으로 하는 고객지향적의 복지마케팅의 개념이 대두되고 있습니다. 좀 더 자세하게 설명드리겠습니다."

최근 사회복지현장에서는 지속적으로 고객 중심의 서비스 패러다임과 함께 시설의 책임성, 품질경영, 만족경영에 대한 관심이 높아지고 있다. 고객 중심의 서비스가 강조되는 이면에는 복지시설들뿐만 아니라 관련 정부기관 및 민간 자원(후원)단체들의 고객만족경영을 위한 효과적인 조직 경영과 서비스 전달제고 등의 노력도 함께 한다고 볼 수 있다. 고객중심의 경영에서 가장 중요한 것은 고객으로부터 출발한다는 것이다. 고객이 현재 무엇을 원하고 있는지를 이해하고 한 걸음 더 나아가서 앞으로 무엇을 원하게 될 것인지를 예측하는 것이 가장 중요한 것이라는 믿음에서부터 시작된다.

또한 고객의 욕구가 무엇인지를 단지 이해하고 파악하는 것으로 그치는 것이 아니라 이러한 욕구를 충족시킬 수 있는 가장 좋은 수단과 방법을 찾아 고객에게 가장 큰 가치를 제공하는 것이다. 일반적으로 가치는 내 자신이 얻는 부분(what I get)과 내가 그 대가로 지불해야만 하는 부분(what I give up)의 차이가 가장 클 때 즉 내가 지불해야 하는 대가보다 얻는 부분이 클 때 가장 큰 가치를 갖게 된다. 동일한 상황에서 동일한 서비스를 제공받는다 하더라도 개인마다 얻는 부분과 잃는 부분의 차이는 같지 않기 때문에 개인이 느끼는 가치의 크기는 다를 수 있다. 사회복지서비스를 이용하는 고객의 만족은 객관적이고 이성적인 결과를 바탕으로 형성되기도 하지만, 주관적이고 감성적인 요인에 의해서도 영향을 받는다. 그렇기 때문에 같은 장소의 상황이라고 해도 고객에 따라서 만족을 바라보는 가치 그 자체가 상이할 수 있고 또한 그 가치 자체가 절대적이지도 않기 때문에 만족도를 계량화하여 관리하기란 쉽지 않다.

사회복지시설들은 고객들이 무엇을 원하는지 확인하기 위해 욕구조사와 제공되는 서비스에 대해 어떤 이유로 충분한지 혹은 그렇지 않은지를 파악하여 개선이 필요한 부분과 방법을 도출하기 위해 만족도 조사를 실시해 왔다. 그러나 기존에 수행해 왔던 욕구조사와 만족도조사는 고객을 위해 실시했다기보다 평가나 운영지침 등에서 실시를 권고하고 있기 때문에 수동적으로 수행되어 왔던 것이 사실이다. 그렇다면 우리가 이야기하는 고객 중심이란 무엇인가? 고객 중심이란 고객 한명 한명의 목소리에도 귀 기울이고, 고객이 느끼고 있는 감정을 이해하는 것에서 출발한다. 이는 고객의 눈으로 보고, 고객의 입장에서 생각하는 것으로 고객을 철저히 이해하고 이를 바탕으로 시설에서 제공할 수 있는 최선의 서비스를 제공할 수 있도록 최대의 노력을 하는 것이다. 즉 사회복지시설과 직원의 입장이 아닌 고객의 입장에서 작은 부분이라도 소홀하게 생각하지 않고 고객이 우리 시설의 서비스를 통해 만족할 수 있도록 끊임없이 노력하는 것이다.

"자, 이번에는 직접적인 사례를 통해 고객을 분석하고 이를 토대로 경쟁력 있는 마케팅활동을 위한 분석과정을 살펴보겠습니다."

복지마케팅 컨설팅 사례 소개: 이화여자대학교 종합사회복지관

이화여자대학교 종합사회복지관은 개관 53주년을 맞는 우리나라 최초의 대학 부설 사회복지관이다. 50년이 넘는 역사 동안 이화여대 주변 지역인 서대문구 충현동, 북아현동, 천연동으로 4회나 복지관을 이전하면서 지역복지사업을 수행하여 왔고, 현재 복지관이 위치한 이화여자대학교 학교 부지 내로 2000년에 이전하였다. 이 지역은 뉴타운 재개발사업을 앞둔 전형적인 도심빈곤지역이나, 복지관의 건물위치가 고(高)지대에 위치하고 있어 복지관을 이용할 목적이 아닌 주민들의 왕래가 적고 학교시설에 속해 있다 보니 복지관을 이용해보지 않은 지역주민들로부터는 교육시설로 오해받게 되는 경우도 있다. 학교이름이 기관명에 포함되어 있는 것은 프로그램홍보와 신규고객개발에 신뢰감을 주는 요소가 되기도 했지만, 반면 장애가 되는 요소로 작용하기도 한다.

이화여자대학교 종합사회복지관은 전통적으로 선도적인 사업을 개발·수행하여 모델화하거나 또는 제도화시키는 성과를 많이 거두었으며, 현재에도 잘 훈련된 인력에 의하여 여러 가지의 전문프로그램들이 개발되고 있다. 그러나 개발된 프로그램들이 경우에 따라 이러한 오해와 장애들로 인하여 지속적으로 계승·발전되지 못하고 중단되는 경우가 기관에서는 간혹 있었다. 이러한 이화여자대학교 종합사회복지관의 고민을 해결하고 현안에 대한 진단과 방향제시가 필요하다고 판단되어 복지마케팅 전략을 실행하게 되었다. 다음을 통해 서울시복지재단이 직접 주도한 이화여자대학교 종합사회복지관의 복지마케팅의 전략 및 실행을 구체적으로 살펴본다.

목표 수립

복지마케팅전략의 목표는 재개발사업을 앞두고 있는 지역사회의 변화에 대한 기관의 대응방안을 마련하고, 국내 최초의 대학 부설 복지관으로서의 역할 재정립과 지속가능한 발전전략을 수립하는 데 있었다. 또한 지역사회에 기반을 둔 마케팅, 홍보, 고객관계관리 전략을 수립해 봄으로써 기존의 기관 브랜드 이미지 구축과 방향성 검토를 점검하며 직원의 인식제고와 역량강화에 목적을 두고 추진하였다.

환경 분석

환경분석은 이화여자대학교 종합사회복지관을 포함한 환경의 경쟁구조와 이에 영향을 미치는 관련 요인들 간의 경쟁 관계를 분석함으로써 이화여자대학교 종합사회복지관의 현재 상황을 파악하고자 하였다.

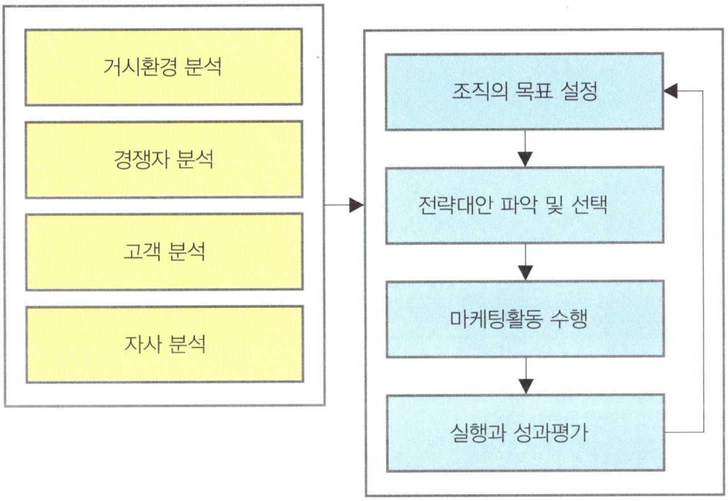

[그림 1] 마케팅 전략의 수립 및 실행 프로세스

거시환경 분석

먼저 분석은 구체적으로 이화여자대학교 종합사회복지관을 중심으로 서대문구 내 다른 기관들과 지역주민, 정부와 후원기관의 지원변화 등을 중심으로 분석하였다. 이는 앞서 밝힌 지역사회의 변화에 대한 대응방안을 수립하기 위한 거시

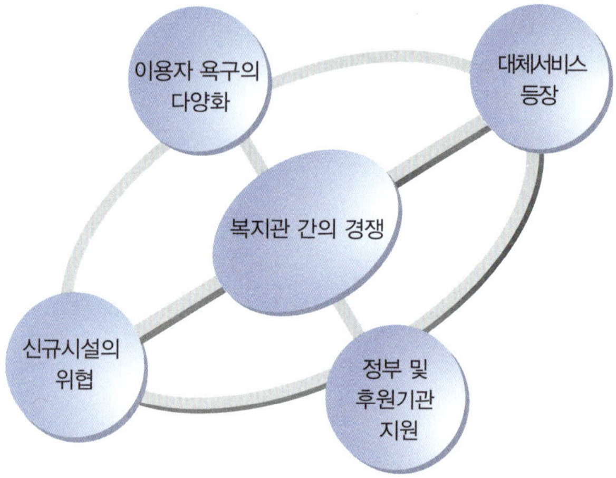

[그림 2] 복지기관의 거시적 환경분석 결과

적 관점의 환경분석으로 분석의 방법은 5-Forces Model을 사용하였다. 분석결과 이용자의 욕구다양화, 대체서비스의 등장, 신규시설의 위협, 정부 및 후원기관의 지원, 그리고 동일한 서대문구 내에 위치한 타 복지관들과의 사업행태 등의 경쟁관계를 알 수 있었다.

경쟁자 분석

다음은 이화여자대학교 종합사회복지관이 직면하고 있는 외부환경과 관련하여 동일한 서대문구 지역에 위치한 기관들을 중심으로 기관이 제공하는 서비스의 실행여부를 분석해보았다. 2009년 2월 현재 제공하고 있는 사업단위의 서비스를 기준으로 경쟁환경분석을 실시하였으며 비교 대상기관은 A종합사회복지관, B종합사회복지관, C청소년수련관, D노인복지관, E장애인복지관 등이다.

사회복지기관뿐만 아니라 지역사회에서 유사서비스를 제공하고 있어 이화여자대학교 종합사회복지관과 경쟁의 가능성이 있는 다른 기관들의 자원들을 조사하다 보니, 자연스럽게 지역사회의 자원 맵(map)이 완성되었다.

이 분석결과를 통해 유사서비스를 제공하는 다른 기관의 서비스보다 어떻게 하면 이화여자대학교 종합사회복지관의 서비스가 선택되게 할 것인가에 대하여 파악할 수 있었다. 항상 서비스의 질을 높이는 것에만 관심을 가지다가 이에

[표 1] 가족기능강화사업 경쟁기관과의 서비스공급분석 예

(○: 현재 진행, X: 하고 있지 않음, v: 우선대상프로그램, ★: 특화프로그램)

단위사업	프로그램 분류	세부프로그램명	이화여자대학교 종합사회복지관	A종합 사회 복지관	B종합 사회 복지관	C 청소년 수련관
가족 관계 증진	부모교육	부모교육	O	O	O	O
	부모교육/조직	Mommy Supporter's 조직사업	x	x	★	x
	아동특별행사	지역어린이축제	O	x	O	x
가족 기능 보완	한부모지원사업	우리사는이야기1기(가족)	★	x	x	x
		우리사는이야기1기(부모)	O	x	x	x
		우리사는이야기2기(가족)	★	x	x	x
		우리사는이야기2기(부모)	O	x	x	x
		우리사는이야기2기(자녀)	O	x	x	x
	아동지원프로그램	본관방과후(슬기반)-저학년	O	O	O	x
		본관방과후(지혜반)-저학년	O	O	O	x
		저학년아동방과후(Evening)	x	★	x	x
	취약계층청소년 지원사업	취약계층청소년지원-해냄	★	x	O	x
		취약계층아동청소년지원-자람	★	x	x	x
		청소년해외자원봉사단	x	x	x	★
		청소년캠프(일반대상)	x	x	x	O
		청소년 축제	x	x	x	O
가정 문제 해결 치료	전문상담센터	일반	O	O	O	O
		언어진단	O	O	O	x
		언어치료	O	O	O	x
		심리진단	O	O	O	x
		놀이치료	O	x	O	x
		음악치료	x	O	x	x
		미술치료	x	O	O	O
		인지치료	x	O	O	x
	아동집단상담	사회성증진PG(디딤돌교실)	O	x	O	x
	학교사회복지	학교상담실운영	O	x	O	x
		또래상담반PG	O	x	O	x
		학교안전망구축	O	O	O	O
		중도탈락청소년위기개입PG	x	x	x	★
		학교징계청소년프로그램	x	x	x	★
	산재근로자지원사업	산재근로자프로그램	★	x	x	x

못지않게 홍보, 마케팅, 고객관계관리 또한 매우 중요한 요소임을 인식하게 되었다. 더불어 우리지역에서 과잉으로 공급되고 있는 서비스가 어떤 것이고, 공급이 부족한 서비스가 어떤 것인지도 자연스럽게 파악하게 되었으며 신규사업의 개발 시에는 우리 지역에서 사각지대에 있는 서비스영역을 개발하는데 관심을 가지게 되었다.

고객 분석

사회복지조직의 마케팅전략 사업수행에 가장 기본적 시작도 고객중심의 욕구파악과 이를 충분히 이해하고 준비하는 것으로 시작되었다. 마케팅 전략의 수립과 실행을 통하여 이화여자대학교 종합사회복지관은 기관의 고객이 누구인지 확실하게 알게 되었으며, 내·외부고객들이 복지관에 대하여 어떤 이미지와 인식을 가지고 있는지를 파악하게 되었다. 기관의 주요 고객은 어떤 특성을 가지고 있으며 어떤 경로를 통하여 복지관을 이용하게 되고, 최초의 이용에서부터 어느

[표 2] 복지관 이미지에 대한 각 그룹별 응답 차이

	현재 이미지	향후 이미지
A GROUP (재가서비스 이용자를 제외한 일반 이용자)	– 강사가 전문적임, 전망이 좋음 – 개인적 친밀감, 고도(高度)가 높다 – 프로그램이 많다, 가깝다 – 웃는 여자선생님, 체계적인 가르침 – 이화여자대학교, 자신감 – 선생님, 건강증진실 기구, 만족감 – 가족적인 강사, 이화여대 출신 – 체계적인 교육 프로그램, 믿음감	– 더 어렵고 소외된 사람들을 도와주는 곳, 희망있는 곳 – 홍보를 많이 해서 교육프로그램과 체계성이 유명해져서 주변에 알려지는 곳 – 누구나 쉽게 올 수 있는 곳, 홍보가 잘 이루어지는 곳 – 청소년들이 쉽게 상담할 수 있는 곳, 편한 이미지 – 사람들이 많이 오는 곳 – 노인운동 프로그램이 많은 곳 – 위치가 쉽게 올 수 있는 곳, 인지도가 높은 곳
B GROUP (재가서비스 중심의 이용자)	– 셔틀버스, 편안함 – 친절함, 공기가 좋음 – 이화여자대학교 학생들 – 도움을 받는 곳 – 고마움, 선생님 – 놀이치료, 저렴함, 편안함 – 천사, 희망, 무지개 – 자원봉사자, 성실, 친절, 사랑	– 현재 이미지의 지속적인 발전 – 노인운동 프로그램이 많은 곳 – 청소년기 아이들이 스트레스를 풀 수 있는 프로그램 – 보육서비스 교사가 많아지는 것

정도의 기간 동안 어떤 종류의 프로그램을 이용하게 되며, 계속 이용하는 고객의 특성과 이용을 중단하는 고객의 특성도 파악하게 되었다.

막연하게 알고 있던 고객들의 이용 패턴과 그들이 가지고 있는 기관의 이미지를 알게 되니, 어떤 점에 주력하여 신규고객을 발굴하고, 어떻게 기존고객과 관계를 맺을 것인지, 고객이 원하는 향후 이미지는 무엇인지를 파악함으로써 어떻게 하면 우리 기관의 이미지를 좋게 할 수 있는지에 대한 고민을 하고 전략을 세우게 되었다.

복지관을 이용하면서 프로그램에 대한 인식에 대해 비교하기 위해 복지관 내부 프로그램실에서 만난 이용자와 복지관 외 동주민센터 및 학교 캠퍼스에서 만난 간접적 이용자를 대상으로 분석하였다. 그 결과, 모든 프로그램 항목이 이용자(관내)들의 인식 값이 이용자(관외) 인식 값보다 높게 나타나 향후 관여도와 참여가 낮은 관외 이용자에게 어떤 고객관리가 필요한지를 파악할 수 있었다.

[표 3] 복지관 프로그램 및 다양한 마케팅활동에 대한 집단별 인식 비교

구 분	
1. 프로그램 결과만족	6. 복지관 행사, 프로그램 관련한 홍보 정도
2. 프로그램 수준 개선정도	7. 새로운 사업과 프로그램 개발에 대한 적극성
3. 강사의 태도와 강의 수준 만족	8. 이용료의 적절성
4. 복지관 건물 내·외부 청결도	9. 복지관 이용 소개 및 추천정도
5. 프로그램 안내 정도	10. 참여자들의 만족도 파악 및 회원관리 정도

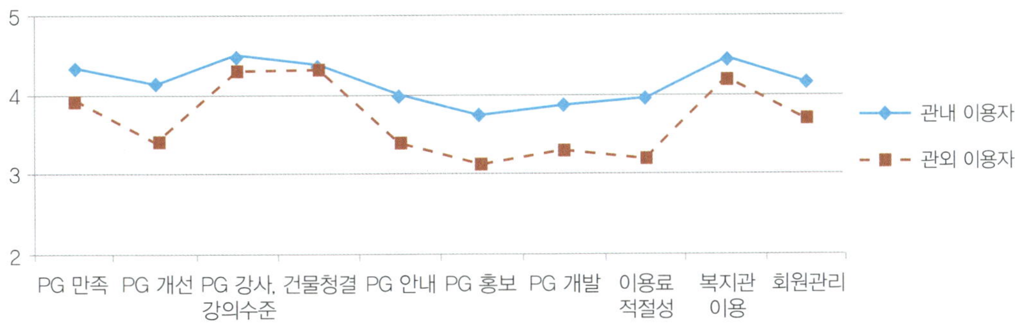

SWOT 분석

SWOT 분석은 복지관의 강점과 약점, 외부의 기회요인과 위협요인이 무엇인지를 통해 복지관의 처한 외부환경요인과 보유한 내부역량에 대해 평가하고, 향후 복지관이 대응해 나가야 할 전략적 방향성을 찾아내기 위한 것이다. 복지관의 강점, 약점은 주요 역량인 인력, 조직, 자원, 물리적 환경 등을 중심으로 도출하였으며, 기회요인, 위협요인은 복지관 경영에 직·간접적으로 작용하는 복지환경, 정책, 경제, 법인 등을 중심으로 도출하도록 하였다.

강약점 분석을 통해 약점이 강점이 될 수도 있고, 반대로 강점이 다시 약점도 될 수 있음을 알 수 있었다. 이러한 분석은 강점에 대하여는 더 이상 노력하지 않아도 되는 것으로, 약점은 노력해봤자 어쩔 수 없는 것으로 생각하였던 기존의 사고방식을 깨는 계기가 되었으며, 이화여자대학교 종합사회복지관이 가지고 있는 강점과 약점을 어떻게 활용해야 하는지에 대하여 파악할 수 있었다.

학교 부설 기관으로서의 강약점도 필요에 따라 긍정적으로 활용할 수 있게 되었으며 이에 대한 객관적인 안목이 생겼다. 더불어 강점을 강화시키고, 약점을 극복하는 전략을 수립하는 과정에서 기관의 비전과 자연스럽게 연결되는 것을 발견하고 다시 한 번 기관의 비전과 연결된 실천전략을 세울 수 있는 기회도 제공되었다.

[분석예시 1] 이화여자대학교 종합사회복지관의 SWOT 분석

Strength	Weakness
우수한 인력, 사업전문성, 사회복지 전문 상근관장 · 조직체계성, 직원관리 우수 · 학교법인 및 '이화'브랜드의 후광/시너지효과 · 원칙중심, 합리적 운영	· 우수인력유지시스템 부족 · 시설의 물리적(공간부족), 위치적 한계(접근성이 떨어짐) · 학교 부설 복지관에 대한 오해 · 사업성과의 지속화 노력 부족
Opportunity	**Threat**
· 주변지역(북아현동)재개발 · 바우처제도 확산으로 인한 고객 확대 및 서비스 질 향상 계기 · 외부자원증대로 인한 활용가능한 자원의 종류와 양 증가, 나눔/사회복지에 대한 긍정적 인식 확산	· 재개발로 인한 대상자/사업량 축소 · 유사 신규 인근 시설과의 경쟁심화(바우처, 사업/자원 개발 등) · 정책변화(사회복지법인중심 지원, 성과별 보조금지원체계, 직영시설지원 약화)

마케팅 활동 분석

모든 사회복지기관은 조직의 존재가치와 역할 수행을 위해 여러 가지 활동들을 하게 된다. 주요 활동들만 꼽아보더라도 인적자원의 획득과 유지, 재정확보와 관리, 새로운 서비스 프로그램의 계획과 수행, 사업수행에 필요한 다양한 자원 확보, 상담 및 방문, 사례관리 등을 들 수 있다. 마케팅 활동(marketing activity)은 이 중에서 사업의 대상자인 이용자 및 지역주민, 유관기관 등을 대상으로 4P(Product, Price, Promotion, Place)중심의 활동을 의미한다.

이화여자대학교 종합사회복지관은 지역사회 기반의 사회복지관으로서 가족복지사업, 지역사회보호사업, 지역사회조직사업, 교육문화사업 그리고 자활사업이란 5영역의 단위사업 내에 120여개의 세부 프로그램들을 운영하고 있다. 마케팅전략의 수립을 위하여 2008년 각 단위사업별로 가장 영향력을 미치고 있는 대표 프로그램들을 중심으로 현재 수행하고 있는 마케팅 활동 4P를 살펴보았다.

[분석예시 2] 가족복지사업 대표 프로그램 마케팅 활동 분석

대표 프로그램	실 인원	연 인원	고객특성	고객 Needs	4P			
					Product	Price	Place	Promotion
전문 상담	243 (21%)	2,304 (11%)	유아와 아동을 대상으로 한 이용 비중 증가 성인 다수 저소득(바우처)층과, 서대문 이용 고객 증가 추세	상담내용 및 부모상담 강한 측면 만족, 대기공간 마련 요청이 큼	일반상담, 검사, 부모 및 부부상담, 심리평가, 놀이치료, 언어치료	유료 (사설상담센터의 4~60% 수준) 저소득 (바우처) -개인 부담금 (일반의 20%)	상담실, 놀이치료실, 언어치료실	전단, 홈페이지, 공문, 고객간 정보교환
한부모 가족 지원	93 (8%)	769 (3.7%)	서대문거주자의 이용 50%, 은평, 마포 등 50%, 100% 저소득 고객 다수, 부모와 자녀가 함께 참여	야외/체험 P/G요구. 가족이 함께 하는 부분 만족, 비슷한 상황의 집단 활동 만족 큼, 심리적 지지 및 안정, 자발적 활동에 대한 어려움 호소	가족 공동체 프로그램, 부모교육, 상담, 자조모임, 자녀 집단 상담	무료	관내 및 외부 활동처	유관기관 홍보요청, SMS발송

[분석예시 3] 가족복지사업 대표 프로그램 마케팅 활동 향후 개선안

구분	개선안
Product	· Loyalty 관리 핵심고객관리 · 세분시장 전략 · 전문성 강화 · 장소, 소통방식 개선(밀착형) · 가족상담 – membership관리(회원카드, 마일리지제도 등 장기고객관리) – 문제해결에 대한 모니터링(사후관리) → 성과관리 강화 · 한부모_사례관리 강화, 개별활동 SVC강화
Place	· 대기실 공간확보, ECC 활용
Price	· 부모교육_ 유료프로그램으로 특화(부모 리더십 과정)
Promotion	· 전화만족도 조사 실시 · 쌍방향 소통 노력

이러한 분석을 통하여 구체적인 대표 프로그램의 마케팅의 활동에 대한 개선 방안을 수립할 수 있었다. 개선방안 또한 4P측면에서 구체적으로 제시됨으로써 실행에 중점을 두고자 하였다.

마케팅 활동인 4P의 내용은 기관차원과 세부 팀 혹은 세부 프로그램의 수준으로 나누어진다. 제품과 서비스(Product & service)는 해당 이용자의 욕구를 최대한 충족시킬 수 있는 가치를 담아낼 수 있는 구성요소를 의미하며 가격(Price)은 그 제품과 서비스를 생산해내기까지 소요된 모든 원가 및 비용 등을 감안하여 책정된 이용자의 이용료를 의미한다. 물론 사회복지사업에는 많은 프로그램들이 이용자의 가격 지불이 없이 무료로 참여하기도 한다. 무료가 아닌 유료로 발생되는 경우 1회 참여에 발생하는 가격의 크기를 가격으로써 파악할 수 있다. 그 외 장소(Place)는 사회복지 프로그램이 진행되는 현장의 개념으로서 이는 서비스를 수행하는 주체 인력과 이용 당사자가 함께 있는 오프라인과 온라인 상황을 모두 포함할 수 있다. 그리고 프로모션(Promotion)은 안내와 소개 등의 PR, 이벤트 외에 뉴스알림 및 전단지 등의 다양한 커뮤니케이션 활동을 포괄한다.

이화여자대학교 종합사회복지관은 이러한 마케팅 활동을 통해 다른 조직과 다른 사업과 차별화된 내용과 방식으로서 여러 선택상황에 있는 이용자 즉 고객을 이해시키고 설득하여 보다 지속적인 기관의 프로그램을 선택하는 상황으로 발전 및 유지시켜 나가고자 하였다.

브랜드 진단과 관리

일반적으로 브랜드(Brand)란 어떤 제품(product) 혹은 서비스(service)의 독특한 이름, 상징물, 로고(logo) 혹은 이들의 결합 등을 의미한다. 이는 일반 기업들이 생산해내는 수많은 제품과 서비스뿐만 아니라, 국가와 공공기관 등 모든 대상에 적용될 수 있다. 브랜드에 의하여 고객, 이용자들은 그 제품과 서비스의 생산자, 전달자를 알 수 있으며 타 브랜드와 구별이 가능하다. 브랜드는 계층적 구조로 설명할 수 있는데 기업으로 비유하자면 기업명, 예를 들어 삼성전자 혹은 삼성 그 자체도 하나의 브랜드로 볼 수 있다. 그 외에 개별 제품의 품목별로도 브랜드를 개념화할 수 있는데 휴대폰의 경우 애니콜, 노트북 PC 센스 등을 들 수 있다.

사회복지기관에서의 '브랜드'

사회복지기관도 이와 유사한 특징이 있다. 이화여자대학교 종합사회복지관이란 기관명으로서 하나의 브랜드가 될 수 있으며 그 외 각 단위사업별로 세부 프로그램명이 또한 하나의 브랜드가 될 수 있다. 사회복지 서비스도 일반 영리조직의 서비스처럼 고객이 여러 선택 상황에서 어떤 복지기관의 서비스를 이용할 것인가를 결정하는 경쟁상황에 처한 만큼 기관을 알리고, 믿음을 주고 또한 좋아할 수 있는 충성심을 갖게 하는 것이 중요한 것이다. 이제 사회복지기관의 브랜드뿐만 아니라, 기관의 대표 프로그램에 대한 브랜드가 매우 중요한 시대가 왔다고 볼 수 있다.

브랜드는 만질 수 없는 무형의 존재이지만 브랜드 자산(Brand Equity)으로 불릴 만큼 가치를 갖고 있는데, 브랜드 자산이란 의미는 브랜드 그 자체가 조직에게 큰 혜택을 발생한다는 뜻이다. 즉 브랜드를 통해 고객은 더욱 그 조직을 잘 알게 되고 신뢰감, 만족감 등을 높여주게 되며 해당 기관인 조직에게는 타 조직에 비해 높은 경쟁적 우위를 창출할 수 있게 한다.

브랜드 피라미드 분석

오랜 연혁동안 복지관은 이용자와 직원, 그리고 지역사회 안에서 여러 가지 사업과 역할을 통해 이미지를 형성해오고 있다. 복지관의 현 직원들과 고객군을 대상으로 이화여자대학교 종합사회복지관이란 기관명의 브랜드를 대상으로 성

[표 4] 복지관 이미지 인식 집단별 비교

구 분	
1. 이화여자대학교 종합사회복지관은 친숙하다	6. 이화여자대학교 종합사회복지관은 멋지다
2. 이화여자대학교 종합사회복지관은 믿을 수 있다	7. 이화여자대학교 종합사회복지관은 따뜻하다
3. 이화여자대학교 종합사회복지관은 전문적이다	8. 이화여자대학교 종합사회복지관은 재미있다
4. 이화여자대학교 종합사회복지관은 특별하다	9. 이화여자대학교 종합사회복지관은 안전하다
5. 이화여자대학교 종합사회복지관은 정직하다	10. 이화여자대학교 종합사회복지관은 흥미롭다

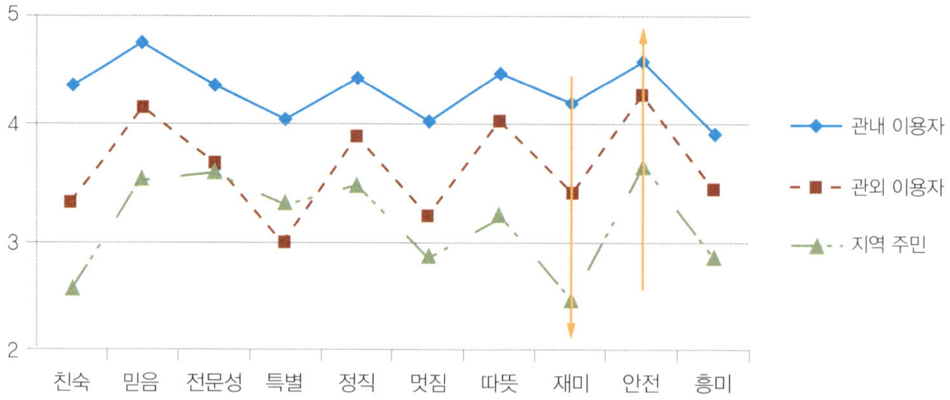

과, 심상, 판단, 감정 그리고 공명이란 관점에서 조사하여 브랜드 피라미드 분석을 해보았다.

먼저 설문조사를 통해 고객집단 간 브랜드 이미지 차이를 파악하였다. 복지관 프로그램을 이용하는 이용자(관내) 그룹과 북아현주민센터와 캠퍼스 이용자 중 이화여자대학교 종합사회복지관에 대해 알고 있으면서, 이용한 경험이 있는 이용자(관외) 그룹과 북아현주민센터와 캠퍼스 이용자 중 이화여자대학교 종합사회복지관에 대해 알고만 있는 지역주민 그룹, 총 3개의 그룹으로 나누어 살펴보았다.

그 결과 집단 간 차이를 파악할 수 있었으며, 그 원인에 대한 논의를 진행하면서 향후 복지관의 브랜드 위상정립 전략과 추진 과제에 대한 방법과 실천방향에 대해 기관장 및 중간관리자들과의 토론을 진행하였다.

브랜드를 구축하는 기본 원칙은 순차적인 관련성을 나타내는 하나의 브랜드

[표 5] 고객 집단 간 복지관에 대한 연상 이미지 비교

<table>
<tr><th></th><th colspan="2">복지관 이미지</th></tr>
<tr><th>구분</th><th>관내 고객</th><th>관외 고객</th></tr>
<tr><td rowspan="2">복지관 이미지</td><td>– 가장 가까운 곳에 가장 든든한 이웃
– 건강한 나눔
– 사랑과 나눔을 지역사회에
– 클라이언트 욕구에 적합한 서비스 제공을 위한 노력
– 도움을 주는 곳
– 아플 때 가장 먼저 생각나는 곳
– 좋은 일 하는 곳
– 좋은 친구</td><td rowspan="2">– 복지관 봉고차, 마티즈
– 양심적이다</td></tr>
<tr><td>– 윤리경영(Clean & Happy)
– 친절, 성실
– 이용프로그램(한자, 경로식당, 건강증진실, 물리치료)
– 깨끗함
– 공간협소(쉴만한 공간부족)
– 한우리집 기숙사
– 꽃, 나무, 숲
– 복지관간판
– 너무 높아 올라오기 힘듦
– 봉사차량
– 이화여자대학교
– 국내최초 대학부설 사회복지관
– 학연</td></tr>
<tr><td>Visual</td><td>– 이화여자대학교 마크, 배꽃모양
– 셔틀버스에 있는 심벌
– 둥근모양, 하트모양
– 개나리, 천사</td><td>– 배꽃
– 학교 마크</td></tr>
<tr><td>Color</td><td>초록색, 파랑색, 하늘색, 흰색, 노랑색, 주황색, 보라색</td><td>– 초록색</td></tr>
</table>

피라미드의 모습으로 형상화해 볼 수 있다. 브랜드 관리의 핵심 주제는 강력한 브랜드를 구축하는 것이며 고객에게 의미 있는 브랜드를 창출하는 것이다. 즉, 내부 고객인 직원과 외부 고객 모두에게 브랜드 피라미드의 가장 높은 단계인 공명단계까지 이르는 것과 관련된다고 할 수 있다. 브랜드 피라미드 분석틀을 중심으로 이 중에서 사회복지기관 서비스 특징과 관련하여 성과, 심상, 판단, 감정,

[분석예시 4] 브랜드 피라미드 측정 문항

구분	측정문항	고객 브랜드 피라미드
성과 (Performance)	복지관은 친숙하다 믿을 수 있다 전문적이다 멋지다	
심상 (Imagery)	복지관은 특별하다 친숙하다	
판단 (Judgement)	복지관은 나의 필요를 잘 이해하고 있다 좋아한다 존경한다 다른 기관에 비해 훌륭하다 중요하다	
감정 (Emotion)	복지관은 따뜻하다 재미있다 안전하다 흥미롭다	
공명 (Resonance)	복지관(을) 사랑한다 그리워할 것이다 다른 고객들과 관련성을 느낀다 이용을 다른 사람에게 알리는 것이 자랑스럽다 소식에 대해 빨리 알고 있다	

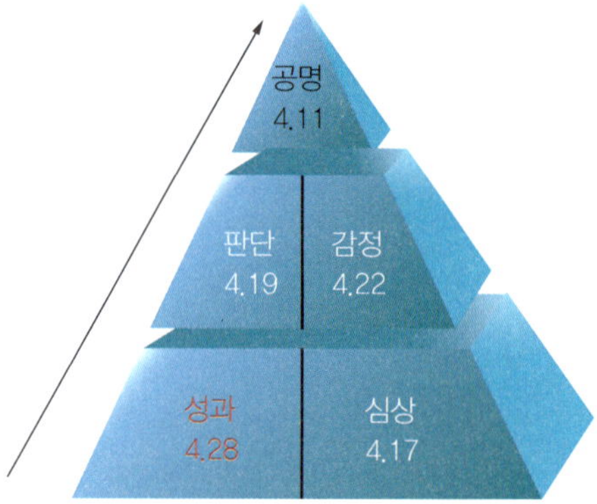

〈이용자 브랜드 피라미드〉

출처 : 케빈 레인 켈러 지음. 이상민 외 번역(2007). 「브랜드 매니지먼트」. 비즈니스북스.

충성도 이렇게 5가지 영역으로 분석하였다.

가장 높은 값을 보여준 성과 차원은 '친숙하다, 믿을 수 있다, 전문적이다, 멋지다'는 부분이었고 가장 작은 값을 보여준 충성도는 '사랑한다, 그리워질 것이다, 고객들과 관련성을 느낀다, 다른 사람들에게 알리는 것이 자랑스럽다, 소식에 대해 빨리 알고 있다'라는 부분이었다. 이 결과를 통해 가장 높은 영역과 가장 낮은 영역간의 차이는 그리 크지 않았음을 발견하였으며, 향후 전체적으로 충성도를 높이기 위해서 성과, 판단, 충성도에 이르는 영역과 심상, 감정, 충성도에 이르는 영역 모두 균형적 보완이 이루어져야 함을 알 수 있었다.

실행 평가와 판단

브랜드 영향력(Power)을 성장시키기 위해서는 많은 요소들과 관련이 있다. 현재 복지관의 경영 관련 요소 측면에서의 보유수준과 직원들이 인식하는 중요성의 차이(Gap)를 파악하기 위한 5가지 영역을 조사하였다. 외부경영환경, 경쟁환경, R&D, 마케팅&브랜드, 고객관리 5가지 영역에서 세부적으로는 27개의 항목에 대해 직원들이 인식하는 이화여자대학교 종합사회복지관의 보유수준과 중요도에 대한 평가를 수행하였다.

분석 결과 중요도는 높게 인식하고 있지만 보유수준은 그 기준 이하로 개선이 시급한 1순위 항목들이 도출되었다. 주로 이용자 관리, 홍보 안내, 경쟁자간의 서비스의 차별화 요소, 이용자 및 이해관계자 기관들과의 원활한 의사소통, 적합한 수요 예측능력, 장기고객에 대한 관계관리 등의 시스템과 관련된 요소로 나타났다.

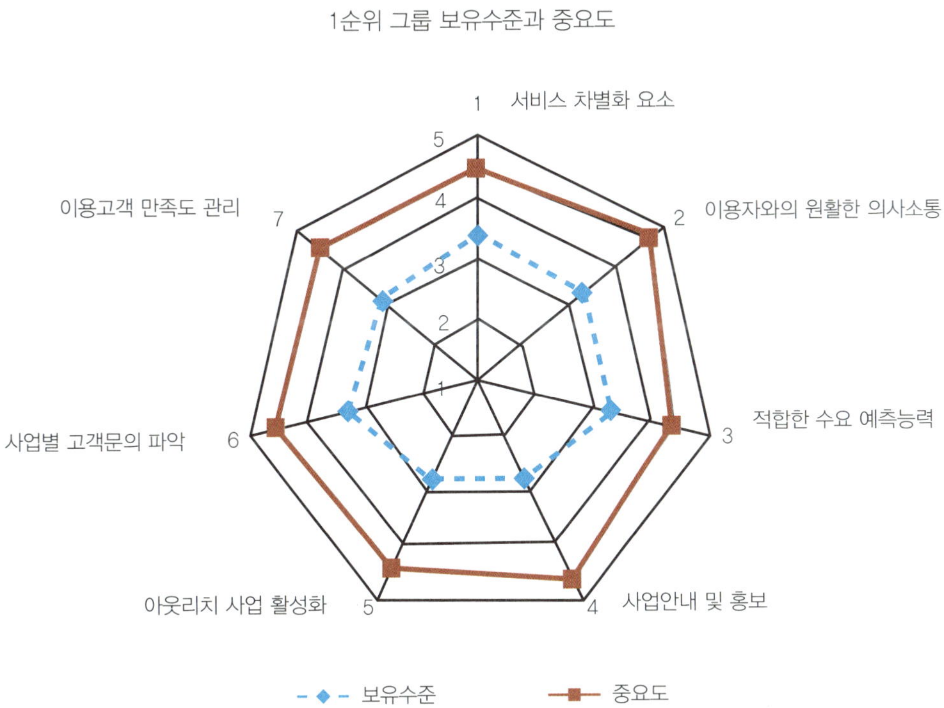

[그림 3] 실행 평가 결과 도출된 우선 개선 영역 요소

특히 수요예측의 필요성에 대한 접근은 마케팅관점에서 파악한 큰 수확 중 하나이다. 사회복지관의 특성상 표적집단인 고객 이외에 불특정 다수의 많은 참여 고객이 발생하는 만큼 투입활동의 결과로 나타나는 결과를 잘 파악하기 위해서는 체계적인 자료관리가 중요한 것이다. 고객특성과 이용행태에 따른 전략적 접근과 마케팅 노력의 성과를 관리하기 위한 기준마련과 활용하는 방법을 모색하게 된 점도 중요한 결과라 할 수 있다.

[표 6] "복지마케팅 컨설팅"을 통해 얻은 4가지 주요 결과와 세부 항목

주요 결과	세부 항목
기관의 현재 위치에 대한 객관적인 인식	· 우리 기관의 고객은 누구인가? · 내외부고객들의 기관에 대한 이미지 · 신규고객발굴, 기존고객과의 관계관리 전략 수립
지역사회에서의 경쟁환경과 사각지대파악	· 지역사회의 자원맵 완성 · 서비스질 증진, 홍보, 마케팅, 고객관계관리의 중요성 인식 · 사각지대에 있는 서비스 영역 개발
기관의 강약점 이해와 비전연계전략 수립	· 강약점 체계적 파악: SWOT 분석 · 강약점을 필요에 따라 긍정적으로 활용 · 기관의 비전과 연결된 실천전략 수립
사회복지관의 마케팅 활동 분석 적용의 기회	· 사회복지관 마케팅에 대한 정의, 교육 실시 · 사업별 대표프로그램에 대한 마케팅 활동 분석 · 향후 사업전략 예측

향후 과제 및 의의

사회복지조직의 마케팅전략과 수행은 곧 기관과 사업에 대한 브랜드 자산으로 축적될 수 있다. 브랜드를 하나의 자산으로서 관리하는 것은 매우 체계적으로 오랜 기간 정기적인 점검과 관리의 요소가 요구되며 이는 이용 당사자인 고객과의 관계형성에 충실할수록 브랜드에 대한 관리는 더욱 효과를 발휘할 수 있다. 비영리특성을 가진 사회복지기관은 특히 지역(community)과 이용고객의 특성을 반영한 미션과 비전의 체계가 중요한 만큼 고객관계를 형성하고 지속적으로 유지해 나가는 과제가 매우 중요하다.

고객관계관리(Customer Relationship Management)란 서비스를 이용하는 고객중심적(customer-centric environment)인 환경을 형성하는 그 모든 것을 의미하는 것으로서 여러 사업들이 동시에 운영되는 한 조직 안에서 제각기 다른 고객에 대한 정의와 사업의 수행 및 만족도 관리가 아니라, 일원화된 관점을 가지고 임하는 것을 뜻한다. 단기과제 및 중장기목표를 중심으로 단계를 나누어가야 하는데, 특히 각 고객군의 특성에 따라 세분화하여 각 집단별로 가장 적절한 관리체계를 가져감으로써 관리의 효율성뿐만 아니라 고객의 만족도 또한 최적으로 유지함을 목표로 한다.

고객관계관리(Customer Relationship Management)는 모든 고객이 다 중요하지만 그 중에서도 가장 핵심적인 목표를 3단계로 나누어 접근한다. 1단계는 가장 먼저 이용을 시작한 고객에 대한 다양한 정보 등을 토대로 고객의 욕구를 이해하고 이를 충족시킬 수 있는 방안을 검토하는 단계로서 관계형성에 큰 목표를 둔다.

1단계는 이용 고객 전체를 두고 접근하지만 2단계가 되면 대표 사업, 대표고객과 같은 표적집단별로 세분화되어 관계형성의 차별화를 시도한다. 이는 어느 집단이 더 우선적으로 문제해결이 필요하고 가장 시급한 접근이 되어야 하는가를 중심으로 판단하며 혹은 사업의 목표수립상 가장 핵심고객의 이용자군을 대상으로 진행될 수 있다. 3단계는 고객관계형성의 궁극적 단계로서 1:1 개별관계

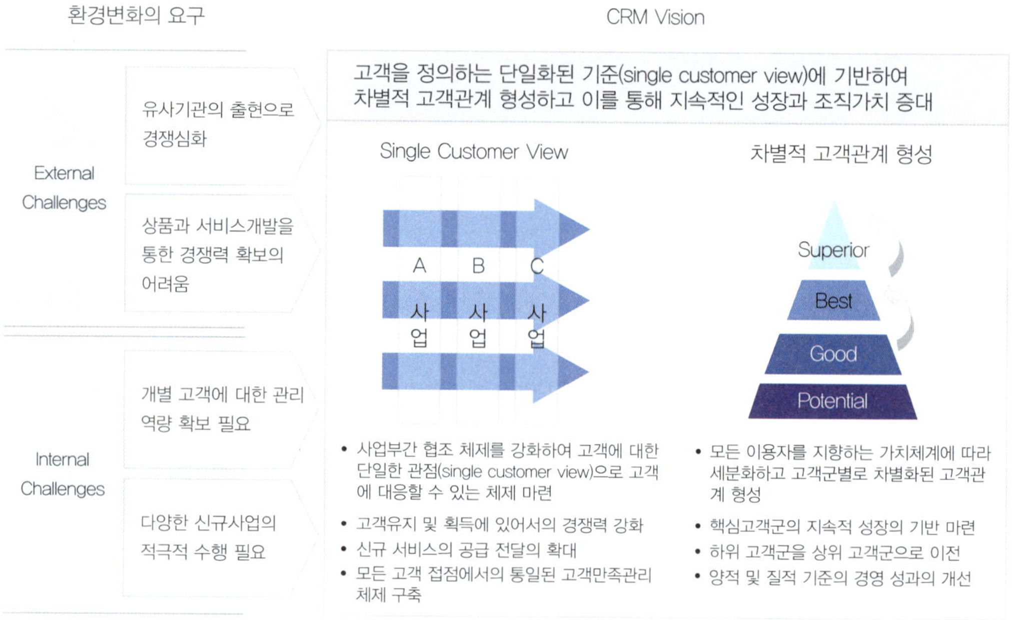

[그림 4] 환경변화에 따른 고객관계관리 필요성

형성을 기반으로 한 고객관계의 선도단계이다.

사회복지서비스를 전달하는 복지관의 경우 자원과 시스템 등 제약과 한계는 있지만 오랜 기간 복지관을 이용하는 장기고객과 일시적 문제해결 혹은 욕구충족을 위해 이용하는 고객을 분류하는 등 여러 가지 활용이 가능하다. 이화여자대학교 종합사회복지관은 지금 현재 1단계 관점에서 시도해 볼 수 있는 여러 가지 과제를 찾아볼 수 있다. 이용자를 중심으로 진행한 인터뷰와 설문조사에서 나타난 바와 같이 복지관의 직접 경험이 없을 경우, 혹은 있다 하더라도 제각기 갖고 있는 서로 다른 이용의 경험 값을 잘 분류하여 해당 고객군별로 관계형성에 필요한 주요 주제를 잘 파악해야 할 것이다. 결국 3단계인 1:1 관계형성 및 고객관리를 지향한다는 것은 복지관에 대한 충성도(loyalty)를 높여 감을 의미하기 때문이다.

"지금까지 이화여자대학교 종합사회복지관의 마케팅 전략수립과 실행에 대하여 살펴보았습니다. 현대 사회의 마케팅의 범위는 더욱 광범위해지고 있습니

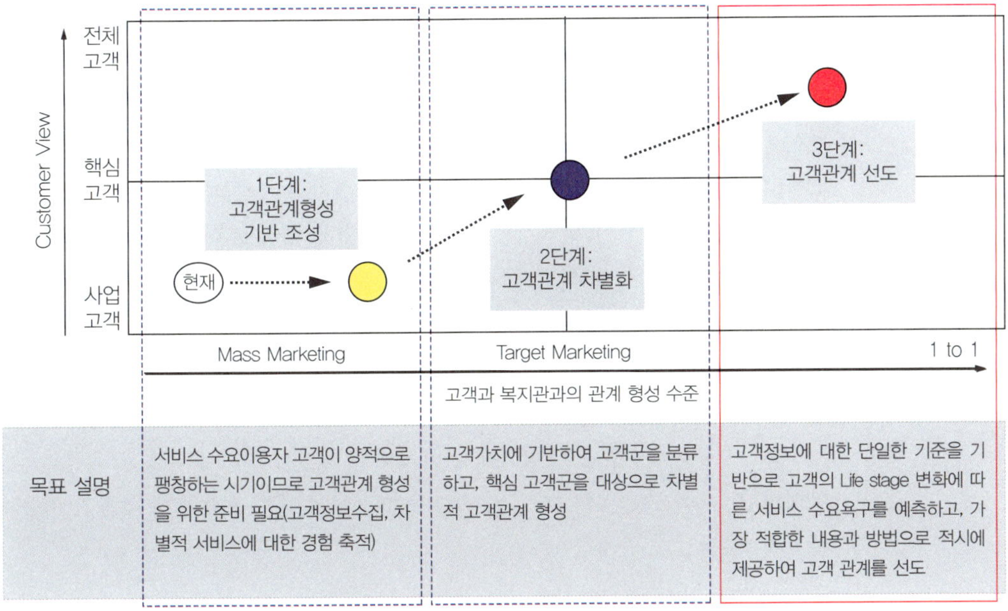

[그림 5] 고객관계관리의 단계별 목표

다. 이번 사례에서는 특히 소홀하게 다루어지기 쉬운 비영리단체인 복지기관의 마케팅에 대하여 보다 분석적이고 체계적으로 접근하였다는 데에 의미가 있겠습니다. 서울시복지재단이 계획 및 실행한 이화여자대학교 종합사회복지관의 마케팅 전략 수립 및 실행에 대한 의의는 다음과 같이 정리해 볼 수 있습니다."

"첫째, 기업의 제품이나 서비스 마케팅과 마찬가지로 비영리단체인 복지기관의 마케팅 또한 철저하게 고객중심에서 이루어져야 한다는 점입니다. 이화여자대학교 종합사회복지관은 정확한 고객을 파악하기 위하여 관내 고객뿐 아니라 관외 고객까지 분석의 대상으로 삼았습니다. 관내 고객과 관외 고객이 지니고 있는 이화여자대학교 종합사회복지관의 정확한 이미지 위상정립과 서비스에 대한 인식을 확인함으로써 기존 고객뿐 아니라 잠재고객의 욕구와 인식을 분석할 수 있었습니다. 이는 향후 마케팅 전략의 수립과 실행에 있어 장기적 고객 확대의 전략적 실마리가 되어 줄 것으로 기대됩니다."

"둘째, 이러한 고객과의 관계가 단순히 일회성이나 단기적인 관계가 아니라 장기적인 관계구축을 목표로 하며, 나아가 복지기관의 브랜드 전략 구축의 첫걸음을 내딛었다는 데에 의미가 있습니다. 복지기관 마케팅 전략의 수립 및 실행이 단순히 단기적 이용고객의 증대가 아니라 보다 장기적으로 고객의 충성도를 제고하고자 하는 노력은 복지기관 또한 성공적 장기적 브랜드 전략의 구사가 필요한 분야임을 다시 한번 확인시켜 주었습니다. 이화여자대학교 종합복지기관의 브랜드 전략은 아직 초기적 단계에 해당하지만 향후 고객의 생애주기에 맞는 일대일 맞춤 서비스 제공을 통하여 고객의 충성도를 제고하며, 고객관계를 선도해 나갈 수 있을 것입니다."

"자, 그럼 오늘 발표는 여기에서 마치도록 하겠습니다. 복지기관의 선도적인 마케팅 및 브랜드 전략의 또 다른 성공사례를 여기 계신 여러분께서 직접 만들어 가시길 바랍니다. 감사합니다."

토론과제

토론과제 1.
사회복지시설과 같은 비영리조직에서 브랜드 관리를 위해서 앞으로 개선해야 할 부문은 무엇일까?

토론과제 2.
복지 분야의 마케팅 전략수립과 실천요소는 영리조직과 어떤 차별점이 고려되어야 하는가?

참고문헌

성공하는 사회복지시설의 경영실무도움서 VI(2009), 고객만족높이기, 서울시복지재단.
2009 사회복지시설 경영컨설팅사업 사례발표 자료집(2009), 지역변화에 따른 복지관 브랜드 강화를 위한 경영컨설팅, 서울시복지재단.
케빈 레인 켈러 지음. 이상민 외 번역(2007), 브랜드 매니지먼트, 비즈니스북스.

사례 10.

새로운 사업범주의 개발전략

-'황금의 투자 시대를 열다' 신한은행의 골드뱅킹 상품 개발 사례 -

윤태웅* 이두희** 최령매***

"가장 잘 할 수 있고, 가장 자신 있는 분야에 대해 이렇게 설명기회를 주신 것에 정말 기쁘고 감사하게 생각합니다."

국내 골드뱅킹의 창시 멤버이자 골드뱅킹에 관하여 석사학위 논문까지 발표한 상품개발부 윤부장은 전 은행 직원을 대상으로 골드뱅킹 성공사례를 발표하는 자리에서 첫마디를 이렇게 시작했다. 금색 넥타이와 평소 잘 끼지 않는 금반지까지 끼고 한 마디 한 마디 부드럽게 그렇지만 자부심을 담아 표현하면서 프레젠테이션을 진행해나갔다.

*신한은행 상품개발부 부장 **고려대학교 경영학과 교수 ***신한은행 상품개발부 주임

금이란 무엇인가?

"골드뱅킹 상품의 개발 전략을 논의하기 전에 우선 '금이란 무엇인가'에 대해서 간단하게 설명드리도록 하겠습니다"

윤부장의 본격적인 프레젠테이션에 강의실은 점점 열기를 더해갔다.

금의 역사

금은 구리족 원소로서 연성이 좋아 다루기 쉽고 색상의 아름다움 등으로 인류가 가장 먼저 사용한 금속으로 받아들여지고 있다. 구약성서의 창세기에서도 금에 대한 언급이 있고, 이미 기원전 3000년경 메소포타미아인은 금투구를 사용하였다고 한다. 또한 이집트의 왕릉에서도 다양하고 방대한 양의 금장식이 발견되었다. 그리스와 로마에서는 금을 화폐로 만들어 사용하기도 하였으며, 동양에서는 고대 인도의 경전에 금이 마력이 있는 물질로 여겨져 옛날부터 숭배의 대상물이 되어 왔다. 이렇듯 동서양을 막론하고 권력과 부의 상징이 되어 현재에 이르는 화려한 금속이 바로 금이다.

중세 유럽에서는 부의 상징인 금을 갖기 위한 연금술의 발달로 이어졌는데 이는 현대 화학문명의 발전에 큰 기여를 한 것으로 평가되고 있다. 또한 아메리카 대륙의 발견과 남아프리카 및 오스트레일리아의 개발이 금에 대한 인간 욕망의 결과라는 점에서 금이 우리 인류의 발전에 있어서 얼마나 큰 영향을 미쳐왔는지를 잘 알 수 있다.

화폐로서의 금

금은 화폐로서의 가치를 지닌 금속으로 오랜 옛날부터 사용되어 왔다. 태고에는 조개껍데기, 곡류(穀類), 가축, 면포 등이 화폐로서 유통되었으나, 그 후

금·은 등 귀금속이 화폐로서 유통되게 되었다. 이들 금·은이 화폐로서 유통되는 범위가 확대됨에 따라 재화로서보다는 화폐로서의 의미가 더 부각되게 되었다. 일반적으로 화폐의 소재(素材)로서 적당한 것은 그 자체가 가치를 지니고 있을 것, 그 가치가 안정되어 있을 것, 품질이 균일할 것, 분할되어도 가치는 유지될 것, 닳아 없어지지 않을 것, 운반 및 보관이 용이할 것 등의 성질을 지닐 필요가 있다. 이들 성질을 지니고 있는 것이 금이며, 세계 각국에서 금화가 화폐로서 널리 사용된 것도 이 때문이다. 나중에는 각국의 중앙은행에서 발행한 은행권 등의 화폐가 각국 내에서 사용됨에 따라, 금은 국제간의 거래에서 결제(決濟)를 위해서만 사용되는 화폐인 국제통화가 된 것이다.

금의 가격

세계 각국에서 금본위 제도를 폐지한 제2차 세계대전 이후에도 금은 계속 국제통화인 달러, 파운드 등과 함께 국제결제를 원활히 하기 위한 불가결의 조건이었다. 세계 최대의 금을 보유하고 있는 미국은 IMF체제하에 국제통화의 안전을 도모하기 위해서 1934년의 금 준비법에 따라 금 1트로이 온스(31.1035그램)는 35달러(1그램=1.28달러)의 가격을 유지해왔다. 그러나 국제수지의 만성적 적자와 금의 유출 때문에 1968년에는 2중 가격제(公定價는 그대로 두고 민간시장의 금가격은 자유시세에 맡기는 제도)가 채용되어, 1971년 말 1트로이 온스는 38달러, 1973년 2월에는 42.23달러로 공정가격을 인상하였다. 그러나 자유시세는 여전히 공정가격보다 상당히 웃돌았으므로 IMF는 1976년 1월 킹스턴체제[1)]하에 공정가격의 폐지를 결정하였다. 런던 자유금시장에서의 가격은 달러 불안 등으로 인해 앙등을 계속하여 1979~1980년에는 한때 600달러를 넘기도 하였으며, 1980~90년대에는 안정된 선을 유지하다 2001년 이후 2009년까지 연속하여 9년간 상승세를 기록하였다.

---

1) 킹스턴 체제(Kingston System)
금 1온스=35달러를 기초로 한 브레턴 우즈 국제통화체제가 1971년 미국의 금태환(金兌換) 정지로 붕괴되자, 1976년 1월 IMF잠정위원회가 자메이카의 킹스턴에서 합의한 새로운 국제통화체제를 말한다. 킹스턴에서는 독자적인 환율제도선택, 금의 가치 기준을 폐지하고 특별인출권(SDR)확대로 유동성 부족과 신인도 문제를 해결하였다.

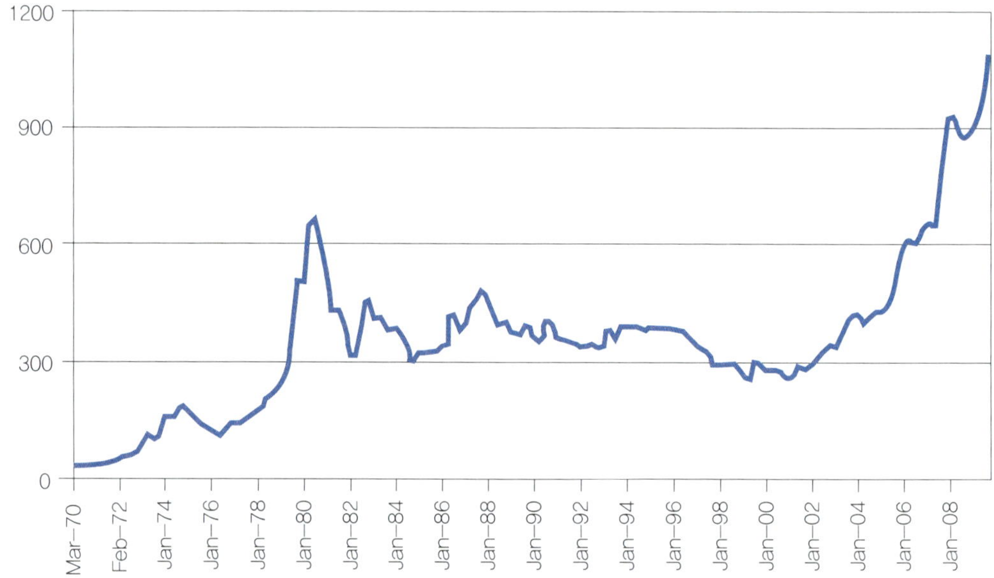

[그림 1] 최근 40년간 금가격 추이

금의 순도 및 단위

금의 중량을 나타내는 단위에는 캐럿(Karat=K)과 트로이 온스(Troy ounce) 두 가지가 있다. 현재 캐럿은 금의 품위(순도)를 나타내는 단위로 사용되고 있고 트로이 온스는 금의 중량을 나타내는 단위로 사용되고 있다.

금의 순도를 표시하는 단위는 캐럿(Karat)으로 1캐럿은 순도가 1/24이라는 의미이다. 18캐럿의 순도는 18/24로 75퍼센트는 순금이고 나머지 25퍼센트는 다른 금속과의 합금이란 뜻이다. 24캐럿으로 명명된 순금은 순도가 100%란 의미로 다른 금속과 전혀 혼합되지 않았다는 뜻이다.

금의 중량을 표현할 때는 트로이 온스(Troy ounce)를 사용하는데 시중에서 일반적으로 사용되는 온스는 28.3495그램이지만 귀금속에서 사용하는 트로이 온스는 31.1035그램이다. 예를 들어 미국의 상품선물시장(COMEX)에서는 최소거래 단위가 100온스이고, 영국의 런던금시장연합회(LBMA) 거래에서는 400온스가 기본거래 단위로 통상 사용되는데 여기에서의 거래 단위가 바로 트로이 온스이다.

반면 국내은행의 금상품은 모두 그램 단위로 거래되고 있다.

골드뱅킹사업 진출의 의의

윤부장은 은행의 골드뱅킹 시행에 대해 단순히 은행이 금을 파는 업무를 개척했다는 생각보다는 금융경제적인 의미와 우리나라 금시장 전체에 선순환의 고리를 만들었다는 데 자부심을 가지고 있었다.

"신한은행이 국내 최초로 시작한 골드뱅킹 업무를 단순하게 '은행에서 금을 판매하나보다' 하고 생각할 수가 있겠지만 이것은 좁은 의미에서의 해석입니다. 골드뱅킹 업무는 이러한 단순판매 업무를 뛰어넘어 우리나라 금시장 전체에 생기를 넣어주는 일이며 은행 사업적 측면에서도 새로운 분야의 신기원을 개척하는 역사적인 의미가 큰 사업입니다."

그는 우선 금융 경제적인 측면의 의의에 대해서 말했다.

"첫째, 국민의 자산배분의 선택을 넓혀주었다는 것입니다. 일반적으로 금융계에서는 고객에게 자산 포트폴리오를 은행예금, 주식 등 증권, 부동산으로 3분하는 것을 강조하여 왔으나, 골드뱅킹 업무의 시행으로 우리는 이러한 자산 포트폴리오에 '금'이라는 변수를 한 가지 더 추가하여 자산 4분법을 할 수 있게 한 것입니다. 이제까지의 투자대상인 은행예금, 증권과 부동산 등은 모두 국내적인 요인에 의해 가격이 변동되는 성향이 강한 자산이었고, 금은 국제적인 시세에 연동

[표 1] 자산 4분법

구 분	금	예금	주식/채권	부동산
유동성	높음	낮음	높은편	매우 낮음
가격변동 요인	국제적 요인	정책요인	국내경기/정책	국내경기/정책
가격왜곡 가능성	거의 없음	낮은편	높은편	높은편

※ 금은 국제적 시세에 연동되는 자산으로 국내적인 경기/정책요인의 영향을 비교적 덜 받는 국제적 단일가격의 자산이므로 보다 안정적 운용을 원하는 고객의 경우 자산 포트폴리오에 포함 운용할 필요성 있음

하는 자산이기 때문에 국내 경기동향이나 정책에 거의 영향을 받지 않는 자산이라고 말할 수가 있습니다. 앞의 다른 자산들은 때로는 휴지조각이 되기도 하고 정책이나 정권이 바뀔 때마다 그 보유 가치의 위험도가 높아지기도 하는 자산이지만 금은 절대 휴지조각이 되지 않는 자산이지 않습니까? 특히, 우리 신한은행의 입장에서는 이를 강조하여(적어도 그때까지 타행에는 이러한 자산배분을 할 수 있는 상품이 없기 때문에) 고객의 자산을 4등분하는 데 노력을 기울였습니다.

둘째, 은행에서는 새로운 수익의 창출 기회가 생겼다는 점입니다. 골드뱅킹에 의해 새로운 수익을 창출할 수 있는 신상품을 다각적으로 개발하여 내놓을 수 있게 된 것입니다. 이는 대고객 판매 상품의 다양화와 더불어 금융권 자체의 골드딜링 기법의 발전으로 자체 수익 증대의 기회로 발전되어 해외 시장에서의 경쟁에 의해 새로운 수익기회까지 얻을 수 있을 전망입니다."

다음은 국가 경제적인 측면의 의의에 대한 설명이 이어졌다.

"첫째, 금시장의 가격 기준이 정립됩니다. 지금까지 국내 금시장에서는 기준이 되는 공정성 있는 가격이 고시되는 기관이 없는 만큼, 은행에서 국제 금시세에 연동하는 실시간 가격고시로 보다 투명한 금거래 시장이 형성될 수가 있습니다. 이는 국내 금시장에서 도매 및 소매업 등 사업자간의 문제뿐 아니라 일반 소비자에게도 비효율과 낭비가 제거되어 경제적인 순기능으로 작용하였습니다. 이로써, 과거 '외환'하면 '외환은행'이라고 시중에 통했듯이 '금'하면 '신한은행'으로 보여지게 만들었습니다.

둘째, 금시장의 투명성에 기여하게 되어 금시장 전체의 발전에 기여하게 됩니다. 우리나라의 금시장은 전통적으로 전체수요의 절반 이상이 지하 경제화된 부분이라고 추정될 정도로 많은 구조적인 모순이 있는 시장이었습니다. 이는 가격측면에서 기준이 되는 가격이 없고 밀수(시중에 밀수금이 80% 정도로 추측)에 의해 가격이 조정되어 국제시세와의 연관성이 적고 일반 개인이나 기업체의 경우에도 공정성 있는 가격에 의해 금을 공급받지 못한 상황하에서 당연한 귀결이라고 말할 수 있는 것입니다. 심지어 태풍이 불어 밀수선이 해상에 뜰 수 없거나 밀수단속이 집중될 때, 금가격이 폭등하는 것이 국내 금시장의 현실이었습니다. 또한, 소비자와 금시장 참가자인 금을 재료로 하여 가공하는 기업(전자회사, 금세공업자 등)들을 연결시켜주는 금융시스템의 부재에 의해 원활한 소통이 될 수 있는 장치가 없었던 것이 기인되는바, 골드뱅킹 업무를 은행에서 취급함으로써 상당부분이 해소되었습니다.

셋째, 조세정책면에서의 의의입니다. 지금까지 국내 금거래 시장은 밀수금, 수출실적 조작 등으로 지하 경제적인 요소가 상당히 강했기 때문에 정부에서는 관련 산업에 대하여 조세의 정의를 실현하기가 무척 어려웠던 것이 사실입니다. 그러나 금융권에서 골드뱅킹 업무가 활성화되면 지하 경제적인 요소가 양성화 쪽으로 돌아서게 되고 세수 증대에 효과적이면서 소비자의 경우에도 정당한 세금에 의한 금거래를 할 수 있게 됨으로써 불법적인 거래관행에서 탈피할 수가 있게 되었습니다. 이에 대한 예로 해방이후 은행에서 외환거래를 시작하기 전에는 아마 암달러거래만 있었을 것인바, 은행에서 본격적으로 외환거래가 허용됨으로써 시장의 많은 부분이 양성화된 사례로도 설명이 될 수 있을 것입니다.

또한 2008년 7월부터 시행된 "부가세 매입자납부 특례제도"에 따라 신한은행이 모든 사업자간 금지금거래와 14K 이상 고금거래에 대해 "금거래계좌"를 통한 금거래시스템을 제공하면서 국내 금시장 양성화에 크게 기여하였다는 평가를 받고 있습니다."

상품개발 및 런칭 전략

2002년 8월 12일, 신한은행 윤태웅 차장, 국민은행 김팀장, 기업은행 이과장 그리고 은행연합회 담당자가 은행연합회 회의실에 모였다. 얼마 전 재경부 관계자와의 모임에서 은행의 골드뱅킹 업무를 허용할 예정이고, 기존에 걸림돌이 되었던 관세와 부가세 문제를 전향적으로 은행이 원하는 방향으로 하고자 한다는 소식을 듣고 골드뱅킹 추진을 위한 예비 작업반이 구성된 것이다.

신한은행은 은행연합회 간사은행으로서 구체적인 정부방침과 기본적인 법률관계를 파악하고, 골드뱅킹의 도입가능성 등에 대해 은행의 의견을 통합하여 재경부에 전달하는 역할을 맡았다. 4일간의 예비 작업반 회의 결과 국내 금시장의 양성화를 위한 골드뱅킹 도입 필요성에 대해서는 대체로 공감하는 분위기였지만 향후의 시장성과 투자 대비 수익성에 대해서는 다들 살짝 고개를 갸웃거렸다. 국내 금시장이 대부분 음성적인 지하경제였기 때문에 시장의 크기를 파악하는 것 자체가 어려웠던 것이다.

윤차장은 금시장 전반에 대한 이해에서부터 시작하여 은행이 금시장 내에서 어떤 역할을 할 수 있는지, 금의 금융상품 활용화 방안과 각종 리스크, 기본약관, 회계처리 방안, 해외은행과의 거래시스템 구축 등 골드뱅킹을 도입하기 위해서는 더욱 깊이 있는 연구가 필요함을 느꼈다. 당시 회사의 지원으로 경영대학원에 다니고 있었던 윤차장은 골드뱅킹에 대해서 석사학위 논문을 쓰기로 결심하였다.

모든 상품개발자가 그렇듯 윤차장의 꿈도 단연 세계적인 히트상품을 개발하는 것이었다. 윤차장은 골드뱅킹이 자신의 인생에서 어쩌면 가장 큰 히트작이 될지도 모른다는 어렴풋한 예감이 들었다.

"그때는 어디서 그런 에너지가 나왔는지 모르겠습니다. 국내에는 금 관련 전문가가 사실상 전무한 상황이었기 때문에 학문적인 연구나 시장에 대한 자료가 전혀 없었습니다. 그래서 조세당국과 금 협회 관계자들을 직접 만나 인터뷰도 하고, 우리보다 먼저 골드뱅킹을 시행하고 있는 해외 은행 담당자들에게 매일 메일을 보내고, 잘 되지도 않는 영어로 계속 전화도 하고 해야만 했습니다."

면밀한 리서치를 통해 금융상품로서의 금의 중요성과 시장성을 깨달은 윤차장은 누구보다 우선적으로 시장에 진입하여 선두주자의 위치를 확보함으로써 다른 은행들의 진입실익을 없애는 것이 중요하다는 판단이 들었다.

신사업 진출에 대한 갈등과 해결

"시장에 1등으로 진입한 상품이 대부분 1등 브랜드가 된다"는 원칙은 다년간의 상품개발 경험상 깨달은 교훈이었다. 그러나 시장을 개척하는 것보다 더 어려운 것이 회사 내부의 공감대를 이끌어내고 경영진의 지원을 얻는 것이었다. 특히 보수적인 은행조직에서 기존의 예금이나 펀드만 잘 팔면 되지 은행이 금까지 팔아야 하냐는 불만과 우려의 목소리가 터져 나왔다. 그러나 이들을 설득하고 임원들의 지원을 받을 수 있었던 것은 철저한 해외 벤치마킹과 연구를 통한 논리적 근거 마련 그리고 윤차장을 비롯한 상품개발실 직원들의 끈질긴 용기였다.

"골드뱅킹은 고객에게는 새로운 투자대안을 제시해주고, 은행에게는 새로운 수익원을 창출해줄 수 있는 깊은 성장 잠재력을 가진 시장입니다. 당행은 빠른 준비와 초기 시장진출로 '골드뱅킹' 하면 신한은행이 떠오를 수 있도록 골드뱅킹의 리딩뱅크가 되어야 합니다."

골드뱅킹 업무 도입에 대해 은행장에게 자세히 보고하면서 윤태웅 차장은 의지에 찬 목소리로 말했다. 골드뱅킹에 대한 논문까지 쓸 정도의 의지와 연구인데 어떤 최고경영자가 설득당하지 않을 수 있을까. 이로써 상품개발실은 은행장의 적극적인 지원까지 얻을 수 있었다.

내부적 공감대 형성 외에 또 하나 풀어야 할 숙제는 법률적인 장애였다. 당시까지 은행이 골드뱅킹을 취급할 수 있는 법적인 근거는 없었다. "은행 부수업무에 관한 지침"에는 골드바의 판매대행, 즉 은행은 종합상사에서 수입한 금을 판매대행 형식으로만 취급할 수 있었다. 은행이 골드바를 직접 수입하여 판매하고 골드계좌 등 금융상품을 취급하려면 우선적으로 "은행 부수업무에 관한 지침"이 개정되어야 했고, 조세특례제한법상 은행의 골드바 수입에 대해서 부가가치세를 면세해주는 법 개정 또한 필요했다. 상품개발실은 은행연합회를 통해 적극적이고 지속적으로 법률개정을 요청하였고 2003년 7월 드디어 두 가지 법 개정이 모두 이루어져 은행이 골드뱅킹을 할 수 있는 토대가 마련되었다.

신한은행 내부에서는 상품개발실을 중심으로 전산부, 회계팀, 자금시장부 등 부서가 모여 법률 개정에 맞춰 골드뱅킹을 시행하기 위한 Task Force Team이 구성되었다. 상품개발실은 상품의 요건과 기본약관 작성, 해외은행과의 제휴, 금 실물의 수입 등 역할을 담당하였고 전산부는 대고객 골드뱅킹 업무에 대한 전산시스템 및 position 관리를 위한 전산시스템 개발을 담당하였다. 자금시장부에서는 대고객으로부터 발생한 position을 실제 해외은행들과의 거래를 통해 헤지(hedge)하는 역할을 맡았고 회계팀에서는 신한은행과 비슷한 형태로 골드뱅킹을 시행하고 있는 해외은행의 벤치마킹을 통해 회계기준안을 마련하기로 하였다.

각 부서는 상품개발실을 중심으로 일사분란하게 움직였고, 2003년 11월 5일 법 개정 4개월 만에 "신한 골드리슈(Gold Riche)"라는 브랜드로 국내 최초로 골드뱅킹 상품을 출시하게 되었다. 이로써 신한은행의 상품 컨셉과 약관, 회계처리 방안 등은 업계의 표준안으로 확정되었고 다른 은행들은 몇 년 뒤 신한은행을 벤치마킹함으로써 상품을 출시할 수 있게 되었다.

초기 마케팅 전략 – STP 전략 (시장세분화, 표적시장선정, 위상정립)

기존에는 금에 투자하려면 종로 귀금속 상가에서 금반지나 금괴를 구매하여 금고에 보관하였다가, 향후 가격이 상승할 때 되팔아서 이익을 얻을 수 있었다. 상품개발실은 고객들을 상대로 여러 차례 설문조사를 한 결과 두 가지 고객의 니즈를 파악할 수 있었다.

하나는 귀금속 상가에서 금을 샀다가 다시 되팔 때 제값을 못 받는다는 것이었다. 즉 살 때 가격과 팔 때 가격의 차이가 너무 커서 웬만큼 가격이 오르지 않는 한 투자 수단으로서는 효용이 없었다. 그러나 귀금속 상가 입장에서는 금을 매입하여 다시 팔려면 다시 제련의 과정을 거쳐야 하기 때문에 저렴하게 매입을 할 수밖에 없었다. 금을 사고팔 때의 가격 차이를 줄일 수 있는 새로운 형태의 투자수단이 필요했다.

또 하나의 니즈는 금괴를 내손에 쥐고 싶은 욕구였다. 주식이나 채권은 종이 조각에 불과하여 '보이는 것만을 믿는' 성향의 보수적인 부자들은 자산증식의 수단으로 손에 잡히는 금괴와 부동산과 같은 실물 자산을 선호하고 있었다. 그러나 금은방에서 금을 사는 것은 순도면에서 다소 믿음직스럽지 못하다는 생각을 가지고 있었다.

상품개발실은 이와 같은 고객 니즈를 바탕으로 시장을 크게 두 가지로 세분화하여 각 시장에 맞는 상품을 출시하기로 하였다. 첫 번째는 살 때와 팔 때의 가격 차이에 민감한 고객을 위한 "신한 골드리슈 금적립" 통장이고 두 번째는 가시성(可視性)을 중요시하는 고객을 위한 "신한 골드리슈 골드바"이다.

금적립 통장은 고객이 금 실물을 직접 구매하지 않고 통장에 금을 적립할 수 있다. 즉, 5만 원을 넣었다면 통장에 5만 원에 해당하는 금 그램수가 기재되고, 은행은 고객들이 구입한 금을 모아서 해외 bullion bank 금계좌에 동일한 양만

[그림 2] 신한 골드리슈 금적립 안내장 일부

큼 적립한다. 이 경우 금실물이 이동하지 않으므로 살 때와 팔 때의 가격 차이가 그만큼 줄어들게 된다. 실제로 귀금속 상가에서 사고팔 때 가격 차이는 10~20%인 반면 은행에서 통장으로 사고팔 때 가격 차이는 2%로 줄일 수 있었다. 또한 적립량이 그램 단위라 상대적으로 부담 없이 소액 투자를 할 수 있기 때문에 20대부터 50~60대까지 금에 대한 투자 수요가 있는 고객이 표적집단 마케팅 대상이었다. 이러한 고객들에게 "자산 4분법"의 개념을 도입하여 예금, 증권, 부동산 외 금이 고객의 포트폴리오를 효과적으로 분산할 수 있는 제4의 자산이라는 인식을 심어주는 것이 중요했다. 또한 젊은 고객층에는 소액으로도 쉽고 간편하게 금에 투자할 수 있는 상품임을 강조할 필요가 있었다.

골드바의 경우 자산이 어느 정도 있는 은행 PB고객을 표적집단으로 순도와 질량이 보증된 최고 신뢰도의 골드바임을 강조했다. 금시장에서 세계적으로 가장

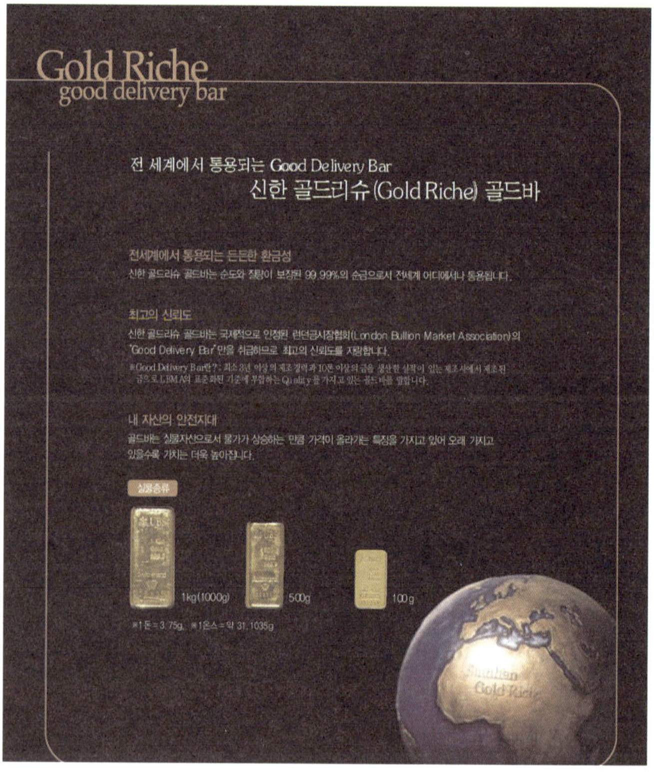

[그림 3] 신한 골드리슈 골드바 안내장 일부

권위 있는 기관인 런던금시장협회(LBMA)에서 인증한 골드바(Good Delivery Bar)만을 취급했으며, 그 중에서도 고객들이 가장 신뢰하는 UBS 브랜드 골드바를 판매함으로써 99.99%의 순도와 신뢰성을 강조했다.

마케팅믹스 전략

SWOT 분석

상품개발실은 골드뱅킹에 대한 SWOT 분석을 실시하였다. 은행의 가장 큰 강점은 안전성과 신뢰성, 그리고 저렴한 가격이었고, 약점은 금이 최초로 금융상품화되는 것이었기 때문에 상품 자체가 고객에게 어려워 보일 수 있다는 점이었다. 기회요소는 은행을 통한 금시장의 양성화에 대해서 정부가 강력한 의지를 가지고 있다는 점이었고, 위협요소는 시스템 구축비용 등 비용부담으로 일정 시장규모를 확보하지 못할 경우 수익성이 한계가 있을 수 있다는 점과 일부 귀금속 상인들이 자신의 업무영역을 침범당한다는 반발이 있을 수 있다는 점이었다.

[표 2] SWOT 분석

□ 강점(Strength) – 안전성 및 신뢰성 – 공정하고 저렴한 가격 – 전국적인 영업망 – 우수한 고객 보유	□ 약점(Weakness) – 생소한 금융상품 – 다양한 금융기법 부족
□ 기회(Opportunity) – 금시장 양성화에 대한 정부의 의지 – Gold관련 금융상품의 개발로 선진금융기법 도입 – 부수업무 확대에 따른 신규 수익원 확보 – 금융소비자에 대한 서비스 제고	□ 위협(Threat) – 고정비 부담으로 일정 시장규모 미확보시 수익성의 한계 – 일부 귀금속 상가들의 반발

위와 같은 분석을 토대로 경쟁적인 우위요소는 더욱 강화하고, 약점이나 위협요소를 보완하는 마케팅 전략을 수립하기로 하였다.

제품전략

금적립 통장은 국내 최초로 금을 금융상품화한 것이기 때문에 고객들에게 매우 생소하게 느껴질 수 있다는 점을 보완하여, 고객에게 익숙한 예금처럼 통장에 그램을 기재해주는 방식을 택했다. 또한 매월 자동이체를 신청하면 금값이 낮을 때 더 많은 금을 사고 금값이 높을 때 적게 삼으로써 적립식 펀드처럼 cost average의 효과도 누릴 수 있게 설계하였다.

골드바는 은행의 강점인 순도와 신뢰성을 강조하여 스위스산 99.99% 순도의 골드바만을 취급하였고, 그 중에서도 고객들이 잘 알고 있는 UBS의 브랜드 골드바를 판매하였다. 골드바는 기본적으로 PB고객이 목표고객이었기 때문에 최소단위를 100g(출시 당시 가격으로 약 150만원)으로 하여 1kg, 500g, 100g 3가지 종류를 출시하였다. 또한 고급스러운 느낌이 들도록 융포에 포장하였으며, 전 세계 어디서든 사용할 수 있고 UBS와 제조업체가 동시에 보증하는 보증서를 동봉하여 고급스러움과 신뢰성을 강조하였다.

신한은행의 제품 전략은 우선 가장 먼저 제품을 출시하여 시장을 장악함으로

[그림 4] 골드바 이미지

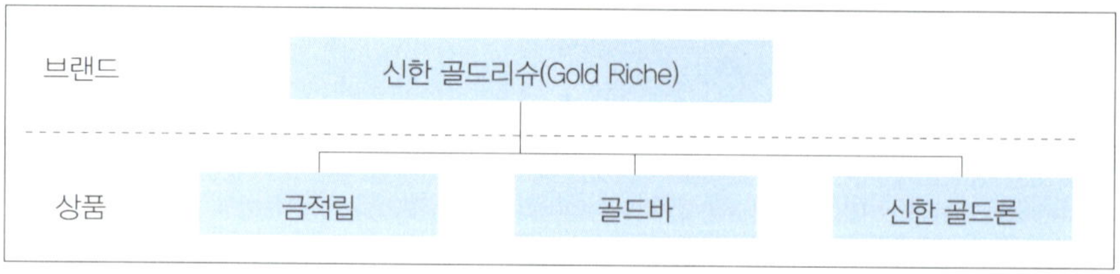

써 수익을 확보하고, 금적립 통장, 골드바를 동시에 런칭하여 후발주자들이 따라올 수 없도록 진입장벽을 마련하는 것이었다. 또한 금적립 통장에 100g 이상 적립하면 골드바로 찾아갈 수 있도록 금적립 통장과 실물을 연계하여 제품력을 강화시켰다.

가격전략

금적립 통장은 가격에 민감한 고객이 목표고객이었기 때문에 저렴한 가격정책을 택하였다. 고객이 통장으로 금을 사거나 팔 때 기준가격에서 각각 1.2%의 수수료를 부과하도록 하고, 기존의 업무관행을 고려하여 영업점에서 고객등급에 따라 수수료우대 권한을 부여하여 탄력적으로 가격을 운영하였다.

골드바 목표고객은 비교적 가격에 덜 민감한 PB고객들이었고, 실제로 골드바를 수입하는 데 따른 부대비용(관세, 보험료, 운송료 등)이 많았기 때문에 은행의 마진을 적절히 감안한 범위 내에서 책정하였다. 고객이 골드바를 사고팔 때 각각 5%의 수수료를 부과하고, 통장과 마찬가지로 영업점에서 고객등급에 따라 수수료를 우대할 수 있는 권한을 부여하였다.

은행은 실시간으로 국제금시세와 원달러 환율을 반영하여 금가격을 인터넷과 영업점에 고시함으로써 고객은 안심하고 공정한 가격으로 거래를 할 수 있게 되었다.

또한 그때그때의 시장 상황에 맞게 수수료를 탄력적으로 조정할 수 있도록 전산시스템을 구축하였다. 일례로 2007년 4월부터 2008년 12월까지 골드바가 할당관세 품목에 포함되어 관세가 면제됨에 따라 5%에서 2.5%로 수수료를 인하하였고, 거래량이 증가하면서 통장으로 거래하는 수수료도 1.2%에서 1%로 인하하였다.

유통전략

신한은행의 가장 큰 강점 중의 하나가 바로 영업점이 많다는 것이다. 금적립 통장은 금에 대한 투자 수요가 있는 비교적 젊은 세대가 대상이었기 때문에 신한은행 모든 영업점에서 가입할 수 있도록 채널을 오픈했다. 또한 젊은 세대들은 인터넷뱅킹 사용이 매우 익숙하기 때문에 인터넷뱅킹을 통한 가입도 가능하도록 개발하였다.

골드바의 경우 PB고객들이 밀집한 지역의 인근 영업점을 중심으로 거점 점포를 지정하여 VIP룸에서 판매하였다. 골드바를 구매하는 고객은 일반 창구가 아닌 VIP룸에서 골드바를 구매함으로써 자신이 특별한 대우를 받고 있다는 느낌이 들 수 있도록 하였다.

프로모션전략

골드뱅킹을 런칭할 당시 금가격은 지속적인 상승추세에 있었다. 2003년 초 이라크 전쟁이 발발하여 불안한 국제정세가 지속되면서 온스당 $300이던 금가격이 $700~$1,000까지도 상승할 수 있다는 전망이 제기되고 있었다. 언론들은 앞다투어 금가격 상승에 관한 기사를 다뤘으며 국내에 금에 투자할 수 있는 재테크 수단이 없음을 지적하고 있었다. 이러한 상황 속에서 신한은행이 국내 최초로 금에 투자할 수 있는 금융상품을 출시했다는 소식에 매일경제, 한국경제, 동아일보, 한겨레 등 신문사들뿐만 아니라 KBS, MBC, YTN 등 방송국에서도 특집란에 골드뱅킹 상품소개를 실었고 심지어 VJ특공대에서 취재하러 오기도 했다. 또한 정부에서도 당시 골드뱅킹 활성화를 통한 금시장 양성화에 확고한 의지를 가지고 있었고 이와 같은 우호적인 환경 속에서 골드뱅킹은 각종 언론에서 자동으로 홍보되어졌다.

이와 더불어 주요 경제지와 일간지 1면에 골드리슈 광고를 실었고 동시에 영업점 전 객장에 대형포스터와 안내장, POP 등 홍보물을 설치하여 내점 고객에 대한 노출을 증대시켜 출시 초기 제품인지도를 확산하는 데 주력하였다. 골드바는 실물과 동일한 중량과 모양의 골드바 견양을 제작하여 판매 영업점에 배치하여 고객이 실제로 만져볼 수 있도록 하였다.

2004년 신년을 맞아서는 "Happy Gold Year 2004" 대고객 이벤트를 통해 고객의 골드뱅킹 체험기회를 넓혀주기 위한 수수료 인하 및 경품제공 이벤트를 시행하였다.

한편 골드뱅킹은 고객뿐만 아니라 영업점 직원들에게도 생소한 금융상품이었기 때문에 외부 고객에 대한 홍보만큼 중요한 것이 영업점 직원을 상대로 한 홍보와 교육이었다. 다른 제품들과는 달리 대부분의 금융상품은 고객과의 접점인

은행 직원의 권유로 구매 결정이 내려진다. 영업점 직원이 골드리슈에 대해 충분히 알고 상품의 우수성에 대해 자신감을 가져야만 고객들에게 권유할 수 있는 것이다. 따라서 상품 출시 전부터 사내 게시판을 통하여 금에 대한 이야기를 연속 시리즈로 매주 게시하여 직원들의 금에 대한 상식과 골드리슈 상품에 대한 이해도를 높여주었고, 사내 방송인 SBN을 통해 골드리슈 상품에 대한 교육도 지속적으로 진행하였다. 이와 함께 상품개발실 인력으로 교육팀을 구성, 전국을 순회하면서 지역별로 집합 교육을 실시하였고 신입직원 연수 시 골드리슈 상품에 대한 교육도 반드시 포함시키도록 하였다.

시장확장 전략

상품확장

"금적립"은 통장에 차곡차곡 금을 적립하여 만기시점의 금가격으로 원화를 받아가거나 골드바로 받아갈 수 있는 통장이었다. 그러나 출시 후 고객들의 많은 관심과 더불어 금의 매입·매도가 자유로운 입출금식 통장과 같은 상품에 대한 제안이 빗발쳤고, 그리하여 "금적립"과 "골드바" 출시 후 7개월 만에 다시 "금자유" 통장을 출시하게 되었다. 또한 자신들의 업무영역을 침범당한다고 우려하는 영세상인들을 위해 저금리로 금을 대여해주는 "신한 골드론"을 출시하여 금가공업체와 반도체 생산업체 등에 3~3.5% 정도의 낮은 이자로 금을 대여해주었다. "신한 골드론"은 낮은 이자와 더불어 금가격 변동에 대한 헤지 수단을 제공해줌으로써 금사업자들의 불만을 어느 정도 잠재울 수 있었다.

2007년 시작된 미국발 금융위기로 국제 금가격은 가파른 상승세를 나타냈고 금 투자에 대한 투자자들의 관심도 크게 증가하였다. 이에 맞춰 상품개발실은 상품개발부로 승격되고 상품개발부 내에는 골드뱅킹 전담팀이 구성되었다. 은행의 정기적인 인사이동으로 골드뱅킹 출시 당시의 멤버들은 모두 다른 부서로 이동을 한 상태였고, 섭외의 달인 장차장, 골드 쪽 전문가인 유과장과 영업점에서 탁월한 능력을 인정받은 황과장, 그리고 막 대학원을 마치고 온 최대리로 골드뱅킹팀은 구성이 되었다. 거기에 골드뱅킹 출시 당시 멤버였던 윤차장이 상품개발부 부장으로 돌아오면서 골드에 대한 상품 확장 전략이 본격적으로 시행되었다.

2008년 리만브라더스 파산으로 국제 금가격은 드디어 사상 최초로 온스당 $1,000을 돌파하였고 고객들의 금 재테크에 대한 열풍은 최고조에 달했다. 금가격 상승과 더불어 가장 큰 이슈는 금가격의 변동성이 크게 확대되었다는 것이다. 모든 자산의 변동성이 확대되어 고객들의 불안감은 증대되고 있었지만, 최대리는 이러한 시장상황을 적극적으로 활용할 수 있는 방법이 있을 거라 생각했다. 기존에는 금을 꾸준히 적립해가는 것이 좋은 투자 전략이었지만 변동성이 심한 장세에서는 가격이 과도하고 올랐을 때 팔고, 과도하게 내렸을 때 사는 전략이 필요했다. 최대리의 이러한 아이디어에 착안하여 골드뱅킹팀은 변동성에 대처하기 위해 "금자유" 통장에 자동매매기능과 SMS 통지기능을 추가한 2세대 골드뱅킹 "골드테크" 통장을 출시하였다. 즉, 고객이 지정한 가격에 도달하면 자동으로 금을 매입하거나 매도할 수 있고, 또한 지정 가격에 도달했을 때 SMS로 통지해주는 서비스를 추가하여 변동성에 대비한 상품으로 한차원 업그레이드시켰다.

또한 2008년에는 국제금융위기로 전 세계 중앙은행들이 금리를 인하하면서 장기적으로 인플레이션에 대한 우려가 크게 제기되었다. 특히 어린 자녀를 둔 부모는 자녀를 위해 일정 금액씩 적금을 하고 있지만 인플레이션이 발생한다면 화폐의 가치가 하락하여 구매력이 감소할 수도 있게 된다. 뉴스에서 매일 인플레이션 얘기가 나오다보니 초등학생 자녀를 두 명이나 둔 황과장은 벌써부터 자녀들의 대학교 등록금 걱정이 앞섰다. '그래, 금은 장기적으로 보유했을 때 화폐에 비하여 상대적으로 일정한 구매력을 유지하는 특성이 있잖아.' 이러한 황과장의 아이디어에 착안하여 2008년 4월 자녀를 둔 부모를 대상으로 최장 30년까지 장기투자할 수 있는 "Kid & Teens 금적립" 통장이 출시되었다.

2009년 각국 정부들의 통화 확장 정책에 따라 통화에 대한 헤징(hedging) 필요성이 강력히 대두되었다. 이러한 위기의식을 극복하기 위해 국내 최초 달러로 직접 금에 투자할 수 있는 "달러&골드테크" 통장을 출시함으로써 원화 금가격 고시뿐만 아니라 우리나라를 대표하는 달러화 표시 금가격도 고시하게 됨으로써 골드뱅킹의 리딩뱅크로서의 입지를 확고히 하였다. 국내 금가격은 두 가지 요인에 의해 가격이 변동된다. 하나는 국제 금가격이고, 다른 하나는 원달러 환율이다. 국제 금가격이 아무리 상승하더라도 원달러 환율이 하락한다면 국내 금가격은 하락하게 된다. 대부분의 경제 전문가들이 장기적으로 달러화의 약세를 전망하고 있는 상황에서 기존에 달러자산을 보유한 고객이 금에 투자할 수 있는 길을 처음으로 열어준 획기적인 일이었다.

이처럼 골드뱅킹팀은 시장의 변화에 대처하여 "지속적인 신상품 개발을 통한 선두위치 확보"라는 전략을 설정하고 전 세계적인 금융위기 속에서도 신상품 개발에 박차를 늦추지 않았다.

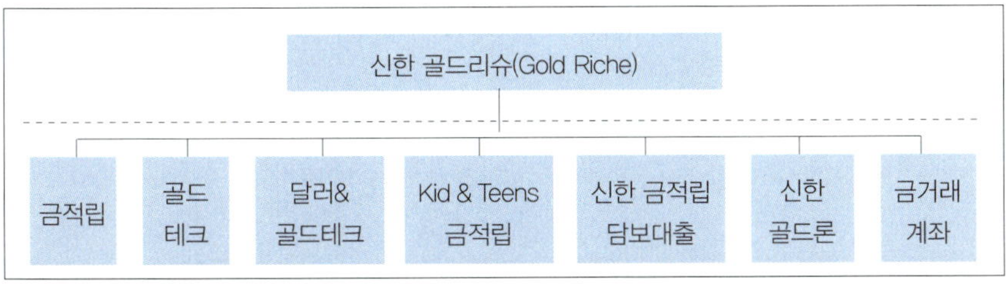

정부협력 상품개발 (금거래계좌)

국세청 금거래계좌 사업 유치 및 "G1금거래계좌" 개발은 골드뱅킹팀이 이루어낸 또 하나의 커다란 성과였다.

2007년 말 기획재정부는 세법 중 '금관련제품의 부가세 매입자납부 특례제도에 따른 금거래계좌 이용에 대한 법령'을 제정하였다. 부가세 매입자납부 특례제도란 기존에 상거래 시 구매자가 판매자에게 직접 부가세를 납부하던 것을, 금관련제품에 한해서는 구매자가 판매자가 아닌 금융기관에 납부함으로써 정부는 세금을 투명하게 걷고 거래하는 사람도 상호 신뢰 있게 거래하자라는 취지에서 만들어진 새로운 제도이다. 워낙 금시장이 음성화되고 혼탁하니 신뢰성 있는 금융기관을 끼고 투명하게 거래하자는 취지인 것이었다.

2008년 2월 유과장 앞으로 두툼한 봉투의 서류가 배달되었다. 국세청 로고가 선명히 찍힌 서류봉투를 뜯자, '금거래계좌 운영금융기관 선정을 위한 입찰신청서'가 들어있었다. 수신처가 농협, 우체국 및 전 은행이며 금융결제원까지 포함되어 있었다. 윤부장과 유과장은 사태에 대한 정확한 파악을 위해 즉시 국세청 담당자를 찾아갔다. 분명 금거래계좌는 금융결제원과 시중 11개 은행이 공동으로 개발하는 것으로 되어 있었기 때문이다. 국세청 사무관은 업무프로세스가 복잡한데 각 은행마다 이를 다 개발하고 또 거기서 나오는 수익을 모든 은행이 나눈다는 것은 현실적으로 어려워 1개 금융기관에 위탁하는 것이 효율적이라고 판단하였다고 설명했다. 입찰을 하여 결정한다는 것은 11개 은행이 이 사업에서 나오는 무코스트 수익을 나누지 않고 1개 은행이 모든 수익을 가져갈 수 있다는 뜻이었다. 이에 크게 고무된 윤부장과 유과장은 그 자리에서 골드에 대해 가장 노하우가 많은 신한은행이 얼마나 잘할 수 있는지 엄청난 자신감을 표현하고 돌아왔다.

돌아와서 법령을 꼼꼼이 살펴보았으나, 법령에는 '금거래 시에는 금거래계좌'를 사용한다라는 딱 한마디 문구밖에 쓰여 있지 않았다. 그러나 제안서 제출하기까지는 열흘밖에 남지 않았고 설연휴와 주말을 빼면 겨우 5일이라는 시간밖에 없었다. 금거래계좌는 은행에서 한번도 해본 적이 없는 완전히 새로운 프로세스를 구축하는 작업이었기 때문에 상품개발부 1개부서의 힘으로는 막막했다. 윤부장은 금거래계좌에 있어 IT가 핵심요소인 만큼 사정을 IT개발부 이부부장에게 얘기했더니 이부부장이 적극 지원하겠다고 흔쾌히 승낙했다. 거기에 멀티채널부와 IT서비스부에서도 적극 도와주겠다고 나섰고 즉시 상품개발부 골드뱅킹팀을 중심으로 금거래계좌 TFT가 구성되었다. 다들 처음 해보는 작업이고 주어진 시간도 극도로 부족했지만 설 연휴를 모두 반납한 채 제안서 작업에 매진했고, 직원들의 노고에 감명받은 은행장이 제안서 첫 페이지에 '신한은행의 약속'이라는 선언문구를 직접 서명하여 제안서를 완성하였다. 그리고 끝내는 5년간 독점으로 금거래계좌 운영기관으로 선정되었다. 나중에 들은 후문이지만 처음부터 국세청에 자문을 지원했던 OO은행이 거의 내정이 되어 있는 상황이었는데, 신한은행의 상품안도 물론 좋았지만 그 열정과 의지에 감동하여 선정하게 되었다고 했다.

2008년 6월 'G1금거래계좌'가 출시됨으로써 사업자간의 금지금(원재료 상태인 것으로서 순도가 99.5% 이상인 금)거래와, 14K 이상 고금거래는 모두 신한은행의 금거래계좌를 통하여 거래가 되고 있으며, 신한은행은 금 투자 시장뿐만 아니라 모든 금사업자들을 고객으로 흡수함으로써 국내 금시장에 대한 주도권을 확보하게 되었다.

"브랜드 골드바" 개발

신한은행은 2003년 골드바 출시 이후 6여 년간 스위스 제련업체에서 생산하고 UBS 브랜드 로고가 찍힌 골드바를 판매해왔다. UBS나 HSBC 등 세계적인 은행들은 제련업체와 제휴하여 그들의 브랜드 골드바를 한국을 비롯한 전 세계에 수출하고 있다. 그만큼 그들의 골드바는 전 세계적으로 통용되는 브랜드가치를 인정받고 있는 것이다. 따라서 골드뱅킹팀의 숙원 사업은 자신만의 브랜드 골드바를 출시하는 것이었다.

게다가 2009년부터 스위스에서 수입하는 골드바에 대해서 다시 3%의 관세가 부과되기 시작했다. 신한은행 골드바 또한 관세분을 가격에 반영하여야 했기 때문에 가격 인상이 불가피했고, 이로 인해 가격 경쟁력 또한 크게 감소하였다.

골드뱅킹팀의 마지막 숙제는 수입 금이 아닌 국내 금을 이용하여 신한은행 브랜드 골드바를 출시하는 것이며, 현재 브랜드 골드바 출시를 적극 검토하고 있다. 브랜드 골드바 출시로 고객들에게 경쟁력 있는 가격을 제공할 수 있게 되고, 궁극적으로 브랜드가치가 제고될 수 있을 것이다. 국내 금시장에 아직 브랜드 골드바가 없는 상황에서 신한은행이 또다시 은행 최초로 브랜드 골드바를 출시한다면 골드뱅킹의 선두주자로서 그 위치를 다시 한번 확고히 할 수 있을 것이며 나아가서는 우리나라의 국가적 자존심을 제고할 수 있는 기회가 될 것이다.

주요 성과 및 성공요인

지속적인 R&D를 통한 신상품개발

1등을 차지하는 것보다 1등을 유지하는 것이 더 어렵다는 말이 있다. 금융상품도 마찬가지다. 시장과 고객의 금융니즈는 계속해서 변화하고 진보하며, 후발주자들은 차별화된 제품으로 추격을 가할 것이다. 따라서 지속적인 신상품 개발과 기존 상품의 보완을 통해 미래시장을 계속해서 선점하지 못한다면, 신시장 개척의 시간과 비용부담이 적은 후발주자에게 1위의 자리를 내놓을 수도 있게 된다.

신한은행이 골드리슈 출시 후 기업은행, 국민은행, 우리은행도 막대한 자금력으로 골드뱅킹 출시를 준비하고 있었다. 신한은행은 확고한 선두를 유지하기 위해서 지속적인 R&D를 통한 신상품 개발로 타행들과의 격차를 더욱 넓히는 것이 중요하다고 판단했다. 실제로 지속적인 신상품 개발을 통한 격차 확대가 선두의 위치를 지킬 수 있었던 가장 큰 요인으로 평가받고 있다.

리더의 확고한 추진전략

또 하나의 성공요인은 담당 부서장과 은행장을 비롯한 임원들의 끊임없는 관심과 시행의지였다. 조직이 클수록 업무추진 과정에서 각 부서의 상반된 이해관계로 갈등이 유발되는 경우가 많다. 특히 골드뱅킹 시행과 같은 여러 부서가 관련된 업무의 경우 갈등이 더욱 심화되기도 한다.

그러나 경영진의 의지가 확고했기 때문에 유관부서간의 긴밀한 협조가 이뤄질 수 있었으며, 상품개발부는 각 부서의 적극적인 지원하에 가장 먼저 시장에 상품을 출시할 수 있었다. 그 뒤에는 상품개발자의 앞선 시장을 유지하려는 끈질긴 노력과 연구를 통한 CEO의 설득 과정이 숨어 있기도 하였다.

적극적 언론 홍보

골드뱅킹 상품 런칭 이후 금가격은 지속적인 상승 추세에 있었다. 물론 시

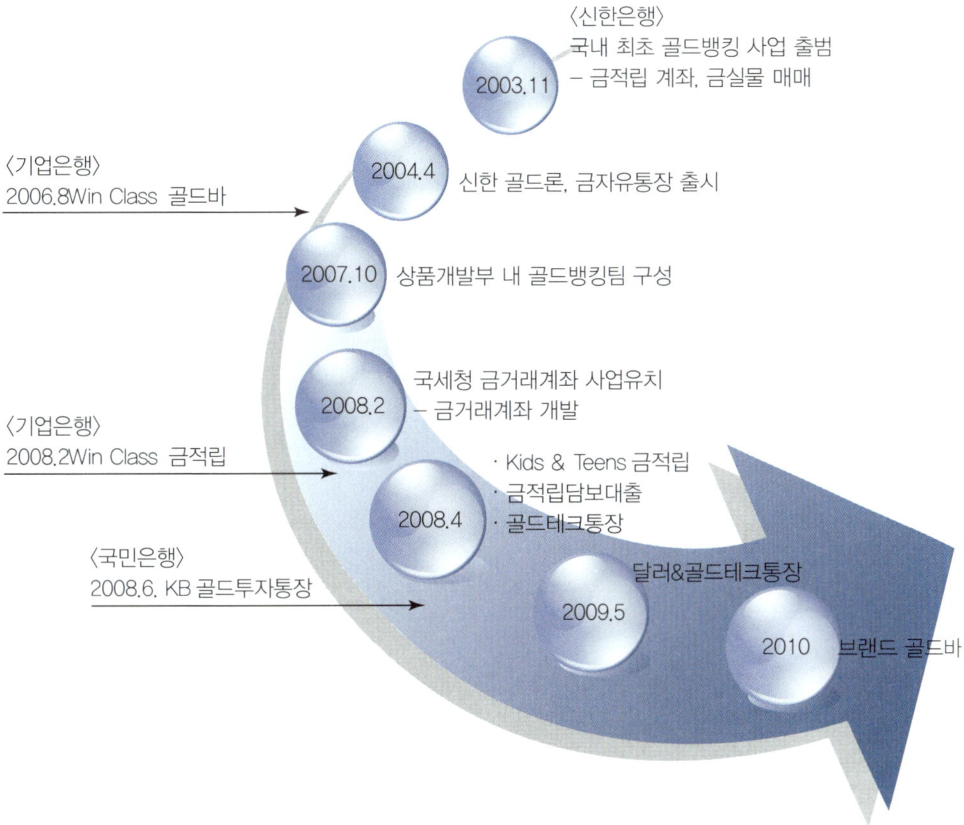

[그림 5] 시중은행 골드뱅킹 상품개발 현황

장 환경에 따라 금가격 등락이 반복되기도 했지만 전체적으로 상승 트렌드였기 때문에 투자 고객들은 타 자산에 비해 높은 수익률을 유지할 수 있었다. 2007~2008년 대부분의 펀드가 반토막이 난 상황에서도 골드리슈는 안정적으로 높은 수익률을 유지하였다.

골드뱅킹팀은 어려운 상황에서의 안정적인 수익률을 각종 언론에 적극적으로 홍보하는 전략을 취함으로써 추가적인 마케팅 비용 없이 골드리슈가 언론에 홍보되는 효과를 누렸다. "금가격이 크게 오르는 날이면 각 언론사 기자들로부터 수십 통의 전화를 받느라 업무를 할 수 없을 지경이었다"고 골드뱅킹팀원들은 회고했다.

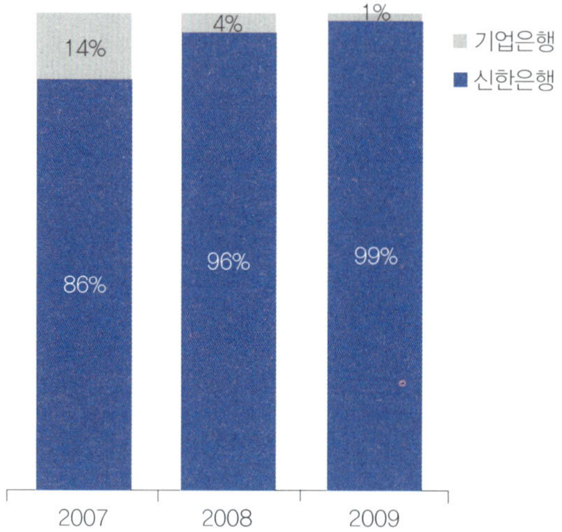

[그림 6] 골드바 판매량 시장점유율

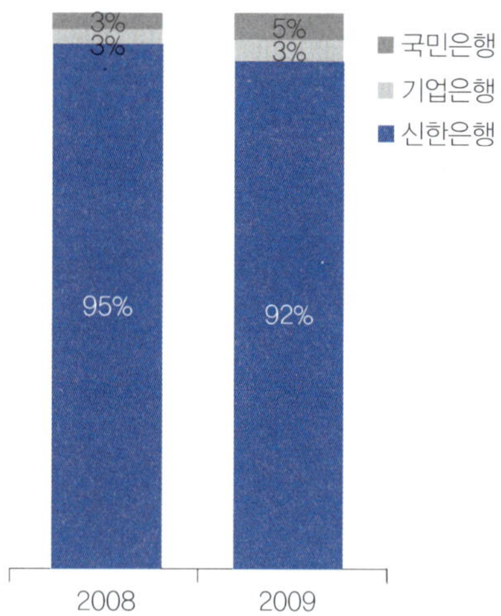

[그림 7] 골드계좌 잔액 시장점유율

[표 3] 골드리슈 기간 누적 성과(2009년 말 현재)

구 분	기준가격	기간수익률	KOSPI 수익률
1년	37,296	10%	50%
2년	25,252	62%	-11%
3년	18,921	116%	17%
5년	14,531	182%	88%

골드뱅킹사업의 의미 및 향후 과제

"지금까지 금에 대한 이야기와 골드리슈 런칭 전략, 지속적 상품개발을 통한 시장확장 전략을 살펴보았습니다. 마지막으로 골드뱅킹이 갖는 국가적인 의미와 향후 과제에 대해 말씀드리고자 합니다."

윤부장은 설명을 이어 나갔다.

"과거 금본위제하에서는 국가 富의 척도를 금으로 보아 금의 보유분만큼 통화를 발행하는 것이 원칙이었습니다. 이후 달러본위체제로 바뀌어지면서 금의 國富로서의 가치는 줄어들긴 하였지만 IMF 외환 위기 때 '금 모으기 운동'과 같이 금은 여전히 국제적인 결제 수단으로서의 가치를 지니고 있으며 잠재적으로는 달러를 대체하는 자산으로서의 가치를 가진 중요한 자산입니다."

윤부장은 고객이 적립하는 금을 신한은행이 모아서 해외은행에 동일하게 예치하는 것이기 때문에 결국은 외환보유고와 비슷하게 금을 적립하는 것이 국가의 부를 모으는 것임을 강조했다.

"우리나라는 경제규모에 비해 외환보유고에서 금이 차지하는 비중이 지극히 낮은 국가입니다. 금 보유고가 낮다는 것의 의미가 무엇일까요? 달러화에 의지하고 있다는 것 아니겠습니까? 이라크, 북한, 이란 등 미국이 좋아하지 않는 국가들을 미국에서 통제하는 방법으로 '달러화 동결'을 사용하는 것은 모두가 알고 계시겠지요? 달러화에 대한 지나친 의존은 자주적 입장에서 국가의 정책적 의지의 실현에는 결코 바람직하지 않는 일일 수도 있습니다. 이렇게 통화가 동결될 경우에도 금은 가장 좋은 국제적인 자금결제 수단이 될 수가 있는 것입니다.

소위 우리나라의 'IMF 사태'와 2008년부터의 금융위기는 정확히 말하면 외환위기, 그리고 더 정확히 말하면 달러위기 사태였습니다. 달러가 없어지는 순간 우리나라의 경제주권이 IMF에 넘어가는 현상, 정확히는 미국에 넘어가는 현상을 모두가 목격하였고, 이때 우리 국민은 눈물겹게도 '금 모으기 운동'에 나서 애틋한 정성을 모아 국가의 주권을 조금이라도 되찾길 얼마나 염원하였습니까? 이와 같이 금은 국가의 주권을 지키는 마지막 수단으로서의 의미까지 더해지는 신성한 측면을 가지고 있는 것입니다. 이렇게 보면 우리 신한은행의 골드리슈 상품은 사실상 '뉴-금모으기 운동', '뉴-독립운동'의 의미까지 갖는 중요한 상품이라고도 말할 수도 있지 않겠습니까?"

이런 국가적인 중요한 의미가 있는 골드뱅킹 상품 영역에서 신한은행은 지난 6년간 꾸준히 선두를 달려왔다. 또한 "골드뱅킹=골드리슈"라는 인식을 고객들에게 심어주었다. 하지만 현재까지도 골드리슈 가입고객이 8만 명 남짓밖에 되지 않는다. 이는 신한은행의 고객이 1,500만 명인 점을 고려할 때 아주 적은 수치인 셈이다.

"저는 아직까지 골드뱅킹의 가입고객이 미비한 이유와 과제에 대하여 두 가지로 설명드리고 싶습니다. 첫 번째는 아직까지도 골드뱅킹이라는 상품을 접해보지 못한 고객이 많다는 것입니다. 즉, 금에 투자하려면 은행에 가서 골드리슈 상품에 가입하면 된다는 사실을 모르는 고객이 많습니다. 이 문제는 적극적인 홍보 전략을 통해 어느 정도 해소가 될 것으로 보이지만 수백 개나 되는 은행상품의 특성상 하나의 상품에 많은 예산을 투자하기는 쉽지 않습니다. 따라서 한정된 예산으로 효율을 극대화할 수 있는 홍보 전략은 우리가 풀어야 할 숙제로 남아있습니다.

두 번째는 국내의 금 투자 시장 자체가 아직 미미한 수준입니다. 미국의 금 ETF인 SPDR Gold Trust는 하나의 ETF가 보유한 금보유량이 1,000톤이 넘습니다. 이는 당행 보유량의 120배가 넘는 수치입니다. 신한은행의 시장점유율이 90% 이상인 점을 감안할 때, 우리나라 모든 은행의 금보유량 대비해서도 100배가 넘습니다. 따라서 국내 투자 금시장의 크기 자체를 키우는 일이 매우 중요합니다. 은행뿐만 아니라 증권사나 자산운용사 등 많은 금융기관이 참여하여 투자자들이 금에 투자할 수 있는 다양한 금융상품을 개발하는 것이 필요하다고 할 수 있겠습니다. 이제 남은 과제는 상품에 새로운 기능을 추가하거나 고객을 세분화하여 새로운 상품을 시장에 내놓는다는 차원을 넘어, 골드뱅킹을 처음 시행하였을 때처럼 완전히 새로운 영역을 개발해야 할 것입니다.

그리고 이러한 새로운 영역은 우리 은행에 새로운 장기적 기회를 마련해줄 것이며, 여러분 모두의 협력과 고민과 땀을 합하여야 새로운 성공을 만들어낼 수 있을 것으로 기대합니다."

프레젠테이션을 마친 윤부장은 이마의 땀을 닦으며 단상에서 내려왔다. 청중들은 하나둘씩 공감과 격려의 박수를 치기 시작했다.

토론과제

토론과제 1.

새로운 영역 개발을 위한 상품화 전략 수립은 일반 상품화 전략과 무엇이 다른가를 토론해보자.

토론과제 2.

새로운 영역 개발 시, 내부적으로 발생할 수 있는 저항의 해소 방안과 리더의 추진의지가 약할 경우, 필요한 내부 마케팅 방안에 대해 논의해보자.

토론과제 3.

골드 값의 고공행진은 지속되리라 예상되어진다. 그러한 골드 마켓 상황에서 골드뱅킹은 향후 어떠한 방향성의 상품개발과 마케팅이 수행되어져야 한다고 생각하는가?

사례 11.

10년 만에 교육중심대학에서 세계 30위권의 연구중심대학 되기

- 싱가포르국립대학교의 대학 혁신 마케팅 성공 사례 -

이성규* 이종호** 이두희*** 여민선****

2010년 가을, 아시아태평양 국제교육협회(APAIE: Asia-Pacific Association for International Education)* 주최로 대학미래에 대한 총장세미나가 열리고 있다. 아시아태평양 국제교육협회의 이두희 회장은 본 세미나의 의의를 설명하고 대표적인 대학성공사례인 싱가포르국립대학교의 탄 총장을 소개한다.

"그러면, 지금부터 싱가포르국립대학교의 성공사례를 탄 총장으로부터 듣도록 하겠습니다. 총장 여러분, 큰 박수로 환영해 주시기 바랍니다."

환한 얼굴로 미소를 띤 탄 총장은 인사와 함께 발표를 시작했다.

"우리 싱가포르국립대학교는 지난 십 년간 눈에 띄는 성장을 해 왔습니다. 지난해 세계에서 가장 권위 있는 것으로 인정받는 'THE-QS 세계대학평가**'에서 30위를 차지했습니다. 이것은 아시아에 있는 나라들 중에서는 4위에 해당하는 성적이었습니다. ARWU***에서도 아시아 대학들 중 10위에 랭크됐습니다. 오늘 이 자리에서는 세계적인 대학의 꿈을 키우는 각 대학의 총장들을 위하여 싱가포르국립대학교가 아시아에서는 물론 세계를 선도하는 대학으로 자리를 잡을 수 있었던 그동안의 전략과 앞으로의 계획에 대해 소개하겠습니다. 이에 앞서 지난 10년간의 개혁이 시작된 배경에 대해 먼저 말씀드리겠습니다."

*고려대학교 대학원 **고려대학교 경영학과 교수 ***고려대학교 경영학과 교수 ****고려대학교 대학원

* www.apaie.org

** THE-QS 세계대학평가(Times Higher Education-Quacquarelli Symonds World University Ranking): 영국의 일간지 더 타임스(The Times)와 글로벌 대학 및 교육 평가기관 QS가 공동실시하여 발표하고 있는 세계대학평가

*** ARWU(Academic Ranking of World Universities): 상하이 쟈오퉁 대학(Shanghai Jaotung University) 고등교육연구소에서 하는 중국의 대규모 프로젝트, 중국 정부의 지원하에 세계의 대학에 대한 독립된 평가를 하고 있으며, 세계의 500개 대학을 선정

대학마케팅의 도입배경

1990년대 후반까지 싱가포르국립대학교는 싱가포르의 경제를 위한 인력을 키우는 교육을 하는 데 집중해왔다. 당연히 연구는 뒷전이었다. 하지만 1990년대 후반부터 싱가포르가 지식 기반의 경제로 이행되어가는 과도기에 들어서면서 학생들을 교육하고 그들의 능력을 육성시키기 위한 변화를 요구하는 싱가포르 교육 정책을 내세웠다. 싱가포르국립대학교는 정부에 의해 착수되는 기본적이고 굵직한 주요 변화에 대응해야만 했다. 다양한 학생들을 위한 유연하고 선택 가능한 교육제도 제공, 단순한 지식전달 교육기관에서 비판적 사고를 양성할 수 있는 교육기관으로의 이동, 평생교육의 강조 등이 주요 변화의 내용이었다. 여기에는 싱가포르 정부가 대학에 자율을 주면서 경쟁을 유도해 대학의 발전을 이끌 수 있도록 한 배경도 있다.

싱가포르국립대학교는 싱가포르의 최고 국립종합대학교로 변화를 지지하고 추진하는 데 중요한 역할을 해야 했다. 이러한 점에서 싱가포르국립대학교의 비전 및 미션은 세계적인 국립대학 중 하나로 발돋움하고, 세계 지향을 통한 차별화, 지식커뮤니티의 세계적 네트워크를 이끄는 선두가 되기를 추구하도록 재정립됐다. 싱가포르국립대학교는 이러한 비전과 미션을 현실화하는 전략들을 수립했다.

[그림 1] 탄 총장

당시 49세 젊은 나이로 2008년 12월 싱가포르국립대학교의 총장으로 선출된 탄 춰 취엔(Tan Chorch Chuan) 교수

[표 1] 싱가포르국립대학교 소개

설립 형식	국립
설립 연도	1905년(1980년 싱가포르대와 난양대 통합)
역사	1905년 작은 의과대학으로 시작, 이후 킹 에드워드 7세 의과대학(King Edward VII College of Medicine)으로 이름을 바꿈. 싱가포르 정부가 1980년 킹 에드워드 7세 의대와 말라야대(University of Malaya) 등이 통합하면서 NUS를 설립. 영국의 식민지였던 관계로 영국식 교육 전통을 이어받았으나 국제화를 진행하면서 미국 하버드대의 시스템을 적극 도입
위치	싱가포르 켄트 리지(Kent Ridge)
학생 수	3만 5,154명
학부생	2만 5,168명
대학원생	9,986명
국제학생	1만 1,755명
교직원 수	9,081명
교수	2,402명
연구원	2,391명
행정, 일반 직원	4,288명
학부	예술·사회과학대학(Arts and Social Sciences), 경영대학(Business), 컴퓨터대학(Computing), 치과대학(Dentistry), 디자인·환경대학(Design and Environment), 공과대학(Engineering), 법과대학(Law), 약학대학(Medicine), 음악대학(Music), 이과대학(Sciences) 등 14개
해외 분교	미국(실리콘밸리, 필라델피아), 중국(상하이, 베이징), 스웨덴(스톡홀름), 인도(방갈로르)
웹사이트	http://www.nus.edu.sg

출처: 싱가포르국립대학교 State of the University 2010

[그림 2] 싱가포르국립대학교 로고

대학 개혁의 시작

싱가포르국립대학교가 현재와 같은 좋은 평가를 받게 된 것은 2000년대 이후의 일이다. 2001년 대학을 완전히 뒤엎는 개혁이 시작됐다. 싱가포르국립대학교의 초고속 성장 배경에는 교수 사회의 개혁이 있었다. 단기간에 아시아 최고 대학으로 성장할 수 있는 지름길이었다. '더 훌륭한 사람을 채용할수록 더 좋은 대학이 되는 것'이라 생각하여 교수들이 바뀌면 다른 모든 것은 자연스럽게 바뀔 수 있다는 생각에서 시작된 개혁이었다. 좋은 교수들이 학교에 모이면, 학생들은 교수를 보고 학교로 모여들기 때문이었다. 따라서 싱가포르국립대학교에는 유난히 외국인 교수와 외국인 학생 비율이 높다. 우수한 교수들을 데려오려고 하다보니 자연스레 세계화된 교육도 이어진 것이다.[1] 이 결과 싱가포르국립대학교는 2008년 'THE-QS 세계대학평가'에서 외국인 교수 비율 및 외국인 학생 비율에서 모두 만점을 받았다.

교수사회의 개혁

정년보장 제도 — 테뉴어(Tenure)와 교수 연봉 · 승진 차별화

교수사회를 바꿀 수 있는 방법은 경쟁 체제를 도입하는 것이다. 2000년대 이전까지 싱가포르국립대학교의 교수들은 시간이 흐르면, 자연스럽게 정년을 보장받고(테뉴어, Tenure) 65세까지 학교에 있을 수 있었다. 물론 연장자가 먼저 승진하는 관행도 있었다. 하지만 지금은 일단 조교수로 채용된 후 9년 동안 정년보장을 받지 못하면 학교를 떠나야만 한다. 매년 전체 교수의 30% 이상이 정년보장 심사에서 탈락한다.[2] 정년보장 심사 과정도 까다롭다. 교수들은 정년을 보장받기 위해 전 세계의 유명 대학에서 같은 분야에 있는 교수 최소 4명에게 좋은 평가를 받아야 한다.

1) 한국경제(2009.5.21)
2) 한국경제(2009.5.21)

2001년 개혁을 하면서 교수들의 연봉과 승진 체계를 확 바꾸었다. 연공서열에 따라 결정되던 연봉을 기본급과 성과급으로 나눴다. 성과급은 최대 3개월치 급여로 결정했다. 같은 과 내에서 같이 정년보장을 받아 정교수가 되어도 월급차이가 날 정도로 확실한 평가와 보상이 이루어진다. 연장자가 먼저 승진하던 관행도 버리고 무조건 성과 위주로 전환함에 따라 젊은 교수들에게 승진할 수 있는 기회가 많아졌다.

성과 위주의 제도는 정년을 보장받더라도 교수들이 끊임없이 연구할 수 있는 제도이다. 정년을 보장받은 교수라도 성과가 좋지 않으면 연봉에서의 기본급 외에 성과급을 전혀 받지 못하기 때문이다. 당연히 승진도 할 수 없다. 연구를 열심히 하는 젊은 교수들이 치고 올라오더라도 여전히 홀쭉한 월급 봉투를 받아야 한다. 정년보장을 받더라도 계속해서 연구를 하고 노력해야 하는 동기 유발 요인이 많이 존재한다는 의미다.

또한, 엄격한 강의 평가 시스템을 도입하여 학기마다 학생들이 무기명으로 교수를 평가할 수 있게 한다. 그 결과가 나쁠 경우 바로 학장에게 불려가 책임을 추궁당한다.

적극적인 해외 석학 유치

싱가포르국립대학교는 외국인 교수 채용을 확대하는 데도 힘썼다. 우수한 교수들을 우대하는 정책을 만들어놓고 나니 해외의 유수 석학들을 쉽게 모셔올 수 있게 됐다. 매주 6~7시간 강의, 자녀 교육비 및 사택 지원 같은 혜택으로 교수에 대한 대우는 웬만한 미국 명문대학보다 훨씬 낫다. 대학에서 교수를 하지 않고, 의사·변호사 등으로 일하거나 회사에서 근무할 경우에 받을 수 있는 시장 가치를 조사하여 연봉 수준을 조절하기 때문에 가능한 일이다.

해외 석학 유치 과정에서의 또 다른 전략은 자율성이다. 교수들이 자유롭게 연구하고 새로운 방식으로 가르칠 수 있도록 한 것이다. 자연스럽게 교수들간의 경쟁이 치열해져 강의의 질이나 연구의 질이 높아졌다.[3)]

일단 우수한 학자들과 관계를 맺게 되니 이들이 자신의 네트워크를 통해 또 다른 우수 인재를 소개하기 시작했다. 눈덩이 굴리듯 인적 네트워크가 급속히 넓

---

3) 한국경제(2009.5.21)

어지는 계기가 된 것이다. 이제는 해외 석학을 유치하기 위해 특별한 노력을 기울이지 않아도, 우수한 교수들이 모이는 대학이 됐다.

연구 능력이 부족한 교수들을 퇴출시키고 연구 능력과 현장 경험이 풍부한 젊은 교수를 대거 채용하는 전략을 통한 연구 중심 대학으로의 변신 노력은 효과를 거두고 있다. 'THE-QS 세계대학평가'에서 공학/기술 및 컴퓨터 과학(Engineering/Technology and Computer Sciences) 계열은 2008년부터 꾸준히 30위권 내(2008년 29위, 2009년 21위)에 위치했다.

우수한 학생의 유치

싱가포르국립대학교는 학생들의 질을 향상시키기 위해 국내에서도 최고의 학생들을 유치하는 데 노력을 기울였다. 세계 최고의 교수진을 모셔오면서 그들이 최고의 학생을 유인해온 것도 한 가지 방법이었다. 최고의 교수진의 교육을 통해 최신 지식을 얻으러 우수한 학생들이 찾아오기 때문이다.

학생 선발 기준 역시 다양화시켰다. 학업 성취도뿐만 아니라 학업성취도 외적인 면에 대한 열정과 능력도 고려했다. 3년 전부터는 학생들의 고교 성적보다 자질을 더 중시하도록 입학 기준을 바꿨다. 지역사회에 기여한 학생들을 선발하는 등 전형방식도 다양화하고 있다.[4]

국내에만 국한된 선발이 아니라 국제 학생들 유치에도 힘썼다. 중국 상위권 10개 대학에는 1년에 두 번씩 정기적으로 방문해서 학교 설명회를 열고, 장학 프로그램을 소개한다. 현장에서 면접을 보고 학생도 선발한다. 중국 상위권 5개 대학에는 대학원 입학자격시험(GRE: Graduate Record Examination)이나 토플(TOEFL: Test of English as a Foreign Language) 같은 영어시험을 면제해준다. 인도출신 교수들은 우수학생 유치를 위해 정기적으로 모국을 찾는다.[5]

다양한 배경을 가진 잠재력 있는 학생들과 학문적 소양을 갖춘 학생들이 학교에 모일 수 있는 방법이었다. 2010년 현재 싱가포르국립대학교는 학부생의 20%, 대학원생의 60%, 교수요원 절반 등 약 1만 3,000명이 외국인이고, 출신 국가는 100개가 넘는다.[6] 대학원생들의 질을 높이는 것만이 아니라 해외 출신의 박

4) 한국경제(2009.5.21)
5) 서울신문(2006.7.21)
6) 조선일보(2010.1.7)

사과정 학생 유치를 통해 싱가포르국립대학교의 박사 수를 늘리는 것 역시 교육의 질을 높일 수 있는 전략 중 하나였다. 외국학생들의 비율은 MBA 역시 비슷한 수준이다.

물론 세금으로 운영되는 국립대에 외국인 학생 비율이 너무 높다는 비판도 생겨날 수 있지만, 외국 유학생 유치에 공을 들이는 이유가 있다. 바로 싱가포르 학생들에게 도움이 되기 때문이다. 외국인들과 한 강의실에서 수업을 듣는 것은 교육의 질을 높일 수 있는 요소다.

좋은 학생들을 학교에서 교육시킨 결과, 싱가포르와 주변의 가장 훌륭한 학생들의 비율이 높아졌다. 싱가포르의 상위 3% 학생들 중 약 51%가 싱가포르국립대학교에 등록한 것이다. 2009년에는 싱가포르의 교육부가 싱가포르국립대학교를 포함한 난양기술대학교(Nanyang Technology Institute), 싱가포르경영대학교(Singapore Management University) 등 3개 학교의 입학 정보를 조사한 결과 싱가포르국립대학교 학생들의 프로필이 많은 분야에 걸쳐 제일 좋은 것으로 나타났다.

싱가포르국립대학교의 우수한 학생들은 지난 3년에 걸쳐 국제적인 학문분야와 비학문분야의 경쟁대회에서 경영, 디자인, 토론, 음악, 운동 등에 걸쳐 입상해왔다. 경영대학의 학생들은 제10회 국제사례경진대회(Global Business Case Competition)에서 우승을 했다. 디자인과 학생은 2007년 국제 브라운 상(International Braun Prize)을 수상하기도 했다.

대학마케팅의 본격화

내부적 요인

프로그램 개발 측면

싱가포르국립대학교는 최고의 학생들을 유치하기 위하여 다양한 전략을 수립했다. 전략 수립에 있어 교육정책의 핵심은 세계화에 집중되어 있고, 비판적인 사고와 기업가적 정신, 효율적인 의사소통 및 대인관계 기술 양성에 집중된 교육에 있다. 학생들에게 질 높은 교육을 제공하기 위해 새로운 프로그램도 끊임없이 개발한다.

학생들은 다른 대학보다 유연화되고 다양한 교육 시스템에 노출된다. 유연하고 다양한 교육의 목적은 학생 개개인을 다양한 문화 속에서 세계 시민이 될 뿐만 아니라 공동체의 일원으로 책임을 가질 수 있는 마음가짐과 끊임없이 탐구하는 사람으로 키우는 데 있다.

학생들은 대학학술프로그램(University Scholars Program), NUS Overseas Colleges 프로그램 등에서 자신의 열정을 기반으로 원하는 프로그램에 등록하여 공부할 수 있다.

이 외에도 34개의 해외 유수 대학을 통해 해외 협력 대학에서 공부할 수 있는 기회가 주어지거나 짧게는 특별하게 구성된 하계 프로그램이나 학생 컨퍼런스에 참가할 수 있다. 이를 통해 학생들은 이중학사학위(concurrent degree), 공동학위(joint degree), 이중학위(double degree) 등을 취득할 수 있다.

학생의 50%는 어떤 형태로든 해외 생활에 노출시키려 하고 있다. 적어도

[표 2] 대학학술프로그램(USP: University Scholars Program)

USP는 학부 학생들을 위한 학제간 연구 프로그램이다. 매년 180명의 학생들이 참여할 수 있으며, 학생들은 자유롭게 다른 분야의 학문을 탐구하거나 해외에서 공부할 수 있는 기회를 얻는다. USP를 마친 학생들은 학교와 교수들로부터 대학 우등 코스 졸업 학위(honours degree)를 수여받을 수 있다.

20% 이상의 학생들이 외국에서 6개월 이상 생활하게 만드는 것이 대학의 목표다.[7)]

연구 중심 대학 지향

영향력 있는 연구는 싱가포르국립대학교가 진보하기 위한 미션의 중요한 일부에 속한다. 대학의 연구 역량이 기반이 되어야 최고의 실력을 가진 인력을 위한 교육을 할 수 있기 때문이다.

현재 싱가포르국립대학교에는 20개의 대학기반, 16개의 국가기반 그리고 80개 이상의 학과기반의 연구소와 센터가 있다. 매년 각 연구기관은 2,000여 개의 프로젝트를 실시하며 100개의 국제 세미나와 컨퍼런스를 주최한다. 지난 5년간, 싱가포르국립대학교는 23,000개의 논문을 게재했고, 이 논문들은 106,000번 인용됐다. 또한 2007년 영국왕립학회(Royal Society)의 휴즈 메달(Hughes Medal) 수여 등 680개의 연구 관련 상을 수상했다.

연구 향상을 위해 싱가포르국립대학교는 다양한 학문분야의 학제간 연구와 세계적인 이목을 끌 수 있는 최첨단 연구를 권장 및 지지한다. 또한 연구 향상을 추진하기 위해 10년 동안 세계적으로 경쟁력 있는 10개의 프로그램이나 분야를 만드는 'Global-10-10'을 진행하고 있다.

2009년 만들어진 'SMF-NUS Research Horizons Award' 역시 대학 내에서의 연구를 격려하고 새로운 연구 주제를 활성화시키기 위해 만든 상이다. 이 상은 자신의 잠재력으로 독특한 연구성과를 낸 교수들에게 주어진다. 싱가포르국립대학교와 Singapore Millennium Foundation(SMF)이 공동 출자하여 만든 상으로 수여자는 1년 동안 각각의 연구에 10만 달러를 지원받을 수 있다. 그리고 1년 후 수여자의 업적이 전망 있을 경우 2년에 걸쳐 100만 달러를 추가로 지원받는 제도이다.

싱가포르국립대학교의 교수진들은 각 분야별로 저명한 학회지의 편집자로 많이 활동한다. 싱가포르국립대학교가 한 해 학회에서 발표하는 논문 수는 1,700여 편에 이를 정도로 탁월한 연구 역량을 발휘하는 기반이기도 하다.

---

7) 조선일보(2010.5.15)

외부적 요인

타 대학 및 연구기관 측면

해외 대학 및 기업, 기관, 연구소와의 파트너십은 싱가포르국립대학교의 연구 분야를 넓히고 연구 역량을 높이는 역할을 했다. 현재 많은 세계 기업들이 세계화를 위해 아시아에 있는 대학이나 기관과 협력을 원하며, 그 중에서도 싱가포르국립대학교는 학문적인 파트너로 선호된다.

듀크 대학과 제휴하여 이루어지는 의학대학원(Duke-NUS Graduate Medical School Singapore)은 임상과 관련된 연구를 진행하는 박사과정들을 훈련하고, 이를 통해 싱가포르가 생물의학(biomedical)의 중심으로 발전할 수 있는 역량을 증가시키고 있다.

존스 홉킨스 대학교(The Johns Hopkins University) 소속의 미국의 피바디 음악대학교(Peabody Conservatory)와 협력하여 맺어진 용시우토 음악학교(YSTCM: Yong Siew Toh Conservatory of Music)는 싱가포르국립대학교가 싱가포르 최초의 음악학교 설립을 위해 피바디 음악대학교에 도움을 요청하면서 시작되었다. 실질적으로 동남아 지역에는 수준 있는 음악학교 과정이 많이 없기 때문에 싱가포르 학생들뿐만 아니라 베트남 등 주변 지역의 학생들이 몰려와 공부하여 싱가포르가 예술적으로 세계적인 도시가 될 수 있는 기반이 됐다. 또한 피바디 음악대학교 학생들이 용시우토 음악학교에서, 용시우토 학교의 학생들은 미국의 피바디 음악대학교에서 유학할 수 있는 기회를 얻고 있다.

학교간의 협력뿐만 아니라 싱가포르국립대학교는 9개의 지역, 혹은 국제적인 대학 관련 네트워크에 활발하게 참여하고 있다. 아시아태평양국제교육협회, 유니버시타스 21 등이 예이다. 특히 세계 대학협의체 중 가장 영향력 있는 단체 중의 하나인 환태평양 대학 협의회(APRU: Association of Pacific Rim Universities)와 세계 10대 대학들의 연구 협의체인 국제 연구대학 연맹(IARU: International Alliance of Research Universities)에서는 주요 교육과 주도적인 연구를 위해 대표직 역할을 하고 있다.

기업과의 연계 측면— NUS 엔터프라이즈

NUS 엔터프라이즈는 2001년 세계 곳곳에 기업가 정신을 기르고 학생들이 세계적인 세계관을 키우는 데 도움이 되는 대학을 설립할 계획으로 시작됐다.

NUS 엔터프라이즈의 비전은 1) 기업가 정신과 글로벌 마인드의 육성, 2) 지적 재산의 창조, 보호, 상품화, 3) 스핀오프와 벤처의 육성, 4) 기업과의 제휴 협력 강화, 5) 대학 지식의 보급 및 촉진이다.

NUS 엔터프라이즈는 학생들의 사고방식에 변화를 주고, 기업가적 능력을 기르며 전망 있는 싱가포르국립대학교의 벤처를 지지하는 역할을 한다. 이를 통해 싱가포르국립대학교는 세계적으로 명성을 쌓고, 싱가포르와 해외의 기업가적인 사고방식을 가진 학생들과 연구자들의 관심을 끌고, 채용할 수 있게 된다. 이러한 명성은 자연히 투자 관심과 자금 및 자원을 제공받을 수 있게 되고 그 외에도 학생들을 위한 멘토링이나 기업 협력 및 인턴십 기회를 제공받을 수 있게 된다.

이러한 NUS 엔터프라이즈의 조직구조는 크게 세 부분으로 나누어져 있다.

첫 번째, NOC(NUS Overseas Colleges)는 싱가포르국립대학교의 학부생을 대상으로 학문적인 소양과 기업가적 추진력을 키울 수 있도록 세계에서 기업 혹은 학문의 중심에서 공부를 하는 프로그램이다. 동시에 학생들은 기업과 관련된 세계의 명망 있는 파트너 대학에서 기업과 관련된 수업을 들으며 현지 기업에서 인턴경험도 쌓는다.

NOC 프로그램의 목표는 학생들을 진취적이고 지략 있는, 그리고 자발적인 학생들로 양성하여 궁극적으로 성공적인 기업가가 되게 하는 것이다.

현재 미국에는 실리콘 밸리(Silicon Valley)와 필라델피아(Philadelphia)의 바이오 밸리(Bio Valley), 중국에는 베이징(Beijing)과 상하이(Shanghai), 스웨덴에는 스톡홀름(Stockholm), 인도에는 방갈로르(Bangalore) 등 6개의 분교 (colleges)가 있다. NOC 프로그램에 참가하게 되면, 학생들은 실리콘 밸리에서는 스탠퍼드대학교(Stanford)에서, 바이오 밸리에서는 펜실베이니아대학교(UPenn)에서, 베이징은 칭화대학교(Tsinghua), 상하이는 푸단대학교(Fudan), 스톡홀름에서는 스웨덴 왕립공과대학(KTH), 방갈로르에는 인도과학대학원에서 공부한다. 한 해 최대 150명의 학생들이 NOC 프로그램에 참여한다.

NOC 프로그램에 참가한 학생들은 싱가포르로 돌아왔을 때, 자신의 회사를 설립할 수 있도록 지원을 해주는 NVS(NUS Venture Support)[8]와 기술이전기관인

8) NVS는 싱가포르국립대학의 학생들과 직원, 그리고 졸업생들이 설립하는 기술적인 창업 기업을 위한 인큐베이션 스페이스(incubation space)를 제공한다. 창업 기업은 NVS의 영향력을 통해 결과적으로 해외 시장의 기업 벤처링(venturing)이 될 수 있다.

INTRO(Industry and Technology Relations Office)[9]의 도움을 받을 수 있다.

두 번째로, ILO(NUS Industry Liaison Office)는 기업, 연구단체, 정부 기관이 대학의 지식, 전문가, 기술에 접근할 수 있는 유통망을 제공해준다. 또한 싱가포르국립대학교의 지적 재산을 보호하고 관리하는 역할을 한다. 싱가포르국립대학교의 연구원들에 의한 새로운 발견과 혁신을 상업에 적용하여 유용 가능한 제품과 서비스로 바꾸는 역할도 한다. 즉, 적극적으로 교수들과 R&D 클러스터를 연결하는 것이 주 업무다.

그 결과, 1992년 이래로 978개의 신기술 제안(invention disclosure)을 허가받았고, 1,392개의 특허를 받았으며, 115개의 기술에 대한 라이선스를 받았다. 2000년 이후로 688개의 기업 협력 연구를 발표했다. 2006년 3월에 제너럴모터스(GE, General Motors)와 싱가포르국립대학교의 수소 저장에 대한 물리학의 협력 연구 등이 그 예이다.

세 번째, NEC(NUS Entrepreneurship Centre)는 혁신적이고 기업가적인 교육을 제공하는 프로그램이다. 이 프로그램은 경험을 통한 배움과 실질적으로 기업의 진행에 포함되는 것을 강조한다.

NEC 프로그램을 통해 학생들은 기업가를 위한 지원을 제공받을 수 있다. 지원은 사람, 지식, 교육과 창업의 장, 네트워크, 자금 제공이 그 예이다. 또한 기업 관련 연구를 통한 지원도 제공된다.

이 프로그램에는 Start-Up@Singapore National Business Plan Competition과 학생들이 싱가포르 내의 신규업체에서 인턴으로 활동할 수 있는 *i*nnovative Local Enterprise Achievement Development(*i*LEAD)[10] 프로그램이 포함되

9) INTRO의 목표는 1) 지적 재산의 보호 및 관리, 2) 지적 재산과 라이선스 서비스 및 지도, 3) 기술 이전과 상품화 추진, 4) 공동 연구의 장려이다. 기술 이전 시스템은 미국을 표본으로 하고 있다. 지적 재산 사업으로서는 2003년 121건의 발명 개시가 있고, 그 중 50~60%가 출원되었다. 2004년부터 사업의 중점을 라이센싱으로 이행했다. 예산은 싱가포르국립대학교로부터 오는 고정비와 라이센싱의 수익으로 조달하지만 이 수익으로 INTRO가 발전하였다. 라이센싱에서는 대기업 중심에서 벤처기업 중심으로 생각을 변환하고 있다. 기술 이전의 목적은 수익이 아니고 '기술은 대학 내에 머물러 있어서는 안 된다'는 것이 기본적인 생각이다(「싱가폴의 산학 제휴, 기술 이전 현황」, 네이버 카페 '과학기술연구개발정책').

10) *i*LEAD 2008년 만들어진 프로그램이다. 싱가포르국립대 학생들에게 싱가포르 내에서 신규업체의 인턴으로 활동할 기회를 주고 기업가적 도전을 시도할 수 있는 상황에 노출될 수 있는 프로그램이다.

[그림 3] Shaw Foundation Alumni House

어 있다. 그 외에도 CEO 멘토링 프로그램과 위험 투자가 또는 엔젤 투자가(angel investors)와 네트워크를 구축할 수 있는 서비스 등도 제공한다.

졸업생 대상의 평판 관리

싱가포르국립대학교는 졸업생 평판[11]에 있어서 아시아 최고다. 'QS-조선일보 아시아대학평가(QS Asian University Rankings)[12]'에서 2009년에는 졸업생 평판도 부문 1위, 2010년에는 2위를 차지했다. 글로벌 인재시장에서 졸업생을 채용하는 '고객'(기업)으로부터 높은 평가를 받고 있다는 얘기다.

11) 졸업생 평판도는 전 세계 기업 인사담당자에게 '유능한 사원의 출신 대학을 최대 40곳까지 뽑아달라'는 질문서를 보내 이에 응답한 1,738명의 의견을 점수로 매겼다(2010년 'QS Asian University Rankings').

12) QS Asian University Rankings: 조선일보와 QS가 공동 실시하는 평가로 아시아권 대학을 대상으로 하는 유일한 국제 고등교육기관의 대학평가. 연구 능력(60%), 교육 수준(20%), 졸업생 평판도(10%), 국제화 정도(10%) 등 4개 항목의 경쟁력을 점수화해 순위를 메김.

이는 무엇보다도 아시아적 관점을 잃지 않으면서 글로벌 기업이 원하는 세계 수준의 교육과 연구를 하기 때문이다. 먼저 싱가포르국립대학교의 3개 연구센터는 세계 최고의 대학 22개 연구시설과 16개 국가급 연구기관들과 긴밀하게 연구 및 협력을 하고 있다.

또한 대학 수준과 학교 수준의 다양하고 견고한 프로그램을 통해 졸업생들을 시간, 경험, 자금 등으로 지원한다.

반면, 졸업생들이 학교의 목표에 주인의식을 가지고 학교의 노력에 활발한 지지를 할 수 있도록 관계를 쌓고, 발전시킬 수 있는 장소도 있다. 바로 'Shaw Foundation Alumni House'인데, 싱가포르국립대학교의 모든 졸업생들에게 집과 같은 곳이 학교 교내에 있는 것이다. 여기서는 졸업생뿐만 아니라 재학생, 교수, 직원들이 전 세계적으로 연결되고 재연결되는 곳이다.

커뮤니케이션 활동

졸업생 평판도는 학생들의 품질(연구실적이나 개개인의 능력)에 의해서만 이루어지는 것이 아니다. '제품에 대한 마케팅' 활동을 적극적으로 펼친 결과이기도 하다. 싱가포르국립대학교의 홍보전략은 수년에 걸쳐 진보했다. 싱가포르 내에서뿐만 아니라 해외에서까지 높은 재능을 가지고 있는 학생들 사이에서 경쟁력을 강화하기 위한 방법으로 마케팅 지향적(marketing-oriented)인 대학을 만들어왔

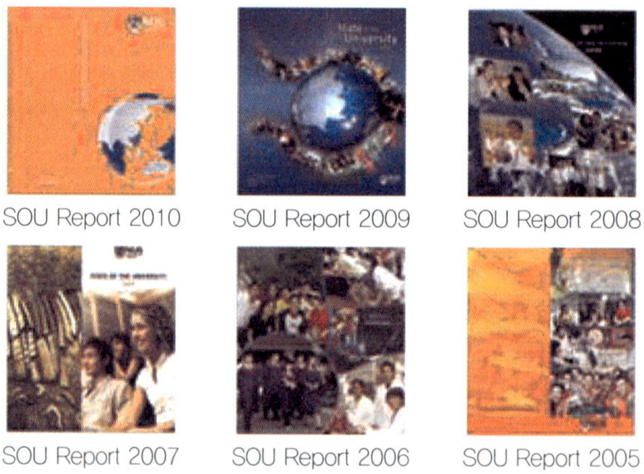

[그림 4] 현재까지 발간 된 SOU Report

다. 현재 꾸준히 싱가포르국립대학교라는 브랜드가 경쟁적으로 차별화되어 있다는 점을 강조하고, 이에 적합한 홍보 전략을 수립하고 있다. 이를 통해 계속적으로 싱가포르국립대학교의 브랜드를 새롭게 각인시키고 외부 이해관계자들에게는 대학에 대한 신뢰와 확신을 심어줄 수 있다.

특히 싱가포르국립대학교의 홍보 전략 성공 요인 중 하나는 가치제안(value proposition)이다. 싱가포르국립대학교는 아시아에서 전문지식과 통찰력을 통한 세계적인 교육의 선두로 우뚝 서 있다. 따라서 대학에 대한 홍보에 있어 직접적으로 학생들과 교수들 그리고 졸업생들을 통해 다양한 방법으로 대학의 브랜드 가치를 전달하고 있는 것이다. 이러한 일환으로 현재 싱가포르국립대학교는 매년 대학의 현재 상태를 알리는 보고서(SOU Report: State of the University Report)를 발간한다. 이 보고서는 대학의 진보와 성취를 개괄적으로 보여준다. 교수들과 학생들의 업적을 구체적으로 밝힐 뿐만 아니라 교육, 연구, 기업에 걸친 다양한 분야를 포함하고 있다.

미디어를 통한 홍보 역시 싱가포르국립대학교가 상용하는 전략 중의 하나이다. 여기에는 광고와 기업 이벤트 등이 포함되어 있다. 싱가포르국립대학교는 교수들과 학생들을 대상으로 신문, 방송, 온라인 등의 다양한 미디어를 통해 적극적으로 인지도를 높여가고 있다. 유수 대학들과의 협정, 교육과 연구에서 두드러지는 결과, 싱가포르국립대학교에 대한 기부, 연구와 관련된 국제적 수상이나 학생들의 국제 수상 등이 그 내용이다. 이러한 미디어 홍보를 통해 외부 이해관계자들은 싱가포르국립대학교에 대한 일반적인 지식을 얻을 뿐만 아니라 대학과의 감정적인 연결이 생기면서 신뢰를 쌓고, 시간이 흐름에 따라 싱가포르국립대학교라는 브랜드에 대한 신뢰가 쌓여가는 것이다. 이렇게 집중적인 홍보전략은 싱가포르국립대학교의 핵심 브랜드가 전망적이며, 그 가치가 시간이 흐름에 따라 변화하는 것이 아니라 크게 성장할 수 있음을 확신시켜준다.

"We need to scale new heights in a changed world."
Professor Tan Chorh Chuan
NUS President
Education. Be the change.
Be a part of the change you want to see in your life. An education at NUS will give you the opportunity to make a difference with what you learn.
Applications to NUS are now open to:
· All nationalities with either a Diploma from a Polytechnic in Singapore or in the final year of Polytechnic studies
· Singapore citizens and Singapore Permanent Residents with qualifications other than the Singapore-Cambridge GCE 'A' Level and Polytechnic Diplomas
Applications close 21 February 2010
Apply online at nus.edu.sg/admissions/undergrad
NUS
National University of Singapore
Imagination & Courage

Collaborate.
Be the change
Wu Huei Siang, Dawn Chen Jiaying
Department of Architecture
School of Design and Environment
An education designed with purpose.
In a joint project with Raffles Girls' School and National Parks Board, sustainability and recycling inspired Dawn and Huei Siang to breathe new life to an old cow shed. Whilst maintaining the integrity of the original structure, a flexible interior layout allows the facility to be reconfigured for changing needs. This enables students of all ages to use the space to collaborate and exchange ideas.
Applications close 21 February 2010
Apply online at nus.edu.sg/admissions/undergrad
NUS
National University of Singapore
Imagination & Courage

Transform.
Be the change
Professor Kuldip Singh
Yong Loo Lin School of Medicine
An education that is lived.
At NUS, our students learn as much in classes as they do in all other aspects of campus life.
Applications close 21 February 2010
Apply online at nus.edu.sg/admissions/undergrad
NUS
National University of Singapore
Imagination & Courage

Explore.
Be the change
An education that expands your horizons.
To find her niche, Bi Ying explored a wide range of subjects and exchanged ideas with classmates from different faculties. Her experience in the NUS University Scholars Programme, coupled with a year in Silicon Valley and Stanford University, has made her realise that sometimes it is the most unexpected combinations and conversations that yield the best results.
Applications to NUS will be open to all nationalities presenting the Singapore-Cambridge GCE 'A' Level qualification, 3 working days after the release of 2009 results.
Applications close 1 April 2010
Apply online at nus.edu.sg/admissions/undergrad
NUS
National University of Singapore
Imagination & Courage

[그림 5] 2010년 싱가포르국립대학교 광고

성공요인 및 향후 과제

싱가포르국립대학교의 성공요인은 두 가지 측면으로 나뉘어 요약될 수 있다.

첫 번째는 변화를 두려워하지 않는 개혁정신이다. 치열하고 경쟁적인 환경의 변화는 대학도 개혁과 혁신의 대상에 예외가 될 수 없음을 보여주고 있다. 싱가포르국립대학교는 이러한 위기 의식을 적기에 감지하고 과감한 개혁과 혁신정신을 바탕으로 다양한 변화의 시도를 마련한 것이다. 먼저, 대학의 내부적 요인에 해당하는 교수진과 학생들, 대학 내 프로그램에 대한 개혁과 변화를 과감하게 추진하였다. 연구능력이 부족한 교수들을 과감히 퇴출시키고 우수한 석학들을 초빙해나갔으며, 이에 학생들의 유치에 있어서도 국내외를 막론하고 우수한 학생들을 적극적으로 유치해나갔다. 이러한 학생들이 입학 후에도 학교에 대한 만족과 자부를 가질 수 있도록 다양한 프로그램과 연구활동에 대한 대대적인 지원을 아끼지 않았다. 개혁과 혁신정신을 바탕으로 하는 대학내부의 역량강화는 싱가포르국립대학교가 세계적 대학으로 발돋움하는 데에 결정적인 요인이 되어 주었다.

두 번째 성공요인은 철저한 마케팅 지향성이다. 대학에서의 마케팅 활동이란 현재와 미래의 학생들이 원하고 필요로 하는 욕구를 알고 이를 최대한 만족시키기 위하여 대학이 펼치는 모든 활동을 말한다. 싱가포르국립대학교는 학생들이 원하고 필요로 하는 욕구를 만족시키기 위하여 대내적인 역량강화뿐 아니라 대외적으로는 대학과 이해관계에 있는 연구기관, 타 대학, 정부, 기업들과의 파트너십을 강화해나감으로써 결과적으로 학생들에게 양질의 프로그램을 제공하고 우수한 학교의 이미지를 적극적으로 관리해나갈 수 있었다.

구체적이면서 생동감 있게 각 대학에서 바로 적용이 가능한 실질적인 내용을 담은 싱가포르국립대학교(NUS) 탄 총장의 열정적인 발표는 앞에서 언급한 주요 개혁 내용을 정리하는 말로 매듭이 지어졌다.

"이처럼 저희 싱가포르국립대학교는 까다로운 정년 보장 심사를 통한 교수사회 개혁, 다양한 국가의 학생 개개인의 자질과 잠재능력을 키우는 세계화된 교육체제를 확립하였습니다. 또한 연구중심 대학을 지향하여 학교와 기업에 헌신적인 아시아 최고의 졸업생을 배출하고 있습니다. 이와 같은 개혁 단행으로 세계 30위권의 대학으로 유지되고 있으며, 아시아 최상위권 대학으로 발전할 수 있었습니다.

2008년 제가 싱가포르국립대학교의 총장이 되면서 그동안의 대학 발전 비전과 미션을 세 가지로 재구성했습니다. 저희 학교의 세 가지 비전 및 미션은 다음과 같습니다. 싱가포르국립대학교의 첫 번째 새로운 비전 및 미션은 현재의 재정 및 경제의 위기에도 불구하고 세계화를 향한 성장과 영향력을 지속하자는 것입니다. 둘째는 연구와 혁신뿐만 아니라 아시아의 경제적, 정치적으로도 계속적으로 급속한 성장을 이루자는 것입니다. 마지막으로 변화하는 경제와 세계화 시대에서 효율적으로 경쟁하기 위해 싱가포르의 경제를 변혁시키는 몫을 하는 것입니다. 저희 학교의 더 발전된 미래를 지켜봐 주시기 바라며 오늘의 성공사례 발표를 마치겠습니다. 감사합니다."

이어서 이두희 회장의 마무리 인사말이 있었다.

"오늘 총장세미나에서 탄 총장님이 발표하신 싱가포르국립대학교의 성공사례가 지금 이 자리에 계신 각 대학 총장님들과 관계자 분들께 대학경쟁력을 높일 수 있는 실질적인 정보를 공유한 자리가 되었으리라 생각합니다. 대학발전을 위한 의견교환은 잠시 후에 있을 리셉션 시간을 통해 나누도록 하고 이만 세미나를 마치도록 하겠습니다. 내년에도 또 좋은 주제로 여러분과 함께 하겠습니다. 감사합니다."

이 세미나 이후에도 싱가포르국립대학교는 빠른 시간 안에 급속도로 발전하고 있었다. 2010년 'QS-조선일보 아시아대학평가'에서는 3위를 기록했다. 2009년 10위에서 한참 올라간 순위였다. 이에 대해 탄 총장은 싱가포르국립대학교가 아시아 최고 대학 중 하나로 인정받게 되어 기쁘게 생각하며, 아시아는 물론 세계를 선도하는 대학 중 하나로 자리를 지켜온 것은 싱가포르국립대학교의 교수진과 연구원들의 지대한 공헌이라고 밝히기도 했다.[13]

또한, 인터내셔널 헤럴드 트리뷴(International Herald Tribune)은 미국의 명문 예일대학(Yale University)이 싱가포르에 분교를 설립할 예정이라고 보도했다. 예일대학은 싱가포르국립대학교와 협력해 2013년 학부과정 캠퍼스 '예일-싱가포르국립대'를 개교할 예정인 것이다. 예일대 분교는 싱가포르 정부의 재정적 지원을 받아 100명의 교수와 아시아 전역에서 모집하는 1천 명의 학생들로 운영될 예정이다. 싱가포르국립대학교는 현재 끊임없이 아시아 최고의 대학으로 자리잡기 위해 그리고 세계적으로 선도하는 대학이 되기 위해 발전해나가고 있다.

13) channelnewsasia.com(2010. 05. 13)

토론과제

토론과제 1.

싱가포르국립대학교의 성공사례 바탕에는 대학교의 적극적인 홍보와 마케팅활동을 기반으로 하고 있다. 국내 대학교가 국내가 아닌 해외 대학의 학생들을 유치하기 위한 구체적인 마케팅 활동에 대해 생각해보자.

토론과제 2.

싱가포르국립대학교는 지난 10년간 급속한 성장을 보여주고 있다. 현재 세계대학평가를 주관하는 여러 글로벌 기관의 순위 발표에서 200위권 안에 진입하는 국내 학교들이 거의 없다. 아시아 내에서도 중국, 일본과는 다르게 우수한 순위를 점하지 못하고 있는 것이 사실이다. 싱가포르국립대학교의 성공사례를 바탕으로 현재 실현 가능한 국내 대학의 발전 전략을 수립해보자.

참고문헌

서울신문, "[명문대 교육혁명] (14) 싱가포르 국립대," 2006년 7월 21일.

조선일보, "교육 허브로 떠오른 아시아," 2010년 1월 7일.

조선일보, "[2010 아시아 대학평가] 글로벌 기업 수요에 맞게 맞춤 교육," 2010년 5월 15일.

www.arwu.org

www.channelnewsasia.com

www.nus.edu.sg

www.topuniversities.com

이 두 희
저자 약력

학 력

고려대학교 경영학과 졸업(학사)/Univ. of Wisconsin-River Falls(BA)/Univ. of Wisconsin-Madison(MBA)/Michigan State Univ.(Ph.D.)

교 육

고려대학교 경영학과 교수(현)/중국 인민대학 명예교수(현)/중국 길림대학 객좌교수(현)/한마음 한글학교 설립

학 술

한국 마케팅학회 차기회장(현)/한국 광고학회 회장/한국 소비문화학회 회장/광고학연구 편집위원장/한국소비문화연구 편집위원장/경영저널 편집위원장/Psychology and Marketing: Special Issue 공동편집위원장(2회)/Advances in International Marketing: Special Issue 공동편집위원장/International Journal of Advertising 편집위원(현) 등

교육행정 및 사회

대통령직속 국가브랜드위원회 기획분과위원장(현)/아시아태평양 국제교육협회(APAIE) 창설자 겸 회장(1~3대)(현)/아시아태평양 리더스(APL) 창설자 겸 회장(현)/세계국제교육기구연맹(NIEA) 상임이사(현)/공정거래위원회 자문위원/고대 국제교육원장/고대 대외협력처장/고대 기업경영연구원장/고대 마케팅 연구센터 소장

저서 및 논문

한국의 마케팅 사례: 마케팅 전략과 광고/한국의 마케팅 사례 Ⅱ/한국의 마케팅 사례 Ⅲ/사례로 짚어본 인터넷마케팅/광고론: 통합적 광고/Friontier@ Internet Marketing/통합적 인터넷 마케팅/e-마케팅(중국정부인정 대학교재)/인터넷 마케팅/광고 핸드북(역)/자기노출(역) 등 다수의 저서, 약 70편의 논문 및 사례연구 등

수 상

한국소비문화학회 최우수 논문상/한국능률협회 연구공헌 인터넷대상/한국상품학회 우수논문상

리얼타임 마케팅(Real-time Marketing)

2011년 1월 5일 초판 인쇄
2011년 1월 10일 초판 발행

저 자 이 두 희
발행인 안 종 만
발행처 (株) 博 英 社
서울특별시 종로구 평동 13-31번지
전화 (733)6771 FAX (736)4818
등록 1959. 3. 11. 제300-1959-1호(윤)

저자와 협의하에 인지를 생략함

북디자인 이혜원, 김석원, 이주영
e-mail: hwlee344@hotmail.com

www.pakyoungsa.co.kr e-mail: pys@pakyoungsa.co.kr

정 가 25,000원 ISBN 978-89-6454-100-5